dtv

WCo

Philipp Achenbach hat ein Problem: Sein Chef, Inhaber einer Kölner Weinimporthandlung, will hoch hinaus. Ein Champagner-Aktienfonds soll die Firma wachsen lassen, und Achenbach soll dessen technische Vorbereitung – Einkauf, Verkauf, Lagerung – übernehmen. Aber schon die Idee gefällt ihm nicht, und er misstraut den Finanziers aus London. Als er in der Champagne einem umfangreichen Betrug auf die Schliche kommt, ermittelt Achenbach auf eigene Faust. Jetzt hat er nicht nur Unbekannte gegen sich, sondern auch den eigenen Chef.

Paul Grote, geboren 1946, berichtete fünfzehn Jahre lang als Reporter für Presse und Rundfunk aus Südamerika. Dort begegnete er der professionellen Seite des Weinbaus und entwickelte sich zum Weinexperten. Seit 2003 lebt er wieder in Berlin und widmet sich dem Schreiben. Sein Gespür für Wein, sein Wissen und seine Erfahrungen spiegeln sich in allen seinen Romanen wider. Bei dtv sind von ihm erschienen: ›Rioja für den Matador‹ (dtv 20930), ›Verschwörung beim Heurigen‹ (dtv 21018), ›Der Portwein-Erbe‹ (dtv 21082), ›Der Wein des KGB‹ (dtv 21160). Weitere Informationen unter www.paul-grote.de.

Paul Grote

Der Champagner-Fonds

Kriminalroman

Deutscher Taschenbuch Verlag

Von Paul Grote
sind im Deutschen Taschenbuch Verlag erschienen:
Rioja für den Matador (20930)
Verschwörung beim Heurigen (21018)
Der Portwein-Erbe (21082)
Der Wein des KGB (21160)

Ausführliche Informationen über
unsere Autoren und Bücher
finden Sie auf unserer Website
www.dtv.de

Originalausgabe 2010

Umschlagkonzept: Balk & Brumshagen
Umschlagfotos: gettyimages/Tony Craddock (oben)
und Jean-Marie Lecomte
Gesetzt aus der Minion 10/11,75·
Gesamtherstellung: Druckerei C. H. Beck, Nördlingen
Gedruckt auf säurefreiem, chlorfrei gebleichtem Papier
Printed in Germany ISBN 978-3-423-21237-3

Die spritzige Gischt dieses Weines ist das glänzende Ebenbild von uns Franzosen.

Voltaire

Glaube denen nicht, die den Reichtum zu verachten scheinen. Denn nur die verachten ihn, die an ihm verzweifeln, und sie sind die Übelsten, wenn sie darankommen.

Francis Bacon

Dieser Roman ist den Franzosen aus dem Lager Oflag IV D gewidmet.

Prolog

Michael Müller wurde zuletzt am 23. März gesehen. Der Siebenundzwanzigjährige verließ nach Feierabend zusammen mit einigen Kollegen das Hauptgebäude der Kölner Druckerei Schwenke und Cie., ging zum Parkplatz, setzte sich in seinen Wagen und fuhr nach Hause. Zumindest meinten die Kollegen, die ihn an jenem Spätnachmittag gesehen hatten, dass er es vorgehabt habe. Von einer Verabredung für den Abend sei nicht die Rede gewesen. Müller hätte es ihnen auch schwerlich mitgeteilt, er galt als nicht besonders mitteilsam. Am nächsten Tag wunderte man sich, dass er nicht zur Arbeit erschien; es entsprach nicht seiner Art, dem Dienst ohne Entschuldigung fernzubleiben. Der Reprofotograf, für sein Alter bereits ein Spezialist auf seinem Gebiet, besonders der Reproduktion von Gemälden, genoss gerade wegen seiner Zuverlässigkeit die Wertschätzung seiner Vorgesetzten und der Geschäftsleitung.

Als er bis zur Mittagspause nicht erschien und sich auch nicht telefonisch meldete, rief die Sekretärin von Dr. Schwenke bei ihm an. Müller wohnte allein, zumindest war nichts Gegenteiliges bekannt. Deshalb wunderte man sich auch nicht, dass niemand ans Telefon ging. Bei Anrufen auf dem Mobiltelefon meldete sich eine stereotype Ansage: »Die von Ihnen gewählte Rufnummer ist zurzeit …«

Am dritten Tag nach Müllers unerklärlichem Verschwinden wurde die Polizei eingeschaltet. Sie ermittelte Müllers

Eltern, die ebenfalls in Köln lebten und keinerlei Kenntnis von seinem Aufenthaltsort hatten. Die aufgeschreckten Eltern gaben selbstverständlich ihre Einwilligung, die Wohnung des Sohns aufzubrechen, zumal man seinen Alfa Romeo nicht weit von ihr entfernt gefunden hatte. Der Wagen war unversehrt, ein Schlüssel fand sich nicht. Immerhin konnte damit ein Autounfall ausgeschlossen werden. Mysteriös war der extrem hohe Kilometerstand des Wagens für einen Fahrer, der normalerweise nur zwischen der Wohnung und dem Arbeitsplatz pendelte.

In der Wohnung selbst fanden sich keinerlei Anzeichen, die Müllers Verschwinden hätten erklären oder einen Hinweis auf seinen momentanen Aufenthaltsort geben können. Erstaunlich jedoch war die Menge antiquarischer Kunstbände, historischer Karten und wertvoller Reproduktionen alter Meister. Hinzu kam eine Sammlung wertvoller Jahrgangschampagner und Grands Cru, die man gar nicht mit Michael Müllers sonstiger Persönlichkeit in Zusammenhang bringen konnte. Er habe sie von Freunden geschenkt bekommen, erklärte seine Freundin, die der Ansicht war, dass einige Möbel minimal verrückt worden waren, und das Gefühl hatte, dass ein Fremder in der Wohnung gewesen sei.

Die Suche nach Michael Müller blieb erfolglos ... er war einer mehr in der Liste von 5.332 Personen, die in Deutschland nach Angaben des Bundeskriminalamtes als vermisst gelten.

1

»Sie machen auf jeden Fall weiter! Sie werden uns nicht in Ruhe lassen, bevor sie uns nicht den letzten Cent aus den Taschen geschüttelt haben. Tag und Nacht denken sie darüber nach, wie sie das bewerkstelligen können, mit immer neuen Produkten, die lediglich aus heißer Luft bestehen. Sie arbeiten auch an den Wochenenden, Thomas. Solche Leute haben sowieso keine Familie, höchstens physisch, und keine Freunde. Dafür sind sie vernetzt und wahrscheinlich auch im Schlaf ›online‹. Die tragen ihren Mikrochip bereits unter der Haut.« Philipp Achenbach hatte sich in Rage geredet.

»Denkst du wirklich so, oder meinst du das ironisch?« Thomas war entsetzt. Er fand, dass sein Vater bei diesem Thema in letzter Zeit häufig übertrieb, und er hatte den Verdacht, dass mehr als nur die Bankenkrise dahintersteckte. »Sind alle Banker so?«

Das »Ja« seines Vaters kam voller Überzeugung. »Je weiter oben in der Hierarchie, desto skrupelloser sind sie. Man muss so sein, so kalt, so fern dem Leben und unmenschlich, sonst kann man diesen Beruf nicht ausüben.«

»Wen kennst du, der so ist?«

»Einige – das bringt meine Arbeit mit sich. Gerade wenn es um die besonders teuren Weine geht oder um die großen Champagner. Da kostet die Pulle schon mal an die Tausend Euro. Investmentberater suchen ununterbrochen nach neuen Geschäftsfeldern, und wenn sie Junk Bonds kaufen,

Swaps und Futures, wenn sie dir Wetten auf den Preisanstieg bei Schweinehälften am Schlachthof in Chicago verkaufen oder Schulden anbieten, faule Kredite, die sie zu Paketen bündeln und als Sondermüll auch noch beleihen, stecken im Grunde genommen kriminelle Energie und Spielsucht dahinter.«

»Das ist doch Wahnsinn, oder?«, wandte Thomas ein. »Das hat doch Folgen, auch für sie.« Er empfand sich dem Redeschwall seines Vaters hilflos ausgeliefert.

»Folgen, mein Junge? Für sie nicht, aber für uns, und das ist ihnen gleichgültig, mein Junge. Ihre Schäfchen, ihre Millionen, die sind im Trockenen, längst in reale Werte umgewandelt, in Schiffe und Hochhäuser, in Fabriken und Kupfergruben in Chile, Coltan ist es im Kongo, denn kein Berater glaubt selbst an den Unsinn, den er von sich gibt.«

»Aber es heißt, dass sich was ändert, die Regierungen ...«

»Eine derartige Bankrotterklärung hat noch keine politische Führung bisher hingelegt. Glaubst du allen Ernstes, dass sich was ändert? Das machen sie euch an der Uni doch wohl nicht weis?« Philipp Achenbach erwartete keine Antwort. Er sah seinen Sohn an und konnte sich das Grinsen nicht verbeißen. Er wusste, was jetzt in Thomas vorging.

Der konnte schlecht damit umgehen, weder mit diesem Grinsen, noch damit, dass die Worte seines Vaters etwas anderes auszudrücken schienen als seine Mimik. Er sagte etwas, schien aber etwas ganz anderes zu meinen. Obwohl Thomas bereits seit sechzehn Jahren bei ihm lebte, bis auf die wenigen Wochenenden oder Ferien, die er bei seiner Mutter verbrachte, ließ er sich davon immer noch verwirren. Er hatte das Gefühl, dass es seinem Vater darum ging, seine Gesprächspartner wenn nicht zu täuschen, so doch sie über seine wahre Meinung zumindest im Unklaren zu lassen. Das sollte er gefälligst in seiner Firma machen bei seinen Geschäftspartnern, bei den Winzern, die er besuchte, aber bitte nicht bei ihm.

Philipp wusste, dass Thomas sich darüber ärgerte. Er konnte es nicht abstellen, es war Teil seiner Natur. Er lächelte, wenn es ernst wurde, und konnte bei angeregter Unterhaltung sehr düster wirken. Jetzt setzte er lächelnd seine Kanonade fort, sodass es Thomas schwerfiel, seine Erbitterung ernst zu nehmen.

»Wenn einem die sogenannten Berater irgendwelche wertlosen Papiere verkaufen, bei denen kein Mensch versteht, wie da achtzehn Prozent Rendite nach einem Jahr rauskommen sollen – sollte man nicht davon ausgehen, dass es sich um gezielten Betrug handelt?«

Thomas war versucht, auf die Frage zu antworten, aber er wusste, sie war nicht ernst gemeint. Es kostete ihn Mühe, sich über seine Gefühle hinwegzusetzen.

Philipp Achenbachs Zorn steigerte sich. »Eine Flasche Wein ist dagegen was ganz Reelles. Die lässt sich austrinken, man löscht den Durst und wird betrunken, da hat man was davon. Aber jemanden mit Turbo-Optionsscheinen oder Dax-Mini-Futures besoffen reden, mit angeblichen Produkten, die nicht einmal die Erfinder von dem Schwindel verstehen, wie die Finanzterroristen in New York und London, das ist die Kunst. Dann ist plötzlich das gesamte Geld weg. Wer hat es? Es löst sich doch nicht einfach auf. Wo das geblieben ist, wissen nur Eingeweihte. Oder es bedeutet, dass es vorher auch nicht da war, dass es eine reine Fiktion ist, so wie ein Gott, der nur in der Vorstellung existiert. In dem Augenblick, wo die Leute es sich auszahlen lassen wollen, bricht das System zusammen. Das ist der Beweis.«

Thomas war an einem ernsthaften Gespräch gelegen, und er holte Luft: »Was ist mit den Maßnahmen, die in letzter Zeit ergriffen wurden, um die Finanzmärkte zu kontrollieren, Steuerschlupflöcher zu stopfen, die Steueroasen auszutrocknen?«

»Alles Augenwischerei von Seiten der Politik. Steueroasen

sind kein Problem, die bringen niemanden in Gefahr, und Steuerhinterziehung betreibt jeder ...«

»Du auch?«

Philipp stöhnte, er setzte die Brille ab, legte sie auf den Terrassentisch und rieb sich die Augen, dann die Hände und holte tief Luft. »Ich? Geldwerte Vorteile, Reisekostenabrechnungen, das gesamte Bewirtungswesen, Werbungskosten, und über die jahrelange Kindergeldschieberei zwischen deiner Mutter und mir will ich besser schweigen ...«

»Dann sag nichts, lass Mutter aus dem Spiel.«

»Ist auch nicht so wichtig. Es liegt am System. Finanzkrisen werden von Menschen gemacht. Da haben sich Teile der Wirtschaft von der Gesellschaft abgekoppelt, die asozialen Teile ...«

»... aber unsere Dozenten ...«

»Die Burschen kenne ich von meinem Studium her«, schnitt Philipp ihm das Wort ab. »Bei uns in Marburg waren sie auch nicht anders als hier in Köln. Sie wären nicht länger Dozenten, wenn sie den Unsinn nicht weitergeben würden.«

Philipp beugte sich vornüber und massierte seine Waden. Die Beine taten ihm weh, sie waren mehrere Stunden in der Eifel gewandert. Es war nicht leicht, mit Thomas mitzuhalten, denn der hatte einen sehr schnellen und ausgreifenden Schritt. Dabei war er nur einen halben Kopf größer, aber er brachte zwanzig Kilo weniger auf die Waage und hatte die Kondition eines Zweiundzwanzigjährigen.

Erst seit er Betriebswirtschaft studierte, begleitete er Philipp auf seinen Wanderungen. Als er noch zur Schule gegangen war, hatte Thomas es als spießig empfunden und sich vor seinen Freunden geschämt, mit seinem Vater über die Höhen der Eifel zu wandern, vielleicht in Gesellschaft von rüstigen Rentnern mit ledernen Kniebundhosen, atmungsaktiven Mikrofaseranoraks und Energiedrinks im

Rucksack. Es war ihm auch unangenehm gewesen, dass man ihn sofort als Philipps Sohn erkannte, denn beide sahen sich ähnlich, beide hatten die hohe Stirn, dieselbe Haarfarbe, ihre Augen waren grau und schmal, und um den Mund zeigte sich eine Skepsis, meist von einem dezenten Lächeln gemildert.

»Was lernt ihr in den Vorlesungen? Was erzählen die Betriebswirte in den Seminaren?« Sie hätten den ganzen Tag über Zeit gehabt, darüber zu reden, aber beim Wandern stand keinem von beiden der Sinn nach derartigen Debatten. Die wurden erst geführt, wenn sie auf dem Heimweg essen gingen oder Philipp sich zu Hause an die Zubereitung des Abendessens machte.

»Wir analysieren ziemlich ausführlich, wie die Manager erfolgreicher Unternehmen vorgehen. Die Dozenten legen uns Fälle zur Analyse vor, und natürlich orientieren wir uns an erfolgreichen Unternehmen. Ich habe auch einen Kurs für Ethik belegt und einen für Risikomanagement. Aber bei uns, in der gesamten Betriebswirtschaft, geht es um Gewinn, um Profit, um Verdrängung der Konkurrenz, um Marktmacht und Wachstum. Das solltest du eigentlich wissen. Das ist in eurem Weinimport nicht anders.«

»Richtig, mein Junge. Genau das ist ja mein Problem.« Philipp richtete sich auf und stöhnte. Er war erschöpft, aber mit dem Tag zufrieden. »Du kannst davon ausgehen, dass der Keim für die nächste Krise bereits in dieser drinsteckt.«

»Eines verstehe ich nicht«, sagte Thomas.

»Nur eines? Das ist ja toll. Ich verstehe vieles nicht mehr.«

»Red mir nicht immer dazwischen«, meinte Thomas ärgerlich. »Was ich meine – was machen die mit dem vielen Geld? Wenn sie ihrer Freundin fünfzig rote Rosen kaufen würden …«

»Die fünfzig sind für die Ehefrau, wenn sie merkt, dass die Freundin fünfundzwanzig bekommen hat …«

Verwirrt sah Thomas ihn an.

»Weil sie höchstens fünfundzwanzig ist, die Geliebte. Mit der Ehefrau ist das lange vorbei.«

Thomas stöhnte. »Sehr witzig, Papa.« Philipp wusste, dass er diese Anrede nur gebrauchte, wenn er seinem Sohn auf den Wecker ging. »Scheinst dich ja auszukennen. Soll ich für dich mal eine Kommilitonin einladen? Ich denke da an Marion: groß, schlank, blond, lange Haare, durchtrainiert, so ein Fit-for-fun-Typ, aber dumm wie Brot. Aber die macht todsicher Karriere. Also, wieder von vorn: Wenn sie für ihr Geld einen tollen Bildband über die Camargue und ihre Pferde kaufen würden oder eine Kiste Champagner und dann Freunde einladen würden ...«

»Dafür braucht man keine Millionen oder Milliarden.«

»Wofür dann?«

»Um die Angst zu besiegen. Haben statt Sein. Besitz statt Charakter, weil der Bezug zum Leben verloren ging. Außerdem ist Geld der einzige Stoff, an dem man sich nicht überfressen kann! Von zu viel Alkohol wird man blöde und bekommt einen Leberschaden, von Schokolade wird man so fett wie von Fastfood – aber nicht vom Geld. Und man muss es nicht lagern, so wie Dagobert Duck, um darin zu baden. Es sind nur Zahlen auf dem Bildschirm oder dem Kontoauszug. Ernst wird es erst, wenn die Leute ihr Geld von den Banken zurückhaben wollen oder wenn tatsächliche Werte verloren gehen.«

»Du machst auch Geschäfte, kaufst Wein und verkaufst ihn teurer.«

»Immerhin stehen eine Leistung und ein konkreter Wert dahinter. Außerdem spekulieren wir nicht damit, wir kalkulieren unsere Kosten und rechnen sie – und den Gewinn – dem Einkaufspreis hinzu.« Philipp hielt inne, sah seinen Sohn an und sagte dann in einem nachdenklichen, eher nach innen gerichteten Ton: »Allerdings glaube ich manchmal, dass es Klaus Langer am liebsten hätte, wenn wir die einzige Firma in Deutschland wären, die französische Weine importiert, und wenn alle Weinhändler nur bei ihm kaufen würden.«

»Und warum?«

»Wenn Langer neuerdings *wir* sagt, meint er eigentlich sich selbst. Weil er die Preise diktieren möchte und wir unseren Kunden sagen würden, was ihre Kunden wiederum zu trinken haben.«

Thomas horchte auf. »Solche Töne habe ich von dir noch nie gehört. Habt ihr Krach? Bislang warst du mit dem Laden zufrieden. Wie lange arbeitest du jetzt für Langer?«

»Zehn Jahre.« Philipp stöhnte. »Ja, bislang war ich zufrieden, das stimmt. Langer hat sich verändert. Du merkst es kaum, aber er benimmt sich merkwürdig. Bei keiner Sache hält er sich lange auf, er interessiert sich kaum noch für den Wein. Bei den Verkostungen ist er fahrig, hört nicht zu, und wenn man ihn dann fragt, dann weiß er doch Bescheid. Aber er redet, als ginge es ihn nichts an. Es ist ein Gefühl, ziemlich vage, aber es beunruhigt mich.«

Philipp stand auf, reckte sich und rückte die Kissen auf dem Gartenstuhl zurecht. »Langer geht es anscheinend nur noch ums Geld, um die Finanzen der Firma, um Kosten, um die Umschlagsgeschwindigkeit, das heißt, wie lange eine Flasche im Lager liegt, bevor sie verkauft wird, und was uns das kostet. Für die Belange der Mitarbeiter, unserer Lieferanten, für die Winzer, für die Komposition der Weine und die Kunden hat er kaum noch ein Ohr. Dabei hat er alles aufgebaut. Es gibt nichts in der Firma, das er nicht wüsste.«

»Du kennst ihn ziemlich gut, nicht wahr?«

»Früher, und das war noch bis zum vorletzten Jahr so, sind wir zusammen verreist.« Philipp starrte nachdenklich vor sich hin. »Wir waren in Bordeaux auf der VinExpo, danach haben wir auf dem Heimweg gemeinsam Lieferanten besucht, wir haben zusammen die Weinberge besichtigt, haben uns stundenlange Fassproben gegönnt. Jetzt redet er von Wein und meint Geld. Es scheint, als hätte er seinen

Geschmack verloren. Bei den Verkostungen liegt er mit seinen Bewertungen häufig daneben. Dabei war sein Urteil immer genau. Ich habe viel von ihm gelernt.«

»Wieso ist das anders geworden?« Auch Thomas kannte Klaus Langer seit vielen Jahren, und er kannte seine Firma France-Import recht gut. Er hatte viele Weine ihres Sortiments probiert, denn was im Katalog angeboten wurde, tranken sie zu Hause. Sein Vater hatte ihm die Kollegen vorgestellt, die waren mehr oder weniger sympathisch, und er hatte als Schüler und auch noch in den letzten Semesterferien im Lager und im Büro gejobbt. »Ihr siezt euch noch immer?«, fragte Thomas und blinzelte, denn die Sonne stand bereits tief und warf ihren blendenden Schein zwischen zwei hohen Bäumen direkt auf die Terrasse.

Philipp nahm die leere Karaffe in die Hand. »Die Distanz zum Inhaber muss bleiben. Was sich geändert hat?« Er zuckte mit den Achseln. »Irgendwer liegt ihm in den Ohren. Irgendwer, den ich nicht kenne, dreht am Rad. Es ist gar nicht mal so, dass es neue Anweisungen gäbe oder dass Kollegen zusammengestaucht würden. Nein, es ist auch keiner entlassen worden, was mich wundert. Es ist bloß ein Gefühl, ein komisches, und ich gebe was darauf ... ach, hol du uns was zu trinken. Wir sollten uns den Rest vom Sonntag nicht mit solchen Gesprächen verderben. Trinkst du ein Gläschen Champagner mit?«

»Bevor du mich schlägst ...«

»Das würde ich in dem Fall glatt tun.«

»Wo ist die Flasche?«

»Du weißt doch gar nicht, welchen Champagner ich meine. Er stammt von einem neuen Produzenten. Ich muss mal wieder entscheiden, ob wir ihn ins Programm nehmen. Es ist ein Millésime 2004, Brut, eine Cuvée von ...«

»Ein Jahrgangschampagner? Hast du mal überlegt, was dich das kosten würde, wenn du alles bezahlen müsstest?«

»Quatsch nicht rum, es ist nicht dein Geld, und geh in

die Küche, du wolltest den Schampus holen, also. Er steht ...«

»Ich weiß«, sagte Thomas, »den Weg zum Kühlschrank finde ich blind.«

»Du solltest langsam wissen, dass Champagner nicht in den Kühlschrank gehört. Wo bist du eigentlich aufgewachsen?«

»Bei einem manischen Weintrinker, einem durchgeknallten Koch und dem ewigen Gärtner.«

»Wie hältst du das aus? Was sagt dein Therapeut dazu?« Philipp machte ihr Geplänkel Spaß. Es verringerte die Entfernung zwischen ihm und seinem Sohn, sie trieben dieses Spiel seit Jahren, was dazu geführt hatte, dass es kaum Geheimnisse zwischen beiden gab. Und Philipp hatte sich nie bemüht, sein Leben vor Thomas zu verstecken.

»Und – wo ist das Zeug nun?«

»Im Keller, da, wo es hingehört. Und gekühlt wird es im Sektkühler mit Wasser und Eis, eine Serviette über den Flaschenhals gelegt ...«

»Ich habe nicht vor, Sommelier zu werden«, sagte Thomas und trat ins Haus, »höchstens Winzer.«

Die letzten beiden Worte hatte Philipp zwar gehört, aber sie waren nicht bei ihm angekommen, schon gar nicht ihre Bedeutung. Der Millésime 2004 war von einem klaren Sonnengelb mit einem leichten Stich ins Grünliche. Oder schimmerte das Tischtuch durch? Um die Farbe genau zu beurteilen, hielt Philipp das Glas normalerweise vor ein weißes Blatt Papier. Aber heute wollte er trinken und nicht beurteilen, obwohl ihm das zur zweiten Natur geworden war. Unweigerlich lief bei ihm ein inneres Programm ab: sehen, riechen, schmecken, bewerten und sich fragen, ob dieser Champagner von Marc Brugnon aus Écueil ins France-Import-Angebot passte.

Der Firmengründer war längst nicht mehr am Ruder, die Söhne, Alain und Philippe hatten den Betrieb übernommen. Die Weitergabe der Kellerei an die Kinder erfüllte Philipp immer mit einer gewissen Befriedigung, und er rechnete es den jungen Nachfolgern hoch an, dass sie nicht an die Global Player wie Moët & Chandon oder Veuve Clicquot verkauften und die Welt noch unpersönlicher machten. Bei Brugnons achtzehn Hektar wäre das ein fantastisches Geschäft gewesen, denn ein Hektar Weinland in der Champagne kostete inzwischen bis zu 1,2 Millionen Euro, je nachdem, ob es eine normale Lage war oder ob sie als Grand Cru oder Premier Cru eingestuft war. Hätten sie verkauft, hätten sie und ihre Familien in ihrem Leben nie wieder arbeiten müssen. Aber was hätten sie stattdessen tun sollen? Also machten sie Champagner, fürchteten die späten Fröste des Frühjahrs und quälten sich durch die Unsicherheiten des Sommers. Sie probierten, bis die richtige Cuvée zustande kam, und suchten Kunden zwischen Argentinien und Zypern.

Ein Hauch von Pampelmuse kam Philipp aus dem Glas entgegen, grüner Apfel und etwas Hefe. Es waren Aromen eines Champagners, der zu drei Vierteln aus Chardonnay gekeltert war. Die Rebsorten Pinot noir und Pinot meunier bildeten die restlichen 25 Prozent der Cuvée. Andere Rebsorten durfte der Champagner sowieso nicht enthalten. Philipp erinnerte sich nicht daran, wie der Jahrgang 2002 gewesen war, sicher anders als der von 2003, einer der heißesten Sommer in der Geschichte der Champagne – wenn nicht in ganz Europa. Den vergaß kein Winzer. Es war vielleicht ein Vorgeschmack dessen, was im Verlauf des Klimawandels auf sie zukommen würde. Und dann trug dieser Champagner eine mineralische Note. Woher sie kam, lag Philipp geradezu bildlich auf der Zunge …

»Kalk, oder vielmehr Kreide, nicht wahr?«, fragte Thomas, obwohl er es wusste, und äffte dabei das Gesicht seines Vaters nach. »Der Duft erinnert mich an Schule.«

»Stimmt, es ist Kreide. Champagnertrauben wachsen direkt auf massiver Kreide, da liegt vielleicht ein halber Meter Humus oder Verwitterungsboden drüber, aber sonst ist es Kreide, entweder fest oder als Granulat. Wir sollten mal zusammen hinfahren.«

»Da lag ich ziemlich richtig. Vielleicht sollte ich deinen Job machen, wenn du dich pensionieren lässt.«

»Und was machst du in den fünfzehn Jahren, bis es so weit ist?«

»Nach dem Examen spiele ich Investmentberater und mache Geld. Das tun einige Kommilitonen bereits heute. Du glaubst es nicht, aber die zocken sogar zwischen den Vorlesungen mit dem bisschen Kohle, das sie haben, die geben irgendwelche Kauf- oder Verkaufsaufträge, zum Teil mitten in der Vorlesung per Handy, voll bekloppt, dann hasten sie vor die Tür, damit niemand mithört, und ihre Clique rätselt, ob sie jetzt den absoluten Geheimtipp gekriegt haben. Wenn die Kurse für Rüstungsaktien um fünf Prozent steigen oder die von irgendeinem Chemiemulti, dann blasen die sich auf wie die Ochsenfrösche. Ein Wunder, dass sie am nächsten Tag wieder in der Uni erscheinen. Die halten sich heute schon für klüger als unsere Profs.«

Es entstand eine Pause, in der Philipp sich an sein BWL-Studium an der Philipps-Universität erinnerte, Ende der Siebziger, Anfang der Achtziger. Ob er, Philipp, der Besitzer der Uni sei, damit hatten sie ihn aufgezogen, es war der Running Gag seines Studiums gewesen. Sein Examen war in den Beginn der Ära Kohl gefallen, und damit hatte das begonnen, was ihm wie ein Abstieg in Dummheit und Gleichgültigkeit vorgekommen war. Davor hatten andere Zeiten geherrscht, andere Menschen waren unterwegs gewesen, wenn er sich an die Debatten in ihrer Marburger Zeit erinnerte. Und auf dem Flohmarkt vom Steinweg waren tatsächlich noch Flöhe angeboten worden. Auch damals hatte es die Streber gegeben, die neben dem Studium im Steuerbüro gearbeitet hatten, nicht weil sie es nötig gehabt hatten, nein. Die Karriere war ihnen bereits in die Wiege gelegt worden, und Papa hatte geholfen, Mama dagegen hatte Kunstgeschichte studiert …

»Tempora mutantur«, murmelte Philipp, »die Zeiten werden geändert, sie ändern sich nicht.« Er hätte mit Thomas keinesfalls tauschen mögen, nicht heute jung sein, nicht auf einen Bachelor oder Master in überfüllten Hörsälen studieren wollen, schmalspurig und unter ständigem Druck, und das ohne Aussichten auf den gut bezahlten Arbeitsplatz. Aber seine Zustimmung wollte Philipp nicht so offen zeigen und schaute wieder ins Glas und beobachtete das Aufsteigen der Kohlensäure. Es gab kein anderes Getränk, bei dem es so kurzweilig war, ihm zuzusehen. Dann kam beim Probieren die Sensation der feinen Perlung im Mund, das Phänomen der Schaumbildung, *l'effervescence*, wie es auf Französisch so schön hieß. Dieser Champagner hier, der von Brugnon, war eher männlich als weiblich, kräftig und herb, auch ausreichend lange gelagert, denn die Säure war milder geworden, und der Geschmack blieb lange im Mund.

»Bleibst du zum Essen?«

Wie immer spielte Thomas mit der Agraffe, dem Drahtverschluss, der den Korken in der Flasche hielt. Es waren vier kurze, kunstvoll ineinander verdrehte Drahtenden, jedes knapp zwanzig Zentimeter lang.

»Was gibt's heute? Wieder Gemüse oder einen Risotto? Wieder kein Fleisch? Eigentlich wollte ich noch weg.« Er betrachtete die kleine Kappe aus Weißblech, die verhinderte, dass der Draht in den Korken schnitt. »Die sind alle anders gestaltet, auf diesem Deckelchen sind drei Männer im Weinberg, sieht aus wie ein Foto aus den Zwanzigerjahren. Was man nicht alles tut, um sich von anderen zu unterscheiden.« Er gab Philipp die Kappe.

Als dieser nachschenken wollte, hielt Thomas die Hand übers Glas. »Mehr als eins ist nicht drin. Die Kohlensäure treibt einem den Alkohol immer so schnell ins Gehirn, und ich will noch los.«

»Was ist angesagt?«, fragte Philipp

»Die Ärzte treten im Palladium auf.«

»Hast du dich etwa in Köln eingelebt? Den Akzent kriegst du bereits ganz gut hin.«

»Allerdings, ganz im Gegensatz zu dir.« Thomas wusste, dass es seinem Vater nicht gefiel. »Alte Männer können sich angeblich nicht mehr umstellen, total unflexibel, meint Susanne.«

»Fährt die auch mit?«

»Ja, und kann ich deinen Wagen haben? Bei meinem ziehen die Bremsen ungleichmäßig, und Alex, der ihn sonst immer repariert, ist krank.«

»Also wirst du nicht mit mir essen?«

»Du kochst doch auch für dich allein.« Thomas sah auf die Uhr. »Oh, Schei ... ich muss los, bin viel zu spät. Lass es dir schmecken.«

Zehn Minuten später hörte Philipp das Tor der Garage zufallen und kurz darauf den Wagen anfahren. Dann herrschte Ruhe im Viertel, mehr als Philipp heute lieb war.

Totenstille war für Lövenich am frühen Sonntagabend eher der richtige Begriff. Weder lärmten Rasenmäher, noch klappten die Autotüren, der Sonntagsbesuch war längst wieder abgefahren, Vater sah die Sportschau, Mutter stand in der Küche, und die Kinder saßen vor dem Killerspiel. Es war so still, dass der Wind das Rauschen von der nahen B 1 herübertrug.

Gleich nachdem sie nach Köln gezogen waren, hatte Philipp das große Einfamilienhaus gekauft. Er hatte sich für diese Gegend entschieden, da es nicht besonders weit zum Industriegebiet Marsdorf war, wo er bei France-Import als Einkäufer arbeitete. Einer der Gründe für den Hauskauf war der große Garten gewesen, und mit der S-Bahn waren es nur zwei Stationen bis zum Dom. Den Wagen nutzte er nur für Geschäftsreisen, Fahrten ins Theater oder für Ausflüge wie heute. Ins Geschäft fuhr er mit dem Rad. Er mochte die Stille des Viertels, aber nach einem Tag wie heute, besonders wenn Thomas abends fortging, beschlich ihn ein Gefühl von Einsamkeit. An einem stillen Abend wie diesem fragte er sich ernsthaft, ob er noch mal einer Frau begegnen würde, mit der er gern zusammenleben würde. Allein sie zu treffen war fraglich, denn sein soziales Leben fand im Ausland statt, wenn er Frankreichs Weinbaugebiete nach neuen Winzern und guten Weinen abgraste. Im italienischen Veneto gab es eine Gutsbesitzerin, bei der er hin und wieder einige Tage blieb. Mit einer Schweizer Önologin hatte er ein ähnliches Verhältnis und traf sich mit ihr bei internationalen Ereignissen. Wenn sie zur Weinmesse nach Düsseldorf kam, blieb sie danach sogar einige Tage hier. Er hatte nicht den Eindruck, dass Thomas darunter gelitten hatte, dass er ihn allein erzog, es hatte zu seiner Selbstständigkeit beigetragen. Er hatte ihn mehrmals gefragt, ob er nicht lieber bei seiner Mutter und ihrem heutigen Ehemann leben würde, aber das hatte Thomas heftig abgelehnt und ihm vorgeworfen, ihn loswerden zu wollen. So hatte es sich eingebürgert, dass sie die Wochenenden miteinander verbrachten, zumindest tagsüber, aber Philipp wäre es nie in den Sinn gekommen, Thomas zu bitten, seinetwegen zu Hause zu bleiben.

Soll ich im »Le Moissonnier« anrufen, ob sie noch einen Platz für mich haben?, fragte sich Philipp und verwarf den Gedanken sofort. Er kam sich allein am Tisch im Restaurant lächerlich vor, wie jemand, der niemanden hat oder kennt, der mit ihm essen geht. Von seinen Kölner Bekannten – Freunde wäre zu viel gesagt – wollte er niemanden sehen. Er wollte weder über Golf-Handicaps noch über Fußball oder gar über Politik reden, und die richtigen Freunde, die alten, die aus Marburg, lebten über das ganze Land verstreut.

Allerdings musste er sich eingestehen, dass der Hauptgrund, nicht im »Le Moissonnier« anzurufen, der war, dass er Klaus Langer hätte treffen können. Und dann würde er sich zu ihm und seiner langweiligen Frau und womöglich zu den Freunden aus dem Karnevalsverein an den Tisch setzen müssen.

Der Kölsche Klüngel war ihm ein Graus. Er hatte zu ihm ein ähnlich gespanntes Verhältnis wie der Schriftsteller Thomas Bernhard, den er ungemein schätzte, zu Österreich. Seit Jahren redete Langer auf ihn ein, endlich seine Mitgliedschaft in seinem Verein, Blaue oder Rote Funken, zu beantragen, Bürgen gäbe es genug. Langer sei, zumindest hatte er es mehrfach wiederholt, auch von den Freunden angesprochen worden, wieso seine »Weinnase«, wie sie Philipp nannten, nicht bei ihnen Mitglied werde. Er wäre eine Bereicherung des Vereins. Das konnte er sich nicht vorstellen. Nein, es reichte, wenn er den Chef wochentags traf, und die Narrenkappe trug man im normalen Leben oft genug. Dann kam hinzu, dass Langer kürzlich eine Bemerkung vom Stapel gelassen hatte, er zahle ihm wohl ein zu hohes Gehalt, wenn er sich das »Le Moissonnier« leisten könne. Es war natürlich ironisch gemeint gewesen, aber steckte in jedem dummen Spruch nicht ein Körnchen Wahrheit?

Die Champagnerflasche ragte schräg aus dem Sektkühler und zeigte auf ihn, als wollte sie sagen, dass für ihn ein zweites Glas durchaus in Betracht kam. Philipp schenkte nach, trank, erst jetzt hatte der Champagner die richtige Temperatur, er spürte dem Geschmack nach und betrachtete seinen Garten. Er war groß, und wenn es nach ihm ginge, hätte er doppelt so groß sein können, er hätte Ausmaße haben können wie ein Park. Seinen Nachbarn missfiel es offensichtlich, dass er im vorletzten Frühjahr begonnen hatte, die Zierpflanzen gegen Nutzpflanzen auszutauschen, die Büsche auszureißen und Johannis- und Stachelbeersträucher zu pflanzen, und wo ehemals Rasen wuchs, zogen sich jetzt Hochbeete mit Salat, Zwiebeln, Knoblauch und Küchenkräutern am Zaun entlang. Es war beileibe kein Vorzeigegarten, mehr ein gepflegter Wildwuchs, ein recht ordentliches Chaos mit einigen Zierpflanzen und Büschen.

Sie halten mich gewiss für einen Eigenbrötler, sagte sich Philipp, und das bin ich wohl, ein komischer Kauz, oder vielleicht halten sie mich auch für schwul, gerade hier in Köln, denn wenn schon mal eine Frau im Hause auftauchte, war sie sehr jung, zu jung – die Freundin von Thomas.

Philipp erinnerte sich, dass Langer für morgen die neue Sekretärin angekündigt hatte: eine Helena Schilling. Man munkelte, dass sie die geschiedene Frau eines Geschäftsfreundes sei, die nach der Scheidung zum ersten Mal im Leben für den eigenen Lebensunterhalt selbst aufkommen müsse, nach einem Luxusleben ohne Arbeitszwang. Derartige Gerüchte waren kein guter Auftakt, besonders bei einer so wichtigen Position wie der Chefsekretärin. Ihre Vorgängerin, Frau Maheinicke, hatte einen Bordelaiser Winzer kennengelernt, der bei Saint-Estèphe ein Weingut betrieb und France-Import seit vielen Jahren belieferte. Die beiden hatten seit Jahren miteinander telefoniert, korrespondiert, Rechnungen und Frachtdokumente hin- und hergeschickt, man war immer freundlich und höflich gewesen. Dann war der Mann eines Tages hier aufgetaucht, und es hatte geknallt, so laut, dass alle Kollegen es sofort mitbekommen hatten. Jetzt lebte sie bei Saint-Estèphe, ihr lang gehegter Traum war in Erfüllung gegangen, und sie füllte seine statt Langers Lieferscheine aus. Sie war sehr fähig gewesen, äußerst zuverlässig und stets guter Laune. Philipp empfand ihren Weggang als herben Verlust. Und als Nachfolgerin die verwöhnte Ehefrau eines Geschäftsfreundes, sozusagen ein nobler Sozialfall, möglicherweise sogar einer aus dem Klüngel?

Das wird heiter werden, sagte er sich, fühlte sich ein

wenig verloren, nahm den Sektkühler und das Glas und trug beides in die Küche. Er würde sich einen Pilzrisotto machen – oder doch lieber Tagliatelle mit Meeresfrüchten? Letztere tauten schnell auf, und er dachte wieder an die Neue morgen. Er würde sich in Acht nehmen. So wie Langer sich gegenwärtig gebärdete, war wenig Gutes zu erwarten …

2

»Ist der Lkw aus Bandol noch immer nicht eingetroffen?«

»Leider nein, Herr Achenbach«, antwortete der Lagerleiter zerknirscht, als wäre er dafür verantwortlich.

Dabei hatte Philipp alles für den weiteren Versand des Weins an die Händler vorbereitet: Kartonagen, Lieferscheine, Rechnungen, das Einzige, was fehlte, war der Wein. Er hätte bereits Ende der vergangenen Woche eintreffen sollen. Philipp war am Morgen sofort nach der Ankunft in der Firma in die Lagerhalle gestürzt, um sich nach der Lieferung zu erkundigen. Er hatte sich die Sonderaktion mit diesem seltenen Wein ausgedacht, France-Import konnte von Glück sagen, dass er vier Paletten davon hatte ergattern können, ein Wein von den sonnenverbrannten Terrassen an der französischen Mittelmeerküste. Es war ein edler Tropfen, alkoholreich, kräftig und würzig, ein Wein mit intensivem Aroma, der sehr gut zu Wild und kräftigem Rindfleisch passte. Wer ihn kannte, ließ ihn mindestens fünf Jahre im Keller ruhen, bevor er die Flasche entkorkte. Und weitere fünf Jahre später bot er immer noch ein großartiges Trinkvergnügen.

Auch Philipp hatte sich von der Reise nach Bandol zwei Kisten mitgebracht. Sein Wagen ächzte sowieso immer in den Achsen, wenn er von einer Verkostungstour aus Frankreich mit Proben beladen zurückkam. Und weil der Bandol so rar und beliebt war, hatte France-Import die gesamte Partie bereits verkauft. Philipp kannte Händler, deren Kunden einen derartig seltenen Wein zu schätzen wussten. Die Paletten brauchten lediglich abgeladen und die einzelnen Kartons auf kleinere Transporter umgeladen zu werden. Es war ein sicheres Geschäft – das hatte er zumindest bis zu diesem Morgen gedacht.

Ohne auf das freundliche »Guten Morgen« der Kollegen zu hören, eilte er in sein Büro, hängte das Sakko des Anzugs, den er gewöhnlich im Büro trug, über die Lehne seines mit braunem Wildleder bezogenen Bürostuhls und griff zum Telefon. Der Winzer am Mittelmeer erklärte nach kurzem Plaudern über das Wetter, dass er die Lieferung korrekt abgefertigt habe und die Dokumente faxen würde. Jetzt ließ Philipp seinen Unmut am Disponenten der Spedition aus. Der konnte nur berichten, dass der Fahrer sich am Freitag zuletzt von der Loire gemeldet hatte, wo er in Sancerre eine Ladung übernommen hatte. Seitdem hatte man von ihm nichts mehr gehört. Man würde Philipp verständigen, sobald der Fahrer auftauchte.

Die Strecke von dort bis nach Köln war an einem Tag zu bewältigen. Philipp kannte Frankreichs Straßen fast besser als die deutschen, er kannte ihren Zustand, die Entfernungen und die Zeit, die man für eine Strecke benötigte. Dass der Fahrer sich nicht meldete, war ungewöhnlich. Jeder besaß ein Mobiltelefon, und alle verbrachten das Wochenende lieber zu Hause als in der Schlafkabine ihres Lastzuges auf überfüllten Rastplätzen. Das Fahrverbot für Lastwagen an Wochenenden wurde in Frankreich strenger gehandhabt als in Deutschland.

Wie ein Tiger im Käfig lief Philipp, den sonst wenig aus der Ruhe brachte, vom Schreibtisch zum Fenster, von wo aus er einen Blick auf die Einfahrt hatte. Links ging es zum Parkplatz für Mitarbeiter und Besucher, rechts an der Rampe wurden die LKWs entladen. Nach einem kurzen Blick lief er zurück zum Schreibtisch, von da aus hatte er die Rampe im Blick. Wenn eine neue Lieferung eintraf, war er gleich darauf im Lager, um sich seine Probeflasche zu holen. Jede Sendung musste kontrolliert werden, er musste wissen, ob der gelieferte Wein mit jener Probe übereinstimmte, die sie hier in ihrem Verkostungsteam probiert hatten.

Klaus Langer gehörte dazu, er war der Kopf und das Herz der Firma, wobei es in letzter Zeit häufig zu Herz-Rhythmus-Störungen gekommen war. Der Lagerleiter machte im Team mit, er hatte sich zum Weinexperten gemausert. Frau Maheinicke war leider nicht mehr dabei. Frau Becher aus der Auftragsannahme hatte er aus dem Team gekippt. Ein eigenständiges Urteil über einen Wein war von ihr selten zu hören, und sie interpretierte ihre Angaben auf den Fragebögen zum Wein geschickt um. Dahinter stand die Angst, Fehler zu machen. Seit Anfang des Jahres äußerte Langer Zweifel am Verfahren und an den Fragebögen, die er anfangs überschwänglich als »praxisnah« begrüßt hatte, wobei er Philipp als ihren Erfinder immer wieder lobend erwähnte. Inzwischen kritisierte der Chef die »Prozedur« als zeitraubend und aufwendig. »Wenn Sie und ich die Weine probieren, dann reicht das.«

Für Philipp waren die Fragebögen hilfreich, ihm erleichterten sie die Arbeit, es gehörte zu seinen Aufgaben, bei jeder Lieferung zu prüfen, ob die Weine aus derselben Abfüllung stammten oder geschmacklich voneinander abwichen. Er verglich die Angaben der Fragebögen mit seinen ersten Notizen vom Winzer. Er musste nur probieren und analysieren – nicht trinken. Die angebrochenen Flaschen gab er an die Kollegen weiter, außer es handelte sich um einen ganz besonderen Tropfen, dessen »Entwicklung« er beobachten musste, nachdem die Flasche geöffnet war. Er war dadurch mehr als verwöhnt, doch er wusste auch einen schlichten Wein zu schätzen. Auf den Preis kam es ihm, im Gegensatz zu Langer, dabei am wenigsten an.

Es war eine Unverschämtheit von diesem verdammten Fahrer, sich nicht zu melden. Im Falle eines Unfalls, das war

Philipp klar, wäre die Spedition längst benachrichtigt worden. Es kam jedoch gelegentlich vor, dass mit Wein beladene Lastzüge gestohlen wurden. Die wertvollsten Flaschen wurden mit kleinen, schnellen Transportern abtransportiert. Bei Sattelzügen brauchte man nur die Zugmaschine und das Nummernschild des Aufliegers auszutauschen, über die Ladung wurde eine neutrale Plane gespannt, und schon waren alle Hinweise beseitigt. Abnehmer gab es jede Menge, sowohl in der Gastronomie als auch im Handel oder bei Privatleuten. Man goss ein Glas Rotwein außen über den Karton, deklarierte ihn damit als beschädigt und hatte den Grund, ihn billiger zu verkaufen. Entweder machten die Fahrer mit den Dieben gemeinsame Sache, eine Beteiligung war selten nachzuweisen, oder die Polizei fand sie gefesselt oder mit einer dicken Beule am Kopf im Wald neben der Landstraße.

Man müsste wissen, welche Weine noch auf diesem Lkw transportiert wurden, um einschätzen zu können, ob ein Diebstahl in Betracht käme. Auf dieser Route wurde kein Champagner geladen. Unter den Weinen aus Sancerre und Burgund gab es allerdings einige sehr teure Weine, deren Diebstahl sich lohnen würde.

Dann bog Langers silberner Mercedes in die Einfahrt und hielt auf dem Parkplatz neben der Rampe. Neuerdings kam der Chef häufig spät. Früher war er einer der Ersten im Betrieb und oft der Letzte, der abends nach Hause ging. Das verstärkte Philipps Eindruck, dass Langer immer mehr die Lust am Wein verlor, der ja der eigentliche Geschäftszweck war. Ob die Firma Gewinn abwarf, war den Kunden gleichgültig, solange sie ihre Weine bekamen, Aktionen für sie vorbereitet wurden und man auf ihre Sorgen und bis zum Sankt Nimmerleinstag gestreckte Zahlungsziele einging. Daher stand France-Import trotz Krise gut da, nur den Gastronomen, Sterneköchen und Edelrestaurants konnte sowieso niemand etwas recht machen.

Kaum begann Philipp seine Post zu öffnen, als Langer energisch klopfte, ein deutliches Signal, dass er sich ärgerte. Es war im Hause die einzige Tür, an die er klopfte. Normalerweise rief er seine Mitarbeiter telefonisch zu sich. Wenn er heute selbst kam, musste ein besonderer Grund vorliegen.

Langer hielt den runden Kopf leicht zur Seite und ein wenig nach hinten geneigt, so sah er aus, wenn er angriffslustig war und sich überlegen fühlte. Blaue Augen, blondes Haar, das nicht in Grau überging, sondern die Farbe verlor. Philipp war sich sicher, dass Langer es demnächst färben würde. Jetzt, wie er da in der Tür stand und lächelte, mit diesem neuen arroganten Zug um den Mund, und wie er sich mit einer Hand ans Revers seines grauen, ein wenig silbrig schimmernden Anzugs fasste, gefiel er Philipp nicht mehr. Die lachsfarbene Krawatte auf dem weißen Oberhemd störte, sie reihte ihn ein. Philipp wusste nicht, in welche Gruppe von Geschäftsleuten, aber sie tat es.

»Der Wein aus Bandol ist nicht gekommen? Was wird nun aus Ihrer Aktion?« Ein wenig Häme schwang in seiner Stimme mit. »Sie haben sich die Aktion ausgedacht, also bringen Sie das auch in Ordnung, Sie sind doch sonst nicht auf den Kopf gefallen.«

Bislang hatte Langer sich mit Schuldzuweisungen zurückgehalten, aber dass er Schadenfreude zeigte, obwohl es auch um seinen finanziellen Verlust ging, verwunderte Philipp. Gemeinhin sagte er *wir*, wenn er France-Import meinte. Jetzt, in diesem Moment, wurde der feine Riss in ihrem *Wir* ein wenig breiter.

Im Weggehen drehte Langer sich halb um und sagte über die Schulter: »Um zwölf Uhr in meinem Büro. Ich möchte Ihnen allen Frau Schilling vorstellen. Sie können uns dann über Ihr Bandol-Abenteuer informieren, falls da noch was zu erwarten ist.«

Es gab einiges, was an diesem unangenehm beginnenden

Montag erledigt werden musste, das brachte Philipp auf andere Gedanken. Es war nicht seine Art, sich lange zu ärgern, nachtragend zu sein oder sich Sorgen zu machen. Doch immer wieder blickte er von der Korrespondenz auf, starrte hinüber zur Rampe, und ein ungutes Gefühl beschlich ihn. Es war wie an einem heißen Sommertag, wenn man mittags bereits spürte, dass es abends ein Unwetter geben würde, nein, kein Gewitter, danach war die Luft meist sauber, bei einem Unwetter hingegen waren die Schäden nicht absehbar.

Bis kurz vor zwölf Uhr tat sich nichts mehr, der Lkw von der Mittelmeerküste blieb unauffindbar, und in der Spedition machte man sich Sorgen um den Fahrer. Es wurde Zeit für eine Vermisstenmeldung. Philipp bat eine Kollegin, die Weinhändler abzuwimmeln, die auf ihr Sonderangebot wartend anriefen, und sie um zwei oder drei Tage zu vertrösten.

Er betrat Langers Büro als Letzter. Die wichtigsten Kollegen, Langer nannte sie Mitarbeiter, drängten sich um den Konferenztisch, der höchstens acht Personen Platz bot. Mehr waren bei der Montagsbesprechung sonst auch nicht anwesend. Heute saßen da der Prokurist, der Mann vom Marketing, die Leiterin des Außendienstes, der Lagerchef sowie die Grafikerin und sogar der Fahrer, der in Köln und Umgebung Weinhändler, Restaurants und Privatkunden belieferte. Wer keinen Stuhl ergattert hatte, lehnte an der Fensterbank, die Tasse mit dem Kaffee in der Hand. Philipps Platz am Tisch war freigeblieben. Er war neben dem Prokuristen der Dienstälteste in der Runde, seit Frau Maheinicke nicht mehr da war.

Es dauerte einen Moment, bis Philipp die Neue sah und ihre Blicke sich trafen. Es waren jene seltenen Blicke, die nicht auf der Netzhaut hängen bleiben, sondern von dort durch Nervenbahnen oder was auch immer durchs Gehirn bis in den Magen geleitet werden und von dort weiter in die Knie. Es knallte so laut, dass Philipp meinte, jeder im Raum hätte es gehört und den Blitz gesehen, der zwischen ihnen züngelte. Er starrte die Frau noch immer an, er hatte das Gefühl, der Blick dauere ewig, und er hätte immer weiter in diese dunklen Augen schauen können, die ihn hielten und ihm auch Widerstand boten.

»Schön, dass auch Herr Achenbach eingetrudelt ist!« Langers Stimme kam von irgendwoher, von jenseits der Blitze, und sie erlöste Philipp aus seiner Starre. »Dann können wir fortfahren.«

Der Prokurist, der ihn später diskret fragte, ob es zwischen ihm und Langer Spannungen gebe, rückte ihm freundlich lächelnd den Stuhl zurück. Philipp setzte sich und wagte nicht mehr aufzublicken. Jeder im Raum musste seine Verwirrung bemerkt haben. Zehn Jahre? War es zehn Jahre her, dass er sich zuletzt verliebt hatte? Aber bei Anneliese war es nicht so – direkt gewesen, so – überraschend, kein Überfall der Gefühle. Anneliese hatte er begehrt, sie hatte ihm gefallen, auf sie hatte er zugehen können, man war sich gut gewesen, bis sich ihr Verhältnis über die Jahre und wegen der vielen Unterschiede ausgelaufen und erübrigt hatte, so wie damals bei Thomas' Mutter. Als sie die Trennung bereits beschlossen hatten, war sie plötzlich schwanger gewesen.

Was ist mit meinem Magen los?, fragte sich Philipp und achtete nicht auf Langers Vortrag. Weshalb kann ich sie nicht ansehen? Als er es doch wagte und neugierig auf seine eigene Reaktion den Blick hob, schlug die Neue sofort die Augen nieder, als wäre sie ertappt worden.

Sie ist eine Katze, fuhr es ihm durch den Kopf, sie hat die Augen einer Katze, schmal, hintergründig. Eine Katze kommt und geht, wann sie will, und nicht, wenn man sie ruft. Sie holt sich ein Streicheln ab, verlangt herrisch nach Futter, beugt sich dann gnädig über den Napf, streicht einmal kurz um die Beine – und verschwindet. Nein, was für ein dummes Zeug, sie ist eine Frau, sagte er sich, eine, die mir ziemlich gut gefällt.

Langer, fast stolz auf seine Eroberung, erzählte irgendwas aus Helena Schillings Vorleben und über ihren beruflichen Hintergrund, was Philipp in keiner Weise interessierte. Ein Irrtum wurde ihm allerdings rasch bewusst: Sie war nicht der Typ der verwöhnten Ehefrau, dazu sprach sie hier vor den Anwesenden viel zu klar und strukturiert. Philipp stellte sich vor, wie sie aussehen mochte, wenn sie das dunkelbraune Haar löste, das im Nacken zusammengesteckt war. Hatte er sich verhört? Es drangen nur Wortfetzen zu ihm durch. Ihre Eltern waren Winzer gewesen? Sie stammte vom Kaiserstuhl? Dann verstand sie einiges vom Wein, das zumindest sollte man voraussetzen. Wenn das so war … na ja, was dann? Dann hätte er ein Thema, um sie anzusprechen. Vom Kaiserstuhl wusste er so gut wie nichts und konnte eine Frage an die andere reihen und sie dabei anschauen …

Helena Schilling mochte für die Firma eine Bereicherung sein, für Philipp und seine Fantasie war sie es allemal. Er fragte sich, wie er ihr in Zukunft bei seinem Gefühlswirrwarr gegenübertreten sollte, ohne eine Antwort zu finden. Er schreckte auf, als Langer seinen Namen nannte, und brauchte einen Moment, bis er begriff, dass jeder Anwesende einen kurzen Abriss seiner Tätigkeiten gab, und sein Beitrag wurde entsprechend konfus.

»Ich, äh, ich – suche hier nur die Weine aus.«

Die Mitglieder der Runde betrachteten ihn mit Befremden. Mochten sie es als Desinteresse werten, ihm war es egal, er hatte sowieso einen Sonderstatus. Er galt im Hause als Künstler. Er war der Pfadfinder, vielleicht auch der Narr, bei dem nichts mit einem normalen Maßstab gemessen wurde. Ihm sah man vieles nach, doch dass ihm die Worte fehlten, war neu.

Langer und Frau Schilling saßen vor ihnen wie ein Geschwisterpaar, das sich zukünftig die Macht teilen würde. Dabei war sie ganz Dame – dezent und elegant in ihrem hellbraunen Kostüm. Ein Ausdruck von Verbindlichkeit spielte um ihre leicht gespitzten Lippen, als würde sie bescheiden und doch von einer gewissen Warte herab die Worte ihrer zukünftigen Kollegen aufnehmen. Sie wirkte beileibe nicht wie ein Scheidungsopfer, schon gar nicht wie eine sitzengelassene Ehefrau. Sie mutete eher an wie jemand, der angetreten war, Langer in seine Schranken zu weisen.

Immer bemüht, dass sich ja ihre Blicke nicht kreuzten, betrachtete er ihre Hände. Es waren Hände zum Zupacken, beinahe bäuerlich, von der äußeren Erscheinung das Einzige, was auf den familiären Ursprung verwies. Sie wirkten kräftiger als seine, denen jedoch sah man die Gartenarbeit an. Er mochte keine Ringe, sie hätten ihn gestört, er hatte nie einen getragen. Schmuck gefiel ihm nur an Frauen, wenn sie damit nicht behängt waren. Er betrachtete seine Hände, die schmalen Finger, Künstlerhände, wie mal jemand gesagt und ihn für einen Feingeist gehalten hatte. Im Vergleich zu ihm hatte Helena Schilling Pranken, es war die Form, die den Eindruck hervorrief. Als man sich erhob, sah er, dass sie kleiner war als vermutet, die Nadelstreifen ihres Kostüms machten sie größer.

Er gab ihr die Hand. »Auf gute Zusammenarbeit«, sagte er wie in Trance, dabei hätte er sie lieber gefragt, ob sie mit ihm jetzt auf der Stelle ins Café Schmitz kommen würde. Er war überzeugt, dass sie Jugendstil mochte, sie war der Typ dafür. Da sie bereits länger in Köln wohnte, kannte sie das Café sicherlich. Er hatte die Frage auf der Zunge, aber sein Sinn für die Wirklichkeit rettete ihn vor dieser Dummheit. Der Händedruck schien ihm endlos. Die Gelegenheit fürs Schmitz würde sich ergeben, ihr Thema würde der Kaiserstuhl sein, und er wollte zur Tür hinausgleiten, als hätte er Schaum unter den Sohlen. Langers Hand an der Schulter und seine eindringliche Stimme, die außer ihm niemand hören sollte, holte ihn aus seinem Schwebezustand.

»Lassen Sie uns zusammen Essen gehen. Soweit ich weiß,

haben Sie heute keinen weiteren Termin. Mir wäre es lieb, wenn wir rausfahren.«

Das fehlte noch. Eine Debatte mit Langer? Die konnte Philipp in diesem Zustand am wenigsten gebrauchen. Er wollte in dem Traum bleiben, am liebsten hätte er sich ans Rheinufer gesetzt und auf den Fluss gestarrt, ohne etwas zu denken, und dieses Gefühl ausgekostet. Er hatte es zu lange nicht getan.

»Was grämen Sie sich? Der verdammte Lkw aus Bandol kommt an oder nicht, egal ob Sie nun hier sind.«

»Sicher. Sie müssen mich allerdings in Ihrem Wagen mitnehmen, ich bin mit dem Fahrrad gekommen.«

»Nehmen Sie ein Taxi für den Rückweg, fertig. Ich habe anschließend eine Verabredung und komme nicht mehr ins Geschäft. Übrigens sollten Sie den Unsinn lassen.«

»Welchen Unsinn?«

»Sie wissen genau, was ich meine – diese Öko-Geschichten.« Sie standen mittlerweile vor Philipps Büro, Langer schloss die Tür hinter sich. »Haben Sie sich mal gefragt, wie viel CO_2 Sie beim Radeln auf dem Weg hierher ausstoßen? Weben Sie den Stoff für Ihre Anzüge selbst? Reines Leinen oder Viskose? Züchten Sie Schafe? Nicht dass Sie mir das Stricken anfangen ... Reicht es nicht, dass Sie uns ein Ökoweinsortiment verpasst haben?«

»Eben nicht, Herr Langer. Sie sehen, dass es gut läuft, und das ist erst der Anfang. Alles andere ist übertrieben, die konventionellen Methoden, unbeschränktes Wachstum, Produkte, die keine sind ...«

»Mir fehlen der Nerv und die Zeit, mit Ihnen darüber zu debattieren.« Langer setzte sich und betrachtete die Bilder.

»Worüber wollen Sie mit mir sprechen?« Philipp hörte den Anrufbeantworter ab. Die Spedition hatte nicht angerufen.

»Über die Erweiterung Ihrer Aufgaben, über ein neues Geschäftsfeld für France-Import und über Ihre Kompetenzen in diesem Hause.«

»Eine Strategiedebatte? Sollten wir die nicht lieber aufs Wochenende verschieben?«

»Ihre grundsätzliche Haltung ist mir wichtig, die möchte ich gern kennen, bevor ich zu dem Anschlusstermin gehe.«

»Dann kann uns Ihre Frau Schilling gleich einen Tisch im ›Le Moisonnier‹ bestellen, sozusagen als erste Amtshandlung.«

»Kommt nicht infrage! Wir gehen dahin, wo uns niemand kennt.«

Langer ging hinaus, und Philipp sah ihm nach. Was war jetzt los? Sonst verkehrte Langer doch nur dort, wo man ihn kannte.

»Was halten Sie von ihr?«

Es war klar, wen Langer meinte. Er parkte den Wagen vor dem Restaurant am Rheinufer. Ohne es zu wollen, hatte er Philipp dorthin gebracht, wohin er eigentlich wollte, an den Rhein. Aber statt sich seinem Gefühlsdurcheinander hinzugeben, musste Philipp sich auf sein Gegenüber konzentrieren.

»Frau Schilling?« Er zuckte mit den Achseln.

»Weshalb grinsen Sie? Gefällt sie Ihnen nicht?«

»Doch, schon, sicher.« Philip gab sich gelangweilt. »Was weiß man von einem Menschen, den man nicht länger als fünfundvierzig Minuten zu Gesicht bekommen hat, dazu noch auf einer Theaterbühne?«

»Was meinen Sie mit Theaterbühne?«

»Was erwarten Sie von einer offiziellen Veranstaltung zur Selbstdarstellung? Außerdem schaut man niemandem hinter die Stirn.«

»Ich im Moment auch nicht hinter Ihre. Sie äußern sich doch sonst so gern eindeutig. Haben Sie was gegen die Frau?«

Wenn Langer so fragte, hatte auch sonst niemand etwas bemerkt.

»Sie werden sich mit ihr arrangieren, ich will sie haben!«

Dass Langer sie nicht als Frau wollte, war Philipp klar. Er war oft genug mit ihm auf Geschäftsreise gewesen, um das beurteilen zu können. Auf den Partys und Empfängen nach anstrengenden Messetagen in Bordeaux, in Angers oder an der Rhone, die von den Kellereien für Kunden veranstaltet wurden, tanzten sie manchmal bis in den Morgen, und man erkannte schnell, wo die Sympathien lagen und wer mit wem in welchen Autos zurück ins Hotel fuhr, oder wer besonders bemüht war, keinerlei Spekulationen Raum zu geben … So wie er heute.

»Sie werden es mit ihr nicht leicht haben, Herr Langer. Sie scheint mir sehr selbstständig zu sein, sie ist jemand mit einem eigenen Kopf. Eine Sekretärin zum Rumschicken haben Sie mit ihr nicht eingekauft. Ich halte sie für weniger diplomatisch als Frau Maheinicke. Wie es um ihre berufliche Qualifikation bestellt ist, kann ich nicht beurteilen.«

»Danke für die klare Meinung. Sie hat bis zum Abitur auf dem Weingut ihrer Eltern gelebt. Sie kennt den Betrieb, sie versteht was von Wein, sie wird nicht, und das ist Bestandteil des Arbeitsvertrages, auf einer 40-Stunden-Woche bestehen. Sie weiß, dass ich von ihr mehr erwarte.«

»Und was ist das?« Philipp hielt Langer die Tür des Restaurants auf.

»Danke. Genau darüber will ich mit Ihnen reden. Und dafür brauche ich auch Sie.«

Erst jetzt hörte Philipp wirklich zu. Plante Langer etwas, von dem er nichts wusste? War das der Grund für sein unverständliches Verhalten?

Sie bekamen einen Tisch in der äußersten rechten Ecke mit Rheinblick zugewiesen, an dem sie ungestört und ungehört blieben. Die Mittagssonne, die für Mai schon recht intensiv war, blendete sie dank der Jalousien nicht, dafür glitzerte die Wasserfläche. Sie setzten sich über Eck und wandten dem Publikum den Rücken zu.

Der Ober räumte nach einem Blick auf die beiden anscheinend solventen Gäste das Schildchen »RESERVIERT« vom Tisch, rückte die Stühle zurecht und brachte die Menükarten.

»Welchen Champagner führen Sie?«, fragte ihn Langer und bestätigte damit die Einschätzung des Obers.

»Champagner?«, fragte Philipp verblüfft. »Gibt's was zu feiern?«

»Ich glaube schon«, meinte Langer vielsagend.

»Wir führen die großen Marken: Pol Roger, Pommery, Heidsieck, Mumm – ich bringe Ihnen die Weinkarte.«

»Nein, lassen Sie. Führen Sie keinen Winzerchampagner?«

Der Ober zuckte mit den Achseln. »Nur die Hausmarke.«

»Brut sollte er mindestens sein«, entschied Philipp, »auf keinen Fall mehr Süße beziehungsweise Zucker haben. Aus welchen Rebsorten setzt sich Ihre Cuvée zusammen?«

»Das entzieht sich meiner Kenntnis«, sagte der Ober und schien nicht recht zu wissen, ob er Experten oder Angeber vor sich hatte. »Ich bringe doch besser die Weinkarte.«

Aber auch da fand sich kein Hinweis auf die Reben, die Zusammensetzung der Cuvée, geschweige denn ein Hinweis auf die Produzenten. Langer überließ Philipp wie immer die Entscheidung. Der Champagner kam aus Aÿ, das Städtchen war als Anbaugebiet für Pinot-noir-Trauben bekannt, die würden sich dann vielleicht im Geschmack wiederfinden. Diese rote Traube verlieh dem Wein das Aroma roter Früchte und machte ihn intensiver. Pinot meunier, in Deutschland als Schwarzriesling oder Müllerrebe bekannt und ebenfalls rot, den Experten nach eine Unterart von Pinot noir, war die kräftigste im Champagnertrio, machte den Wein fruchtiger, geschmeidiger und erbrachte mehr Bouquet. Chardonnay, beim Champagner die dritte Rebsorte im Bunde, war hingegen elegant und fein, etwas blumig und fiel bei den Kalkböden der Champagne sowieso mineralisch aus.

»Es freut mich, dass Sie über Champagner so gut Bescheid wissen, das macht es einfach. Sie nennen den Champagner immer Wein«, bemerkte Langer, »ich habe mich stets darüber gewundert, aber nie gefragt, wieso Sie das tun.«

»Weil er in erster Linie ein Wein ist. Die Kohlensäure entsteht erst später bei der Flaschengärung, durch den Zusatz von Hefe und Zucker, durch die Fülldosage, die Franzosen nennen es *liqueur de tirage*. Denken Sie sich die Kohlensäure weg, und Sie haben einen Wein. Er wirkt mit Kohlensäure natürlich gänzlich anders.«

Aber ihren ersten Durst löschten die beiden Männer mit Wasser, wobei Langer es albern fand, dass Philipp sich immer über die Unverschämtheit ärgerte, dass für eine Flasche Wasser zehn oder zwölf Euro verlangt wurde.

»Es muss ein besonderer Tag sein, dass wir zum Mittagessen Champagner trinken. Was gibt's zu feiern?«

Langer ließ sich mit der Antwort Zeit, er blätterte in der Karte und kostete Philipps Ungeduld aus.

»Vielleicht die Erweiterung der Firma, die Übernahme neuer Aufgaben und ein erweiterter Aufgabenbereich für Sie – ich kann Sie beruhigen – möglicherweise sogar mit einer anderen Stellung im Unternehmen«, schob er nach, als er Philipps Verblüffung gewahr wurde.

Philipp traf diese Eröffnung einerseits völlig unvorbereitet, andererseits hatte er insgeheim mit Veränderungen gerechnet. Wieso kamen sie just in dem Moment, wo er innerlich auf Abstand ging? Er wich Langers Blick aus und starrte auf den Fluss. Er wies normalerweise eine neue Idee nicht gleich von sich, er konnte sich auf veränderte Situationen schnell einstellen, sonst hätte er das ständige Reisen nie ausgehalten. Eine Umleitung war für ihn mit einer neuen Erfahrung verbunden und brachte ihn nicht zwangsläufig vom Weg ab, sondern zeigte ihm einen neuen. Aber diese Andeutung erfüllte ihn mit größter Skepsis. Es kam ihm so vor, als werde seine Welt gerade auf den Kopf gestellt und er könne nicht das Geringste dagegen tun.

»Sie hören ja gar nicht zu«, bemerkte Langer erstaunt. »Ich meine es ernst. Aber nichts ist umsonst, das sagen Sie selbst. Wie gefällt Ihnen die Idee?«

»Großartig, absolut großartig«, sagte er, ohne es zu meinen. Er hielt sich besser bedeckt und wartete ab, denn was Langer ankündigte, war in seinen Ausmaßen nicht zu überschauen. Mehr Geld klingt immer nach mehr Arbeit, sagte er sich, der Esel bekam die Möhre vor die Nase gehalten und rannte los.

Der Ober mit dem Block in der Hand enthob ihn einstweilen einer Antwort, von der Philipp nicht wusste, wie er sie diplomatisch formulieren sollte. Da war es schon einfacher, das Essen zu bestellen.

Langer entschied sich für Foie gras, was Philipp erzürnte. Wäre nicht ein besonderer Anlass der Grund ihres Aufenthalts hier gewesen, er hätte sowohl Langer wie auch dem Ober gesagt, was er davon hielt. Es war eines der ekelerregendsten Beispiele dafür, wie Menschen für ihren Luxus Tiere quälten. Es war wortwörtlich nichts anderes als Fettleber, die dadurch erreicht wurde, dass männlichen Enten und Gänsen zwei- bis dreimal täglich ein Metallrohr in den Schlund gedrückt und den zappelnden Tieren tausend bis zweitausend Gramm eines Getreide-Fett-Breis in den Magen gepumpt wurde. Durch diese Zwangsernährung weitete sich die Leber krankhaft aus. Er würde Langer morgen eine Abhandlung zu dieser Art Tierquälerei auf den Schreibtisch legen. Künstlich vergrößerte Organe zu essen empfand er als ähnlich krankhaft wie die japanische Manie, lebenden Haien die Rückenflosse abzuschneiden, um daraus Suppe zu kochen.

Er war kein Vegetarier, einem guten Stück Fleisch war er durchaus zugeneigt, aber es musste nicht täglich auf den Teller. Gemüse in allen Variationen besetzte immer häufiger seinen privaten Speiseplan, Pasta in jeder Art, diverse Sorten Reis, die man erst entdecken musste, feinste italienische

Linsen, und wenn man Kartoffeln nicht mehr nur als satt machende Beilage betrachtete, wurden sie äußerst interessant in ihrer vielfältigen Zubereitung. Dann eröffnete sich die Welt der Salate, hunderterlei Käsesorten ... Seine Abneigung gegen vorgefertigtes Essen, gegen Supermarktfutter, dazu noch von Fremden zubereitet, wuchs in dem Maß, wie er auf Reisen gezwungen war, sich in Restaurants zu ernähren. Er fand inzwischen mehr Gefallen daran, sein Essen selbst zu kochen, als sich von einem blasierten Sternekoch einwickeln zu lassen, zu exorbitanten Preisen. Zu Hause wusste er, was auf dem Teller lag. Bei dem technisierten Stand der Lebensmittelindustrie und der Kunstprodukte konnte das zur Frage des Überlebens werden.

Er entschied sich für eine Geflügelterrine und danach für den Zander. Langer, dem er seine Bedenken lieber verschwieg, liebäugelte zuerst mit pochiertem Kalbsfleisch, entschied sich dann aber für die Languste.

»Das ist kein gepresstes Fischeiweiß in Garnelenform?« Philipp konnte das Mäkeln nicht lassen.

Der Ober sah pikiert auf Philipp herab.

»Sie können einem mit Ihren Bedenken auch den Appetit verderben«, knurrte Langer wie ein Hund, dem man den Fressnapf wegzog, und nickte als Zeichen für den Ober, sie allein zu lassen. »Ich will mit Ihnen über etwas Ernstes reden und nicht über Ihre Gastro-Phobien. Ich will die Firma ausbauen und vergrößern. Die Lage erfordert es, die Krise erfordert es. Es heißt, sie sei vorüber, die Bars in London sind längst wieder mit Investmentbankern gefüllt, der Champagnerkonsum steigt – das ist der beste Indikator.«

»Vertrauen Sie der Presse?«

»Herrgott, nein. Aber ich habe einen Freund aus London, der sich bestens in der Szene auskennt, er ist sozusagen dort zu Hause. Gerade in dieser Situation müssen wir unser Angebot erweitern, uns über neue Felder Gedanken machen.

Jedes Zögern wird als Schwäche begriffen, deshalb gehen wir vorwärts. Wenn andere untergehen, hissen wir die Segel. Wir werden wachsen, expandieren, wir dürfen gerade in dieser Situation den anderen nicht den Markt überlassen.«

»Wenn wir die Firma vergrößern, brauchen wir auch mehr Mitarbeiter. Wer soll die Aufgaben übernehmen?«

»Sie, Herr Achenbach, Sie! Sie werden daran einen entscheidenden Anteil haben. Sie werden unser zukünftiges Italienangebot aufbauen. Ich kenne niemanden, der sich im Handel so gut auskennt wie Sie. Spanien ist danach dran, und auch der Vertrieb deutscher Weine ins Ausland. Frankreich wird unser Testmarkt, wir nutzen Ihre Verbindungen dorthin. Wir müssen europäisch denken, nicht zum Global, aber doch zum European Player werden. Ich hatte immer Vertrauen zu Ihnen, und die Erfahrung der letzten Jahre gibt mir recht. Sie hatten alle Freiheit, die Sie wollten, und wir haben dabei immer hervorragend zusammengearbeitet. Sie haben mich nie enttäuscht. Und umgekehrt ist das genauso, oder?«

Philipp nickte. »Das ist absolut richtig.« Bis heute war es so gewesen, er zwang sich zu einem Lächeln und ahnte, dass alles einmal zu Ende ging. Aber das war nur ein vages Gefühl.

»In einem Jahr muss das Italienangebot stehen. Das hängt von Ihrem Verhandlungsgeschick ab. Sie müssen einige Winzer von ihren bisherigen Importeuren abwerben und sie veranlassen, mit uns zu arbeiten. Das wird ein hartes Stück Arbeit. Es bleibt wenig Zeit, die Mitbewerber schlafen nicht. Friss, Vogel, oder stirb. Gleichzeitig muss unsere Logistik ausgebaut werden. Wir brauchen mehr Personal, jemanden wie einen General Manager, einen CEO, wie die Konzerne es nennen, den Chief Executive Officer. Zuerst jedoch müssen unsere Mitarbeiter härter ran. Der Schlendrian hört auf. In zwei Wochen stößt ein Unternehmensberater zu uns und wird eine Betriebsanalyse vornehmen. Wir werden anbauen oder umziehen, denn für das, was ich mir vorstelle, sind die Büros und das Lager zu klein und zu unmodern. Vielleicht reicht vorerst auch ein Ausbau, wir werden sehen ...«

Die Eröffnung war für Philipp alles andere als positiv, das durfte er Langer aber nicht zeigen, es war geradezu ein Schock. »Und was ist mit deutschem Wein?«, fragte er, um die ganze Hiobsbotschaft möglichst auf einmal zu erfassen. »Davon verstehe ich am wenigsten.«

»Kein Problem. Da werden uns die Beziehungen von Frau Helene Schilling nützlich sein, beziehungsweise die ihrer Familie.«

War das der Grund für ihre Einstellung gewesen? War sie wegen dieser Überlegungen bereits länger mit Langer im Gespräch?

»Ich möchte von Ihnen in einem Monat einen Vorschlag dazu haben, wie Sie sich das nächste Jahr unter diesen Gegebenheiten vorstellen, wie unser Angebot aussehen könnte, welche Weine beziehungsweise Herkunftsgebiete es umfassen sollte, wie man mit unserer Idee den Markt durchdringen kann, wie Sie die Reaktion des Handels, also unserer Kunden, darauf einschätzen. Ich beabsichtige, Sie zum Verantwortlichen für den gesamten Einkauf zu machen, aber zuvor gibt es noch etwas sehr Eiliges zu erledigen, das wir dringend erörtern sollten. Davon hängt alles andere ab.«

3

Langer schwieg und beobachtete, wie der Ober den Champagner öffnete, ohne dass der Korken knallte. Er hielt ihn fest und drehte die Flasche. Das war leichter als umgekehrt, und die Kohlensäure kam ins Glas, schäumte und verflüchtigte sich erst langsam in Millionen von Bläschen. Das war beim Bier auch der Fall gewesen, bevor es so schnell gezapft wurde, dass der Schaum sofort wieder in sich zusammenfiel.

Der Ober fasste die Champagnerflasche wie eine Weinflasche, um einzuschenken. Langer nahm sie ihm aus der Hand. »So geht es, junger Mann, man lässt den Fuß der Flasche in der Hand und auf den gespreizten Fingern ruhen und legt zur Sicherheit den Daumen unten in die Höhlung. Das Etikett zeigt derweil nach oben, damit auch alle ringsum schön sehen können, was man sich leisten kann – oder was einem der Gast wert ist.« Er sah Philipp an, dem derartige Komplimente nicht behagten. Meist wurde danach eine Erwartung geäußert. Nichts war umsonst.

»Champagner ist für die wenigsten ein Getränk, eigentlich nur für die Kenner, für die Mehrheit ist er ein Symbol.«

Philipp kleidete sein Unwohlsein in Zynismus. »Mit einem Glas Champagner in der Hand kann man sich sogar stilvoll von der Dachterrasse eines Hochhauses stürzen, wenn's mit Fünfundzwanzig mit der Karriere nicht so klappt und der Ehrgeiz größer ist als die Fähigkeiten.«

»Er meint das nicht so«, sagte Langer, der den verständnislosen Blick des Obers aufgefangen hatte. »Er ist sonst auch nicht so zynisch.«

»Er meint es doch so«, antwortete Philipp, der die Verunsicherung des Obers auf Langers Kritik am Einschenken bezog. So wie Langer es demonstriert hatte, wurde es gemacht, jedoch hätte Philipp den Ober niemals öffentlich darauf hingewiesen, es war kaum zu übersehen, wie sich die Ohren des jungen Mannes röteten. Im Zusammenleben mit Thomas war Philipp in Bezug auf junge Leute feinfühlig geworden und spürte, wenn bei ihnen das Vorpreschen Unsicherheit verbarg. Er hätte seine Kritik dem Ober beim Verlassen des Restaurants zugeflüstert.

In Bezug auf den Symbolgehalt eines Champagners stimmte er Langer zu. Nach dem Absturz der Londoner City durch die Finanzkrise war dort der Champagnerabsatz schlagartig eingebrochen. Die City Boys, die Banker, die Shooting Stars unter den Investmentberatern und Analysten waren zum Teil verglüht, andere von einem Tag zum anderen zum Ale zurückgekehrt, und viele hatten nicht einmal mehr für das Obergärige genügend Geld gehabt. Da war für einige ein starker Abgang von der Hotelterrasse die coolere Lösung gewesen.

Während Langer davon erzählte, dass ihn ein bekannter und äußerst erfolgreicher Investmentbanker angesprochen hatte, der in mehreren Ländern Europas einen Fonds auf der Basis von Champagner aufgelegt hatte, für den France-Import die Abwicklung übernehmen sollte, lief bei Philipp das Kontrollprogramm zu dem Champagner in seinem Glas ab und überlagerte Langers Vortrag. Wenn er sich auf ein Getränk konzentrierte, trat alles andere für ihn in den Hintergrund. Er hatte gelernt, alle Nebengeräusche wegzudrücken, sich auszuklinken, einen Schutzraum um sich aufzubauen, alle Sinne waren nach innen gerichtet.

Zuerst entstand zu dem Getränk wie immer ein Gefühl,

eine Empfindung, sowohl hinsichtlich der Farbe wie auch in Bezug auf den Duft und den Geschmack. Dann wurden ihm die Einzelheiten bewusst, er dachte darüber nach und konnte letztlich seinen Eindruck in Worte fassen; wenn er nichts aufschrieb, blieb zumindest eine Erinnerung an den Wein zurück wie die an ein Bild, wie an ein Gemälde oder ein großes Werk, je nach Qualität des Weins. Jetzt aber musste er sich entscheiden. Es war wichtiger, Langers Ausführungen zu folgen, denn er verstand nicht, was sein Chef in diesem Zusammenhang von ihm wollte. »Was soll das bedeuten, die Abwicklung zu übernehmen?«

»Stellen Sie sich vor, Sie geben mir Geld, und ich kaufe davon Champagner.«

»Das würde ich nie im Leben tun. Ich würde ihn kaufen.«

Langer konnte sich das Grinsen schlecht verbeißen. »Das habe ich auch nicht angenommen, aber nehmen wir einmal an …«

»Na gut, dann verstehe ich es als Hypothese.«

»Es ist keine Annahme, diesen Fonds gibt es wirklich. Stellen Sie sich nicht so stur. Ich meine es ernst, ich will Ihnen das Prinzip erklären.«

»Das Prinzip bei Geldanlagen besteht im Grunde immer darin, dass andere damit mehr verdienen als ich, die Emittenten, also diejenigen, die Wertpapiere herausbringen, oder die Banken, die Anlageberater, besonders bei Fonds …«

»Wir wollen keine Finanzmarktkritik betreiben und uns auch nicht am System vergreifen, wir wollen davon profitieren und einen umfangreichen Auftrag ins Haus holen, verstehen Sie? In Zeiten, wo wir weniger große Bordeaux verkaufen, müssen wir uns Alternativen überlegen. Ich bin sehr froh darüber.«

»Sie wollen selbst investieren, in diesen Fonds?«

»Herrgott noch mal, hören Sie zu und sagen Sie nichts mehr, okay?«

»Gut, aber …«

»Nichts! Verstanden?«

Es fiel Philipp nicht leicht, bei diesem Thema ruhig zu bleiben. Dieser kaum von Fachleuten zu begreifende Markt von Annahmen und Glaubensbekenntnissen, von Erwartungen und Wetten auf eine Zukunft, die sich entzog, je näher man ihr kam, war ihm unheimlich. Er begriff sie nicht, diese Produkte, die keine waren, die niemand anfassen konnte, die Vorstellungen, die sich in Luft auflösten, Erwartungen, die sich über Nacht verflüchtigten (oder verflüchtigen sollten, wenn man Böses unterstellte), dazu alles in der Sprache Eingeweihter – das bereitete ihm Kopfschmerzen. Staatsanleihen begriff er, Aktien waren auch noch einigermaßen plausibel, unter Anleihen konnte man sich was vorstellen – aber Konstrukte wie Credit Default Swaps, Asset Backed Securities und Front Bonds waren für ihn allesamt Methoden einer wundersamen Geldvermehrung. Auch Wasser konnte bekanntermaßen zu Wein werden, wie bei der Fraktionierung: Man zerlegte ihn in seine chemischen Bestandteile, analysierte diese, nahm dann entsprechende Chemikalien in der nötigen Menge, löste sie in Wasser auf, gab Alkohol dazu und verkaufte das Teufelszeug als Wein – *made in USA*.

Trotz seiner Zweifel nickte Philipp, um Langer Zustimmung zu signalisieren. Er begriff, dass der Chef sich nicht ernst genommen fühlte. Das vertrug kaum jemand, Langer schon gar nicht.

»Damit Sie es besser verstehen: Ich als Anleger gebe jemandem Geld. Der kauft verschiedene Champagner und lagert sie. Der Champagner steigt im Wert, was abhängig ist von der Marktentwicklung, Dauer der Lagerung, vom Namen des Produzenten und einigen anderen Faktoren.«

»Aber in der momentanen Situation sind die Umsätze gefallen ...«

»Das führt zu nichts, Herr Achenbach, wenn Sie mich unterbrechen. Dann lassen wir das besser ...«

Philipp entschuldigte sich. »So war das nicht gemeint. Aber das sind Zweifel, die sich sofort …«

»… auch bei mir einstellen«, beendete Langer den Satz. »Ja. Bringen Sie so viele Argumente vor, wie Sie wollen, aber nachher bitte, später, wenn Sie wollen, auch schriftlich. Fassen Sie es in einem Memorandum zusammen, aber lassen Sie mich ausreden.«

Als Philipp schwieg, setzte Langer erneut an. Er erläuterte, dass dieser Investor ein erfolgreicher Investmentbanker sei, der in der Krise sein Kapital vermehrt statt verloren hatte, da ihm die Sicherheit des anvertrauten Geldes wichtiger sei als hohe Gewinne, ein seltener Fall. Dieser Erfolg spreche für ihn. Jemand müsse sich um den Einkauf kümmern, um den Transport, das Lager in der Champagne verwalten und entscheiden, welche Partien wann degorgiert werden sollten, denn diese Partien würde man in Deutschland verkaufen, um die laufenden Kosten des Fonds zu bestreiten, um die Einlagen der Anleger zu erhalten und Zinsen zu zahlen.

»Und was wäre unsere Aufgabe in dem Spiel?«, fragte Philipp, dem das System im Großen und Ganzen einleuchtete.

»Wir werden quasi die Verwalter des deutschen Anteils, also des Champagners, bringen die Flaschen dann her und bieten sie unseren Kunden an.«

»Ich glaube, das alles steht und fällt mit der Wirtschaftsentwicklung und mit der Bekanntheit der Namen der beteiligten Champagnerhäuser und der Werbung. Wer wird die Auswahl treffen, wer entscheidet, was eingelagert und angeboten wird?«

»Darauf haben wir keinen Einfluss. Die Fondsgesellschaft hat Berater. Es geht ja nicht nur um den deutschen Markt, wir sind nur ein Teil des Ganzen. Es geht um die anderen Länder, die ich vorhin erwähnte. Holländer, Belgier und Briten haben andere Vorlieben.«

Philipp widmete sich der Vorspeise und warf dabei einen Blick auf den Rhein. Viele Köln-Düsseldorfer waren wieder unterwegs, bei dem schönen Wetter waren die Bänke an Deck der Ausflugsdampfer bis auf den letzten Platz besetzt. Für den späten Nachmittag waren wieder Gewitter angesagt, das Wetter in diesem Frühjahr war ziemlich schlecht, ein Tief nach dem anderen kam von Holland herüber.

»Der Champagnerabsatz ist gesunken, die Preise sind gefallen, wer setzt oder wettet denn dann auf steigende Preise?« Philipp bezweifelte, dass sich die Geschichte für France-Import rechnete.

»Champagner wird seit Jahrhunderten getrunken, seit Dom Pérignon erfunden hat, wie man die Kohlensäure in der Flasche hält. Haben Sie Vertrauen, sehen Sie das positiv, als Chance und langfristig. Mal gehen die Kurse rauf, dann wieder runter. Wenn sie jetzt unten sind, können sie nur steigen. Und darauf setze ich.«

»Sie? Sie auch?« Philipp starrte seinen Chef ungläubig an. »Sie haben darin investiert?«

»Was glauben Sie denn? Meinen Sie etwa, ich würde mich an diesem Geschäft beteiligen, nur um die Arbeit zu machen?«

»Arbeit bringt weniger Spekulationsgewinn, aber sie ist sicherer, weniger risikoreich ...«

»Wenn ich nicht überzeugt wäre, mein lieber Achenbach, dass ich damit Erfolg habe, würde ich Sie damit nicht betrauen und schon gar nicht die Abwicklung übernehmen. Schließlich müssen wir die nötigen Strukturen schaffen, uns einarbeiten, und das kostet Geld, mein Geld.«

Da war es wieder, Langers *Ich* und das *Mein* statt des *Wir*. Philipp ließ sich nicht anmerken, wie ihm das aufstieß. »Die Abwicklung sehe ich als weniger schwierig an. Wein kaufen, lagern und verkaufen gehört zu unserem Geschäft. Kennen Sie die Leute, die den Fonds aufgelegt haben, die dahinter stehen, die Fondsmanager?«

»Die verstehen ihr Geschäft, da können Sie sicher sein. Ich bin mir Ihrer Skepsis durchaus bewusst und teile sie bis zu einem gewissen Maß. Das ist der Grund, weshalb ich die Firma vergrößern will. Fressen – oder gefressen werden, das ist die Devise. Dann müssen wir eben fressen, um am Leben zu bleiben.«

»Sie wissen, dass wir als Unternehmen, das vom Inhaber geführt wird, immer viel beweglicher sind, wobei ich noch keine Vorstellung habe, wie wir die Vergrößerung finanzieren sollen.«

»Sie können sich auf mich verlassen, ich weiß genau, was ich tue.«

Da schwang für Philipp zu viel Gewissheit mit. »Kennen Sie den Fondsmanager, der das Vermögen verwaltet, persönlich?«

»Nein, es ist eine Gesellschaft, die sich an uns gewandt hat.«

Hatte er eben nicht gerade etwas anderes gesagt? Philipp wurde vorsichtig. »Wieso wendet man sich gerade an uns?«

»Möglich, dass man unseren Katalog gesehen hat, dass uns jemand empfohlen hat, wir sind schließlich seit zwanzig Jahren Spezialisten für französische Weine. Sie wissen, wie viele Kunden wir haben, außerdem kenne ich eine Menge Leute.«

Philipp hoffte, dass es niemand aus dem Klüngel oder vom Golfplatz war, den Langer in letzter Zeit leider allzu häufig frequentierte. Männer, die klüngelten, und solche, die weiße Bälle durch die Luft schlugen, hielt er für nicht allzu bodenständig.

»Von Arbeit wird man nicht reich!«

Diesen Satz hörte Philipp aus Langers Munde immer öfter, natürlich nicht vor den Kollegen, die alle ihre Arbeit machten und nie die Chance haben würden, reich zu werden. Doch allen reichte es, um die Kinder satt zu kriegen, sich einen Arzt leisten zu können – beim Zahnarzt hingegen wurde es kritisch.

»Also – was halten Sie davon?«, fragte Langer und lehnte sich zurück.

»Von Ihrem ersten oder von Ihrem zweiten Projekt.«

»Sprechen wir zuerst über den Champagner-Fonds.«

Es war Philipp zuwider, sich sofort zu Vorschlägen zu äußern. Er vermied es, Meinungen abzugeben, bevor er nicht mindestens ein bis zwei Stunden im Garten oder in der Küche gearbeitet und eine Nacht darüber geschlafen hatte, und seit Thomas Betriebswirtschaft studierte, konfrontierte er auch ihn mit seinen geschäftlichen Überlegungen.

»Ich werde mich nicht um die Antwort drücken, aber ich würde Ihnen lieber erst morgen was dazu sagen.«

Langer jedoch bestand auf einer sofortigen Antwort. »Ich muss wissen, ob Sie mitmachen, jetzt, heute, ich muss wissen, ob ich auf Sie zählen kann, auch mit einem ›Ja, aber‹. Der Fonds existiert bereits, er hat ein Vermögen aufgebaut, es gibt ein Lager in der Region Montagne de Reims, fast in Sichtweite der Stadt, mit einer Kellerei für die technische Abwicklung. Man kann sich alles ansehen.«

»Das werde ich tun, darauf können Sie sich verlassen!«

»Wunderbar. Genau das wollte ich von Ihnen hören, Herr Achenbach. Ich wusste, dass wir uns verstehen. So, jetzt lassen wir uns den Schampus schmecken. Der gefällt mir sehr, nehmen Sie Kontakt zum Winzer auf.«

Jetzt war Philipp halbwegs versöhnt. In Bezug auf Wein war Langers Urteilsfähigkeit ungetrübt, aber was die Finanzen anging – er müsste dafür sorgen, dass kein Unsinn gemacht wurde, schließlich hingen seine Existenz und Thomas' Zukunft davon ab. Er sollte sich in der Champagne umsehen. Es waren nicht mehr als vier Autostunden bis nach Reims.

Als Langer bereits im Wagen saß, ließ er die Scheibe herunter: »Kümmern Sie sich um Frau Schilling. Helfen Sie ihr dabei, sich einzuarbeiten, machen Sie es ihr leicht. Sie waren vorhin so distanziert. Winken Sie nicht gleich ab.« Er hatte Philipps Griff nach der Krawatte als Ablehnung interpretiert. »Ich weiß, Frau Maheinicke fehlt Ihnen. Um ehrlich zu sein«, Langer entglitt das Lächeln, »bilden Sie sich nicht ein, ich hätte nicht bemerkt, was sie hinter meinem Rücken tat. Das wird jetzt anders. Und denken Sie mal über Ihr Dasein als Single nach. Zu viel Alleinsein schadet Geist und Körper. Es ist nur zeitweilig angenehm. Sie werden nicht jünger, trotz Fahrrad und Garten. Ach – und noch etwas – wo Sie sich in Köln so gut auskennen. Wissen Sie, von welcher Seite man in die Willmannstraße reinfährt? Es ist eine Einbahnstraße.«

»Zu wem wollen Sie da?«

»Zu Schwenke und Cie., einer Druckerei.«

»Wenn Sie was abholen wollen, wieso schicken Sie nicht unseren Fahrer?«

»Danke für den Tipp, wäre ich nie darauf gekommen ...« Langer ließ die Scheibe hoch, wendete den Wagen und gab zu viel Gas, die Reifen drehten durch.

Wieso schickt Langer nicht den Fahrer?, fragte sich Philipp und sah ihm nach. Aber das, was sein Chef über das Single-Dasein gesagt hatte, interessierte ihn mehr. Langer hatte ihm oft genug auf ihren Touren zwischen Köln und Bordeaux oder Aix-en-Provence seine Ansichten über Liebe und Ehe auseinandergesetzt. Anders als Langer, der ein Leben lang verheiratet war, allerdings jetzt zum dritten Mal, betrachtete Philipp Frauen weder als zukünftige Krankenschwester noch als Köchin oder gar als Reinemachefrau. Die konnte er sich glücklicherweise leisten.

Als sein Taxi kam, gab er dem Fahrer einen Zehn-Euro-Schein und schickte ihn wieder weg. Das war ihm eine halbe Stunde am Rheinufer allemal wert. Er liebte Flüsse wie die Gironde, die Loire, die Donau und den Rhein, sein bisher unerfüllter Traum war es, den Amazonas vom Atlantik bis hinauf zur Quelle in den Anden zu fahren. Vielleicht hatten

Mark Twain und sein Huckleberry Finn mit dem Mississippi den Grundstein für diese Sehnsucht gelegt. Salzwasser empfand er als aggressiv, starker Wellengang nagte aus unerfindlichen Gründen an seinem Inneren wie das Meer an einer Küste, von der es immer wieder Stücke abbrach und sie verschlang. Ein Fluss war wie das Leben, wie die Menschen und Ereignisse, denen man darin begegnete: Etwas tauchte auf, eingebettet in die Ufer, kam nahe, trieb langsam vorbei, sodass man es erkennen konnte, und verschwand allmählich. Das Meer hingegen trennte, es war endgültig, absolut und unüberwindlich.

Heute floss der Rhein gemächlich, Philipp setzte sich auf eine Bank, der strahlende Himmel des Vormittags hatte sich bezogen, Schleierwolken ließen auf starke Höhenwinde schließen, sicherlich die Vorboten weiterer Schauer. Am Morgen hatte er gelesen, dass Hagelschauer im Bordelais großen Schaden angerichtet hatten. Nach ersten Schätzungen sollten 20.000 Hektar Rebland betroffen sein. Die Hagelkörner zerschlugen die jungen Triebe, die Blüten und Blätter, da bildeten sich keine Trauben mehr, und die angeschlagenen Blätter welkten und fehlten zur Photosynthese, die nötig war, damit sich überhaupt Zucker in den Beeren anreicherte. Hoffentlich war Martin Bongers nicht betroffen, ein ehemaliger Kunde, den Philipp aus dessen Zeit als Frankfurter Weinhändler kannte. Heute betrieb er in Saint-Émilion ein kleines Weingut. Seinen Pechant, einen großartigen *vin du garage*, hätte Philipp zu gern in seinem Angebot gehabt, aber die geringen Mengen waren sofort an Liebhaber verkauft. Philipp konnte froh sein, wenn er für seinen eigenen Weinkeller eine Sechserkiste bekam. Angeblich hatte Bongers Land zugekauft, vielleicht würde das den Mangel beenden. Die Hagelschäden waren beträchtlich, sie führten zu steigenden Preisen, dabei hatte der Sommer nicht einmal begonnen, und der Klimawandel war eine weitere bedrohliche Variable.

Er vollzog sich nicht nur beim Wetter, sondern auch in der Wirtschaft. Es war an den Zahlen abzulesen, die latente Unruhe war deutlich. Unter den Kollegen war ein Gefühl spürbar, dass man das dicke Ende der Krise erst erwartete. Auch das Klima zwischen ihm und Langer hatte sich gewandelt. Hatte Langer ihn angelogen?

Diese Fondsgeschichte jedoch machte Philipp weniger Sorge als die Umstrukturierung der Firma, die Aufnahme weiterer Länder ins Angebot, womöglich irgendwann auch noch Wein aus Übersee. Sie würden ihren Status als Spezialisten aufgeben und mit allen anderen Großhändlern konkurrieren, ihr Angebot würde verglichen. Ein gleichwertiges Angebot an Weinen aus anderen Ländern aufzubauen würde Jahre dauern – vorausgesetzt, Langer wollte das Niveau halten. Das war immer Philipps Bestreben gewesen, wirklich gute Weine zu finden, die man sich leisten konnte. Wachstum in der Qualität und nicht in der Menge, denn in ihr ging man unter. Teure Weine für Leute, denen fünfzig Euro für die Flasche nicht wehtaten, gab's genug, das hatte die Weinkarte des Restaurants eben wieder gezeigt. Der billigste Champagner kostete sechsundachtzig Euro, berühmte Italiener wie Gaia und Ornellaia wurden für Hundert angeboten.

Wie weit waren Langers Pläne fortgeschritten? Philipp stand auf und ging zur Uferstraße, von wo er per Mobiltelefon ein Taxi bestellte. Während er auf den Fahrer wartete, ließen ihn die Gedanken an Langer nicht los. Hatte er bereits konkrete Maßnahmen eingeleitet?

Es wurde Zeit, in die Firma zurückzukehren. Sie war für Philipp seit einem Jahrzehnt ein Hafen, in den er von seinen Reisen zurückkehrte und stets Neues mitbrachte. Diesen Hafen wollte er sich nicht zuschütten lassen, nicht einmal von Langer, und in diesem Hafen, der bisher sicher gewesen war, lagen weitere Schiffe. Sah er sich gezwungen, für eine Firma zu kämpfen, die nicht einmal ihm gehörte? Musste er, um sich zu retten, fremdes Eigentum verteidigen, sogar gegen den Besitzer? Sie waren insgesamt dreißig gegen einen, die gesamte Belegschaft gegen den Chef?

Das Taxi kam nicht, und während er sich auf die Suche nach dem nächsten Taxistand machte, erinnerte er sich, dass Langer mit Aufträgen aus der Stadtverwaltung rechnete, die mit seinem Wein offizielle Events bestücken wollte. Hatte er jemanden geschmiert, um an die Aufträge zu kommen? Philipp wusste gar nicht, wieso ihm dieser Unsinn in den Kopf kam. Er merkte, dass es ihm nicht guttat, weiter über derartige Fragen zu grübeln.

Endlich kam ein Taxi. Die Innenstadt war verstopft wie immer. Bis nach Marsdorf benötigte der Fahrer eine Dreiviertelstunde. Mit dem Rad wäre Philipp schneller gewesen. Als der Wind aufkam, war er längst in der Firma. Es war schwül, mittlerweile drückend warm, viel zu warm für die Jahreszeit. Er betrat sein Büro und erinnerte sich an Helena Schilling, weniger an ihr Aussehen, auch nicht an ihr Gesicht, aber an die Verwirrung, in die ihr Anblick ihn gestürzt hatte, diese Mischung aus Freude und Angst, aus Beklemmung und Verlangen. Dieser Tag war schrecklich, nichts würde am Abend so sein wie am Morgen. Alles komplizierte sich, sein Alltag, sein Beruf, seine Stellung bei France-Import. Und zu diesem Gefühl, von den Ereignissen mitgerissen zu werden, gesellte sich ein leichter Schmerz, wie bei einem Abschied, wenn der Zug auf dem Bahnhof anrollte und man die Hand zum Winken hob …

»Der Lastwagen aus Bandol ist noch nicht aufgetaucht.« Der Lagerleiter war eingetreten, wie üblich auf leisen Sohlen, auf denen er wie ein Geist im Lager umherschlich und jede Kiste in Augenschein nahm, deshalb nannten sie ihn »den Wächter des flüssigen Schatzes«. Auf dieses Bild hatte Thomas ihn gebracht, als er dem Mann zum ersten Mal begegnet war.

»Auch von dem Fahrer fehlt jede Spur, sagt der Disponent

der Spedition. Sie suchen nach Fahrern, die ihn zuletzt gesehen haben. Man glaubt, dass er bestochen worden ist, um die Fracht woanders abzuladen – oder er wurde überfallen. Es wäre nicht das erste Mal. Die Zeiten werden rauer. Mit den Frachtpapieren ist alles in Ordnung. Was sollen wir tun?«

Philipp zuckte mit den Achseln. »Nichts. Tue nichts – und alles ist getan. Was würden Sie machen? Den Lastwagen zu finden ist Sache der Polizei. Ja, die Zeiten werden rauer und die Methoden härter. Und Frankreichs Behörden mahlen zu langsam.« Philipp trat ans Fenster, der Lagerleiter stand hinter ihm und erwartete Anweisungen. »Wir werden unsere Kunden informieren, wir werden das weitergeben, was man uns gesagt hat. Schreiben Sie es am besten gleich auf, ich mache dann einen Brief daraus.«

Der Lagerleiter zog den Kopf ein, da erinnerte sich Philipp daran, dass ihm das Schreiben mehr als Kopfschmerzen bereitete. Er war nicht dumm, er fand sogar bei absoluter Finsternis im Lager jede Flasche, es spielte keine Rolle, wann sie eingelagert worden war, und er kannte den genauen Bestand. Aber ein Schriftstück aufzusetzen lag ihm nicht, und Philipp akzeptierte das. »Besser Sie kommen nachher vorbei, und ich notiere alles.«

Sichtlich erleichtert zog sich der Lagerleiter leise zurück. Nicht einmal das Klappen der Tür war zu hören. Dafür spürte Philipp dieselbe Beklemmung in der Brust wie am Vormittag, was ihm die Laune endgültig verdarb. Um sich nicht weiter darüber zu ärgern, dass er die Lieferung aus Bandol vergeigt hatte, was ja wirklich nicht seine Schuld war, ging er hinüber zu der Kollegin, die für die Werbung und für den Druck der Kataloge zuständig war. Er fragte sie, ob Schwenke neuerdings die entsprechenden Aufträge erhielt, was die Kollegin verneinte, und auch sonst arbeite man nicht mit Schwenke zusammen. Aus welchem Grund war Langer dann hingefahren?

Die Frage beschäftigte Philipp nur, bis er die Stimme von Helena Schilling auf dem Flur hörte. Seine Laune sank noch weiter, als er sich klarmachte, dass er sich zurückhalten musste, denn sie war immerhin Langers Sekretärin. Doch wie sollte er sich über seine Gefühle hinwegsetzen, wenn er, wie heute Vormittag, ständig ihren Blick suchte?

Kurz vor Feierabend betrat sie Philipps Büro, und ihm schlug das Herz bis zum Hals. Er hoffte, dass er es überspielen konnte, am Vormittag hatte es auch niemand bemerkt. Meine Güte, wie albern ich bin, dachte er und empfand seine Gefühlsduselei als lächerlich, und so bemühte er sich um Sachlichkeit. Er hielt Helena Schilling einen Vortrag über die Weine von France-Import und deren Herkunft, er sprach über Qualitäten, über die Winzer und die Philosophie des Terroirs, erwähnte den Boden, das Klima und die Rebsorten, auf diesem Gebiet war er unschlagbar und fühlte sich sicher. Aber wusste sie das nicht alles längst?

»Ich habe seit etlichen Jahren kaum etwas damit zu tun gehabt«, meinte sie, als wolle sie sich dafür entschuldigen, »genau genommen seit ich von zu Hause fortgegangen bin. Aber es ist wie beim Schwimmen oder Radfahren, wenn man es einmal kann, verlernt man es nie.«

Was hatte sie vorhin gesagt? Philipp konnte sich an nichts erinnern, er hatte nicht zugehört, hatte lediglich Augen für sie gehabt, für die schönen Lippen, die sie jetzt nervös bewegte, für ihre großen Hände, das dunkle Haar, und er wurde gewahr, dass er mit seinen Gedanken schon wieder woanders war.

»Ich habe meine Kinder großgezogen und meinem Exmann in seiner Firma geholfen. Wir hatten das Büro im Haus, er hatte einen Textilimport.«

»Mit Wein hatten Sie dann weniger zu tun?«

»Nur wenn ich meine Eltern besucht habe, mit den Kindern in den Ferien. Natürlich haben wir auch unsere Weine getrunken. Ansonsten kenne ich mich ein wenig mit Champagner aus, durch eine Freundin. Sie kennen die Gegend gut?«

Helena Schilling drehte sich suchend um, betrachtete die Großfotos der Weingüter an den Wänden und zeigte auf eines aus der Champagne. »Die Kirche kenne ich, da war ich schon.« Sie lächelte, doch als sie bemerkte, dass sein Lächeln nicht den Fotos sondern ihr galt, erschrak sie. »Das, das ist doch Moussy – oder?«

Philipp hatte das Foto an einem frühen Abend gemacht, bei niedrig stehender Sonne, als ihre Strahlen einen roten Schimmer auf die jungen Blätter der Weinstöcke legten. Alle Fotos an den Wänden stammten von ihm, an jeden Moment einer Aufnahme konnte er sich erinnern, auch an jenen, als er die wuchtigen Dentelles de Montmirail fotografiert hatte, davor die Domäne ihres Lieferanten. Das Dorf Châteauneuf-du-Pape lag da am Hang eines Felshügels. Die Weingärten Savoyens und die Berge dahinter verbargen sich im Nebel, und die Provence glühte während der Weinlese unter einem stahlblauen Himmel. Das Bild der Domaine Richmonde mit dem Winzer Robert, einem Freund, inmitten der Reben des Languedoc, gefiel ihm besonders. Philipps Gesicht strahlte, und er geriet ins Schwärmen. So ließ sich der Überschwang des Gefühls, das ihn bei ihrer Anwesenheit ergriffen hatte, in unverfängliche Bahnen lenken. Er zeigte auf die Abtei von Saint-Hilaire bei Carcassonne, wo die Benediktiner bereits hundertfünfzig Jahre vor Dom Pérignon die *prise de mousse*, die sogenannte Schaumweinbildung, entdeckt hatten. Einige weiße Rebsorten, genannt Blanquette, hatten die Eigenschaft, nicht in einem Zug durchzugären. Wenn dann die Temperatur im Frühjahr wieder stieg, lebten die übrigen Hefebakterien in der Flasche auf, vergoren den Restzucker und bildeten Kohlensäure. Das nannte man die *méthode ancestrale* im Gegensatz zu der in der Champagne gebräuchlichen *méthode champenoise*, bei der dem durchgegorenen

Wein sowohl Zucker wie auch Hefe zugesetzt wurden, worauf die Flaschengärung einsetzte.

Die Aufnahme von einem Nachmittag am Mittelmeer in Collioure begeisterte Philipp genauso, wie der Ort mit seinem wunderbaren Licht einst Henri Matisse inspiriert hatte, und die Aufnahmen von Bordeaux, von Saumur, dann ein Schloss an der Loire, die Hospices de Beaune im Burgund.

Helena hatte sich von der Begeisterung mitreißen lassen, und sie lächelte Philipp offen an. »Sie lieben Wein, nicht wahr?«

Philipp brach seufzend seine schwelgerische Tour ab und landete wieder auf dem Teppich. »Lieben, bewundern, schätzen – es sind Worte für ein Gefühl, das immer stärker wird, je mehr man sich damit beschäftigt. Es ist allerdings auch ein profaner Broterwerb.«

»Profan? Das nehme ich Ihnen nicht ab. Sie sollten sich mal mit meinem Vater darüber unterhalten; es würde ihm Freude machen, Ihnen sein Weingut zu zeigen. Er schätzt Menschen, die genießen können und sich die Zeit dazu nehmen. Sie sind ungefährlich. Vielleicht treffen Sie ihn ja mal. Auch der Kaiserstuhl bringt wunderbare Gewächse hervor, aber ich merke es schon, Sie sind ziemlich frankophil.«

»Da werden Sie sich drauf einstellen müssen. Wir sind hier alle frankophil. Je mehr man seine Arbeit mag, desto besser wird sie.«

Philipp kontrollierte sämtliche Türen, als sie gingen. Obwohl er sich nicht daran erinnern konnte, jemals derartig verwirrt gewesen zu sein wie heute, hatte er es nicht vergessen. Er besaß alle Schlüssel, denn er arbeitete oft am Wochenende, schrieb Berichte, holte sich Proben aus den Klimaschränken, um sie erneut zu probieren und sich mit ihrem Lebenszyklus nach dem Entkorken vertraut zu machen.

Helena lief vor ihm über den Parkplatz, als die ersten

Regentropfen fielen. Hätte sie bei diesem Namen nicht blond sein müssen? Aber Homers Helena war sicher schwarzhaarig gewesen. Als sie sich nach Philipp umdrehte und ihn im Anzug zu seinem Fahrrad gehen sah, fragte sie ihn, ob sie ihn nicht nach Hause bringen sollte, er würde klatschnass dort ankommen.

»Reizend von Ihnen, aber ich habe es nicht besonders weit, und ein wenig Regen schadet nicht.«

»Was verstehen Sie unter ›besonders‹? Sie werden sich erkälten, und der Anzug muss in die Reinigung. Ich fahre einen Kombi, wir können Ihr Rad mitnehmen.«

Philipp ließ sich nicht davon abbringen, durch den Regen zu fahren. Er brauchte ihn heute mehr denn je. Wie hatte sie das mit ihrem Vater gemeint? Konnte er das als Zeichen von Sympathie verstehen, oder war es reine Höflichkeit gewesen?

4

»Du bist ja nicht bei Trost!« Philipp blieb erschrocken in der Küche stehen und sah seinen Sohn entsetzt an. »Weißt du, was das bedeutet, was das für eine Entscheidung ist?« Ihm war bei Thomas' Eröffnung fast das Küchenmesser aus der Hand gefallen, mit dem er die äußeren Blätter des Chicorées entfernt hatte. »Wieso kommst du jetzt darauf, am Ende des sechsten Semesters? Noch zwei Jahre, und du hast dein Examen in der Tasche, einen akademischen Titel. Du schneidest dir damit ins eigene Fleisch, du wirfst drei Jahre deines Lebens weg, drei Jahre einer guten Ausbildung.«

»Seit wann gibst du was auf Titel?«, fragte Thomas mit gespieltem Erstaunen. »Eine gute Ausbildung, sagst du? – Ich soll mich weiter in überfüllte Hörsäle quetschen und mir von genervten Professoren Theorien anhören, die kaum was mit der Wirklichkeit zu tun haben? Wenn sie Seminare über Korruption und Bestechung anbieten würden, dann vielleicht – aber so? Nee, mir langt's, verstehst du? Außerdem habe ich an der Uni genug gelernt.«

»Das meinst du!«

»Nein! Von dir habe ich gelernt, dass man Entscheidungen selbst treffen soll, dass man Verantwortung übernehmen muss, du regst dich über die Leute auf, über deine Kollegen, die sich alles sagen lassen wollen und gleichzeitig über Langers Anordnungen meckern. Mir jedenfalls reicht's. Und erinnere dich an dein Gerede von gestern, an das, was du über die Zocker in den Banken und in der Wirtschaft gesagt hast. Und wenn meine Kommilitonen bereits genauso denken, wenn sie mit dieser Mentalität ihr Studium aufgenommen haben, dann habe ich …«, das betonte er besonders, »… dann habe ich da nichts verloren.«

»Es kommt darauf an, was man für sich selbst aus einem Studium zieht. Studieren heißt selbst lernen. Und wieso rückst du erst heute damit raus?«

»Heute – morgen, übermorgen, ist das nicht egal? Das Semester ist sowieso zu Ende. Außerdem weiß ich gar nicht, weshalb du dich erst jetzt aufregst. Ich wollte dir das bereits gestern Abend sagen, aber du warst so in Brass, dass du mich gar nicht zu Wort hast kommen lassen, du hast nicht zugehört. Werden die Lachsfilets nun gesalzen und gepfeffert, bevor sie in die Kasserolle kommen oder erst, wenn sie gedünstet sind?« Thomas blickte seinen Vater an, als sei die Debatte für ihn damit beendet.

Es war das gleiche Gesicht, das Philipp in ähnlichen Situationen aufsetzte, und er verkniff sich das Lächeln. Wenn er sich selbst in seinem Sohn sah, war er entwaffnet. Er liebte ihn, er liebte diese Art, Entscheidungen vorzubringen und seine Interessen so entschieden durchzusetzen. Er war sich sicher, dass Thomas erst nach reiflicher Überlegung zu diesem Entschluss gekommen war. Philipp ahnte, dass jeder Widerstand dagegen zwecklos war.

Fahrig griff er nach dem Kochbuch für Champagnergerichte und schlug die entsprechende Seite auf: »*Déposez un lit d'endives, salez et poivrez légèrement, répartissez les échalotes ciselées puis les filets de saumon et …*« – also wurden die Lachsfilets vorher gesalzen und gepfeffert.

Die Eröffnung, dass Thomas die Betriebswirtschaft zugunsten einer Lehre als Winzer aufgeben wollte, hatte Philipp aus dem Konzept gebracht. Er konnte sich nicht daran erinnern, dass Thomas gestern davon geredet hatte. »Wann hast du mir davon erzählt?«

Thomas dachte kurz nach. »Na abends, nach deinem Sermon über die Banken. Der hat mich in dem Beschluss nur bestärkt. Außerdem, mein Lieber«, diese Formulierung benutzte Thomas immer, wenn er sich im Recht fühlte oder seiner Sache absolut sicher war, »was hast du gemacht, he? Du hast Betriebswirtschaft studiert, dann hast du Karriere gemacht, einen Haufen Kohle verdient und hast dann dein Hobby zum Beruf gemacht. Ich spare mir deine Umwege. Ich fange gleich mit dem Weinbau an. Oder regst du dich auf, weil ich das tue, was du dich seit Jahren nicht traust? Was ist denn nun mit dem Salz?«

»Leg die Lachsfilets auf den Chicorée«, meinte Philipp entnervt, »jetzt verteilst du die gehackten Schalotten darüber, den Campagner drüber – und ab in den Ofen. Pass auf, dass der Deckel schließt.«

Philipp begann hektisch die Küche aufzuräumen, stellte wütend das Geschirr zusammen, die Teller klirrten, das Schneidebrett und das kleine Küchenmesser warf er beinahe ins Spülbecken und knallte die Tür der Spülmaschine zu.

Thomas hatte seinen Vater selten in einem derartigen Zustand erlebt. Sonst blieb Philipp ruhig und souverän, ließ sich Zeit mit einem Urteil, fragte und wog das Für und Wider genau gegeneinander ab.

»Du brauchst dir keine Sorgen zu machen, dass ich dir noch länger auf der Tasche liege, falls dich das beunruhigt. Als Lehrling verdiene ich mein eigenes Geld, meistens wohnt man auch auf dem Weingut. Es geht außerdem um mich und nicht um dich. Ich will ein anderes Leben, verstehst du? Ich will was Lebendiges, etwas schaffen und mich nicht nur von Zahlen ernähren. Beim Umgang mit Trash Bonds verhungert die Seele – falls man eine hat.«

Philipp winkte ab, er wollte nichts mehr hören. Er konnte sich nicht erinnern, an einem Tag jemals mit derart vielen Veränderungen konfrontiert worden zu sein, die alle fundamental in sein Leben eingriffen. Und er erinnerte sich plötzlich daran, dass Langer nicht erst heute von einem Unternehmensberater gesprochen hatte, um analysieren zu lassen, wo bei France-Import die Einsparpotentiale lagen. Hatte er nicht zugehört oder es nicht hören wollen?

Was soll ich tun?, fragte er sich. Was will ich? Was ist richtig? Soll ich alles geschehen lassen? Ich muss mich mit der Fondsgeschichte auseinandersetzen. Und einen jungen Menschen kann ich nicht zu einem Studium zwingen, das ihn abstößt. Dass Thomas unter diesen Voraussetzungen nichts mehr lernen würde, dass er sich sperrte, war klar. Da war es sinnvoller, ihn einzubinden. Ich muss ihn mit wichtigen Fragen beschäftigen, um seine Entscheidung reifen zu lassen.

Philipp lebte zu lange mit seinem Sohn zusammen, als dass dieser nicht die Gemütsregungen seines Vaters kannte. »Dass ich Winzer werden will, macht dich doch nicht so fertig. Was ist denn sonst noch passiert?«, fragte Thomas. »Im Übrigen, das wollte ich dir schon längst sagen, du bist zu viel allein, hier im Haus. Hast du etwa Angst davor, dass ich verschwinde und du vereinsamst? Tu was dagegen, schaff dir endlich wieder eine Frau an. Ich finde nicht, dass du zu alt bist«, fuhr er fort, als Philipp aufbegehren wollte. »Aber du bist zu wählerisch. Heidrun war cool, mit der hättest du zusammenbleiben sollen. Wie lange ist das jetzt her, drei Jahre? Papa, das ist ungesund.«

An anderen Tagen hätte ihm Thomas' Bemerkung nichts ausgemacht, aber heute traf sie ihn. Thomas sagte klar seine Meinung. Wie konnte er sich beschweren, wenn er ihn dazu immer aufgefordert hatte? Er war zwar sein Sohn, aber er war mittlerweile auch ein erwachsener Mann, der sein Leben längst selbst in die Hand genommen hatte. Dass sie zusammenwohnten, was häufig von Fremden mit einem Stirnrunzeln zur Kenntnis genommen wurde, war ausschließlich der Freiheit zu verdanken, die er Thomas stets eingeräumt hatte. Und jetzt war es mit den »eingeräumten

Freiheiten« vorbei, heute nahm Thomas sie sich ganz selbstverständlich. Philipp öffnete die Champagnerflasche, als gäbe es etwas zu feiern, maß 200 cl ab und gab sie über den Fisch, den Thomas mit Olivenöl eingestrichen hatte. Der Ofen war inzwischen auf zweihundert Grad vorgeheizt.

Philipp füllte zwei hohe Gläser mit dem Champagner Philipponnat. Es war eine Cuvée aus zwei Dritteln Pinot-noir-Trauben und einem Drittel Chardonnay. Bei dem Zusatz von nur fünf Gramm Zucker galt er als Brut. Es war ein warmer, reifer Jahrgangschampagner, den er zur Probe bekommen hatte. Philipp meinte, die Aromen von Pfirsich und Aprikose wahrzunehmen, obwohl bei dem großen Pinot-noir-Anteil das Aroma roter Früchte meistens deutlicher hervortrat.

Vom Champagner wanderten Philipps Gedanken zu Helena. Die Zeit mit ihr war gespenstisch schnell verstrichen, in ihrem Gespräch war nicht eine einzige peinliche Pause entstanden, und als sie sich getrennt hatten, war er ziemlich verwirrt. Ob sie die Freundin sein könnte, von der Thomas sprach? Es war ein Gedanke, mit dem er sich anfreunden konnte. Er hob sein Glas.

»Du kannst mir helfen«, sagte er, um ihn und sich selbst abzulenken, »hilf mir mit deinen BWL-Kenntnissen.«

Während sie tranken und der Fisch garte, berichtete er von Langers Ideen.

»Ich kenne mich mit Kapitalanlagen wenig aus, und Beratern traut man besser nicht, die verkaufen, woran ihre Bank am meisten verdient. Bei deren Renditeberechnungen blicke ich gar nicht mehr durch. Ich habe bisher kaum was verloren, aber nur, weil ich sehr vorsichtig bin.«

»Stimmt, du spielst nicht einmal Lotto.«

»Dann ist da unser Haus, das ist so gut wie schuldenfrei. Und ich dachte, du könntest mir helfen.«

»Ich soll dir helfen? Wie stellst du dir das vor?«

»Indem du dich über Fonds informierst, wie man so was

auflegt, wie und wer sie prüft, worin die Unterschiede zwischen einem offenen und einem geschlossenen Fonds bestehen, wie man ihre Renditen errechnet und so weiter – und ob das im Ausland anders gehandhabt wird.« Philipp erinnerte sich daran, dass Langer von anderen europäischen Ländern gesprochen hatte. »Was hältst du davon? Ich komme nicht dazu, ich muss mich um die praktische Seite kümmern.«

Thomas ging auf Abstand. »Ist das dein Versuch, mich weiter an die Uni zu binden?«

Der Junge war nicht dumm, aber Philipp ging nicht auf seinen Einwand ein. »Ich muss mir überlegen, ob es sinnvoll ist, für diese Leute zu arbeiten, und ob wir damit Geld verdienen können, die Logistik im Hintergrund zu übernehmen, die Auswahl der Marken, den Einkauf von Champagner und seinen Transport, die Lagerhaltung, Versicherung, den Verkauf …«

»Weshalb will Langer das?« Thomas konnte Langer gut leiden, er war immer freundlich und aufmerksam gewesen, sowohl in der Firma wie auch hier in langen Sommernächten auf ihrer Terrasse. Zu Weihnachten bekam nicht nur sein Vater ein Geschenk, und zur Abiturfeier hatte Langer sämtliche Getränke spendiert. Nur war seit damals der Kontakt ziemlich abgekühlt.

Was Langer mit der Arbeit für den Fonds wirklich bezweckte, hätte Philipp auch gern gewusst. »Was er mit seinem Geld macht, ist mir egal, aber wenn er mit unserem Firmenvermögen spekuliert und es in irgendwelchen obskuren Fonds verzockt, hätte ich ziemlich viel dagegen. Ich muss vorbereitet sein. Ich muss wissen, was er will, und wenn noch nichts läuft, muss ich zumindest wissen, was er plant. «

»Hast du eben ›unser Geld‹ gesagt? Es ist nicht euer Geld, es ist sein Geld, Langer kann damit machen, was er will.«

»Du Klugscheißer.« Philipp ärgerte sich, und er wurde

scharf. »In den letzten zehn Jahren habe ich dieses Geld mit erarbeitet, zusammen mit einigen anderen, die noch länger bei France-Import arbeiten. Da hängen immerhin die Jobs von dreißig Leuten dran und ihre Familien.«

»Auch dann bleibt es seine Kohle. Da ändert ihr gar nichts.«

»Schon mal was von Mitbestimmung gehört?«

»Ja. In dem Gesetz steht davon nichts drin. Du verwechselst das mit Sozialismus. Wir leben im Kapitalismus, das heißt, dass alle arbeiten und den Mehrwert produzieren, den sich dann wenige aneignen.«

»Das Karl-Marx-Seminar ist anscheinend nicht ausgefallen. In unserem Grundgesetz steht auch, dass Eigentum dem Gemeinwohl verpflichtet ...«

»Papa, du bist rettungslos altmodisch. Da stehen viele schöne Worte drin, aber danach fragt heute kein Mensch mehr. «

»Denkst du so oder deine Dozenten?«

»Letztere. Genau deshalb will ich da weg, was Vernünftiges lernen, jedenfalls nicht, wie man andere verscheißert.«

»In der Weinwelt wird auch betrogen ...«

»Du hast den Wechsel nie bereut und sagst immer, dass die Leute in deiner Branche anders sind.«

»Das stimmt. Sie sind netter, der Umgang untereinander ist freundlicher, es geht um Genuss, um Lebensfreude ...«

»... Wein ist eine Ware wie jede andere auch«, unterbrach ihn Thomas. »In einem Prosecco für 1,99 Euro ist kein bisschen Lebensfreude und kaum Prosecco mehr drin, nur Kohlensäure, Zucker, Aromastoffe, Kunsthefen, Schwefel ...«

»Du hast recht, je größer die Firmen sind, desto härter ist auch da der Wettbewerb. Die ganz Großen sind genau wie alle anderen, ob sie Wein oder Waschmaschinen verkaufen. Aber ich habe es nie bereut, BWL studiert zu haben, das hat mir geholfen, ich habe die geschäftliche Seite nie außer Acht gelassen. Du solltest, statt eine Lehre zu machen, besser nach Geisenheim gehen und Önologie studieren. Ich besorge dir bei einem Winzer, den ich kenne, für die Semesterferien ein Praktikum.«

»Musst du schon wieder den Übervater raushängen und deine Beziehungen spielen lassen? Ich habe meine Fühler längst ausgestreckt.«

»Ich wusste nicht, dass du welche hast.« Die Suche nach einem Praktikumsplatz schien Philipp als Anknüpfungspunkt für das nächste Gespräch mit Helena Schilling geeignet. Er konnte sie zum Essen einladen, und sie konnten gemeinsam erörtern, abwägen, spekulieren, selbst wenn Thomas bereits wusste, wo er die Lehre absolvieren würde, würde das Thema nicht an den Haaren herbeigezogen wirken.

Während Philipp und Thomas die Vor- und Nachteile einer Lehre gegenüber dem Studium diskutierten und ob Thomas das Praktikum besser am Oberrhein oder an der Mosel machte, räumten sie die Küche auf und deckten den Tisch vor dem Fenster. Philipp hatte nach dem Kauf das Haus nach seinen Vorstellungen umbauen lassen und besonderen Wert auf die Küche gelegt. Sie musste modern sein, ergonomisch richtig, kurze Wege aufweisen, und sie musste so eingerichtet sein, dass man hier mit mindestens drei Personen bequem essen konnte, ohne von herumstehenden Küchengeräten oder Mülleimern eingeschränkt zu werden. Und obwohl es nur wenige Schritte bis ins Esszimmer waren, kam auch in der Küche ein weißes Leinentuch auf den Tisch.

Gutes Essen und der passende Wein, heute der Rest vom Koch-Champagner, besänftigten Philipp, und er fragte sich, ob er zu schnell auf Thomas' Vorstellungen eingegangen war. Andererseits hatte er selten Blödsinn gemacht. Und wenn Thomas ihm vertraute, wieso sollte er dann nicht auf seine Entscheidung bauen?

Thomas erklärte sich bereit, die wichtigsten Informationen über den Fonds zusammenzutragen, wozu auch ein sogenannter Musterprospekt gehörte, um zu beurteilen, ob die rechtlichen Voraussetzungen erfüllt waren. Thomas sollte sich auch an die BaFin wenden, die Bundesanstalt für Finanzdienstleistungsaufsicht. Die habe zwar in der Finanzkrise auch versagt, wie er meinte, genau wie alle Regierungsstellen und Landesbanken. Er war überzeugt, dass da nur Dummköpfe und Ignoranten arbeiteten und kaltgestellte Politiker. Aber zumindest würde ein derartiger Kontakt nicht schaden, wie Philipp meinte. Man konnte lernen, sich nicht oder nicht so sehr betrügen zu lassen, und dann gab es noch das World Wide Web.

»Wir können uns ja gleich vor den Rechner hocken«, meinte Thomas, aber Philipp war nicht danach zumute. Morgen war auch noch ein Tag. Das Essen hatte auf Philipp wie ein Abschiedsessen gewirkt. Der Gedanke kam ihm erst, als er sich im Bett schlaflos von einer Seite auf die andere wälzte. Aber es eine Henkersmahlzeit zu nennen wäre überzogen, und doch …? Als ihm das Gespräch mit Langer in den Sinn kam, war es mit der Nachtruhe endgültig vorbei, und er saß bis vier Uhr früh vor dem Fernsehgerät und zog sich Schwachsinn rein, bis ihm die Augen zufielen.

Beim Rasieren am Morgen fand er sich alt. Er ließ die Hand mit der Klinge sinken. Konnten Augen altern? Gemeinhin alterte alles drum herum, die Augen blieben gleich, sie verloren höchstens an Glanz, was wohl mit dem Feuer zusammenhing, das in einem Menschen loderte, unauffällig schwelte oder langsam erlosch. Jetzt aber sah er sich selbst in die Augen, er meinte, dass das Grau seiner Iris verblasste – erst seit gestern? Und er entdeckte noch mehr graue Haare an den Schläfen als zuvor. Wann zeigten sich die ersten Altersflecken? Waren eher blasse oder doch dunkle Typen wie er davon betroffen? Er betrachtete seine Handrücken. Tränensäcke unter den Augen zeigten sich erst im Ansatz, seine Mundwinkel wiesen noch nicht nach unten, lediglich die

Lachfalten hatten sich tiefer eingegraben. Philipp trat einen Schritt vom Waschbecken zurück, noch immer die Hälfte des Rasierschaums im Gesicht, und betrachtete seinen Körper. Zu viel Wein macht dick, dachte er, ich bin nachlässig, ich muss mehr auf mein Gewicht achten und darauf, nicht zu viel zu trinken. An zwei Tagen pro Woche, wenn es sich einrichten ließ, rührte er neuerdings keinen Tropfen an. Den Reisen, wo er sich täglich zum Probieren gezwungen sah, folgte eine Woche Abstinenz. Philipp wusste um die Gefahr der Droge Alkohol, die sich heimlich ihren Weg ins Leben suchte, sich ihre Gewohnheiten schuf und Abhängigkeiten aufbaute.

Er nahm den Kopf wieder hoch und rasierte sich fertig, nahm ein Aftershave, was er selten tat (vielleicht gefiel es Helena Schilling?), zog den leichten blauen Sommeranzug an, verzichtete auf die Krawatte, frühstückte mit Thomas und dessen Freundin Susanne, die noch am späten Abend gekommen war, und schwang sich aufs Rad. Zügig und ohne Umweg durch weniger befahrene Straßen fuhr er nach Marsdorf, als säße ihm ein Gewitter im Nacken. Dabei war der Morgen klar und kühl. Er wollte schnell in die Firma, dort waren die Lösungen für die Fragen zu finden, die sich stellten. Wie alles zusammenhing, ließ sich jetzt nicht überblicken. Dass alle Fragen miteinander verbunden sind, dass sich mit der Beantwortung einer Frage auch die Antworten auf andere finden lassen, ist so gut wie sicher, dachte er, als er mit Schwung in den Hof einbog und das Fahrrad in den auf seinen Wunsch hin angeschafften Fahrradständer stellte.

Er hob den Kopf und sah zu Langers Büro hin. Der stand am offenen Fenster, telefonierte und blickte ihn an, ausdruckslos und ohne das geringste Zeichen des Erkennens.

»Es soll kein geschlossener Fonds sein«, sagte Langer, »er wird erweitert, wann immer die Manager es für nötig halten und wie es die Marktpreise gebieten. Es wird gekauft und verkauft, und aus den Verkäufen bekommen die Anleger ihre Rendite und die anteilige Wertsteigerung ihrer Anlage zurück. Über die Verkäufe, die bis dahin vorgenommen werden, lassen sich die Zinszahlungen finanzieren, und die sind davon abhängig, wie gut der Champagner verkauft wird. In Großbritannien wird das alles längst praktiziert. Die Zinsen sind nicht exorbitant hoch, dafür sicher, es sind etwa acht bis zehn Prozent jährlich.«

»Das ist eine extrem gute Verzinsung«, staunte Philipp. »Es kommt natürlich darauf an, wie hoch das Agio ist, die Kosten für die Ausgabe.«

Langer ging nicht darauf ein. »Ich habe Ihnen hier ein Booklet mitgebracht, das Sie unbedingt durchlesen müssen.« Er reichte Philipp eine Hochglanzbroschüre. »Die Besten der Champagne« lautete die Überschrift auf der Titelseite. Es war nicht der Prospekt mit allen technischen Angaben des Fonds, wie ihn der Gesetzgeber forderte. Es war eine Werbebroschüre für Champagner, um Eindruck zu schinden.

Im Vordergrund stand ein Sektkübel mit einer bereits geöffneten Flasche, daneben ein Glas. Im Hintergrund, etwas unscharf, tummelte sich eine illustre Gesellschaft in Abendrobe, die Gesten der meist jungen Frauen so exaltiert wie ihre Dekolletés, die Männer mit grauen Schläfen, erfolgreich und selbstverständlich im Smoking. Es herrschten die Farben Grün, Gold und Silber vor, und auch das Papier fühlte sich äußerst hochwertig an. Philipp hatte beobachtet, wie der Lagerleiter den Karton mit den Broschüren aus Langers Wagen geholt hatte.

Jetzt stand er auf dem Konferenztisch. Philipp ging hin und betrachtete das Etikett der Druckerei an der Seite. Schwenke und Cie., Köln, las er.

»Seit wann arbeiten wir mit denen? Schwenke war bei der Kalkulation unserer Kataloge immer zu teuer.«

»Ich habe die Booklets nicht drucken lassen, ich verteile sie lediglich.« Das hörte sich an wie eine Verteidigung.

»Sie verteilen Broschüren?« Philipp war fassungslos. Es befanden sich mindestens fünfzig davon in dem Karton. »Verteilen Sie die unter denen da?« Er hielt Langer eine aufgeschlagene Broschüre entgegen. Eine üppige Blondine lachte ihn an, eher ordinär als verführerisch. »Sind das die Käufer unserer Champagner oder die Käufer des Fonds?«, fragte Philipp, der mehr ein Freund von klaren Informationen war als von Anmutungen, Vorstellungen und Einbildung.

»Höre ich da noch immer Ihre Skepsis heraus?« Langer schüttelte den Kopf. »Achenbach. Sonst sind Sie nicht so begriffsstutzig. Neue Zeiten erfordern eben neue Maßnahmen, das gilt auch für uns. Beide sind gemeint, beide Käufergruppen. Auch Sie können Ihr Geld da anlegen, und je besser Sie zukünftig einkaufen und verkaufen, desto besser verdienen wir, Sie und ich ... Aber das hier ist die Broschüre, in der es um die Champagnerhäuser geht, die von unserem Fonds repräsentiert werden.«

»Von unserem?« Bei Philipp läutete eine Alarmglocke.

»Herrgott – Ihre Spitzfindigkeit hilft uns nicht weiter. Sie wissen, was ich meine.«

Das wusste Philipp keineswegs, aber jedes weitere Wort hätte Langer als Belästigung aufgefasst. Bis auf wenige Namen kannte Philipp die hier erwähnten Champagnerhäuser und Produzenten. Es waren berühmte Namen, es waren die Großen der Branche, die in aller Welt in den bekanntesten Bars, Nacht- und Yachtclubs sowie den Spitzenhotels auf der Speisekarte standen, möglichst ohne Preisangabe. Es waren Champagner, mit denen Stars und Sternchen ihren Aufstieg feierten, sich in den Abstieg soffen, die Rennfahrer als Siegesejakulat verspritzten und die für Finanz-Groupies und Fotomodelle als Lockstoff galten. Der Kenner wusste, dass diese Millésimes und Prestige Cuvées selten unter fünfzig Euro zu kriegen waren. Doch Besuchern von Nobelevents und Galadiners war es völlig egal, ob sie den Monatslohn eines Lageristen von France-Import an einem Abend versoffen, inklusive Urlaubs- und Weihnachtsgeld.

»Die machen da alle mit?« Es waren weniger die Namen der Winzer und Kooperativen als vielmehr die der Champagnerproduzenten, die Philipp zu dieser Frage bewegten. Er konnte sich kaum vorstellen, dass Marken wie Pommery, Veuve Clicquot, Taittinger und Roederer, die in Tokio so bekannt waren wie in San Francisco, sich an dem Fonds beteiligten. Das waren die Marken für die Imagetrinker, wie sie die Branche nannte, für diejenigen, die beim Trinken gesehen werden wollten und am liebsten die Flaschen im Lokal oder an der Bar herumgezeigt hätten wie die Autoschlüssel ihres Porsche. Diese Gruppe konsumierte immerhin 80 Prozent der bislang 330 Millionen Flaschen Champagner, die jährlich produziert wurden. Der Anteil der Kenner, denen es ausschließlich um Geschmack und Genuss und nicht um die Show ging, entfiel auf den Rest von lediglich fünf Prozent.

»Den Großunternehmen bleibt bei der heutigen Geschäftslage gar nichts anderes übrig, als an uns zu verkaufen. Die Preise sind gefallen, die Umsätze auch, die Lager sind voll und müssen geleert werden. Wenn wir die Einkäufe für mehrere Länder zusammenfassen, haben wir eine bedeutende Nachfragemacht, wir können über die eingekaufte Menge den Preis bestimmen …«

Da war es wieder, das *Wir*, in Bezug auf den Fonds.

»Wir können höchstens darauf Einfluss nehmen«, korrigierte Philipp. Bei seinen Weinreisen war er als Erster mit den Preisverhandlungen konfrontiert. Er gab nach der gemeinsamen Verkostung seine Empfehlung ab, aber entschieden wurde von Langer, vom Prokuristen und den Vertretern. »Ist es klar, dass die Großen im Fonds mitmachen werden? In den anderen Ländern, wo es ihn gibt, wie ist es da gehalten? Mit welchem Anteil sind sie beteiligt?«

»Wie das genau funktioniert, werden Sie herausfinden, Herr Achenbach. Deshalb ist es mir so wichtig, dass gerade

Sie dabei sind. Das gibt mir die nötige Sicherheit. Ich weiß, dass ich mich auf Sie verlassen kann. Sie lassen sich nicht vom schönen Schein blenden, Sie gehen den Dingen auf den Grund, wie bisher, und wie auch jetzt und lassen sich nicht abschütteln, wie ein Terrier …«

Langer lachte, er konnte sich gar nicht beruhigen, er fuhr fort, Philipp Honig ums Maul zu schmieren. Aber für Schmeichelei war er nie empfänglich gewesen, sie weckte höchstens seinen Argwohn, und er unterbrach Langers Redefluss.

»Der Wein wird abgefüllt und gelagert, er reift, nach den Vorschriften des Champagnerverbandes, mindestens fünfzehn Monate in den Kellern der jeweiligen Produzenten, oder dreißig …«

»Richtig, dann erhält er seine Fülldosage, die ihn erneut gären lässt und erst zu Champagner macht, den *liqueur de tirage* …«

»… da ist noch nichts etikettiert. Kaufen wir ihn in diesem Zustand oder erst nach dem *liqueur d'expédition*, der Versanddosage, wenn feststeht, ob er als Brut, Sec oder Démi-Sec in den Handel geht? Müssen wir ihn dann etikettieren?«

»Sie wissen selbst, dass man in jedem Stadium alles kaufen kann, ob es nun Trauben von Pinot-noir-Weinstöcken oder solche von Pinot meunier sind, ob es Most ist oder gerade abgefüllter Wein, bevor er die erste Dosage verpasst bekommt oder danach.«

»Nein! Hier wirft sich eine ganz entscheidende Frage auf, die für die Wertentwicklung des Fonds von entscheidender Bedeutung ist.«

»Und die wäre?« Das verbindliche Lächeln, mit dem Langer seine Gesprächspartner für sich einnehmen konnte, flackerte. Es wäre jedem anderen entgangen, aber Philipp, der diesem Gesicht seit zehn Jahren an hundertfünfzig Tagen im Jahr begegnet war, bemerkte es.

»Wie wird der Champagner gelagert? Vor der endgültigen Dosage oder danach? Man kann ihn drei, fünf oder fünfzehn Jahre auf der Hefe lassen und die Flasche dann kopfüber auf den Korken stellen. Da findet dann kaum noch eine Veränderung statt. Aber er reift, rundet sich, findet eine Harmonie, die man bei einem jungen Champagner vermisst. Man kann ihn auch nach dem Degorgieren, wenn die abgestorbenen Hefen draußen sind, weiter lagern. Er wird dann so brillant und geschliffen wie ein alter Weißwein, aber meistens soll er innerhalb der nächsten drei Jahre getrunken werden.«

Langer wich aus. »So ist es, wer könnte in unserem Hause mehr darüber wissen als Sie. Ja, das sind Fragen, die von Fall zu Fall und von Champagner zu Champagner entschieden werden müssen, von Ihnen – oder von wem auch immer. Einiges eignet sich nicht zur Lagerung, das muss rasch verkauft werden, damit wir Einnahmen erzielen. Das muss von Fall zu Fall entschieden werden.«

Klang da die latente Drohung durch, dass er, sollte er sich gegen das Projekt entscheiden, ausgeklinkt würde?

»Wir entscheiden immer in Hinblick auf die aktuelle Marktlage, die Preise, das Verbraucherverhalten. Wir werden es dann so machen wie die Champagnerhäuser, die reagieren auch auf die jeweilige Situation. Solange der Champagner nicht degorgiert ist, steigt die Qualität.«

Das galt nach Philipps Ansicht nur für Jahrgangschampagner und Prestige Cuvées. Für die Ersten wurden ausschließlich Trauben eines hervorragenden Jahres verwendet, für die Zweiten zog man mehrere besonders gute und lange auf der Hefe gelagerte Jahrgänge heran. Aber er wollte eine fachliche Diskussion vermeiden, besonders bei einem so vagen Thema wie der Entwicklung von Wein. Wie viele musste man probiert haben, um ihre Entwicklung vorherzusagen? Oft war es lediglich eine Vermutung. Aber es gab noch andere Bedenken.

»Man darf die Flaschen auch erst kurz vor dem Verkauf etikettieren. In den feuchten Kellern würden die Etiketten verschimmeln. Dazu müssten wir in der Champagne sowohl über Lager wie auch über alle anderen Einrichtungen verfügen ...«

»Glauben Sie, dass man daran nicht gedacht hat, Herr Achenbach? Wie ich bereits sagte, verfügt der Fonds über entsprechende Keller. Es sind alle technischen Einrichtungen für die Weiterverarbeitung vorhanden. Wie das Ganze dort ausschaut, wie es harmoniert und ob es das tut, das zu beurteilen, mein lieber Achenbach, überlasse ich Ihnen. Sie werden mich umfassend informieren, und wir sehen weiter. Wann reisen Sie ab? Wie lange werden Sie brauchen? Sie wissen, dass da noch eine viel wichtigere Frage im Raum steht: die Erweiterung unserer Firma. Mit dem Italiensortiment beginnen wir. Ja – ganz richtig – unsere Firma! Bei der Tragweite der Entscheidungen habe ich mir etwas Besonderes ausgedacht.«

»Muss ich mir Sorgen machen?«

»Es liegt mir wirklich sehr am Herzen ...«, Langer fasste sich theatralisch an die Brust, »... nach so vielen Jahren, in denen wir geradezu freundschaftlich verbunden sind. Ich würde mich unendlich freuen, wenn Sie mein Teilhaber würden.« Er sah Phillip in die Augen und breitete die Arme aus, als wolle er ihn an seine Brust drücken. Bei den nächsten Worten blickte er wieder aufs Papier vor sich, als stünde dort die Höhe von Philipps Anteil vermerkt. »Über die Höhe Ihrer Beteiligung werden wir uns gemeinsam Gedanken machen, in jedem Geschäftsjahr ein bisschen mehr ...«

Da war nicht nur der Chief Executive Officer im Spiel, sogar als Teilhaber wollte ihn Langer, und Philipp wurde die Entwicklung unheimlich. »Wieso wollen Sie gerade mich als Partner?«

»Tja, da staunen Sie!« Langer nickte bedächtig. »Sie sind doch längst mein Partner. Und Menschen, die geradezu unentbehrlich für das Unternehmen sind wie für mich, muss man was bieten. Ja, so wichtig sind Sie mir ... nur um einen Gefallen möchte ich Sie bitten.« Langer stand auf und trat ans Fenster. »Lassen Sie endlich die Kinderei mit dem Fahrrad.«

Wie vor den Kopf geschlagen verließ Philipp Langers Büro. Gedankenverloren starrte er Helena Schilling an, er fand sie so wunderbar wie gestern; er war kurz davor, ihr das auch zu sagen, als ihm das Unsinnige seines Vorhabens bewusst wurde. Das Blut stieg ihm ins Gesicht und bis in beide Ohren.

»Was haben Sie?«, fragte Frau Schilling erschrocken, »ist Ihnen nicht wohl?« Auch sie schien mit der Spannung, die sich zwischen ihnen bei jedem Zusammentreffen weiter aufbaute, schlecht umgehen zu können und wurde nervös.

Einen souveränen Eindruck mache ich nicht gerade, dachte Philipp beschämt, als er sich glücklicherweise an Thomas' neueste Idee erinnerte. »Hätten Sie vielleicht später Zeit für ein kurzes Gespräch? Ich möchte Sie um einen Rat bitten.«

Helena Schillings Erstaunen war echt. »Einen Rat – wieso von mir?«

»Es hat mit Ihrem familiären Hintergrund zu tun – und mit meinem Sohn.«

»Sie haben einen Sohn?«

»Was ist daran so erstaunlich? Sie haben doch auch Kinder?«

»Doch, doch«, beeilte sie sich zu antworten, »zwei Töchter ...«

»Frau Schilling!« Das war der energische Ruf von Langer aus dem Chefzimmer, und sie beeilte sich, ihm nachzukommen, und sprang auf. »Nachher, ja? Später ...?«

Philipp ging mit dem Champagnerprospekt in der Hand in sein Büro und warf ihn auf den Schreibtisch. Das war nicht der Prospekt, mit dem er gerechnet hatte. Es war nichts weiter als eine gut gemachte Broschüre mit schönen Bildern von gut aussehenden Fotomodellen. Dazwischen eingestreut fanden sich allerdings auch Fotos der Champagne, aus Aube und Bar-sur-Seine, aus Château-Thierry und Épernay und von Leuten, die er persönlich kannte. Auch die Kathedrale von Reims fehlte nicht. Aber er wollte wissen, wie Geschäftsführung und Kontrolle funktionierten, wer zum Beirat gehörte, was die Grundlagen für die Besteuerung waren und was es sonst zu beachten gab. Wer würde in ihrem Fall auf der Seite des Fonds der Ansprechpartner sein? Langer musste das wissen, denn jemand hatte ihn angesprochen und ihm die technische Abwicklung angetragen. Weshalb verheimlichte er ihm das, wenn er ihn, wie angekündigt, sogar zum Teilhaber machen wollte?

5

Die nächsten Tage verbrachte Philipp mit Reisevorbereitungen. Er fragte bei einigen der im Prospekt erwähnten Winzern an, ob sie ihn empfangen würden, und reservierte ein Zimmer. Am liebsten übernachtete er auf Weingütern. Das erleichterte den persönlichen Kontakt, und in den Jahren seiner Tätigkeit hatte es mit einigen Winzern und Önologen zu einem beinahe herzlichen Verhältnis geführt. Er kam zufällig an, wenn Geburtstag gefeiert oder ein Kind getauft wurde, er musste die Abreise verschieben, als René, der Kellermeister von Baudrillard, vom Tank gefallen war und sich den Arm und ein Bein gebrochen hatte. Während des Aufenthalts auf der Domaine des Terres Rouges im Burgund wurde er Zeuge eines riesigen Krachs, weil der verwirrte Großvater des Vorbesitzers den Arbeitern abstruse Anweisungen gab. Auf einem anderen Weingut war die Tochter erst morgens um fünf Uhr nach Hause gekommen, und der Sohn eines Gascogner Winzers hatte sich geweigert, im väterlichen Betrieb mitzuarbeiten, und sich in einen Ashram nach Goa verzogen.

Das alles bekam Philipp nebenbei mit, und es machte die Menschen, deren Weine er kaufte, in vielem verständlicher. Beim Wein und bei einem guten Mittagessen, das über Gebühr ausgedehnt wurde, sodass der Nachmittag in Hektik ausartete, oder beim Abendessen, bei dem man bis tief in die Nacht probierte und diskutierte, kam man sich unweigerlich näher. Als Folge davon erfuhr Philipp vieles, was sich weder den Einkäufern der großen Importeure noch Klaus Langer offenbarte.

Zu den Reisevorbereitungen zählte auch das intensive Studium des Wirtschafts- und Finanzteils diverser Zeitungen. Er brauchte Zahlen und Fakten, um sich seine Meinung zu bilden, als ehemaliger Betriebswirt konnte er auf die Kommentare zwischen den Zeilen und die Bewertung getrost verzichten. Er gewann den Eindruck, dass es den Autoren weniger um Aufklärung ging als darum, mit Hilfe einer unverständlichen Sprache eine Mauer zwischen der Bankenwelt und den dummen, gierigen Anlegern zu bauen, die den Banken ihr Geld zur Vermehrung brachten.

In Geldangelegenheiten bewegte sich Philipp äußerst vorsichtig. Für ihn stand im Vordergrund, was er brauchte – und nicht das, was andere meinten, ihm verkaufen zu müssen. Das mochte einer der Gründe sein, weshalb Philipp jetzt mehr als sonst daran gelegen war, dass Langer keine Fehlentscheidungen traf. Es gab genügend andere Firmen, die den Markt als eine Art Gefechtsfeld sahen mit einer Verkaufsfront in der Mitte. Wer so sprach, betrachtete den Konkurrenten als Feind, das Wirtschaften als Krieg und den Kunden als Gegner.

Als »konservativ« kritisierte Philipps offizielle »Bankberaterin«, die wohl mehr den Interessen ihres Arbeitgebers diente als den seinen, sein Verhalten. Aus dem Munde dieser Dame klang sogar die Bewertung einer Anlagestrategie als »werterhaltend« schlichtweg abfällig. Philipp ging ein Rat nicht aus dem Kopf, den ihm ein Bankdirektor gegeben hatte, sozusagen als Gegenleistung für die Beschaffung seltener Jahrgangschampagner. »Alles über acht Prozent Zinsen ist Betrug. Und setzen Sie nur das ein, was Sie ohne Schmerzen verlieren können.«

Philipp brannte darauf zu erfahren, was Hellwege, der Prokurist, von Langers Plänen hielt. Angeblich hatte Langer mit ihm noch nicht darüber gesprochen, aber das glaubte Philipp jetzt nicht mehr. Spielte Langer sie gegeneinander aus? Zog er diesen oder jenen Mitarbeiter ins Vertrauen und übertrug dem einen Macht, dem anderen nicht? Was versprach sich Langer davon?

Ob sich Hellwege ihm noch immer verpflichtet fühlte? Philipp hatte damals die Prokura abgelehnt, Hellwege hatte davon gewusst und sie angenommen. Wusste er auch von dem Unternehmensberater? In Finanzangelegenheiten sah Hellwege ziemlich klar, er war der »Rechner«, wie ihn manche Kollegen nannten. Spräche Philipp ihn an, liefe er natürlich das Risiko, dass Langer davon erfuhr. Aber seit Langer, Thomas und Helena seine Welt auf den Kopf stellten, war alles mit einem Risiko behaftet.

Helena koordinierte Langers Termine, lernte seine Gesprächspartner kennen und schrieb seine Aktennotizen, auch wenn sie kaum eingearbeitet war. Sie wusste, mit wem Langer neuerdings Umgang pflegte. Aber um mit ihr darüber zu sprechen, war es zu früh.

Philipp und Helena kamen sich täglich ein wenig näher, und gleichzeitig waren sie peinlich darauf bedacht, dass niemand in ihrem Umfeld etwas von ihrer Zuneigung bemerkte. Morgens suchten beide eine Gelegenheit, sich zu begrüßen, und ihr Händedruck dauerte etwas zu lang. Philipp hatte ihr gezeigt, wo man mittags gut und günstig essen konnte, und sie begleitet. Statt das Telefon zu benutzen, tauschten sie Informationen mündlich aus, was ihnen einen Moment für ein persönliches Wort und einen Blick verschaffte. Wenn er ihren Schritt hin zum Fotokopiergerät hörte, hatte auch er eine Kopie zu machen, und nach Feierabend blieben beide länger – Philipp, um angeblich seine Reise vorzubereiten, und sie, um sich einzuarbeiten. Dahinter stand ihr ganz privates Interesse aneinander. Er wusste nicht, ob sie einen Freund hatte, aber niemand holte sie ab, und wenn jemand auf sie gewartet hätte, wäre sie dann so lange geblieben? Gestern, auf dem Parkplatz, hatte Philipp sich nach ihr umgedreht, und sie hatte ihm nachgeschaut. Beide hatten gewinkt – und gelacht, sie hatten sich ertappt gefühlt. Jetzt kam es darauf an, wie man sich weiter annähern würde. Langsam, vorsichtig, nichts überstürzen, niemand hat es eilig, sagte sich Philipp. Es war gut, dass er für einige Zeit verreisen und Abstand gewinnen würde.

Thomas hatte sofort spitzgekriegt, was ablief, und ihn direkt darauf angesprochen, als er sich in den Garten gesetzt und vor sich hin geträumt hatte, ohne zu bemerken, was an den Gemüsebeeten zu tun war. An dem Tag hatte Helena ihn und sein Fahrrad nach Hause gebracht. Das Wetter war in diesem Frühjahr grässlich. Regen, Sonne, Schauer, Gewitter, dann wieder feuchte Hitze, das Klima war am Rhein sowieso nicht besonders gesund. Thomas war gerade dabei, das Gartentor zu öffnen, um den Volvo in die Garage zu setzen, er hatte angehalten, war ausgestiegen und hatte beim Ausladen des Fahrrades zugesehen.

»Deine neue Bekannte?«, hatte er gefragt, als Philipp das Rad in die Garage brachte, wobei Thomas breit gegrinst und das lächerliche Wort ›Bekannte‹ genüsslich in die Länge gezogen hatte. »Sieht für ihr Alter ziemlich gut aus. Passt zu dir.«

Als er für den provokanten Spruch nicht einmal einen bösen Blick erntete, wusste er Bescheid. Später, in der Küche, sprach er Philipp darauf an.

Philipp wiegelte ab, meinte, dass er Langers neue Sekretärin wohl sehr schick fände, aber es sei nichts Ernstes. Davon, wie sehr Helena ihn durcheinanderbrachte, sagte er nichts und wechselte rasch das Thema: »Was hast du über Fonds rausbekommen?«

»Fast alles. Du findest es im Internet. Das beste Lexikon über Anlagen und Börse hat die ARD. Ich habe sogar einen Musterentwurf für einen Weinfonds gefunden ...«

Bis weit nach Mitternacht saßen sie an Thomas' Schreibtisch, der Sohn vor dem stationären Rechner, Philipp hatte sein Laptop aufgeklappt, und sie lasen dieselben Nachrichten, Meldungen und Berichte. Die Blogs und Foren halfen ihnen wenig, dort gab man sich als Insider und allwissend. Philipp ging es darum, ob der angeblich in England etablierte Champagner-Fonds funktionierte, wie er sich entwickelte und was er für die Anleger abwarf. Erstaunlicherweise waren die Nachrichten ausgezeichnet. Sie waren so gut, dass alle Fondsanteile überzeichnet waren und der Kurs stieg. Nach Aussage verschiedener Banken schien es eine rege Nachfrage zu geben. Die Rendite war gut, das Agio für die Ausgabe zwar am oberen Limit, aber wer sein investiertes Kapital zurückforderte, bekam es sofort ausgezahlt, das war kulant und gehörte nicht zu den Vereinbarungen.

Der Name des britischen Fondsmanagers, Goodhouse, sagte Philipp nichts, er war in der Weinwelt unbekannt. Thomas entdeckte Goodhouse vielmehr in Zusammenhang mit Transaktionen in London – den Kommentaren nach war er ein geschätzter Investmentbanker, der bereits andere Fonds mit Erfolg geleitet hatte und anscheinend mit Champagner ein risikoarmes Geschäft entdeckt hatte.

Thomas' Wirtschaftsenglisch hatte im Studium gewonnen, er kannte die wichtigen Fachtermini wie Steuerbilanz, Verlustbeteiligungen, Entnahmen und Kontrollen, es half ihnen, die Texte zu verstehen. Für den britischen Fonds waren sogar die Namen der Mitglieder des Beirats aufgeführt, der die Kontrolle ausübte. Auch diese Namen sagten Philipp nichts, und sie tauchten nirgends im Internet wieder auf. Alles in allem gewann Philipp den Eindruck, dass es sich um eine seriöse Geldanlage handelte. Obwohl von Deutschland, Belgien oder Holland nicht die Rede war, lehnte Philipp sich nach diesen Informationen einigermaßen beruhigt zurück. Die Anleger, wie er den Blogs entnommen hatte, waren voll des Lobes. Nur – wenn alles im Lot war, wieso war dann Langer aus dem Rhythmus? Oder trieb ihn etwas ganz anderes um?

Es war Thomas, der ihn noch spät in der Nacht auf die Idee brachte, Helena einzuladen, als Philipp ihr elterliches Weingut am Kaiserstuhl erwähnte.

»Du kochst für sie, für uns vielmehr, du weißt ja, Liebe geht durch den Magen, das gilt auch für kochende Männer. Ich kann sie dann ausfragen, vielleicht nimmt dir das deine Vorbehalte gegen die Lehre. Und ich räume hinterher die Küche auf.«

Philipp sah ihn an, als würde ihm jemand erzählen, bei Discountern gäbe es guten Champagner.

»Wirklich, Papa, ich wische auch die Fliesen.«

An diesem Nachmittag fuhr Philipp früher als sonst nach Hause, um das Essen vorzubereiten. Er würde mit Champagner kochen. Er hasste es, wenn zum Kochen schlechte oder billige Weine verwendet wurden, oder gar der abgestandene Reste aus der bereits vor einer Woche geöffneten Pulle. Auch das Perlhuhn, eigens im Delikatessenladen von Gustav Brock in der Apostelnstraße gekauft, war seinen Preis wert. Viel lieber jedoch, als in teuren Geschäften einzukaufen, war es Philipp, wenn er das, was sein Garten hergab, auf den Tisch brachte, die Produkte seiner Subsistenzwirtschaft, wie Thomas es ironisch nannte, oder »zurück zum Kleinbauerntum«. Und auf einmal wollte der Bengel Weinbauer werden? Wer verstand die Welt?

Als sie aus dem Wagen stieg – die Abendsonne schmeichelte ihr und legte einen feinen Schimmer auf ihr kastanienbraunes Haar –, hätte Philipp sie am liebsten in seine Arme gezogen. Unschlüssig, wie sie mit der neuen Privatheit umgehen sollten, beließen sie es beim Händeschütteln.

Sie sah großartig aus, trug helle Jeans, darüber eine bunt bedruckte Bluse, einen feinen Silberschmuck an einer Kette im Halsausschnitt und halbhohe Sandalen. Selbstverständlich wollte sie das Haus anschauen, sie war schließlich eine Frau. Philipp hingegen empfand die Besichtigungstouren seiner Gäste als Unsitte. Wenn er eingeladen war, hielt er sich zurück. Wie die Gästetoilette gekachelt war, bemerkte er spätestens, wenn er sie benutzte. Und was ging es ihn an, welche Tagesdecke auf dem Ehebett lag und ob sie zu den Gardinen passte? Klarheit, Funktionalität und Bequemlichkeit waren die Maximen, denen er bei der Einrichtung des Hauses gefolgt war.

»Sie bewohnen im Obergeschoss zwei Zimmer?«, fragte sie Thomas.

»Wollen Sie die etwa auch sehen?«, gab Thomas erstaunt zurück, und Philipp rutschte das Herz in die Hose. Das Chaos, das sein Sohn innerhalb von fünf Minuten in jedem Raum anrichtete, konnte nur Loriot übertreffen. Wahrscheinlich lag sein gesamter Krempel auf einem Haufen im Kleiderschrank. Wenn er Helena seine Räume zur Besichtigung anbot, musste sie ihm extrem sympathisch sein.

Philipp schützte Küchenarbeit vor und verzog sich. Als er den Deckel des gusseisernen Schmortopfes anhob, stieg ihm der Duft des Champagners entgegen: ein Blanc de Noirs, nur aus Pinot noir gekeltert. Philipp nahm diesen Champagner häufig zum Kochen, er war der kraftvollste. Das Perlhuhn war im Olivenöl bereits leicht gebräunt. Er nahm es heraus, um die Melange aus Crème fraîche, dem Senf aus Reims und dem gehackten Estragonzweig im Topf zu verrühren. Seit er sich mit Kräuterkunde beschäftigte, wurde er von Thomas belächelt, der auf den Zusammenhang zwischen der harntreibenden und verdauungsfördernden Wirkung des Estragons und seinem Alter hingewiesen hatte.

Nach einer Weile kam Helena wieder herunter, das Klappern hoher Absätze hatte Philipp in diesem Hause lange nicht gehört. Thomas' Freundin schlich meist in Turnschuhen die Treppe hinauf. Thomas betrat nach ihr die Küche, und als würden beide sich seit Längerem kennen, drückte er ihr Teller und Besteck in die Hände und wies sie an, wie sie den Tisch zu decken hatte. Überrascht führte sie seine Anweisungen aus. Er sagte ihr, welche Gläser sie zu den Gedecken stellen sollte und in welcher Schublade die Serviettenringe lagen. Es waren Zeichen der Akzeptanz. Als er in den Weinkeller abtauchte, trat Helena zu Philipp.

»Ihr Sohn weiß ziemlich genau, was er will, nicht wahr? Hat er das vom Vater?«

Philipp brummte nur und blieb die Antwort schuldig.

»Er will Winzer werden«, sagte sie, »er hat gefragt, was ich davon halte. Ich finde das natürlich gut. Ich wäre es heute gern selbst. Ich habe ihm vorgeschlagen, erst die Lehre zu machen; wenn er anschließend studiert, lässt er sich von den Professoren nicht irre machen – vorausgesetzt, Sie haben die Mittel, das Studium zu finanzieren.« Sie sah sich in der Küche um, die mindestens zehntausend Euro gekostet hatte. »Aber davon gehe ich aus.«

»Weshalb haben Sie es nicht getan, ich meine, weshalb haben Sie nicht mit Ihren Eltern gearbeitet?« Philipp begann mit der Vorbereitung der Beilagen.

Sie schaute zu Boden, als würde sie mit den Augen einer Ameise auf ihrem Weg von der Terrasse ins Wohnzimmer folgen. »Es ist eine lange Geschichte, die kurz erzählt ist: Ein Grund war die Dominanz meines Vaters, ein anderer, dass ich meine Kinder sehr früh bekam, im Abstand von einem Jahr. Damit waren die Weichen gestellt. Mein Mann, mein – äh – Exmann stammt hier aus Köln, und ihm behagt das Landleben kaum, gelinde gesagt. Ich war jung damals, bis über beide Ohren verliebt, Sie wissen ja, wie das so ist, also ging ich mit ihm. Es gab noch andere Gründe, aber das zu erzählen, würde zu weit führen ... Wenn man sich allerdings für den Beruf des Winzers entscheidet, dann muss es ganz sein, mit Haut und Haar. Die Konkurrenz ist gewaltig, es gibt keine geregelten Arbeitszeiten, weder sommers noch im Winter. Und es kommt einem so viel in die Quere, was man nicht selbst entscheidet.«

»Und das wäre?« Thomas war aus dem Keller zurück, er hatte einen Pouilly Fumé von der Loire und einen Champagner mitgebracht. Den Weißwein stellte er in den Kühlschrank, den Champagner in den Sektkühler. Dann setzte er das Wasser für die Fettuccine auf, wobei er aufmerksam zuhörte.

»Das Wetter! Mal zu viel Regen, mal zu viel Sonne, Frost im Frühjahr, ein ekliger Herbst, dann die eingebildeten Kunden, der undurchsichtige Markt, das leidige Finanzamt, die Wirtschaftslage, die neidischen Nachbarn, kranke Angestellte, die Spedition, die nicht kommt ...«

Philipp erinnerte sich, dass die Sache mit dem verschwundenen Lkw noch immer nicht geklärt war.

»... dann die Mitarbeiter, die Hilfskräfte während der Lese, die Banken. Es reicht heutzutage längst nicht, einen guten Wein zu machen. Man muss ihn auch verkaufen, solche Leute wie Ihr Herr Vater müssen überzeugt werden, Herr Langer muss überzeugt sein, man muss Werbung machen. Das alles gehört dazu. Wenn Sie so ein Leben wollen? Mich hat am meisten abgeschreckt, dass wir in den Ferien nie verreist sind und immer helfen mussten. Ich war damals heilfroh, endlich von zu Hause wegzukommen.«

»Und heute?«, wollte Thomas wissen.

Helenas Blick wandte sich ganz nach innen, sie machte eine lange Pause. »Heute? Da sehe ich es genauso und auch wieder ganz anders ...«

»Philipp hat erzählt, Sie hätten zwei Töchter. Wieso leben die nicht bei Ihnen?«

Diese Frage ging Philipp zu weit. »Bist du nicht ein wenig indiskret, Thomas?«

»Lassen Sie ihn fragen«, Helena schüttelte den Kopf. »Meine Töchter ...« Sie hielt inne und fuhr sich mit den Fingern über die Stirn, »... sie leben seit unserer Trennung beim Vater. Ich war ihnen immer zu – sagen wir mal – bäuerlich.«

Thomas wagte einen abschätzenden Blick. »So finde ich Sie gar nicht. Außerdem – was bedeutet ›bäuerlich‹?«

»Sie werden es erfahren, wenn Sie die Lehre beginnen.«

Während des Essens fragte Thomas sie all das, was Philipp sich noch nicht zu fragen traute, was ihn aber doch sehr interessierte, und dazu gehörte ihr Wissen um Champagner.

»Früher gehörte das Weingut meinen Großeltern, zu Zeiten des Krieges. Sie hatten einen Zwangsarbeiter aus Frankreich zugeteilt bekommen. Der Mann stammte aus der Champagne und war Winzer, er hieß Émile. Mein Großvater hat viel von ihm gelernt und ihn immer gut behandelt, wie jemanden aus der Familie. Sie wurden Freunde. Die Nachbarn haben ihn deshalb kurz vor Kriegsende denunziert, die Gestapo hat Großvater verhaftet, aber glücklicherweise nach zwei Wochen wieder freigelassen. Und bevor sie Émile in ein Lager steckten, hat mein Großvater ihm zur Flucht verholfen. Der Kaiserstuhl liegt direkt an der Grenze. Das hat ihre Freundschaft nur vertieft, sie setzt sich über Generationen fort; ich habe den alten Émile noch kennengelernt, dann seine Kinder und deren Kinder. Heute leitet Émiles Enkelin das Weingut.«

»Ich möchte Sie noch etwas fragen, was meinem Vater auf dem Herzen liegt, was er sich aber nicht zu fragen traut …«

»Thomas!«

Philipps Ordnungsruf führte zu nichts, Helena lächelte nachsichtig, wie Eltern es bei den Kindern anderer Leute tun.

»Wie gefällt es Ihnen in der Firma? Sie sind Langers Sekretärin, der Ersatz für Frau Maheinicke.«

»Sie kennen ihn?«

»Gut sogar, beide, seit mein Vater bei France-Import angefangen hat. Langer war meistens gut drauf, das hat mir gefallen, aber in letzter Zeit ist er ziemlich daneben ...«

Helena entging nicht, dass Philipp seinen Sohn mit einem Blick zum Schweigen bringen wollte.

Thomas kümmerte das nicht. »Sie muss wissen, was da läuft, Papa. Wie soll sie sich orientieren und entscheiden, ob sie bleiben will, wenn sie nicht durchblickt?« Er wandte sich wieder Helena zu. »Wissen Sie von dem Fonds, und dass die Firma erweitert werden soll? Was halten Sie davon?«

»Ich werde mir nach den wenigen Tagen kein Urteil erlauben. Gibt es denn daran was auszusetzen?« Helena ging vorsichtig auf Abstand. »Alle Firmen sind bestrebt, zu wachsen, nicht wahr, Herr Achenbach?«

»Es können nicht alle wachsen.« Thomas machte ein triumphierendes Gesicht. »Ich werde Ihnen auch den Grund erklären. Wenn France-Import wächst, muss sie anderen Importeuren Umsatz wegnehmen.«

»Das ist nicht gesagt ...«, wandte Helena ein und suchte bei Philipp Unterstützung. Aber die kam nicht.

»Das funktioniert nur, wenn der Markt auch wächst. Aber die Nachfrage bleibt gleich, es trinken nicht mehr Leute Wein, dafür kaufen sie mehr in Billigläden. Wenn France-Import wächst, geht ein anderer kaputt, ihr übernehmt seine Kunden, rationalisiert den anderen Laden und werft die Leute raus.«

»Ja, aber das sind die der anderen Firma, nicht wir ...«

»Ach, und das ist Ihnen egal?« In diesem Moment verlor Helena bei Thomas einen Teil der gewonnenen Sympathie. »Wenn es irgendwann nur noch einen Weinimporteur gibt, der die Preise diktiert? Die Rohstoffe sind begrenzt, der Boden auch, Energie wird immer teurer, das Wasser wird knapp, also muss man andere verdrängen – oder das System ändern.«

»Wir haben auch so gedacht, früher, im Studium«, unterbrach Philipp vermittelnd, dem die Peinlichkeit dieser

Schlussfolgerung durchaus klar war. Das Gespräch nahm eine ungute Richtung. Er teilte zwar Thomas' Meinung, aber hielt damit zurück, weil sie zu nichts als zu Differenzen führte. Zum Glück deutete Thomas den teils flehentlichen, teils auffordernden Blick seines Vaters richtig und beendete die Debatte.

»Kinder halten einen in Bewegung.« Helena sah Thomas nach, als er in den Wagen stieg, um einen Freund abzuholen, mit dem er zu einem Vortrag in die Innenstadt wollte. »Ohne sie gerät man schnell in eingefahrene Bahnen, umgibt sich nur noch mit Leuten, die ähnlich denken, und stellt keine Fragen mehr.«

»Ihnen fehlen Ihre Töchter?«

»Wenn das Verhältnis gut ist, macht es Spaß mit ihnen, wenn nicht, ist es anstrengend. Wenn Ihnen die eigene Tochter sagt, Sie benähmen sich wie eine Bäuerin, dann schmerzt das. Ich habe mit der Trennung von meinem Mann gewartet, bis beide Mädchen mit ihrem Studium angefangen haben.«

»Dann leben Sie jetzt allein?«

»Ich probiere aus, was am Dasein als Single dran ist.«

»Und – geht das gut?«

»Wie lange leben Sie schon allein, Herr Achenbach? Oh, das geht mich nichts an, entschuldigen Sie, aber eine ganz andere Frage – was meinte Ihr Sohn damit, dass Herr Langer ziemlich daneben sei?«

Während sie auf die Terrasse zurückgingen, legte sich Philipp eine diplomatische Antwort zurecht. »Er scheint mir unter Druck zu stehen, und Thomas fühlt das. Sie sind immer gut miteinander ausgekommen, es ging zwischen ihnen fast familiär zu.«

»Herr Langer macht sich Sorgen, könnte ich mir denken. Es ist nicht leicht, eine Firma durch die Krise zu steuern«, sagte sie ausweichend. »Die Probleme sind vielschichtig.«

Sie griff nach ihrer Champagnerflöte, betrachtete das

leere Glas und lächelte, als Philipp es füllte. »Puh, so viel wie heute habe ich lange nicht getrunken, als wenn es was zu feiern gäbe – aber sagen Sie – ich hörte, Sie reisen demnächst in die Champagne? Was haben Sie dort vor? Wann fahren Sie?«

»Nächste Woche schon …«

»Ach, so bald schon? Ich würde zu gerne mitkommen.«

Der Abend war kühl, Helena fröstelte, und Philipp legte ihr seine schönste Wolldecke um die Schultern. Als Thomas später nach Hause kam, saßen sie noch immer draußen, auch Philipp war inzwischen eingehüllt. Keiner hatte den Abend beenden wollen. Philipp spürte, dass sie sich wohl fühlte, und er war froh darüber.

»Es war schön bei Ihnen, bei euch«, sagte sie, als sie später ins Taxi stieg.

»Ich würde mich freuen, wenn Sie öfter zu uns kämen.« Hoffentlich ist das nicht zu viel, dachte Philipp und winkte ihr nach.

»Die kannst du wieder einladen«, meinte Thomas.

Philipps Ausführungen zur Expansion von France-Import gefielen Langer gar nicht. Verschlossen starrte er auf das Exposé vor sich, lehnte sich zurück und verschränkte die Arme vor der Brust. Bei dieser Haltung, wusste Philipp, gab es kaum ein Durchkommen, Langer war unerreichbar.

Philipp schob selten etwas auf die lange Bank, auch wenn er sich vor der Antwort fürchtete, so wie heute, und sie ihn zu ungewollten Schritten zwang. Er ahnte, dass sie keine Übereinstimmung finden würden, und er hätte die Unterredung gern hinter sich gehabt. Einen derartig lähmenden Zustand, wie er bereits seit drei Wochen andauerte, hatte er in den Jahren bei France-Import noch nie erlebt. Wenn er sich an sein Jubiläumsgeschenk erinnerte, eine Sammlung der weltbesten Weine, von Petrus über Tignanello bis zum

Vega Sicilia, die er erst im letzten Herbst bekommen hatte, empfand er die Situation heute als geradezu feindlich. Ging es ausschließlich um das Wohl der Firma?

Die Gesprächseröffnung war nicht sehr vielversprechend, es war wie der erste Zug beim Schach mit dem Bauern. »Ich habe selbstverständlich darüber nachgedacht, und Sie werden es mir verzeihen, wenn ich Ihnen nicht zustimme! Sie begehen einen Fehler, Herr Achenbach, wenn Sie sich gegen das Wachstum stellen. Als Diplom-Betriebswirt sollten Sie das wissen: Die Kosten steigen unaufhörlich. Die Winzer erhöhen ihre Preise. Wir haben eine Inflation von zwei Prozent, inoffiziell, und sie wird durch die Staatsverschuldung weiter steigen …«

»Das Wachstum ist für mich nicht die wichtigste Frage, obwohl wir langfristig …«

» … unsere Mitarbeiter fordern höhere Gehälter, über die Transportkosten muss ich Ihnen nichts sagen, Benzin, Maut …«

»… die Ressourcen gehen uns aus«, wandte Philipp ein. »Die Rohstoffe werden knapp …«

»… also muss unser Umsatz in Beziehung zu den steigenden Kosten ebenfalls steigen, um das Doppelte genau genommen, damit wir …«

»… was ich meine ist, dass wir unseren Vorteil aufgeben, nämlich das, was uns von anderen Importeuren unterscheidet, unsere Kompetenz.«

Langer lächelte müde. »Kompetenz? Wer fragt danach? Entscheidend sind die Preise …«

»Wollen wir demnächst in die Supermärkte verkaufen?«

»Wenn es den Bestand der Firma sichert, dann ja. Ich hätte nichts dagegen.«

»Dann legen wir uns mit den Großen an, und der Fachhandel wird es uns übel nehmen, man wird uns auslisten …«

»Wenn Sie immer in den unteren Rängen mitmischen

wollen, Achenbach, würde ich Ihnen zustimmen, aber wir wollen weiter, wir müssen stärker werden, schneller wachsen als der Markt, wir brauchen ein strategisches Wachstum, das unsere Position langfristig sichert. Sonst werden wir geschluckt.«

»Wissen Sie mehr als ich?« Philipp kam der Gedanke, dass es womöglich ein Übernahmeangebot gab und Langer sich wehrte.

»Wir müssen wachsen, auf Gedeih und Verderb ...«

»... bis zum Untergang?«

»In der Krise ist der kleinste Fehler tödlich. Es geht nicht darum, was ich mir wünsche oder vorstelle, wir sind gezwungen.«

»Also liegt es am System? Dann ist der Kapitalismus schuld?«

»Wenn Sie es so sehen ... Wir verkaufen schließlich Wein, um Profit zu machen, und nicht, um einen Bedarf zu erfüllen, wie es Ihr Sohn vielleicht gerade an der Universität lernt. Sie sollten sich mal wieder unsere Betriebsziele vergegenwärtigen. Die sind die Grundlage des Vertrags, den wir beide miteinander haben, nichts anderes.«

Die Drohung war nicht zu überhören. Jedoch gab Philipp nicht klein bei.

»Wachstum lässt sich nur über Kredit finanzieren. Ein vernünftiges, also konkurrenzfähiges Angebot italienischer und spanischer Weine kostet uns Zigtausende. Woher das Geld nehmen? Wir geben unsere Unabhängigkeit auf, Herr Langer.« Geradezu verzweifelt brachte Philipp seine Argumente vor. »Andere werden hier entscheiden und nicht mehr Sie! Das können Sie doch nicht wollen?«

Langer stand auf, trat ans Fenster, drehte Philipp den Rücken zu und beobachtete einen Lastwagen, der an die Laderampe heranfuhr.

»So ist es nun mal, mein lieber Achenbach. Am Wachstum Ihrer Gartenpflanzen können Sie sich erfreuen, wenn

Sie pensioniert sind, das ist noch eine Weile hin. Bis dahin … ich habe das System nicht erfunden, aber wir müssen uns danach richten!«

Der Hieb saß. Philipp begriff, er war gemeint. Einst hatte ein Headhunter ihm erklärt, bevor er bei France-Import begonnen hatte, weshalb er als Kandidat für eine Führungsposition abgelehnt worden war: »Sie sind zu früh mit zu wenig zufrieden. Unsere Wirtschaft braucht bissige Hunde, Herr Achenbach, die auf Beute aus sind. Nur so geht es voran.«

Diese Mentalität war Philipp fremd. Er beobachtete Langer, bemerkte seine Anspannung, sah die hoch gezogenen Schultern, den eingezogenen Kopf. Das sah nur jemand, der ihn lange kannte, jedem anderen wäre es nicht aufgefallen.

Als hätte er Philipps Blicke gespürt, drehte er sich um. »Wie lange werden Sie brauchen?« Langer fuhr fort, ohne Philipps Antwort abzuwarten. »Eine Woche müsste Ihnen eigentlich reichen.«

Erstaunt hob Philipp den Kopf. »Sie meinen … in der Champagne? Woher soll ich das wissen? Es hängt davon ab, wie ich vorankomme und die Angelegenheit verstehe. Es ist ja nicht weit, und ich könnte, falls erforderlich …«

»Sie brauchen von uns aus höchstens vier Stunden bis nach Reims – falls Sie nicht wieder das Fahrrad nehmen.« Es sollte witzig klingen, Philipp nahm es irritiert zur Kenntnis. »Wenn Sie wie üblich am Sonntag losfahren, könnten Sie Montag direkt loslegen – meine Sekretärin stattet Sie mit den nötigen Unterlagen und Adressen unserer Kontaktleute aus …«

Sie wurden vom Läuten des Telefons unterbrochen. Langer wollte Philipp bedeuten, ihn für einen Moment allein zu lassen, es wäre das erste Mal gewesen, dass Langer ihn bei einem geschäftlichen Anruf hinausgeschickt hätte. Im letzten Moment wurde er sich der Brüskierung gewahr.

So weit geht er dann doch nicht, dachte Philipp befremdet, während er seinen Chef weiter beobachtete. Wer oder was stellte Langer derartig unter Strom? Bislang hatte er ihm nie Vorschriften über die Dauer seiner Reisen gemacht. Er hatte sich stets auf ihn verlassen und hatte davon ausgehen können, dass bei derartigen Touren ein Achtstundentag außerhalb jeder Diskussion lag und Philipp genau zwischen Arbeit und Freizeit zu unterscheiden wusste.

»Sie nerven, sie gehen mir, offen gesagt, auf den Wecker«, sagte Langer, nachdem er aufgelegt hatte, und notierte etwas in seinem Terminkalender.

Es dauerte eine Sekunde, bis Philipp begriff, dass nicht er gemeint war. »Wer war das?«

Langer sah Philipp an wie jemanden, dem man den Erfolg nicht gönnt, er behielt den bissigen Ton bei: »Bankiers – aber nichts von Bedeutung.« Doch sein Gesicht sagte etwas anderes, offensichtlich unterdrückte er seinen Zorn. Philipp kannte ihn gut genug, um das zu bemerken. Bekam Langer das nötige Kapital nicht zusammen?

»Mit dem Thema sind wir einstweilen durch. Jetzt zu dem anderen. Was ist mit Ihrem Wein aus Bandol?«

Philipp erklärte, dass die Polizei den Lkw gefunden hatte, nicht eine Kiste Wein war mehr auf der Ladefläche gewesen, und der Fahrer sei verschwunden, spurlos. »Die Spedition befürchtet das Schlimmste. Oder der Kerl hat selbst die Ladung des Sattelschleppers verkauft und macht sich ein paar gute Tage. Bei den Werten, die er transportierte, würde es sich lohnen.«

»Ohne Organisation im Hintergrund ist das nicht möglich. Die guten Tage werden kurz sein. Aber es ist nicht der erste Lkw, der verschwindet.« Langer schob Philipp das Exposé über den Tisch. »Denken Sie noch einmal darüber nach. Und jetzt sollten wir über den Champagner-Fonds reden. Werden Sie wie üblich in Avize Quartier beziehen? Wie haben Sie sich die Recherche vorgestellt?«

Der Parkplatz vor Philipps Fenster leerte sich, die Kollegen machten Feierabend, Langer war als einer der Ersten gegangen. Aber Helenas Wagen stand noch dort. Philipp hörte das Klopfen an seiner Tür, er wusste, dass sie es war, er kannte ihren Schritt, er kannte ihr Parfüm, aber er kannte noch nicht die Hände, die ihn umfassten, und auch nicht den Kopf, der sich an seine Schulter legte.

»Ich habe für uns beide eingekauft, ganz gegen meine sonstige Gewohnheit«, sagte sie später etwas atemlos und lächelte. »Es ist mir lieber, wenn wir bei mir kochen – schon der Gerechtigkeit halber …«

6

Wie um Langer auf drastische Weise seine Unabhängigkeit zu demonstrieren, fuhr Philipp nicht bereits am Sonntag in die Champagne, sondern kam am Montag noch einmal in die Firma – unter dem Vorwand, dringende Telefonate erledigen zu müssen, wozu er Unterlagen aus seinem Büro benötige. Entgegen seiner Erwartung war Langer aufgeräumt und guter Laune. Er deutete an, dass er auf bestem Wege sei, die Finanzierung zu bekommen, damit sei die Debatte über die Erweiterung jedoch nicht ausgestanden, und er ließ sich von Philipp das Exposé wiedergeben. Möglicherweise begriff Langer, dass er ein wenig zu weit gegangen war. Schließlich war Philipp sein verlässlichster Mann.

»Und wenn Sie zurückkommen, stelle ich Ihnen Mister Goodhouse vor. Ich habe von Ihnen erzählt, er möchte Sie unbedingt kennenlernen, dann reden wir weiter über Ihre Beteiligung.«

Langer wünschte ihm eine gute Reise und viel Erfolg. Philipp lag auf der Zunge, »wobei?« zu fragen, aber er verkniff es sich. Als Langer ihm noch zwei Visitenkarten exquisiter Restaurants mit auf den Weg gab, wobei Philipp diplomatisch verschwieg, dass Langer die Tipps ursprünglich von ihm bekommen hatte, fragte er sich ernsthaft, ob sein Chef die Dinge noch im richtigen Licht sah.

Diese Frage ließ ihn bis Koblenz nicht los, ein dummes Gefühl blieb. Die Autobahn durch die Eifel war wenig befahren, über Aachen und Lüttich wäre der Weg kürzer gewesen, aber er mochte die Ardennen nicht. Da lagen ihm zu viele Tote, Amerikaner, Franzosen sowie Deutsche.

Er dachte an Helenas Freundschaft mit der französischen Winzerfamilie und freute sich auf den Abend in Avize mit Yves und darauf, wie angenehm es sein würde, mit ihm und seiner Familie einen neuen, gelungenen Jahrgang zu feiern. Die Vorfreude wollte er sich nicht von den weißen Kreuzen auf grünem Rasen verderben lassen. Als Thomas kurzzeitig erwogen hatte, Wehrdienst abzuleisten, waren sie hierher gefahren und hatten die Gräberfelder abgelaufen. Thomas war still geworden, und danach war vom Bund keine Rede mehr. Sicher hatte es auch daran gelegen, dass sie an einem wolkenverhangenen Tag dort gewesen waren, es hatte dem Jungen zusätzlich auf die Stimmung geschlagen.

Heute indes konnte das Wetter nicht besser sein, der Frühlingstag war blau und schön, sogar recht warm für die Jahreszeit. Die Autobahn war frei, nur um Luxemburg herum wurde es eng. Erst in der hügeligen Landschaft hinter Metz und bei Tempo hundertzwanzig hatte Philipp die Muße, sich an Helena zu erinnern. An jenem Abend, nachdem sie sich im Büro nähergekommen waren, waren sie zu ihr gefahren und hatten sich in ihrer winzigen Küche nicht lange mit der Zubereitung ausgefeilter Gerichte aufgehalten. Dazu war ihr Durst zu groß, die Zeit der Dürre, der emotionalen Trockenheit war lang gewesen. Bei ihm hatte sie drei Jahre gedauert. Und es gab Dinge im Leben, die verlernte man glücklicherweise nie. Was konnte schöner sein, als diesen Durst miteinander zu stillen?

Philipp musste sich gewaltsam von der Erinnerung an ihr gemeinsames Wochenende losreißen, um nicht an die Leitplanken zu knallen. Helena war eine interessante Frau, sie hatte Geschmack, sie sah gut aus – der einzige Wermutstropfen war, dass sie beide das Gefühl hatten, dass alles zu schnell ging, und sie standen sich ein wenig atemlos gegenüber.

Hinter der Ausfahrt nach Verdun wandten sich seine Gedanken wieder Langer zu. Er hatte von einem Mann namens Gérard Touraine gesprochen, der sich in Reims um den Champagner-Fonds kümmerte. Die Telefonnummer hatte er in der Tasche, Touraine sollte sich bei ihm melden, wahrscheinlich noch heute. Langer kannte ihn nicht persönlich, aber Mister Goodhouse hielt angeblich große Stücke auf ihn, es war sein Mann in der Champagne, der sich um die Hardware des Champagner-Fonds kümmerte, um die Flaschen, die Käufe, die Verkäufe und den Produktionsprozess. Das war für Philipp der kritische Punkt: die drei Schritte in der Herstellung des Champagners und die damit verbundenen önologischen Entscheidungen.

War Gérard Touraine mit Alain Touraine verwandt, dem bekannten Soziologen und Verfechter radikaler demokratischer Ideale? Es gab die merkwürdigsten Konstellationen in den Familien, sie reichten von innigster Zuneigung bis zu absoluter Feindschaft. Touraine war kein Name wie Meier oder Müller, von denen es Hunderte gab, oder schrieb er sich Tourraine, mit doppeltem r, wie die Region um die Stadt Tours? Er hatte in Goodhouses Auftrag bereits die Aufbauarbeit für den belgischen, den britischen und holländischen Fonds geleistet. Daher würde er sicher diverse Kellermeister kennen, die Chefs de Cave, und mit ihnen zusammen bei den aufgekauften Champagnern die finale Mischung aus den diversen Reserveweinen herstellen. Entschied nicht der Kellermeister des jeweiligen Produzenten darüber? Dieser Mann musste ein Könner und ein Künstler sein. Es war für den Geschmack und den Erfolg entscheidend, ob der Wein später als *brut*, herbtrocken, oder als *démi-sec*, halbtrocken, geeignet war oder sogar als *doux*, als süßer Champagner, in den Handel kam, und er musste den Stil des jeweiligen Hauses wiedergeben.

Langer hatte darüber nur ungenaue Angaben gemacht. In seiner Liste fehlten auch einige Produzenten, und Langer kannte die Champagne nicht. Der bunte Prospekt zum Fonds wies lediglich einige Überschneidungen mit den Champagnermarken des Fondsbestandes auf. Vor Ort würde Philipp die Unterlagen einsehen und das Lager in Villers-Allerand besichtigen, verkehrstechnisch war es gut an die Autobahn angebunden. Das Dorf gehörte zur Montagne de Reims. Dort senkte sich das Hochplateau zur Marne hin, dort lagen die Champagnerorte am Rande des Plateaus wie an einer Perlenkette aufgezogen, denn hier trat die Kreide an die Oberfläche, und sie gab dem Champagner seinen besonderen Charakter. Philipp hatte nie in Villers-Allerand zu tun gehabt; auch hier lagen Millionen von Flaschen in den endlosen Kellergängen, die bereits vor Jahrhunderten in die Kreide getrieben worden waren. Ein Messer würde reichen, ein Stück aus einer der Tunnelwände zu schneiden, um damit auf einer Schiefertafel schreiben zu können.

»Flüssige Kreide«, so hatte der Moselwinzer Löwenstein den Champagner in seinem Essay zum Terroir sehr treffend genannt. Aber er war weit mehr als flüssige Kreide. Champagner war ein Lebensgefühl, ein Luxus, ein Genuss und ein Fest, ein schöner Anblick und ein eleganter Duft, dazu der feine Geschmack, Frucht und Mineral, weich und hart, eigentlich ein Widerspruch, und doch ein großartiger Wein eben, auf eine ganz spezielle Art gemacht.

Heute wollte Philipp nach Avize an die Côte des Blancs, südlich von Épernay, wo ausschließlich Chardonnay-Trauben angebaut wurden. Der Boden dort bestand aus Ablagerungen verschiedenartigsten Gesteins, von Kalk bis zu Kreide und Mergel. Noch weiter südlich, nach Vertus zu, überwog die Kreide wieder. In Avize würde er Quartier nehmen, wie immer in der alten Villa von Madame Clémentine Delaunay, die an die Kellerei ihres Sohnes Yves heranreichte. Seit Jahren logierte er dort, und Yves war ein Freund geworden.

Es war für Philipp eine Erleichterung, nicht auf Karten

oder Navigationsgeräte angewiesen zu sein, er kannte sich aus, erinnerte sich an die Ortsdurchfahrten, an die kleinen grauen Häuser mit spitzen graublauen Dächern und weißen Fensterläden, alles nicht so steril wie in Deutschland, dafür wohnlich. Er wusste, wo am Ortsausgang die Polizei gerne mit Radargeräten wartete. Dahinter begannen die Weingärten, schnurgerade zogen sich die Rebzeilen ins flache Land, grüne Linien wie mit dem Lineal gezogen, am Horizont die Hügel, das Plateau. Namen von Orten tauchten auf, die ihn an Begegnungen und an bestimmte Champagner erinnerten. Sie waren ihm so vertraut wie die Landschaft. Er sah die Schilder an den Häusern, Champagne Bérèche & Fils, Champagne Pannier, Champagne Bollinger, ein ursprünglich deutscher Name, der französisch ausgesprochen weich und elegant klang und nicht wie ein über den Boden gerolltes Fass. Wenn er in eine Weinbauregion kam, fühlte Philipp sich, als würde er zu den Ursprüngen zurückkehren, dahin, wo alles begann, zum Wein, zur Erde, zum Himmel und raus aus dem Handel, dem Geschäft, dem Schachern und der Konkurrenz – hin zu wirklicher Arbeit, wo die Hände den Boden berührten, in ihn eindrangen und etwas hervorholten, das allem hier Leben und ihm ein gutes Auskommen gab.

Mit allen, mit denen er hier zu tun gehabt hatte, verbanden sich angenehme Erinnerungen. Sicher, es war zu komplizierten Begegnungen gekommen, man tastete sich an den jeweiligen Gesprächspartner heran. Es gab den unangenehmen Moment, wenn man nach der Probe gestehen musste, dass einem der Champagner nicht gefiel, dass er weder über Duft noch Geschmack verfügte, während der Erzeuger ihn für einzigartig hielt. Die Enttäuschung im Gesicht des Winzers zu sehen schmerzte selbst. Bei anderen wiederum durfte man die Begeisterung für den Millésime oder die Prestige Cuvée nicht zeigen, damit sie nicht auf der Stelle die Liste mit den höheren Preisen hervorzauberten.

Bei Oiry, noch vor dem Hügelland, bog Philipp links ab und folgte der schnurgeraden Landstraße durch Weizenfelder. Dann schälte sich rechter Hand langsam eine grüne Hügelkette aus dem Dunst, die Côte des Blancs. Ihre Flanken waren vollständig vom zarten jungen Grün austreibender Weinstöcke bedeckt. Reihe um Reihe, meist senkrecht von der Höhe ins Flachland verlaufend. Als wolle man seine andere Auffassung im Weinbau grafisch deutlich machen, verliefen die nächsten Rebzeilen quer, wieder Zeile um Zeile, Weinstöcke in geraden Linien, in geschwungenen Linien und in flachen Wellen den Gegebenheiten des Tals oder des Hügels folgend. Davor, ihr zu Füßen, als hätten die Menschen dem Wein die lichten Hänge und Höhen gern überlassen, duckten sich die Dörfer derer, die an den Hängen und in der Ebene arbeiteten. Die Kirche mit dem nadelspitzen Turm war noch immer die höchste Erhebung. Oben drüber, jenseits der weinbestockten Hänge, sozusagen als krönender Abschluss vor dem Himmel, zog sich ein Saum von Wald über den Bergrücken. Was Philipp überblicken konnte und ihm riesig erschien, war nur ein Bruchteil der 34.000 Hektar, auf denen Pinot noir, Pinot meunier und Chardonnay-Trauben wuchsen.

Fünf Mal hatte er bisher die Champagne bereist, hatte sich Zeit zum Kennenlernen der Winzer und zum Probieren ihrer Weine genommen. Immer wieder hatte er, wie beim Typus des Winzers selbst, Varianten kennengelernt, Nuancen entdeckt, neue Duftnoten, eine andere Säure, mal spitz, mal flach, und die neuen Jahrgänge gekostet. Von zehn Champagnern, die vor ihm gestanden hatten, glich nicht einer dem anderen.

Die Hauptstraße führte geradewegs nach Süden am Fuß der Hügel entlang, doch er bog rechts nach Avize ab und erreichte die ersten Häuser des alten Dorfes. Es lag einfach da, ruhig und gelassen, als kümmere das, was sonst in der Welt vorging, nicht einen seiner Bürger. Der würde weiterhin das tun, was er in den letzten hundert Jahren auch gemacht hatte: Champagner.

Zwei Frauen standen mit Einkaufstaschen an einem Wagen und unterhielten sich, ein Junge kam mit dem Baguette unter dem Arm aus der Boulangerie und stieg aufs Fahrrad, ein Traktor bog um die Ecke, scherte sich nicht viel um die Vorfahrt und zwang Philipp zum Bremsen. Was hätte es genutzt, sich aufzuregen? In Avize und den anderen Orten mit Weinbau hatten die Bauern Vorfahrt, und das erinnerte ihn wieder an Helena und ihre Töchter. Sie, Helena, eine Bäuerin? Und wenn schon …

Auf Anhieb fand er sein Quartier in der Seitenstraße. Er parkte neben dem eisernen Tor der Einfahrt, trug seinen Koffer durch den kleinen Vorgarten und öffnete die Tür. Sie schlug gegen die Glocke, Madame Delaunay erschien und freute sich riesig, als käme ein alter Freund zu Besuch.

»Wie geht es Ihnen? Haben Sie denn nicht endlich eine Frau gefunden und geheiratet? Ein Mann wie Sie kann doch nicht immer allein leben, das ist ja grässlich und einsam. Wie geht es Ihrem Sohn? Er studiert? Wann kommt er wieder mit? Ach ja, die Jugend, sie hat so andere Vorstellungen und Wünsche, meine Kinder, die Enkelkinder …« Und sie erzählte, rannte in die Küche, wo eine Uhr klingelte und sie stolz ihre neue Espressomaschine vorführte. Bisher hatte sie einen wunderbaren Mokka auch ohne diese Maschine hinbekommen. Sie erinnerte sich daran, dass sie und Philipp bei seinem letzten Besuch zusammen gekocht hatten und sich über das Rezept in die Haare geraten waren. »In der Küche wie im Keller kann nur einer das Kommando haben.« Sie beklagte das Ausbleiben von Gästen, wo sie doch so schöne Zimmer habe, und sie könne das Mädchen aus dem Dorf nur selten beschäftigen. Ja, so sei das, eigentlich sei die Krise doch vorbei, zumindest sage das die Regierung. Ob die Deutschen nur noch in Deutschland Ferien machen würden?

»Oh, jetzt habe ich unseren Begrüßungschampagner ganz vergessen. Wenn Sie sich eingerichtet haben, erwarte ich Sie im Salon. Ach, und räumen Sie gern alles so hin, wie Sie es brauchen.« Lächelnd und doch ein wenig pikiert erinnerte sie sich daran, wie Philipp bei seinem letzten Besuch das Zimmer umgeräumt hatte. Er würde es auch diesmal wieder tun müssen.

»Wie geht es Ihrem Sohn? Ist er nicht da?« Yves war es gewesen, der ihn auf das Gästehaus seiner Mutter aufmerksam gemacht hatte, und Philipp fuhr lieber lange Strecken zwischen Reims im Norden und der Côte des Bar im Süden, die bis ans Burgund reichte, als in einem der großen Hotels abzusteigen. Dort war er einer von vielen, hier einer der wenigen, dem jeder Wunsch von den Augen abgelesen wurde. Und die abendlichen Gespräche mit Yves, dem Nebenerwerbswinzer und hauptberuflichen Philosophen, der ihn in seiner jungenhaften Art an die Figur des D'Artagnan aus Dumas' Roman »Die drei Musketiere« erinnerte, waren äußerst hilfreich. Mit seinem Wissen um Hintergründe war es leichter, die wirklichen Verhältnisse in der Champagne zu durchschauen. Das würde hoffentlich auch dieses Mal so sein.

Im Übrigen waren Yves und er sich einig, dass die Verfilmung der »Drei Musketiere« von 1961 mit Mylène Demongeot als Milady de Winter die beste gewesen war. Darin hatte auch Kardinal Richelieu eine wahrhaft böse und hintergründige Figur abgegeben. Und gemeinsam hatten sie bedauert, dass es die wahrhaft bösen Figuren, die mit ihrer abgründigen Intelligenz faszinierten, nicht mehr gab. Gegenwärtig dominierten die platten Charaktere vom Schlage Berlusconi, Ratzinger und Ackermann das Zeitgeschehen oder Dutzendgesichter aus den Werkstätten des Marketing.

Philipp stieg hinauf zu seinem Zimmer im Obergeschoss des Haupthauses, der Empfang, die beiden Salons sowie die Küche lagen im Parterre. Madame Delaunay war seit Langem Witwe, sie wohnte mit Yves' Familie im ersten Stock des Nebengebäudes, zu ebener Erde war die Halle für die Ackergeräte und den kleinen Traktor. Die Gästezimmer waren mit viel Liebe eingerichtet, für Männeraugen waren sie mit Krimskrams vollgestopft. Philipp räumte Gießkannen aus Messing, hübsche Pappschachteln des 19. Jahrhunderts (noch mit Schleife versehen) und Porzellanfigurinen beiseite und fand Platz für sein provisorisches Büro. Das Tischchen für den Laptop war Louis XIV. Es wackelte, er würde Yves um Leim bitten. Die Tür des Kleiderschranks, Louis XV, quietschte entsetzlich, schwang immer wieder auf und ließ sich nicht abschließen. Der Strauß Trockenblumen (der verantwortliche Ludwig offenbarte sich hier nicht) musste von der Fensterbank verschwinden, wenn Philipp das Fenster öffnen wollte. Was mochte Helena bei ihrem Besuch gedacht haben? Hatte sie sein Haus und die Einrichtung als kalt und männlich empfunden? So wie ihre Wohnung eingerichtet war, würde es ihr hier gefallen.

Der Champagner, zu dem Madame Delaunay Philipp in den Salon bat, der mit seinen vielen Gemälden während nächtelanger Gespräche mit Yves ihre Fantasie beflügelte und zu den wahnwitzigsten Ideen brachte, entstand in den Gewölben dieses Hauses. Für Yves war Champagner mehr ein Hobby. Hätte er die drei mit Chardonnay-Trauben bestockten Hektar verkauft, die er von seinem Vater geerbt hatte, wäre er ein reicher Mann. 1,2 Millionen Euro bot man gegenwärtig für den Hektar, und Käufer warteten an jeder Ecke. Aber niemand wollte verkaufen. Die Trauben, wenn man sie nicht selbst verarbeitete, brachten sechs Euro pro Kilo. Bei 14.000 Kilogramm je Hektar, bislang als Höchstmenge erlaubt, kamen 84.000 Euro zusammen. Jetzt waren nur noch 8.000 Kilo erlaubt, das ergab immerhin noch 48.000 Euro pro Hektar. Zog man die Produktionskosten ab ... Nein, die Champagne gehörte nicht zu den ärmsten Regionen Frankreichs.

Als Yves gegen Abend eintraf, nahm er Philipp gleich mit in den Keller. Es war ein Wunder, dass er ihm Zeit ließ, seine Daunenjacke überzuziehen. Die Kellerbesichtigungen, egal zu welchem Winzer er kam, waren der leidigste und kälteste Teil seiner Arbeit. Das spärlich beleuchtete Gemäuer stammte aus dem 16. Jahrhundert. Ein Teil der Gänge war verschüttet, und die Familie hatte es nicht für nötig erachtet, sie freizulegen. Außerdem wusste niemand, wie die Gänge verliefen, Pläne gab es längst nicht mehr. Irgendwelche Geheimnisse verbargen sich hinter dem Schutt kaum, Schätze an uralten Champagnern, beim Einmarsch der Deutschen Wehrmacht vergraben, genauso wenig. Aber Besucher führte Yves immer gern bis zu dieser Stelle.

»Sie lieben den Gedanken, dass es dahinter weiter in die Tiefe und in die Geschichte geht. Besonders die Amerikaner sind wild auf Gruselgeschichten aus dem Mittelalter.« Yves machte sich einen Spaß daraus, sie zu erfinden. »Beim Rundgang lasse ich so viel offen, dass die Fantasie genügend Futter bekommt.«

Knapp 30.000 Flaschen füllte er jährlich ab. Damit konnte er die Familie nicht ernähren, aber es war ein gutes Zubrot. Zum Leidwesen seiner Frau hatte er die Angewohnheit, seine Freunde großzügig zu beschenken, und er griff auch jetzt zwei Flaschen. »Das müsste für heute Abend reichen. Sonst schicke ich dich wieder hierher, du behältst die Jacke am besten gleich an.« Er wusste, wie leicht Philipp fror.

In der ersten Stunde nach dem Abendessen saßen Yves' Frau und seine Mutter noch mit ihnen im Salon. Philipp wunderte sich, dass sie nicht müde wurden, den eigenen Champagner zu trinken.

»Der Bäcker isst auch sein eigenes Brot«, erklärte die Mutter. »Ich halte es wie die berühmte Madame Bollinger: Ich trinke meinen Champagner, wenn ich glücklich bin und wenn mich etwas traurig macht. Manchmal trinke ich allein, aber in Gesellschaft ist es sowieso obligatorisch. Ich gönne mir ein Gläschen, wenn ich keinen Appetit habe, und trinke ihn, wenn ich hungrig bin ...«

»Und sie rührt ihn niemals an, außer sie ist durstig«, ergänzte die Schwiegertochter. Natürlich reichten die beiden Flaschen nicht, und als sie allein waren, holte Yves unten Nachschub.

»Wie geht es deiner Firma«, wollte er wissen, als er wieder oben war, »wie laufen die Geschäfte?«

Philipp machte ihm gegenüber kein Geheimnis daraus, was bei France-Import geschah. Als besonders lächerlich empfand er die Tatsache, dass Langer sogar Prospekte verteilte.

»Und wie geht es ihm dabei?«

»Wie es Monsieur Langer geht?« Philipp zögerte mit der Antwort, und allein daran merkte Yves, dass Philipps Begeisterung für seinen Arbeitgeber gelitten hatte. Er grinste, mehr belustigt als besorgt.

»Ist was nicht in Ordnung?«

»Das wüsste ich auch gern. Heute Morgen war er freundlich, zuvorkommend, er wünschte mir eine gute Reise – aber ich glaube, es geht ihm nicht gut.«

»Schlechte Geschäfte?«

Yves war verschwiegen, ihm konnte er vertrauen, und Yves verfügte über Weitblick. Er war Doktor der Philosophie, und sein Beruf verlangte Diplomatie, und trotzdem musste er Menschen und ihr Verhalten beurteilen. Er verdiente sein Geld in der Leitung der städtischen Personalabteilung von Reims.

»Die Geschäfte gehen gut. Ich glaube eher, dass ihm seine Pläne zu schaffen machen. Vielleicht beeinflussen ihn auch die falschen Leute.« Philipp dachte an den Kölschen Klüngel und an Goodhouse. Wie lange kannten sich die beiden? Dann setzte er Yves seine momentane Lage und die der Firma auseinander sowie Langers Pläne, ihm die Arbeit für den Champagner-Fonds anzuvertrauen. »Deshalb bin ich hier. Hast du von diesem Fonds gehört?«

»Mein lieber Philipp. Es gibt 327 Champagnerhäuser, die *Négociants-Manipulants*, NMs, wie wir sie nennen. Dazu kommen 4.764 Winzer, die Trauben anbauen und Champagner erzeugen, unsere *Récoltants-Manipulants*, Leute wie ich. Und da sind 43 Genossenschaften, die CMs, die *Coopératives-Manipulants*, die selbst vermarkten. Wer soll da den Überblick behalten ...«

»Der Fonds hat in Villers-Allerand einen Keller angemietet, wo die Flaschen gelagert werden und wo dann das Degorgieren und die Folgearbeiten stattfinden.«

»Gehört habe ich davon noch nicht, aber ich bin mir sicher, du wirst es herausfinden. Von wem sind die *crayères* gemietet?«

»Vermieter soll eine Handelsgesellschaft sein.«

»Wie groß sind sie?«

»Die Keller werde ich mir morgen ansehen. Aber sie müssen groß sein, wenn da alle Flaschen der europäischen Fonds lagern. Du hast nirgends etwas in dieser Hinsicht läuten hören?«

»Woher soll ich wissen, was in den großen Häusern abläuft? Das sind Weltkonzerne wie Louis Vuitton, da ist Champagner ein Produkt von vielen. Oder es sind Handelsgesellschaften, die euren Aldi beliefern, wie die in Villers-Allerand. Außerdem, weißt du, wie viele Flaschen bei uns in den Kreidekellern schlummern?«

»So an die 1,2 Milliarden ...«

»So in etwa. Und was hat Langer damit zu schaffen?«

»Ich fürchte, er will damit Geld verdienen. Entweder hat ihn die allgemeine Gier gepackt, oder das System zwingt ihn, und er hat uns in die Wachstumsfalle gesteuert, genau lässt sich das nicht sagen.«

Yves sah ihn lange an und sagte nichts.

»Du scheinst nicht meiner Meinung zu sein? Was sagt denn ein Philosoph dazu?«

»Zur Gier oder zum Wachstum? Sicher – es gibt Menschen, die kriegen den Hals nie voll … Ist Monsieur Langer so einer?« Yves nestelte an der Agraffe.

»Seine Beweggründe sind mir nicht bekannt. Er meint, die Firma müsse wachsen.«

»Das beten alle nach. Ich gehe von der Architektur aus. Wenn du anbauen willst, müssen die Fundamente das zusätzliche Gewicht neuer Mauern mittragen, sonst stürzt alles ein. Mit dem Wachstum wachsen auch die Probleme, der Müll, die Nachfrage nach Energie, die Schulden, die Abhängigkeiten. Wenn ein Einfamilienhaus einstürzt, hält sich der Schaden in Grenzen, ein Hochhaus reißt Hunderte mit …«

»Ich weiß nicht, ob er die Finanzierung zusammenbekommt, Langer scheint mir gehetzt und nervös. Er interessiert sich neuerdings weder für das Tagesgeschäft noch für den Wein – geschweige denn für die Produzenten, so wie früher.«

»Woran hängt sein Herz?«

»Golf und Karneval, gute Restaurants, sein Mercedes …«

Yves lachte. »Das ist alles? Möglicherweise fürchtet er seine innere Leere. Aus was für Verhältnissen stammt er?«

»Aus einer einfachen Familie, er ist stolz darauf, wie er sich hochgearbeitet hat, vom Weinvertreter zum Firmenchef. Dumm ist er nicht.«

»Solchen Menschen sitzt oft die Angst im Nacken. Sie kriegen nie genug, egal was sie besitzen, Philipp. Häuser, Weinberge, Geld, Frauen. Die Angst treibt sie um, dass es wieder so kommen könnte wie früher. Aber das Trauma ist den wenigsten bewusst. Vielleicht hat er ein sexuelles Problem. Kennst du seine Frau?«

Philipp sah auf Yves' kräftige Hände, es waren nicht die eines Philosophen, sondern die eines Bauern, wie Helenas Hände. Er packte den Korken und drehte die Flasche. Es zischte nur, Yves wusste, wie man es machte.

»Ich finde Frau Langer langweilig. Sie geht shoppen,

spielt Tennis, hat nicht viel zu sagen und interessiert sich für nichts, soweit ich das beurteilen kann. Deshalb poussiert er auf Reisen bei jeder Gelegenheit mit den jungen Frauen vom Marketing und den Messehostessen. Letztes Jahr hat er mich fatal an Berlusconi erinnert. Aber Langer sieht besser aus und ist nicht so schleimig. Nun schenk endlich ein!«

Yves, der bei dem Vergleich mit Berlusconi laut aufgelacht hatte, füllte die Gläser. Der feine Schaum stieg und hielt sich lange, bevor er zusammensank. Mit der Schaumbildung wurde viel experimentiert, und auch Yves legte Wert darauf. Er nahm nur hohe schlanke Gläser, damit die Bläschen beim Aufsteigen vom Grund genügend Zeit hatten, sich mit Kohlensäure zu füllen und oben am Rand des Glases einen Kranz bildeten. Schenkte man zwei Mal ein, um das Glas zu füllen, so wie Yves, dann hielt sich dieser Bläschenkranz länger. Er sah auf und schob Philipp das Glas zu.

»Das Streben nach Gewinn nennen manche Menschen Ehrgeiz, ich halte es von einem gewissen Punkt an für eine Sucht. Die Süchtigsten sind die Erfolgreichsten. Manche Ärzte verstecken ihre Morphiumsucht ein Leben lang, und niemand kommt darauf. Andere koksen, und wenn der Zusammenbruch kommt, sind alle überrascht – weil sie weggesehen haben. Andere wieder zocken im Spielsalon wie die Geisteskranken und bringen ihr Vermögen durch ...«

»Du meinst die Banker und unser Vermögen?«

»Je mehr sie verdienen, desto mehr setzen sie in der nächsten Runde. Wenn sie gewinnen, nennt man es Erfolg. Meiner Ansicht nach sind es psychisch Kranke, sie finden keinen Ort für sich, erreichen keinen Höhepunkt, koppeln sich vom sozialen Leben ab und sind nie zufrieden. Bist du es?«

Die Frage kam überraschend, trotzdem fiel es Philipp leicht, sie zu beantworten. Er lehnte sich zurück, atmete tief durch und sah sich im Raum um. Da hing ein Bild von

Franz Marc, »Der Turm der Blauen Pferde«. Marc war einer der wenigen Künstler, die es geschafft hatten, Pferde nicht kitschig aussehen zu lassen. Das Bild bereitete ihm gute Laune, und er grinste Yves an.

»Zufrieden? Ja, aber, einerseits und andererseits – ich bin ziemlich durcheinander. In letzter Zeit ist viel passiert.« Und er erzählte Yves, was sich in den Wochen zuvor ereignet hatte.

Sie wurden nicht müde, der Champagner hielt sie wach. Als sie irgendwann die Gläser und die leeren Flaschen in die Küche brachten, fiel Philipp ein, was er den ganzen Abend über immer wieder hatte fragen wollen: »Kennst du einen Mann namens Touraine?«

Yves schaute sich um, wo er die Gläser hinstellen konnte. »Wer soll das sein? Ein Produzent, ein Winzer, ein Händler?«

»Ich weiß es nicht, er ist so eine Art Geschäftsführer des Champagner-Fonds, Langer nannte mir seinen Namen.«

»Soll ich mich nach ihm erkundigen?«

»Ich wäre dir dafür sehr dankbar, möglichst gleich morgen.«

Der nächste Tag begann mit Nieselregen. Philipp brauchte zwar keinen Regenschirm, als er aus dem Hause trat, doch er ging zurück und holte die Daunenjacke aus seinem Zimmer und zog sie über das Sakko seines Anzugs, bevor er zum Wagen ging, und schlug den Kragen hoch. Darin war auch eine Kapuze, aber das wäre zu viel gewesen, und er hasste Kopfbedeckungen.

Der Regen veränderte alles. So strahlend das Wetter gestern gewesen war, so unangenehm war es heute. Nicht einmal Hunde zeigten sich auf den Straßen. Avize wirkte traurig und verlassen, die Weingärten hatten sich hinter einem feuchten Schleier versteckt, und niemand arbeitete dort. Sobald der Regen nachließ und die Sonne oder der

Wind die Trauben trocknete, würden alle ausschwärmen. Wenn es dann schwül wurde, begann die Zeit für Oidium und Pernospera, für den echten und den falschen Mehltau. Gegen diese Pilze besaß die europäische Kulturrebe nicht genügend eigene Abwehr, und in den frühen Morgenstunden kamen die Spritzkanonen zum Einsatz, in der Champagne bis zu acht Mal pro Saison. In windigen und warmen Höhenlagen wurde teilweise ganz aufs Spritzen verzichtet. Aber da wuchsen keine Champagnertrauben. Sorgfalt und Eile waren geboten, bereits ein geringer Pilzbefall auf Beeren und Stielen konnte später die Reintönigkeit des Weins beeinträchtigen.

Das Gelb der Rapsfelder wirkte stumpf, der Regen dämpfte die Farben und Gefühle. Philipp hatte einen Lastwagen vor sich, der ihm den Straßendreck an die Windschutzscheibe schleuderte. Kaum setzte er den Blinker, zog der Lastwagen in die Straßenmitte und ging nur nach rechts, wenn ein Fahrzeug entgegenkam. Erst auf der breiteren Nationalstraße, wo Philipp in einem waghalsigen Manöver sein Leben riskierte, ließ sich der nervtötende Zustand beenden. Dem Motorradfahrer hinter ihm musste es ähnlich ergangen sein, noch dazu wurde er nass.

Philipp ließ Épernay links liegen und fuhr über Avenay-Val-d'Or durch die Montagne de Reims bis zur N 51 und folgte ihr bis Villers-Allerand. Dort, so hatte Langer ihm auf einer Karte gezeigt, lagerten die Flaschen des Champagner-Fonds in dem gemieteten Keller. Er musste riesenhaft sein. »Liegt verkehrstechnisch sehr günstig, direkt an der Route de Champagne«, hatte Langer gemeint, »und kurze Wege verringern die Kosten.«

Eine Mauer umschloss die Kellerei, einige dicht belaubte Bäume ringsum milderten den fabrikhaften Eindruck. Im weiten Hof standen zwei Lastzüge, ein Gabelstapler hob gerade eine mit Flaschen beladene Palette zur Ladefläche. Links standen ausrangierte gelbe Kunststofftanks, daneben lagen riesige verbeulte Gärtanks aus Edelstahl wie achtlos weggeworfene Milchkannen, nur um ein Vielfaches größer. Auf der anderen Seite, im Büro zum Eingang der Halle, brannte Licht, hinter der großen Scheibe bewegten sich schemenhafte Gestalten in Kitteln.

Es war Philipps schlechter Stimmung und auch dem Wetter zuzuschreiben, dass er die Anlage als heruntergekommen betrachtete. Der Seitentrakt mit den Büros und dem Empfangsraum, wo die Proben stattfanden, machte einen gepflegten Eindruck. Der Raum war licht, die Flaschen in den gläsernen Vitrinen waren vorteilhaft präsentiert, aber heute probierte hier niemand. An so einem Tag, noch dazu außerhalb der Ferienzeit, kam höchstens ein lokaler Gastwirt, um Nachschub zu holen. Philipp trat an den Tresen mit einer Glocke wie am Hotelempfang und tippte darauf. Erst als er es zwei Mal wiederholte, kam eine junge Frau und fragte nach seinen Wünschen.

Monsieur Touraine kenne sie nicht, es tue ihr leid, der arbeite nicht hier. Aber vielleicht wüsste ihr Chef mehr.

»Natürlich kennen wir ihn«, sagte der Geschäftsführer, »Monsieur Touraine, der für diese ausländische Finanzgesellschaft bei uns Keller gemietet hat. Ich habe ihn lange nicht gesehen, auch Monsieur Muller nicht, der ihn manchmal begleitet. Kennen Sie ihn? Er ist Deutscher, so wie Sie.«

»Wer soll das sein?«

»Sie kennen Michel Muller nicht?« Die Skepsis Philipp gegenüber nahm zu. »Der junge Mann mit dem Alfa Romeo, er hilft Monsieur Touraine manchmal, er ist ein sehr netter Mensch. Er kommt immer mit den anderen.«

»Mit welchen anderen?«

»Na ja, Touraine bringt doch immer seine Leute mit, wissen Sie das nicht?« Der Geschäftsführer ging merklich auf Abstand. »Wenn Sie mehr wissen möchten, Monsieur, dann wenden Sie sich besser an unsere Zentrale. Wir machen hier nur die Arbeit.«

Als Philipp erklärte, er wolle die Lager sehen sowie die Installationen und mit dem Chef de Cave sprechen, winkte der Geschäftsführer ab. »Das klären Sie mit der Zentrale.«

»Hat man mich nicht angemeldet, von meiner Firma in Köln aus oder von Seiten des Champagner-Fonds?«

»Monsieur, es tut mir leid, davon weiß ich nichts«, sagte der Geschäftsführer bestimmt und nestelte an seiner Krawatte. Er schwieg lieber, als dass er Fehler machte. Philipp spürte, dass sein Besuch ungelegen war und man ihn loswerden wollte. »Wir lassen hier niemanden allein herumlaufen, wir haben niemanden, der Sie begleiten könnte, und es gibt bei uns auch keine Besichtigung!« Er deutete zum Ausgang.

Philipp hatte sich noch nie leicht abwimmeln lassen. »Wäre es möglich, mit Ihrem Vorgesetzten in Reims zu sprechen? Dort wird man informiert sein, und wir könnten alles aufklären.«

Bei so viel Hartnäckigkeit blieb der Geschäftsführer nicht freundlich. »Können Sie nicht selbst telefonieren? Haben Sie kein Mobiltelefon?«

Im Allgemeinen erlebte Philipp die Franzosen als überaus höflich, solange man sich nicht in Paris bewegte oder Repräsentanten der Staatsmacht oder sonstiger Mächte in die Quere kam, die anscheinend den Zeiten napoleonischer Größe nachtrauerten. Philipp zog ein Gesicht, mit dem er normalerweise die bärbeißigste Gattin eines Winzers dazu bewegen konnte, ihren Mann aus dem Weinberg zu holen, doch auch das nützte nichts.

»Monsieur, bitte wenden Sie sich an unsere Zentrale. *Bonjour.*« Der Mann wandte sich zum Gehen.

Er ist ein Bürokrat, dachte Philipp. »Und wo ist diese – Zentrale? Geben Sie mir die Telefonnummer Ihres Vorgesetzten!« Mit Freundlichkeit kam er nicht weiter, sein Gegenüber war ein Mensch, der klare Regeln brauchte.

Der Bürokrat verschwand, kam nach fünf Minuten zurück und legte einen Zettel mit der Telefonnummer der Zentrale auf den Tresen. Er wies grimmig auf das Telefon neben sich: »*Voila! À votre service.*«

Bis Philipp den Verantwortlichen an der Strippe hatte, sprach er mit vier verschiedenen Personen. Wenn das Einlagern der Weine und die technische Abwicklung genauso lange dauerten, war dieses Haus als Partner wenig geeignet.

»Es ist niemand bei uns avisiert, auch der Name Ihrer Firma ist uns nicht bekannt«, sagte die freundliche Stimme am Telefon. »Wir haben von unserem Mieter strikte Anweisung, niemanden ohne Begleitung von Monsieur Touraine in die Keller des Fonds zu lassen. Wir tragen die Verantwortung für mehrere hunderttausend Flaschen. Sie werden auf Monsieur Touraine warten müssen.«

»Wie lange?«

»Wir werden versuchen, ihn zu erreichen.« Mit diesen Worten legte sein Gesprächspartner auf.

Das konnte heiter werden. Und Langer hatte einen Zeitplan vorgegeben. Philipp rief ihn an und berichtete von der Verzögerung.

»Unter der Rufnummer, die Sie mir gaben, ist Touraine nicht erreichbar. Wieso ist er nicht hier? Niemand weiß, dass ich komme, dabei haben Sie mir gesagt, Touraine sei informiert, und jetzt lässt man mich nicht einmal …«

Langer unterbrach ihn: »Ruhig Blut, Achenbach. Ich treibe ihn auf! Bleiben Sie, wo Sie sind. Ich melde mich in Kürze. Oder er ruft Sie an. Gehen Sie inzwischen essen, auf meine Kosten, und trinken Sie ein Glas Champagner.«

7

Auf dem Weg zum Wagen drehte Philipp sich noch einmal um. Seinem ersten Eindruck, auf den er sonst sehr viel gab, traute er heute nicht. Nieselregen hatte auch über seine Wahrnehmung und seine Laune einen grauen Schleier gezogen. Was an sonnigen Tagen strahlend hell und spielerisch wirkte, wurde bei Regen düster und schwer, so wie diese unfreundliche Großkellereianlage in seinem Rücken, und er erinnerte sich an die Trostlosigkeit der Soldatenfriedhöfe in den Ardennen. Und was hier unter der Erde lag beziehungsweise in den Kalkstollen, entzog sich einstweilen seiner Beurteilung.

Bei Regen verloren auch die Weinberge rings um das Dorf Montchenot ihre Anziehungskraft und jeglichen Charme. Heute draußen zu arbeiten ist eine Strafe, dachte Philipp beim Anblick einiger Arbeiter in Ölzeug, aber wenn er dort draußen wäre, angezogen wie sie, dann wäre das eigene Weingut längst Wirklichkeit.

Er sah, wie sich ein Motorradfahrer an der Einfahrt zum Hof den Helm aufsetzte. Seine Montur würde ihn zwar vor dem Wetter schützen, trotzdem musste es ekelhaft sein, mit Regentropfen auf dem Visier fahren zu müssen. Glücklicherweise war Thomas nie auf die Idee gekommen, sich dieser Art von Adrenalinrausch hingeben zu wollen. Auch seine Begeisterung für den 1. FC Köln hielt sich in Grenzen. Möglicherweise lag es daran, dass der Vater nicht zu den

Leuten gehörte, die sich am Wochenende die Sportschau gaben und ihre Kinder in Vereinstrikots in die Schule schickten. Philipps liebste Sportsendung war die Tour de France – der Tross bewegte sich zu Erde und in der Luft durch Landschaften, die er kannte, berührte Orte, in denen er übernachtet hatte, und führte durch Weinberge, deren Weine sie ihren Kunden anboten.

Auf dem kurzen Weg zur Nationalstraße bedauerte er noch einmal den Motorradfahrer hinter sich und dachte daran, die Wartezeit im »Le Grand Cerf« totzuschlagen. Große Lust aufs Essen hatte er nicht, er kochte lieber selbst oder aß bei Madame Delaunay. Sie verwendete weder Geschmacksverstärker noch Antioxidationsmittel, sie kaufte bei den Bauern der Region ein. Seit dem allergischen Anfall eines Kollegen in einem Edelrestaurant mied er möglichst fremde Küchen. Außerdem machten ihm die vielen Aufsteiger und Sieger, die zahllosen Newcomer und Shootingstars des Schaumlöffels und der Molekularküche zu viel Theater. Ein gut inszeniertes Stück sah er sich lieber im Schauspielhaus an.

Aber den »Großen Hirschen« musste er ausprobieren, viele Kunden fragten ihn nach Empfehlungen. Das Sterne-Restaurant lag gleich hinter der Kreuzung an der Nationalstraße in Montchenot. Es hatte wenig mit einem deutschen Hirsch gemein, ein Jäger- oder Zigeunerschnitzel würde sich kaum auf der Speisekarte finden.

Das Restaurant hatte Philipp von der letzten Reise her in guter Erinnerung. Er hatte versucht, einen Kaffee aufzutreiben, um nach einer ausgiebigen Champagnerprobe wieder einen klaren Kopf zu bekommen, und man hatte ihm, obwohl man dort Kaffee nur nach dem Diner servierte und der Speisesaal bis auf den letzten Platz besetzt gewesen war, entgegen allen Regeln im Foyer einen ausgezeichneten Kaffee serviert, dazu noch gratis. »Behalten Sie uns in guter Erinnerung«, hatte es geheißen, und genau das hatte er getan.

So setzte er sich in den Wintergarten und schaute missmutig ins tropfnasse Grün, sah den Regen an den Scheiben herabrinnen und wunderte sich, dass ihm Helena nicht fehlte. Er bestellte missmutig ein Menü und verweigerte die Champagnerkarte. Er wollte zum Hauptgang lediglich ein Glas der Hausmarke trinken, gab sich bis dahin mit Wasser zufrieden und war versucht, die Tropfen zu zählen, die von der Kante des Glasdachs draußen in den Kies fielen. Wieso fehlte ihm Helena nicht? Sollte sie ihm fehlen? Nein. Es war seinem Seelenfrieden zuträglicher, auf der Reise nicht an sie zu denken und sich auf die Menschen hier einzulassen. War er nicht in sie verliebt? Doch ... aber er fand es komisch, dass er sich das fragte. In Köln hatte sie sich oft in sein Denken gedrängt. Er konnte sich Helena ins Gedächtnis rufen, sie vor seinem geistigen Auge erstehen lassen, aber daneben tauchte Langer auf, und ihn störte ihre Nähe zum Chef.

Der über die Welt gezogene grau-feuchte Schleier verdüsterte seine Laune weiter. Yves hätte es einen Anfall deutscher Schwermut genannt.

Der Ober bediente am Nebentisch, und um ein Haar wäre ihm ein voller Teller mit dem Hauptgericht von der Hand gerutscht. Hätte der Inhaber des »Hirschen« ihm verziehen oder einen Strich mehr auf der Liste gemacht, bis die Abmahnung fällig war? Philipp bemerkte, dass eine Unebenheit im Boden mit einem Teppich kaschiert worden war und der Ober kurz um sein Gleichgewicht gekämpft hatte.

Der Markt verzeiht nie – das war einer jener dummen Sprüche, den Langer bei einem Essen mit Geschäftsfreunden aufgeschnappt hatte, bei dem auch er anwesend gewesen war. Was für ein Unsinn. Stell dir vor, es ist Kapitalismus – und keiner macht mit. Eigentlich eine schöne Parole, nicht so einfältig wie die der politischen Parteien, obwohl er sich an eine erinnerte, die ihn hatte schmunzeln lassen, obwohl er nicht mehr wählen ging: Reichtum für alle. Das war's!

Dieser Touraine stahl ihm die Zeit, nur leider kam er ohne ihn nicht weiter. Also musste er sich arrangieren. Ob Touraine vom Fach war, würde Yves für ihn herausfinden. Er kannte hier Gott und die Welt, was ein großer Vorteil war, und seine Interessenlage war klar. Yves war niemandem verpflichtet, nicht einmal France-Import.

Wie die technische Abwicklung beim Champagner-Fonds vonstatten gehen sollte, war Philipp völlig unklar. Bereits existierende Weinfonds kauften den Wein, natürlich Roten und nur die Edelmarken, ließen ihn lange genug liegen und warteten, dass die Preise stiegen. Dann wurden die Flaschen verkauft.

Aber Champagner war etwas anderes. Die Crux war der langwierige Entstehungsprozess mit der schrittweisen Abfolge kellertechnischer Maßnahmen.

Philipp nahm das Glas in die Hand und betrachtete die wie an einer Schnur aufsteigenden Perlen. Der Champagner war inzwischen warm geworden, zu warm zum Trinken, nicht aber zum Analysieren. Er ließ sich die Flasche zeigen. Es war ein Blanc de Blancs, nur Chardonnay, leicht und blumig, er schmeckte etwas Hefe und eine angenehme Mineralität. Die schätzte er am Blanc de Blancs besonders. Um diesen hier zu trinken war er wirklich zu warm, und Philipp bat um ein zweites Glas.

Immer wieder identische Zusammenstellungen zu erreichen oder denselben Geschmack auf unterschiedliche Weise zu erzielen war eine Kunst. Ein Chef de Cave brauchte viele Jahre, um diese Fertigkeit zu erlangen.

Die Tische im »Grand Cerf« waren kaum besetzt. Philipp sah, dass trotzdem neben allen das Gestell für den Sektkühler stand. Bei der ersten Reise in die Champagne hatte er sich gewundert, dass überall Champagner getrunken wurde, sogar als Begleiter unterschiedlichster Speisen. Er hatte den Ober nach dem Grund gefragt.

»Monsieur, trinken Sie zu Hause nicht auch das, was Sie

im Keller haben? Und da wir hier zu Hause sind, so nehmen wir das, was in unserem Keller liegt – und das ist Champagner.«

Das waren beinahe Madame Delaunays Worte. Aber Philipp trank ihn natürlich nicht zu Wild oder Rinderbraten, außer vielleicht einen kräftigen Rosé. Besser passte er zu pochiertem Fleisch und Geflügel, natürlich zu Schalen- oder Krustentieren (er sollte sich demnächst mal wieder eine Portion Austern bestellen). Leider empfand er die aus dem Atlantik als fad, seit er die von Chiles Pazifikküste probiert hatte. Die aus Galizien an der spanischen Atlantikküste gefielen ihm auch besonders gut – und dazu gehörte ein gekühlter Albarinho, möglichst noch von Bodegas Terras Gauda, da war das Vergnügen komplett. In Frankreich bevorzugte er zu Austern einen Muscadet aus der Gegend von Nantes.

Bei Champagner trat der gleiche Effekt wie bei allen besonderen Genüssen ein: Kannte man erst einmal das Bessere, verschmähte man das weniger Gute. Aber solange er sich knusprigen Bratkartoffeln mit Brathering und einem herben Pils nicht verschloss, fürchtete Philipp nicht um seine Bodenhaftung. Er merkte, dass er beim Champagnertrinken an die Arbeit dachte. Auch der Ober bemerkte seine Lustlosigkeit und fragte leicht indigniert, ob es ihm nicht schmecke. Philipp wies das strikt von sich, aber eigentlich aß er, um sich die Wartezeit zu vertreiben. Im Grunde war er ignorant, sowohl dem Koch gegenüber wie auch diesem Haus und sich selbst. Aber was ihn wirklich bewegte, waren andere Fragen:

Wenn dieser vorhin erwähnte Michel Muller ein Deutscher war, dann hieß er sicher Michael Müller. Wieso beschäftigte ein Franzose einen deutschen Assistenten?

In welchem Stadium wurde der Champagner vom Fonds erworben? Direkt nach dem Abfüllen? Ganz sicher war sich Philipp nicht. Er wusste, dass manche Champagner bei langer Lagerung durchaus besser wurden, bei denen war deshalb sogar das Datum des Degorgierens auf dem Etikett erwähnt. Er hatte vor einigen Jahren mal ein derartiges Gewächs probiert, aber die Erinnerung daran war verblasst. Als er beim Kaffee weiter in den Regen starrte, erinnerte er sich, dass jemand in diesem Zusammenhang von Bruno Paillard und von sehr reifen Weinen gesprochen hatte.

Kurz entschlossen ließ er sich von den Kollegen in Köln die Telefonnummer heraussuchen und rief dann bei Paillard an, um sich direkt bei ihm zu informieren. Man hatte Zeit, ihn zu empfangen, ein anderer Termin war ausgefallen. Eine Champagnerprobe war auf jeden Fall ein gutes Programm. Die Kellerei war nicht weit von hier.

An der Rezeption des Restaurants wollte sich Philipp nach dem Weg erkundigen, die Empfangsdame, mit dem Telefonhörer am Ohr, bedeutete ihm, einen Moment zu warten. »*Naturellement, Monsieur Touraine*«, sagte sie und sah Philipp dabei an, »*pour trois personnes, comme toujours. Oui, ce soir, d'accord. Au revoir, Monsieur.*«

Ein Monsieur Touraine ließ für den heutigen Abend hier für drei Personen einen Tisch reservieren? War dieser Name so häufig?

Philipp schaute auf die Uhrzeit der Reservierung in dem aufgeschlagenen Buch der Empfangsdame. Den Namen Touraine trug sie für zwanzig Uhr ein. Das passte. Dann hätte auch er Zeit, er würde herkommen und sich diesen Gast ansehen. Möglicherweise war er ja der, der sich ihm verweigerte. Welchen Grund mochte es geben, ihn nicht zu treffen? Oder ging es um einen ganz anderen Touraine?

Mit hochgeschlagenem Kragen lief Philipp zum Wagen. Der Regen ließ nach, und er bemerkte, dass der Fahrer des Motorrades, der sich unter der Markise der Boulangerie gegenüber untergestellt hatte, sich ebenfalls zur Weiterfahrt rüstete. Sähen diese Leute in ihren mit Abzeichen beklebten Lederkombis nicht alle gleich aus, hätte Philipp vermutet, dass es derselbe Fahrer wie vorhin war. Und der Helm verbarg den gesamten Kopf. Trotz der schlechten Sicht bemerkte Philipp, dass der Motorradfahrer dieselbe Richtung nahm wie er. Er hielt gleichmäßig Abstand. Es musste bei dem heftigen Regen eine elende Fahrerei sein.

Die Nationalstraße folgte dem Ausläufer der Montagne de Reims hinab ins Tal der Marne. An anderen Tagen war Reims längst zu sehen, doch im Regen verschwammen Weinberg, Himmel, Dörfer und die Stadt der Königskrönungen zu einem schmierigen Grau. Der Regen tat der Weinblüte nicht gut.

Reims war noch immer außer Sicht, als sich rechts und links der Straße die übliche Vorstadtarchitektur der Möbelhäuser, Outlets und Gartencenter aus dem Regen schälte. Das Motorrad blieb hinter ihm, obwohl es auf der inzwischen zweispurigen Schnellstraße längst hätte überholen können. Er fuhr langsam, um die Kellerei auf der Avenue de Champagne nicht zu verpassen. Verfolgte ihn jemand – seit der Kellerei in Villers-Allerand? Was für ein Unsinn, doch als er langsamer fuhr, stellte der Motorradfahrer sich darauf ein. Als er schneller wurde, geschah dasselbe. Ohne zu blinken, bog Philipp in eine Tankstelleneinfahrt – das Motorrad fuhr vorbei – erleichtert stellte er fest, dass es sich nicht um einen Verfolger handelte. Aber als er weiterfuhr, war die Maschine wieder da.

Gegenüber tauchte die gesuchte Kellerei auf. Philipp fuhr bis zum nächsten Kreisverkehr und in entgegengesetzter Richtung zurück. Das Motorrad blieb an ihm dran. Also war es doch ein Verfolger, und den interessierte anscheinend wenig, ob er entdeckt wurde. Als Philipp seinen Wagen auf dem Parkplatz der Kellerei abstellte und durch den Regen zur Straße lief, war vom Motorrad nichts mehr zu sehen. War die Verfolgung doch Einbildung? Verunsichert setzte er sich wieder in den Wagen. Zufälle gab es nicht. Jedes Ereignis stand mit allen anderen in Verbindung, aus dem einen ergab sich das andere, manches war Voraussetzung, damit wieder anderes zum Resultat wurde. Der Mann, den er treffen wollte, hatte angeblich keine Zeit und ging am Abend essen, und jemand, den er nicht kannte, hängte sich sozusagen an ihn.

Mehrere Fragen gingen ihm durch den Sinn: Galt die Verfolgung wirklich ihm? Zweifellos, die Umrundung des Kreisverkehrs hatte jeden Zweifel beseitigt. Wer saß da auf dem Motorrad und mit welcher Absicht? War der Geschäftsführer der Kellerei Villers-Allerand nach seinem Besuch dort misstrauisch geworden und vermutete, dass dieser ganz anderen Zwecken gedient hatte? Hatte er die Geschäftsleitung der Kellerei aufgeschreckt?

»Monsieur?«

Neben seinem Wagen wartete eine junge Frau mit einem Regenschirm und begleitete ihn zum Empfang. Der Verkaufsleiter sprach ausgezeichnet Deutsch, doch kaum hatten sie ihren Rundgang begonnen, erschien der Inhaber Paillard und übernahm selbst die Führung.

Paillard verkörperte für Philipp den Typ des modernen, aufgeklärten französischen Geschäftsmanns mit Klassenbewusstsein. Sie waren gleich groß, da ließ sich auf Augenhöhe miteinander sprechen. Dabei war er aufmerksam und unprätentiös, zeigte beste Manieren, ohne jedes neureiche Gehabe, war sprachgewandt und gebildet. Er machte den Eindruck, dass er ein modernes Unternehmen zu führen imstande war – nicht brachial, sondern mit Geschick, und er kannte sein Terrain und die Regeln, nach denen dort gespielt wurde. Wie viel er von der Materie verstand, vielmehr von prickelnden Flüssigkeiten, und wie gut sein Geschmack war, zeigte sich, als sie im Konferenzraum mehrere Flaschen älterer Jahrgänge vor sich hatten. Das Thema des Champagner-Fonds wollte Philipp nicht ansprechen, er wusste zu wenig, um die richtigen Fragen zu stellen, und er fürchtete, irgendwelche Pferde scheu zu machen.

Paillard war ein Mann, den Philipp weder zum Gegner

noch als Chef hatte haben wollen; als Verbündeter wäre er ihm lieber. Yves hingegen, der Philosoph, war ein Freund. Hätte Paillard Langers Ideen vertreten, hätte Philipp sich wahrscheinlich darauf eingelassen, der Franzose wusste zu überzeugen. Ihm traute er den Erfolg zu. Aber Paillard hätte Philipp nie die Freiheit gelassen, die er bei France-Import genoss.

Für das Unternehmen stimmte der Begriff »Kellerei« nicht mehr, denn Keller gab es nicht. »Neue Keller zu graben wäre bei der Neugründung des Unternehmens an dieser Stelle auch viel zu teuer geworden«, erklärte Paillard. »Die heutige Technik der Wärmedämmung hingegen erlaubt uns auch die überirdische Produktion von Champagner.«

Man müsste sich die Energiebilanz ansehen, dachte Philipp.

Das Unternehmen gehörte zur Gruppe der *Négociants-Manipulants,* jener Champagnerhäuser, die vom Anbau der Trauben über die Lese bis zur Verarbeitung und den Verkauf alle Arbeitsschritte bestimmte. Paillard hätte gern mehr als nur vierundzwanzig Hektar besessen, doch weil trotz des exorbitanten Preises niemand Land verkaufte, kaufte er Trauben hinzu.

Beim Bau der Kellerei hatte es keinerlei Beschränkungen in Bezug auf moderne Technik gegeben. Nirgends störten Wände, enge Kreidegänge fehlten, dafür sorgten Kühlaggregate für die nötige Temperatur und die Luftfeuchtigkeit. Die Qualität des Champagners war nicht abhängig von der Tiefe der Keller. Hier lagerte er, bis unter die Decke gestapelt, in Drahtkörben, die modernen Gärtanks ragten genauso hoch hinauf. Computer hatten die Steuerung der Gärung übernommen. Mit wenigen Handgriffen ließen sich die Tanks über Rohrleitungen füllen oder leeren. Romantisch waren hier nur noch die wenigen Barriques mit Reserveweinen zwischen all dem Edelstahl in den Gängen und die Magnumflaschen, kopfüber in Rüttelpulte gesteckt. Sie vermittelten den Eindruck, dass man es noch mit Wein zu tun hatte.

Das Ausgangsmaterial – die Weintrauben – gelangte gar nicht bis hierher, sondern nur der in den Presszentren abgepresste Most. Was war wichtig? Für die Illusion oder für die Qualität des Endprodukts? Lebte Champagner nicht von der Illusion, vom schönen Schaum?

Hier wurde im Jahr eine halbe Million Flaschen gefüllt. Wenn man davon ausging, wie Paillard meinte, dass die Flaschen mindestens drei Jahre liegen mussten, dann waren hier anderthalb Millionen Flaschen gestapelt. Man hätte sie bereits nach fünfzehn Monaten verkaufen können. Drei Jahre Lagerung galten laut Vorschrift nur für den Millésime. Wie lange sie tatsächlich aufbewahrt wurden, bevor die Hefe entfernt wurde, hing davon ab, ob frischere oder ausgereiftere Aromen bevorzugt wurden, und das war die Entscheidung des Kellermeisters. Hier traf sie Paillard.

Bei früheren Besuchen hatte Philipp in den *crayères* Flaschen gesehen, die bereits seit zwanzig oder dreißig Jahren dort lagerten. Auf einer der Schiefertafeln, die das jeweilige Datum der Abfüllung trugen, hatte er sogar sein Geburtsjahr entdeckt. Diese Flaschen standen auf dem Kopf, die Hefe war auf den Korken gesunken, es kam zu keiner Reaktion mehr mit dem Wein. Sie warteten darauf, degorgiert zu werden. Wie ein solcher Champagner schmeckte, interessierte ihn brennend, er hatte nur einen probiert, der älter als zehn Jahre alt war. Und der war großartig gewesen.

Zur Vorbereitung des Degorgierens wurden die Flaschen bruchsicher in Drahtkörben zusammengepackt und diese von Maschinen in immer weiter gedreht und dabei ständig weiter geneigt, bis sie senkrecht standen. Auf diese Weise sanken die abgestorbenen Hefen in Richtung Flaschenhals. Der Prozess dauerte eine Woche. Yves hingegen machte es von Hand und brauchte sechs Wochen dafür.

»Ich gehe dann mal ein bisschen meditieren«, pflegte er

scherzhaft zu sagen und verschwand im Keller, drehte die in Löchern steckenden Flaschen 45 Grad um die eigene Achse und stellte sie ein wenig steiler. Er kam dann nach einer Stunde fröstelnd und stöhnend und mit krummem Rücken wieder ans Tageslicht. »Die Profis sollen früher 40.000 pro Tag geschafft haben! Das ist meine ganze Jahresproduktion.«

Während Philipp Paillard hinauf in den Probierraum folgte, vibrierte sein Mobiltelefon. Auf dem Display erschien Langers Nummer.

»Es ist alles geregelt«, sagte Langer kurz angebunden. »Ich habe Mister Goodhouse in Brüssel erreicht. Touraine kommt erst morgen in die Champagne. Er wird Ihnen alles zeigen.«

»Ich weiß nicht, ob ich dann bis zum Wochenende alles gesehen habe, was nötig wäre ...«

»Sie sollen dort keine Doktorarbeit schreiben, Achenbach. Aber wenn Sie meinen – nehmen Sie sich so viel Zeit, wie Sie brauchen. Sehen Sie sich das Nötigste an, wir wollen eine fundierte Entscheidung auf der Basis sicherer Informationen treffen.«

Philipp staunte über den freundlichen Ton. War das wieder der Langer, den er kannte? Wenn Touraine erst morgen kam, konnte er heute nicht im »Hirschen« essen, oder? In Gedanken versunken runzelte er die Stirn, als er das Telefon einsteckte, was Paillard nicht entging.

»Probleme?«

»Nein, nur Lösungen, aber ... es gibt Fragen zu klären, und deshalb bin ich auch bei Ihnen. Sie sagen selbst, dass der Champagner nach dem Degorgieren ruhen sollte. Sie liefern ihn frühestens vier Monate danach aus ...«

»Das ist richtig, das machen wir so. Er muss sich nach der Dosage erst erholen, harmonisieren.«

»Und man soll ihn dann im Laufe der nächsten drei Jahre trinken?«

Sie waren vor dem Probierraum angekommen, Paillard

ließ Philipp den Vortritt. Es war ein heller, großer Raum mit einem Tisch für mindestens zehn Personen. Paillard entnahm dem Klimaschrank eine Flasche und öffnete sie.

»Ich werde Ihnen zeigen, dass das so nicht stimmt.«

Er nahm größere und bauchigere Gläser als normale Sekt- oder Champagnergläser, sie waren nach oben hin enger als in der Mitte, damit sich die Aromen entfalteten und hielten. Zuerst schenkte Paillard einen Brut in die Gläser, der bereits vor sechs Jahren degorgiert worden war. Allein beim Duft wurde Philipp mal wieder klar, weshalb von »Wein« die Rede war und weniger von »Champagner«. Dieser hier, eine Cuvée der drei Rebsorten, tendierte wesentlich mehr zu einem Wein als zu dem, was man sich unter Champagner vorstellte.

Da waren Aromen von Mandeln, kandierten Orangen und Honig, die Farbe war dunkler, dieser Champagner entsprach einem reifen und komplexen Weißwein, was er im Grunde auch war, zusätzlich veränderten Kohlensäure und Hefe den Geschmack. Aber es gab auch Stillweine wie den Muscadet, der auf der Hefe reifte – *sur lie*, wie es hieß. Um den Unterschied deutlich zu machen, probierten sie einen jungen Champagner. Der war spritzig und fruchtig, entfaltete ein Zitrusaroma, ein Hauch von Himbeere kam dazu, und dann hatte Philipp wieder für einen kurzen Moment die Sensation von Kalk und Kreide in der Nase. Das war es, was die Kundschaft wollte, aber keine gealterten Champagner, obwohl sie eine ganz andere Fülle und Kraft aufwiesen. Leicht, locker und lustig musste es zugehen, Spaß haben, bis zum Umfallen, es musste prickeln, perlen und schäumen. Die nächste Probe, vor zehn Jahren degorgiert, war etwas für Kenner, vielleicht für die Bar vom Hotel Adlon in Berlin, aber nichts für den Pascha Nightclub in Köln.

Bereits die Farbe, ein tiefes Gold, zeigte das Alter. Da war sogar ein Hauch von Marzipan, ein wenig Vanille und

Nelke, die Erinnerung an einen im Barrique ausgebauten Weißwein, voller Eleganz und Komplexität, ohne jede Aufdringlichkeit, wie sie im Eichenfass vergorene Weißweine manchmal zeigten. Das war der Unterschied zwischen einer eleganten Dame und einer zu laut lachenden Frau. Zu derartigen Vergleichen verstieg Philipp sich ungern, aber so war es, die Kunden wollen die Mädchen, dachte er, weil sie sich leichter beeindrucken lassen. Für die Dame muss man sich Zeit nehmen – und wenn man es tut, wird man wirklich belohnt. Er dachte an Helena – sie tendierte mehr zur Dame, hatte sich aber etwas von einem Mädchen bewahrt.

Philipp und Bruno Paillard probierten und plauderten über die Zeit und das Leben, über das des Champagners, über seine Zeit der Früchte, die Zeit der Blüten, gefolgt von jener der Gewürze, denn nach dem Degorgieren war ein Champagner nicht fertig, er lebte weiter. Dem folgte die Zeit des Toasts, der Konfitüre, und es endete in der Zeit der Vollkommenheit. Sie sprachen darüber, wie die Zeit, die sich nicht zähmen ließ, sie einschränkte, über die Geschwindigkeit, die von anderen vorgegeben wurde, und die fehlende Muße. Zu vieles musste getan werden, statt dass man es tun wollte. Und Philipp brachte das Gespräch wieder auf eine Frage, die ihn bewegte – das Wachstum.

Paillard verabscheute es, wie er meinte. »Ästhetik interessiert mich mehr als Größe.« Da waren sie sich einig. Ausdruck dieser Haltung waren Aufträge an internationale Künstler gewesen, für die Millésimes die Etiketten zu gestalten. Die Themen gab der jeweilige Blanc de Blancs vor, wie Tiefe, zu der ein Italiener gearbeitet hatte, oder Gleichgewicht und Vollkommenheit, was der Franzose Roland Roure mit einem tanzenden Paar auf dem Etikett ausgedrückt hatte.

Beim Hinausgehen, alle Mitarbeiter hatten die Firma längst verlassen, sprach Paillard eine Einladung zum Abendessen ins »Le Jardin« im Park des Château Les Crayères aus.

»Wenn Sie bis halb neun warten können, begleite ich Sie mit dem größten Vergnügen.« Philipp hatte in Montchenot dringend etwas zu erledigen. »Wie lange fährt man von dort aus zu diesem ›Le Jardin‹?«

»Eine gute halbe Stunde. Wollen Sie unbedingt vorher dorthin?«

»Es muss sein.«

Paillard lächelte. »Weshalb haben Sie mich vorhin gefragt, was Zeit für mich bedeutet?«

»Weil ich im Moment wahrscheinlich genauso wenig davon habe wie Sie.«

Die Dame an der Rezeption des »Grand Cerf« war eine andere als am Mittag. Das enthob Philipp seiner ersten Sorge, wiedererkannt zu werden. Die zweite Sorge bestand darin, einen glaubwürdigen Grund für seine Nachfrage nach Touraine vorzubringen.

»Ich möchte für Donnerstag einen Tisch bestellen.«

»Für wie viele Personen und für welche Uhrzeit?« Die Frau schlug im Buch für Reservierungen das heutige Datum auf.

Der Name Touraine war abgehakt. »Für einundzwanzig Uhr, bitte.«

Als die Dame vom Weiterblättern abgelenkt war, griff er eine Visitenkarte des Restaurants, hielt sein Mobiltelefon als Entschuldigung in die Höhe und entfernte sich zum Ausgang hin. Die Frau verstand. Dann wählte er die Nummer des »Grand Cerf«. Die Frau griff zum Telefon, es war ein altes Modell ohne Display, so konnte sie seine Nummer nicht sehen. Philipp kam plötzlich auf den Einfall, sich auf Englisch zu melden. Er heiße Gruber, rufe aus London an und wisse, dass Mister Touraine heute hier sei, er würde sie bitten, ihn ans Telefon zu holen. Die Frau bat um einen Moment Geduld.

Von seinem Standort sah Philipp sie ins Restaurant hineingehen und nach einer Weile mit einem Mann um die Vierzig zurückkommen, sie reichte ihm den Hörer.

Touraine meldete sich mit einem knappen »Oui?«, Philipp wartete kurz, bis er nachfragte, tat so, als sei die Verbindung gestört, und als Touraine sich im Licht drehte, drückte er die rote Taste.

Philipp stand im Schatten des Eingangs hinter der Glastür, sodass Touraine ihn nicht sehen konnte. Philipp schmunzelte. Ihm fiel der Text aus Brechts ›Dreigroschenoper‹ ein von jenen, die im Licht standen, und er summte die Melodie vor sich hin. Vielleicht stand Touraine gar nicht im Licht, vielleicht stand er ja im Dunkel?

Er war ein nichtssagender Typ, ein Mensch wie tausend andere, ohne jedes besondere Merkmal, der Mann ohne Eigenschaften. Er trug einen modernen, gut geschnittenen Anzug und eine teure Krawatte. Er hatte schütteres Haar, war blass und wirkte fad, mit seinem Dutzendgesicht konnte er in jeder Menschenmenge sang- und klanglos untertauchen. Bei Regen hätte man ihn gar nicht gesehen. Doch seine Haltung zeigte Energie und auch eine tief sitzende Wut oder auch Verachtung.

8

Der erste Anruf des nächsten Tages kam aus Köln. Langer teilte ihm mit, dass von der Direktion des Fonds die Erlaubnis zur Besichtigung der Keller und der Fondsbestände gegeben worden sei. Er dürfe auch sämtliche Unterlagen einsehen. »Monsieur Touraine wird sich mit Ihnen in Verbindung setzen.«

»Was heißt das?« Philipp war ungehalten. »Ich kann ihn nicht anrufen? Außerdem verstehe ich nicht, wie man Leute, mit denen man zusammenarbeiten will, behindert und ihnen notwendige Informationen vorenthält. Die suchen einen nützlichen Idioten, dem sie ihre Flaschen aufhalsen können, und wie wir die wieder loswerden, ist unser Problem. Oder wie soll ich das verstehen? Hier ist was nicht in Ordnung, das sagt mir mein Gefühl. Ich wäre vorsichtig, was die Kooperation mit diesem Fonds angeht.«

Da Langer schwieg, fragte Philipp, ob er noch am Apparat sei. »Ja, selbstverständlich. Ihre Gefühle in Ehren, Achenbach, aber Sie sollen sich dort umsehen, weiter nichts.«

Damit war das Gespräch beendet.

Der Abend mit Paillard war interessant gewesen, ihre Gespräche hatten sich natürlich um Champagner gedreht, aber es hatte auch Raum für Privates gegeben. Sie hatten ihr Gespräch über die Zeit fortgesetzt. Sie waren sich einig gewesen, dass man genügend Zeit für das hatte, was einem so wichtig war, dass man sich die Zeit dafür nahm. Es gab nur ein Leben, und darin mussten die Prioritäten festgelegt werden. Wer den Unsinn wiederholte, dass Zeit Geld war, wollte den Unterschied verwischen. Man brauchte Geld, um seine Wünsche zu erfüllen, seine Ideen Wirklichkeit werden zu lassen. Oder man sah zu, so viel Geld wie möglich zusammenzukriegen und dann über seine Wünsche nachzudenken. Aber dann reduzierte sich der Wunsch meist auf mehr Geld. Was tat man aus Überzeugung, was des Geldes wegen und was aus Angst? Als er später im dunklen Zimmer auf dem Bett lag, zu müde, um sich auszuziehen und zu duschen, fühlte er sich seit Langem wieder sehr allein. Helena hatte dieses Gefühl in ihm geweckt. Die Nähe zu ihr brachte ihn näher zu sich, und der Mangel, den ihre Abwesenheit in ihm hervorrief, bezog sich nicht nur auf sie, auf ihre Worte, ihre Berührung – der Mangel bezog sich auf etwas, das nur er sich geben konnte. Ihm fehlte ein Ziel.

Im Hof brannte eine Laterne und warf einen Schimmer in den Raum, an der Wand entstand der Schatten des Fensterkreuzes. Irgendwo bellte ein Hund, ein Käuzchen rief, und ein Auto fuhr, aber sonst herrschte Stille, und er erwachte gegen fünf Uhr frierend und noch immer angezogen.

Es war ihm lieb, dass Yves sich Zeit nahm, mit ihm zu frühstücken. Über Touraine hatte er bislang nichts in Erfahrung gebracht, für die Leute, die er gefragt hatte, war er ein unbeschriebenes Blatt. Angeblich stammte er aus dem Elsass, »ein Bekannter von mir kannte vor Jahren dort einen Touraine«, hatte Yves gesagt, »er hatte ihn wohl nicht in guter Erinnerung und hat ihn dann aus den Augen verloren. Ich habe allerdings noch nicht beim Champagnerverband angerufen, beim CIVC müsste ihn jemand kennen. Und wegen der anderen Frage – wer wo bei welchen Champagnerhäusern größere Mengen kauft – muss ich dich enttäuschen, darüber redet niemand. Es ist verständlich – wer lässt sich in die Karten blicken? Genaue Zahlen wird dir niemand geben. Die Pflicht zur Offenlegung von Betriebsergebnissen französischer Unternehmen ist anders geregelt als in Deutschland.« Aber Yves wollte sich weiter erkundigen.

»Sei bitte diskret«, bat Philipp, »ich möchte keinen Wirbel veranstalten«, und Yves versprach, sich daran zu halten. »Aber es kann eine Weile dauern.«

Das Warten war Philipp immer schwer gefallen. Erfreulicherweise zeigte sich die Sonne, und er machte einen Spaziergang an den Weingärten des Dorfes entlang. Er spürte die Wärme und den Wind, der würde die jungen Triebe und Blätter der Weinstöcke trocknen. Das nasse und kalte Wetter, so wie gestern, war Gift für sie. Der Austrieb war in diesem Jahr gut, die Gescheine entwickelten sich vorteilhaft, aber noch waren die Einzelblüten kaum ausgeprägt. Ein derart miserables Wetter und eine Kälte wie gestern schädigten die Keimkraft der Pollen, und in vielen Blüten wuchsen Eizellen heran, die nicht befruchtet werden konnten. Daher würden sich weniger Beeren entwickeln. Man befand sich in einer kritischen Phase. Aber nach dieser Phase kam die nächste kritische Phase: vielleicht ein verregneter Sommer, und die nächste Phase brachte zu große Hitze. Gleichmut oder Gottvertrauen waren für den Beruf des Winzers unabdingbar, beides half gleichermaßen. Wer nichts davon besaß, wechselte besser in die chemische Industrie.

Philipp musste sich bewegen, denn seine Ungeduld und sein Unwille wuchsen, sich mit diesem Touraine zu arrangieren. Von allen Produzenten der Champagne kannte er lediglich einen Bruchteil. Statt untätig herumzusitzen und zu warten, könnte er Winzer aufsuchen, von denen er wusste, dass sie an den Fonds verkauften, und deren Champagner von France-Import vertrieben wurden. Ob sie mit ihm reden würden, hing davon ab, wie er ihnen sein Interesse präsentierte.

Kaum war er auf dem Weg nach Le Mesnil-sur-Oger, läutete sein Telefon. Es war Touraine. Philipp schaute auf die Rufnummer, er wollte sie speichern, die Anzeige jedoch war unterdrückt.

»Monsieur Achenbach? *Très bien*, sehr gut, dass ich Sie erreiche. Man hat mir gesagt, Sie wünschten mich zu sprechen. Worum geht es?« Es war dieselbe Stimme wie gestern am Telefon, es war ohne Zweifel der Mann aus dem »Hirschen«. Er hörte sich kurz Philipps Anliegen an und meinte dann schroff: »Wir haben für Besichtigungen keine Zeit, wir arbeiten dort.«

Philipp zögerte, verwirrt von seiner unfreundlichen Art. »Wurden Sie nicht von Monsieur Langer informiert?«

»Doch, sicher. Und weiter?«

Mit diesem Mann war kein Auskommen. Aber ohne ihn würde Philipp die Keller in Villers-Allerand nicht betreten, also musste er sich auf ihn einstellen.

»Einen Moment bitte, ich muss halten, ich bin auf der Landstraße.

»Bemühen Sie sich nicht. Ich habe heute wenig Zeit, höchstens am Nachmittag vielleicht, aber dann auch nur für eine Stunde.«

»Wie stellen Sie sich das vor?« Philipp zwang sich zur Ruhe, dabei wurde er zunehmend ärgerlich. Was hatte Langer ihm da aufgehalst?

»Sie sollen, so wurde ich informiert, unsere Weine nur verkaufen. Das ist alles! *C'est tout*«, wiederholte er eindrücklich, als dulde er keinen Widerspruch. »Und da ich die Verantwortung trage, werden Sie sich nach mir richten.«

»Ich verkaufe nichts, was ich nicht kenne«, sagte Philipp ruhig. »*C'est tout.*« Der Mann würde sich an ihm die Zähne ausbeißen. Gleichzeitig begriff er, dass es unsinnig war, sich mit Touraine zu streiten. »Um wie viel Uhr?«

»Das lässt sich jetzt noch nicht sagen.«

»Wann denn? Sie werden es mir jetzt sofort sagen, sonst brechen wir den Kontakt auf der Stelle ab, und ich werde Monsieur Langer informieren, dass Sie nicht mit uns zusammenarbeiten wollen.« Philipp war froh, dass sein Französisch so gut war. Hätte er ihn nicht verstanden, wäre es kompliziert geworden. Was hatte man ihm da für einen Idioten angedient? Es war schwierig, das Bild dieses nichtssagenden Menschen mit der Person in Übereinstimmung zu bringen, mit der er jetzt sprach.

»Um fünfzehn Uhr, dann sind wir ...« Touraine stockte, schien nebenbei mit jemandem zu sprechen, »... dann bin ich so weit. Was wollen Sie sehen?«

»Alles. Und ich möchte genau über die technischen Abläufe informiert werden.«

Wieder schien Touraine den Hörer beim Sprechen zuzuhalten. »Wollen Sie die Geschäftsunterlagen einsehen?«

»Einkaufsrechnungen, Versicherungspolicen, Inventurlisten – alles. So lautet mein Auftrag.«

»Ich spreche mit meiner Tochter, sie ist für die Buchhaltung zuständig. Ich melde mich wieder«, sagte Touraine und legte auf.

Verärgert und verwirrt zugleich steckte Philipp das Telefon in die Tasche und starrte auf die Weinstöcke am Straßenrand. Rechts von ihm zog ein Arbeiter seinen Atemschutz über den Mund und setzte die Schutzbrille auf, dann warf er den Miniraupenschlepper an. Vor dem Motor war ein Gebläse montiert, das Spritzmittel als weiße Wolke am Hang zwischen den Rebzeilen und über dem Mann versprühte. Graufäule trat häufig auf. Gegenüber, in der Ebene, war ein großer Traktor im Einsatz, dessen Auslegerarme auf jeder Seite die Spritzmittel gleichzeitig auf vier Reihen verteilten. Während der Mann mit dem Mundschutz hinter der Maschine in der Wolke wie hinter einem Rasenmäher herging, saß der Fahrer des Traktors in einer Glaskuppel hoch darüber.

Er wird für ein großes Champagnerhaus arbeiten, das sich derartige Maschinen leisten kann. Der Mann mit dem Mundschutz, mit dem Philipp keinesfalls hätte tauschen wollen, war einer der vielen Weinbauern, die ihre zwei Hektar selbst bearbeiteten und die Trauben verkauften. Es war ein mühseliges Geschäft.

Philipp rief Langer an, aber er bekam Helena an den Apparat und war befangen. Lag es daran, dass sie sich noch nicht so lange kannten oder an ihrer Nähe zu Langer? Jedenfalls erzählte er ihr nichts von seinen Schwierigkeiten, sondern blieb allgemein, ja er plapperte vor sich hin. Aus Verlegenheit sprach er von den Spritzmitteln, fragte, ob ihr Vater am Kaiserstuhl auch 8.000 Rebstöcke je Hektar pflanzte, und bevor eine peinliche Pause auftrat, da er nichts Persönliches zu sagen hatte, fragte er nach Langer.

»Der ist heute nach Brüssel geflogen.«

»Was will er denn in Brüssel?«

Helena lachte, denn sie hatte Philipps Verblüffung bemerkt. »Das kann ich dir auch nicht sagen, mein Lieber. Irgendetwas mit dem Fonds, an dem ihr arbeitet. Ich glaube, er trifft einen Mister Goodhouse. Aber er ist morgen wieder da.«

Helena freute sich über den Anruf, und sie sagte, dass sie ihn vermisse, was sie sehr bedenklich fände.

Das alles machte Philipp noch nervöser, als er nach dem Gespräch mit Touraine ohnehin gewesen war. Bei Langer hatte er Druck ablassen wollen, aber der blieb stecken. Und Helena merkte es. Philipp sah sich genötigt, ihr von seinem Telefonat zu berichten.

»Das ist der Alltag im Geschäft«, beruhigte ihn Helena. »Nicht viele Franzosen sind so – da gibt es andere, sehr liebenswürdige Menschen. Reib dich mit einer schönen Hautcreme ein und lass es an dir abperlen, das sage ich mir in solchen Fällen. Und ruf mich heute Abend wieder an, ja? Ich bin zu Hause.«

Philipp versprach es, dann würde er besser gelaunt sein. Er startete den Wagen. Der Miniraupenschlepper versprühte sein Gift weiter über alles, was durch die Rebzeilen kroch, der große Traktor bewegte sich in der Ferne wie ein Krebs mit ausgebreiteten Scheren über ein Algenfeld.

Bis nach Vertus waren es nur wenige Kilometer, in Köln wäre es eine Fahrt von einem Ende der Stadt zum anderen gewesen. Philipp wollte Pierre Larmandier treffen, den ihm der Moselwinzer empfohlen hatte.

In Vertus gab es einhundert Weinbauern, die Trauben verkauften, aber nur zehn, die selbst Champagner erzeugten. Larmandier war einer von ihnen. Bereits seine neue Kellerei an der Avenue Charles de Gaulle wirkte von außen mehr wie eine Galerie. Philipp betrat den weiten Raum, dessen Dach von einer offenen Balkenkonstruktion getragen wurde. Links standen ein Tisch und lederbespannte Stühle für eine größere Verkostungsrunde. Weite, bis auf den Boden reichende Fenster gaben den Blick in einen Garten frei. Rechts, wo hinter einem Geländer eine Wendeltreppe in den Keller führte, hing schwarz glänzend die Skulptur einer nackten Frau, die sich an einem Seil herabließ, das auf dem Boden eine Schlinge bildete. Die Wendeltreppe stellte sozusagen die Fortsetzung des Seils dar. Philipp überlegte, ob er nach einem tieferen Sinn fragen sollte, doch er unterließ es.

Pierre Larmandier, knapp Vierzig, hatte wenig mit dem Klischee eines Winzers oder Weinbauern gemein, dabei produzierte die Familie in der vierten Generation bereits Champagner. Pierre war ein moderner Typ, groß und schlank, Jeans, Pullover, sehr kurzes Haar. Er hätte Dozent für Betriebswirtschaft sein können und hatte tatsächlich die Business School in Nantes absolviert, bevor er nach dem frühen Tod des Vaters den Betrieb übernehmen musste. Das war damals nicht ganz freiwillig geschehen, heute hingegen trieb ihn die Überzeugung. Seine Frau, ebenso schlank und groß, begrüßte Philipp kurz, brachte Kaffee und zog sich in ihr Büro zurück.

Larmandiers moderne Auffassung vom Weinbau zeigte sich überirdisch ebenso wie unter der Erde. Die Wendeltreppe führte nicht in Keller mit Wänden aus Kalk, sondern aus Schüttbeton.

»Die lockere Bodenstruktur zwingt uns dazu«, erklärte der Winzer. »Bei uns, in der Terre de Vertus, anders als in der Montagne de Reims, haben wir keine massive Kreide, sondern lockeren Boden. Die Wände würden ohne Armierung einstürzen.«

Philipp kannte die *crayères*, die Kreidekeller, sie kamen ohne jede Stütze aus. Glatt, kalt und feucht waren die Wände dort, schwarz vom Penicillin, und er erinnerte sich daran, gehört zu haben, dass die Arbeiter, bevor es Antibiotika gab, bei Verletzungen in die Keller gegangen waren und sich die dünne schwarze Schicht Schimmelpilze auf die Wunde gestrichen hatten. In dieser modernen aufgeräumten und wie geleckt wirkenden Anlage, in der sogar der Fußboden durchgestylt wirkte, war auf den Wänden nichts vom Penicillin zu sehen.

Vor dem grauen Beton standen die Holzfässer mit den Reserveweinen, vergoren wurde in den üblichen Tanks aus Edelstahl. In einigen wenigen Rüttelpulten staken nur die übergroßen Flaschen, die anderen befanden sich in Wendebehältern, in denen sie alle gemeinsam gedreht und steiler gestellt wurden, bis sie senkrecht standen. Die würfelförmigen Behälter erinnerten Philipp an Raketenwerfer, die übereinander auf senkrechten Lafetten montiert waren. Der Vergleich war dumm, aber er kam ihm jedes Mal in den Sinn, wenn er die grauen Körbe sah. Und die steinernen Fächer, in denen die ältesten Jahrgänge lagen, erinnerten ihn an spanische Friedhöfe. Statt der Platte mit dem Namen stand eine Schiefertafel mit dem Jahrgang vorn im Fach. Die älteste Flasche in diesem Keller stammte von 1975. Sie war nicht degorgiert.

Diese Besichtigung machte Philipp deutlich, dass der Champagner-Fonds die Flaschen nach dem Abfüllen kaufen, sie auf eigene Kosten lagern, dann degorgieren und die

Dosage zufügen musste, bevor sie mit dem Etikett des Herstellers versehen wurden. Es wäre umständlich und teuer, die Flaschen dann wieder zum Produzenten zu schaffen, um die nötigen Schritte vornehmen zu lassen. Also musste es in Villers-Allerand die entsprechenden Einrichtungen geben. Dann müsste man von allen Lieferanten die jeweilige Versanddosage geliefert bekommen, die Lösung aus Rohrzucker und Reservewein, um den Verlust beim Degorgieren auszugleichen. Dazu kamen die Korken, die Agraffe mit den bedruckten Kapseln, der Draht, der den Korken hielt, die Etiketten und die Hülle für den Flaschenhals. Dann fehlten noch die Umkartons. Lohnte sich da der Aufwand?

Philipp zwang sich, Larmandier zuzuhören, denn er schnitt ein heikles Thema an, die Mengenbegrenzung. In der Champagne war das lange ein Fremdwort gewesen. France-Import bevorzugte Winzer, die ihre Erträge an Trauben drastisch beschränkten und dadurch ihren Weinen mehr Ausdruck und Geschmack gaben. Maßgeblich war das Güte-Menge-Gesetz, wonach bei landwirtschaftlichen Produkten jenseits einer bestimmten Menge die Qualität litt. Er hatte noch das Geheul der Experten darüber im Ohr, dass deutsche Winzer bis zu 16.000 Kilo Müller-Thurgau je Hektar ernteten.

»Und warum wird gerade jetzt die Erntemenge begrenzt?«, fragte Philipp, obwohl die Antwort nahelag.

»Die Investmentbanker sind wieder schuld«, erklärte Larmandier ironisch, »die Broker in London und New York trinken zu wenig Champagner. Champagnerhäuser müssen neuerdings ihren Ertrag auf 8.000 Kilo senken, die Winzer dürfen 9.700 Kilo ernten. Das macht eine Reduzierung um vierzig Prozent aus.«

»Aber es wird hoffentlich auf keiner Nobelparty und bei keinem Formel-I-Sieg der Champagner zum Trinken und Rumspritzen fehlen?«

Larmandier hatte Humor. »Wir hier haben sowieso schon

längst begrenzt, beim Chardonnay auf 4.000 Kilo, es ist als Versuch deklariert.«

Philipp kannte Weine, die aus so geringen Mengen gekeltert wurden, aus dem Gard, aus anderen Appellationen, und er schätzte sie. Sie waren stark, intensiv, es waren Weine mit Tiefe und Länge. Und derart geringe Erntemengen, die durch rechtzeitiges Entfernen überzähliger Trauben vom Stock entstanden, stellten sie in ihrer Werbung in Köln als besonders gut heraus.

»Wir wollen gesunde Früchte, wir wollen Leben im Boden und keine mit Herbiziden totgespritzte Erde. Wein wird sowieso als Monokultur angebaut. Und dann sind die meisten Weinberge monoklonal, das heißt, sie stammen von einem einzigen Klon ab. Das ist gegen die Vielfalt der Natur.«

So wird es überall in der industriellen Landwirtschaft gemacht, dachte Philipp.

»Außerdem lesen wir so spät wie möglich«, fuhr der Winzer fort, »nur so bekommen wir Jahrgangschampagner mit einem Ausdruck, der das *terroir* wiedergibt, den Boden und das Klima und bei dem die Rebsorte erkennbar wird. Außerdem lagern bei uns in der Champagne, so schätzt man, insgesamt 1,2 Milliarden Flaschen ... Die müssen wir erst einmal verkaufen.«

»Da sind ja für jeden erwachsenen Europäer mindestens drei Flaschen da.« Wozu dann der Fonds?, fragte sich Philipp und folgte Pierre. Wer rechnete da noch mit einer Wertsteigerung? Man dürfte nur die herausragenden Jahrgänge einlagern, wie im Tour d'Argent, gleich gegenüber von Notre Dame. Im Keller des ältesten Restaurants von Paris lagen angeblich 450.000 Flaschen, darunter ein Champagner von 1788, ein Clos du Griffier. War der noch trinkbar? Die anderen sicher, glaubte er, man sollte es tun, sie genießen, sich damit die Birne begießen, eine riesige Fete veranstalten, ganz Europa dazu einladen und Verbrüderung feiern, statt weiter mit Kapitalanlagen andere ins Unglück zu stürzen. Philipp lächelte bei dem Gedanken an die Party vor sich hin, eine europaweite bacchantische Orgie würde ihm gefallen: drei Flaschen für jeden! Oben setzten sie sich an den Tisch mit Blick in den Garten und auf die Nackte in Schwarz. Jetzt würde sich zeigen, ob in Pierres Weinberg wirklich Leben war.

Zuerst probierten sie den Rosé. Er hatte den Namen verdient. Die Pinot-noir-Trauben lagen zwei Tage auf der Maische, dann wurde gepresst und der Most vergoren. Es war ein wirklich fruchtiger Wein geworden, das Aroma roter Früchte war deutlich. Dann probierten sie einen Blanc de Blancs – Chardonnay pur. In der Nase war er nicht so besonders, dafür aber im Mund: ein schönes Apfelaroma, sehr frisch, sehr lang im Geschmack, ein wenig grün noch, eine längere Lagerung würde ihn noch besser machen. Der Terre de Vertus war nicht so blumig wie die üblichen Chardonnays, dafür kamen die mineralischen Noten zum Ausdruck, und es trat wieder die Sensation von Kreide auf, die Philipp immer wieder verblüffte, auf die er wartete. Die Spitze von allem jedoch war der Grand Cru Extra Brut von fünfzig bis siebzig Jahre alten Rebstöcken. Es war ein ernsthafter und überzeugender Wein, sehr männlich und ausdrucksstark und beinahe voluminös. Das war ein Wein, der noch Jahre reifen konnte und sich entwickeln würde. Aber leider gab es nur kleine Mengen. Philipp war überzeugt, dass Langer sofort zustimmen würde, diese Champagner in ihr Angebot aufzunehmen. Zumindest hatte er in dieser Hinsicht den ansonsten verlorenen Vormittag sinnvoll nutzen können.

Allmählich schälte sich der Sinn oder besser der Unsinn einer derartigen Kapitalanlage heraus – und der Gedanke, dass er der falsche Mann für die falsche Aufgabe war. Er suchte Wein, Langer suchte Geld.

Beim Mittagessen meldete sich Touraine. Er würde in einer halben Stunde in Villers-Allerand auf ihn warten. Philipp bemühte sich, als der Ober die Kalbsroulade »nach Winzerart« brachte, seinen Unmut zu zügeln. »Ich bin südlich von Épernay, bis zu Ihnen schaffe ich das in einer halben Stunde niemals.«

»Dann habe ich eben weniger Zeit für Sie!«, sagte Touraine kurz angebunden.

Der Mann war unverschämt. Glaubte er, dass auch Philipp nach seiner Pfeife tanzte? Es würde eine Freude werden, ihn zu treffen.

»Wenn Ihr Mister Goodhouse mit uns arbeiten will, und so wurde es mir von Monsieur Langer in Köln jedenfalls berichtet, dann werden Sie sich nach mir richten. Ich bin frühestens in einer Stunde dort. Sie werden in Zukunft Ihr Zeitmanagement besser mit mir abstimmen!« Damit beendete er das Gespräch. So geht es nicht, mein Freund, dachte Philipp. Er blickte auf die Kalbsroulade, als hätte er Touraine vor sich, und nahm das Messer in die Hand.

»Der Champagner wird der Tomaten-Rosmarin-Soße mit den Champignons erst kurz vor dem Servieren hinzugefügt«, sagte der Ober lächelnd, »das macht sie überaus leicht.«

Leichtigkeit – das war es, was Philipp fehlte. So schwer wie dieser Touraine hatte ihm in Frankreich kaum jemand die Arbeit gemacht, höchstens in Paris. In Paris war alles schwierig, hektisch, anstrengend und unfreundlich. Er machte einen großen Bogen um die Hauptstadt. Diese Arbeit, aus der eine langfristige Zusammenarbeit werden sollte, stand unter einem schlechten Stern. Er war nicht der Junge, der sich hin und her schicken ließ.

Touraine sah bei Sonnenschein genauso nichtssagend aus wie bei künstlicher Beleuchtung. Heute schien er müde zu sein und kniff nervös die Augen zusammen. Die Begrüßung frostig zu nennen war euphemistisch, sie lag weit unter arktischen Minusgraden. Es kam nicht einmal zu dem sogar mit den Kellerarbeitern üblichen Händedruck. Sie ersparten sich alle höflichen Floskeln und kamen zum Kern des Geschäfts. Philipp musste sich zur Unfreundlichkeit zwingen, sie lag nicht in seiner Natur. Aber er konnte schauspielern und schlug einen Befehlston an.

»Monsieur Langer oder Mister Goodhouse werden Sie informiert haben! Ich will alles über die technische Seite des Fonds wissen: Auswahl der Champagnerhäuser, Einkauf, Lieferung, Lagerung, ihre Dauer je nach Qualität, wer wann den Champagner degorgiert und wie anschließend weiter verfahren wird. Verkaufen Sie selbst, oder wird das von einer separaten Handelsgesellschaft abgewickelt?« Philipp wollte von Anfang an klarmachen, dass er die Entscheidungen traf.

Touraine begriff, worauf es Philipp ankam, und konterte: »Ihr Chef wird von uns das Nötige erfahren ...«

»Mein Chef entscheidet nach meinen Vorgaben«, unterbrach ihn Philipp so entschieden, dass kein Zweifel an seinen Worten aufkommen konnte.

»Das wird man sehen«, sagte Touraine kalt, aber er war aus dem Konzept. Er begriff, dass er jemanden vor sich hatte, der nicht einzuschüchtern war. »Wir werden uns zu gegebener Zeit weiter darüber unterhalten, ich erhalte meine Anweisungen vom Fondsmanagement.«

»Und wie lauten die in Bezug auf mich?«

»Kommen Sie.« Mehr hatte Touraine dazu nicht zu sagen. Er eilte durch den Empfangsraum, der heute genauso menschenleer war wie bei Philipps erstem Besuch, nickte dem Verwalter zu, der hinter den Tresen trat und freundlich grüßte, als wollte er etwas sagen. Touraine schnitt ihm mit einer Handbewegung das Wort ab. Dann stieß er die Tür zu der Halle mit den riesigen Gärtanks auf. Sie standen links in zwei langen Reihen, oben neben den Einfüllstutzen führte eine schmale Metallbrücke entlang. Die Tanks mochten fünf oder sechs Meter hoch sein, jeder mit einem Fassungsvermögen von zwanzig- oder dreißigtausend Litern. Demnach, so überschlug Philipp, verfügte diese Halle über die Kapazität zur Verarbeitung von mindestens einer Million Liter. Die großen Champagnerhäuser mit einem jährlichen Ausstoß von einigen Millionen Flaschen hatte Philipp bislang nicht beachtet. Er dachte dabei an Massenpartys von Moët & Chandon im Berliner KaDeWe zum Eintrittspreis von 160 Euro, dafür gab's Champagner und Hummer satt. Er schüttelte sich innerlich. Die Winzer, die er schätzte, waren wie dieser Larmandier vom Vormittag, wie Paillard und Yves.

Sie verließen die Halle auf der rechten Seite, durchquerten einen niedrigeren Anbau mit Maschinen zum Degorgieren und der Abfüllanlage. Eine von Philipps Fragen wurde hier bereits beantwortet. Er sah die Stapel mit verschiedenen Umkartons. Auf die Schnelle las er drei Namen, bis sich Touraine zwischen ihn und die Paletten schob und ihn in Richtung Ausgang dirigierte.

»Also werden die Kartons hier angeliefert und der Champagner wird hier verpackt.« Es war logisch und richtig, das so zu tun, und Touraine bestätigte es in seiner unfreundlichen Art.

»Hätten Sie eine bessere Lösung?«, fragte er höhnisch.

Das Verpackungsmaterial schien gerade angeliefert worden zu sein, es gehörte nicht hierher, sondern ans Ende einer Abfüllstraße. Touraine zerrte Philipp weiter über einen Innenhof, an dessen breiter Seite sich die durchsichtige Plastiktür für Menschen und Gabelstapler automatisch öffnete. Dann blieben sie neben dem Lastenfahrstuhl stehen, die Tür zur großen Kabine für schwere Lasten war geschlossen. Rechts daneben öffnete sich ein breiter Treppenschacht.

Zielsicher griff Touraine zwischen mehreren Schaltern nach dem richtigen und bedeutete Philipp, ihm in die Kabine zu folgen, die von unten heraufkam. Es war ein technisch längst überholtes Modell mit schweren Eisentüren, von denen jede einzeln bewegt werden musste. Eine Etage tiefer hielt der Fahrstuhl, ein Arbeiter schob einen beladenen Hubwagen herein und grüßte, Philipp erwiderte den Gruß, Touraine knurrte nur. Im grünlichen Neonlicht wirkte er wie eine Leiche. Von der Störung verärgert verließ Touraine den Fahrstuhl und trat auf den Treppenabsatz. Von hier aus blickte man auf kleine Holzfässer und Kunststofftanks. Allein in dieser Etage hätte man Larmandiers gesamte Kellerei untergebracht. Und hier trat auch der typische Kellergeruch der Champagne auf: Kreide, Wein und der Gärungsgeruch von Ester, der durch die Reaktion von Sauerstoff, Säuren und Alkohol entstand.

Philipp folgte Touraine über die in hundert Jahren ausgetretenen Stufen die Treppe hinab, eine Hand am Geländer, den Blick auf dessen ausrasierten Nacken gerichtet. Der Hals war zu kurz oder der Kopf eingezogen, als würde Touraine sich vor etwas ducken.

Ein Arbeiter um die Sechzig, mit Schiebermütze und blauer Latzhose kam von unten herauf und grüßte Touraine, der ihm ausweichen wollte, mit Handschlag, was dieser als äußerst aufdringlich empfand.

»Schon wieder auf den Beinen, oder immer noch?«, fragte der Arbeiter und hielt auch Philipp die Hand hin. »Guten Tag, Monsieur. Neu hier?«

»Ja«, sagte Philipp freundlich, »aus Köln.«

Touraine murmelte irgendetwas von »viel Arbeit und langen Nächten«, ohne auf den Arbeiter weiter einzugehen, der stehen geblieben war, ihm den Weg versperrte und auf einen Kollegen wartete. Auch der begrüßte Touraine.

»Wir wollen uns morgen im Bistro von Ludes zum Kartenspielen treffen. Haben Sie keine Lust mitzuspielen, Monsieur Touraine?«, fragte der Arbeiter mit der Schiebermütze, dessen große Nase Philipp an die des General de Gaulle erinnerte. »Oder spielen Sie nur um richtiges Geld?«

Touraine wollte den Arbeiter zur Seite schieben, ein Wort gab das andere, und alle merkten, dass die Aufforderung zum Kartenspiel als Provokation gemeint war. Ludes, so erinnerte sich Philipp, war das Nachbardorf, es lag ebenfalls auf der Champagner-Straße. Raphaël Bérèche hieß ihr Winzer dort, ein eigenwilliger Mensch, der den Betrieb gerade an den Sohn übergab. Die Weinberge lagen in Ludes, aber Raphaël Bérèche wohnte ein wenig abseits in Le Craon de Ludes, wo der Wald begann. Sein Haus lag an einer sehr unübersichtlichen Straße. Philipp würde sie nicht vergessen. Vor dem Weingut stieg die Straße in einer engen Kurve steil an, und er hatte beim Verlassen des Weingutes fast einen schweren Unfall verursacht.

Philipp sah den Arbeitern nach und begriff, was der Ältere der beiden eben gesagt hatte. Touraine befand sich bereits länger in der Champagne. Wieso hatte er sich dann verleugnen lassen?

»Was hat er gemeint?«, fragte Philipp, »schon wieder auf den Beinen, oder immer noch?« Er ahnte, dass er Touraine mit dieser Frage in Verlegenheit bringen würde.

»Was weiß ich, was den Leuten einfällt. Sie reden irgendwas, nur um zu reden. Die französischen Arbeiter kennen schon längst ihre Grenzen nicht mehr und machen sich mit jedem gemein.«

Auf dem nächsten Treppenabsatz blieb Philipp stehen. »Der Verwalter fragte mich, ob mich ein gewisser Muller begleite, Michel Muller. Arbeiten Sie mit ihm zusammen? Ist das ein Deutscher oder ein Franzose?«

Touraine zog den Kopf ein wie die Schildkröte, die man leicht an die Nase stupst. Er ging schneller, streckte die Hand nach dem Geländer aus und sprang die letzten Stufen fast hinunter.

»Welcher Verwalter hat das gefragt? Ich kenne hier keinen Verwalter.« Er war auf der untersten Ebene angekommen.

»Der Mann hinter dem Tresen, oben im Empfang.«

»Hat der was zu sagen? Was haben Sie mit ihm geredet?« Touraine war stehen geblieben und sah Philipp entgegen, der sich beeilte nachzukommen.

»Weshalb regen Sie sich auf? Ich habe ihn lediglich nach Ihnen gefragt und ob ich die Keller des Fonds sehen könnte.«

»Ich kenne keinen Muller ...«

»Vielleicht heißt er Müller, Sie als Franzose kennen sicher die Probleme Ihrer Landsleute mit den Umlauten ...«

Touraine sah keine Veranlassung, Philipps Frage zu beantworten. Er öffnete die schwere Gittertür zu den Gewölbegängen und winkte ihm. Sie befanden sich tief in der Kreide. Im Hauptstollen, der einer Eingangshalle glich, stand eine Reihe von Wagen, ähnlich denen, die auf Flughäfen zum Transport von Koffern benutzt werden, daneben standen große, mit Flaschen gefüllte Drahtkörbe. Der Hauptgang war mit Ziegeln ausgemauert, die Gewölbedecke wie auch die Seitengänge bestanden aus purer Kreide. Glühbirnen an Drähten warfen ein rötliches Licht an die Wände, das sich in der Tiefe der Gänge in Schwärze verlor. Und in den Seitenstollen reichte das Licht nur bis zum ersten Flaschenstapel.

Philipp suchte nach einem Plan, der ihm Aufschluss über dieses unterirdische Labyrinth gab, doch Touraine, der auch hier wusste, welche Lichtschalter betätigt werden mussten, um die Tiefen des Labyrinths auszuleuchten, forderte ihn barsch zum Weitergehen auf.

»Durch Ihr spätes Erscheinen haben wir viel Zeit verloren!«

Hinter der dritten Abzweigung verlor Philipp bereits die Orientierung. Alle Stollen sahen gleich aus, die Beleuchtung zeichnete die schwärzlichen und feucht glänzenden Wände weich, erleuchtete Nischen mit nur wenigen Flaschen und verliehen dem Labyrinth den Charakter einer Gruft. Er rannte kopflos hinter Touraine her, dem seine Verwirrung nicht entging. Bald spürte Philipp die Kälte. Dummerweise hatte er seine Daunenjacke im Wagen vergessen, und er wünschte sich, möglichst bald wieder an die Oberfläche zu kommen. Der Aufenthalt versprach unangenehm zu werden. Derart hektisch und orientierungslos war er noch nie durch einen Keller gerannt.

Die Arbeiter mussten hart im Nehmen sein oder gut bezahlt werden, um ganze Arbeitstage in Kälte und Feuchtigkeit abzureißen. So glitzernd die sprühende Champagnerwelt war, so düster, verloren und stumm war es hier unten. Aber es gab Keller, die durchaus ein wenig von der glamourösen Oberfläche mit nach unten nahmen und einen ansprechenden Anblick boten. Dieser hier war aber nicht darauf angelegt, jemals vorgeführt zu werden.

Unter der Decke der Haupttunnel waren, wie bei modernen Seilsystemen, zwei Kabel gespannt, an denen Glühbirnen aufgehängt waren, sodass man an der Stelle, wo es die Arbeit erforderte, Licht zur Verfügung hatte, wenn auch ein schwaches.

Zielstrebig war Touraine vorausgeeilt, bis auch er den Schritt verhielt und sich kurz orientierte. Philipp empfand sein Schweigen als Missachtung. Kein Winzer oder Kellermeister ließ sich die Gelegenheit entgehen, die in seinem Keller liegenden Weine zu erklären. Touraine hingegen wollte die Besichtigung möglichst schnell hinter sich bringen.

Sie passierten künstliche Grotten, die auf ganzer Länge und Höhe mit Champagnerflaschen gefüllt waren. Wie tief, auf welcher Länge die Flaschen hier gestapelt waren, ließ sich nicht überblicken. In Höhe und Breite ließen sich die Flaschen zählen und dann multiplizieren, so kamen pro Reihe etwa sechshundert zusammen, wie viele Reihen davon jedoch hintereinander in der Tiefe der Grotte oder des Tunnels lagerten, ließ sich nur von oben erkennen. Aber dabei verzählte sich Philipp sofort, nichts bot seinem Auge Halt. Waren es vierzig, fünfzig oder sechzig Reihen hintereinander? Die vorderste Reihe war selten komplett, und dort stand die übliche Schiefertafel mit den Daten der hier liegenden Flaschen, dazu kamen einige Kürzel, sicher über Herkunft oder Qualität.

Vor einer mit rostigen Gittern gesicherten Grotte blieb Touraine stehen. »Sie wollten sehen, wo die Flaschen für den deutschen Champagner-Fonds liegen? Hier!« Er wies auf zwei weitere bis unter den Gewölbebogen mit Flaschen gefüllte Tunnel in ihrem Rücken. »Jetzt zufrieden?«

Zufrieden? Nein, eher verwirrt. Wo war der Anhaltspunkt dafür, dass genau hier die Flaschen lagen, die er verkaufen sollte? Nichts wies darauf hin. Wenn er sich auf die Zehenspitzen stellte, sah er an einigen Stellen aus der endlosen Fläche schwarzgrüner Flaschen etwas wie Karteireiter herausragen.

»Woher weiß ich – woher weiß man«, korrigierte er sich, »dass es sich um die deutschen und nicht um die britischen oder belgischen Flaschen handelt?«

»Sind Sie gekommen, um sich zu informieren, oder sind Sie von der Steueraufsicht?«

»Ich bin hier, um Auskunft zu erhalten.«

»Sollen wir die Flaschen etwa mit Länderfähnchen versehen? Wenn wir sie etikettieren, ist das Papier nach drei Monaten verschimmelt. Ich denke, Sie sind in der Branche tätig?«

»Es wird Bestandslisten geben ...«

»Wollen Sie eine halbe Million Flaschen nachzählen?« Wieder sprach der blanke Hohn aus Touraine, oder er amüsierte sich köstlich.

Philipp starrte auf den Boden, er überlegte, wie er weiter vorgehen wollte, denn egal was er fragte oder zu sehen wünschte, Touraine zog sein Ansinnen ins Lächerliche. Und während er auf den Boden blickte, sah er die Spuren. Es waren Schleifspuren und kaum sichtbare Abdrücke von Reifen, und er blickte sich um, ob einer der Gepäckwagen oder ein Gabelstapler in der Nähe stand. Es war gefegt worden, man hatte versucht, die Spuren zu beseitigen, doch frische Kratzer blieben auf diesem Boden sichtbar. Er betrachtete die Kette an den Gitterstäben und bemerkte Kratzspuren im Rost.

»Die Flaschen liegen hier unten und werden nicht bewegt?«, fragte er, ohne Touraine anzublicken, denn er fürchtete, dass sein Gesicht etwas von seinem Verdacht preisgab.

»Wozu? Damit sie frische Luft schnappen?«

Am liebsten hätte Philipp diese Farce abgebrochen und wäre selbst zum Luftschnappen an die Oberfläche zurückgekehrt. Aber er hatte einen Auftrag.

»Ist hier in jüngster Zeit gearbeitet worden? Schauen Sie, die Flaschen wurden bewegt, das Tor aufgeschlossen, und da sind Schleifspuren am Boden, als wären Kisten …«

»Sie scheinen wirklich von der Steuerbehörde zu kommen!« Touraines Blick war so böse wie seine Stimme. »Sie haben allerdings recht«, meinte er einlenkend. »Sie sind ein guter Beobachter. Die Flaschen wurden bewegt, ja. Sehen Sie, dass jede zweite Reihe Flaschen auf einer dünnen Holzleiste liegt? Ja? Wenn Sie sich wirklich auskennen, sollten Sie wissen, dass die Flaschen unter sechs Bar Druck stehen, dreimal mehr als ein Autoreifen. Es platzt schon mal die eine oder andere. Es waren mehrere, das Glas hatte Lufteinschlüsse und platzte, der Stapel hätte instabil werden können, also haben wir ihn umgeschichtet. So ist das.«

So viel hatte Touraine bisher noch nie an einem Stück geredet. Was er sagte, klang plausibel, aber es räumte Philipps Verdacht nicht aus.

»Wo liegen die Flaschen der anderen Fonds?«

Touraine atmete heftig, um Philipp merken zu lassen, dass er sich bemühte, die Fassung zu wahren. »Ich bin nicht verpflichtet, Ihnen das auch noch zu zeigen. Wenn es Sie beruhigt, gehen wir auf dem Rückweg daran vorbei.« Er sah sich um und blieb nach einigen Schritten vor einer Abzweigung weiterer Tunnel stehen, die mit Flaschen gefüllt waren. »Hier! Hier liegen die Engländer! Und da drüben«, er zeigte auf einen ebensolchen Tunnel, »da liegen die Holländer.«

Für Philipp erschloss sich das nicht. Für ihn gab es keinen

Anhaltspunkt, bis auf die Schiefertafeln, und aus ihrer Beschriftung wurde er nicht schlau. Es gab weder ein B für Belgien noch ein NL für die Niederlande.

»Sie bringen zum Arbeiten Ihre eigenen Leute mit?«

Touraine befand sich bereits auf dem Rückweg, verärgert wandte er sich um. »Wer hat das erzählt?«

»Spielt das eine Rolle?«

Es dauerte einige Sekunden, bis sich Touraine zur ersten diplomatischen Antwort des Tages durchrang: »Eigentlich nicht. Wer war es denn?« Er rang sich sogar ein Lächeln ab.

»Ist das nicht gleichgültig, wenn es keine Rolle spielt?«

9

Madame Louise Dillon-Lescure gefiel Philipp auf den ersten Blick. Es war nicht unbedingt das schulterlange dunkelblonde Haar. Es waren auch nicht die lebhaften dunklen Augen, die jeden direkt ansahen, mit dem sie sprach. Es war auch nicht der ausdrucksstarke Mund – sie bewegte die dezent geschminkten Lippen beim Sprechen sehr akzentuiert, und ihr Französisch klang dadurch geradezu bühnenreif. Das alles war es natürlich auch, was ihren Reiz ausmachte, aber in erster Linie war es ihre Haltung. Wer sie auch nur von Weitem sah, zweifelte nicht daran, dass sie in diesem Betrieb das Sagen hatte. In einer anderen, vergangenen Epoche hätte Philipp sie der Aristokratie zugerechnet, keiner verkommenen Klasse, sondern einer, die sich bemühen musste, da ihr bewusst war, dass ihre Zeit abgelaufen war. Da Philipp diese Frau als äußerst attraktiv empfand, ließ er sich von ihr nicht über Gebühr beeindrucken und musste auch nicht konkurrieren. Bei Louise Dillon-Lescure glaubte er schnell zu wissen, woran er war. Und außerdem war sie äußerst charmant.

Als er die Gruppe, in deren Mitte sie als einzige Frau das Wort führte, fast erreicht hatte, sah sie ihm fragend entgegen, direkt und offen, und er schaute auf die gleiche Weise zurück. Die Umstehenden folgten dem Blick und fragten sich, wem er gelten mochte. Madame und Philipp lösten die Spannung mit einem mehr als freundlichen Lächeln – Philipp war, als seien sie sich einig. Im anderen Fall hätten beide Abstand zu wahren gewusst. Was Philipp diese Situation nicht zur Gänze auskosten ließ, wie den letzten Schluck eines guten Weins, von dem man wegen des Aufbruchs weggerufen wird, war das Aufblitzen der Erinnerung an Helena. In diesem Moment hatte er das Gefühl, sie zu hintergehen.

»Sie ist beim Degorgieren«, hatte die Assistentin von Madame Louise, wie man sie nannte, bei seinem Eintreffen gesagt. »Eine Maschine ist ausgefallen. Die Monteure sind gekommen, und Madame kümmert sich in solchen Fällen selbst um den Schaden. Sie wird schwerlich Zeit für Sie erübrigen können.«

Das war Philipp gewohnt. Mal herrschte schlechtes Wetter, mal war der Winzer aufgehalten worden, das Gespräch wurde verschoben, denn eine Lieferung musste über Nacht komplettiert werden, dann fiel der Strom aus, oder die Etiketten kamen nicht rechtzeitig aus der Druckerei – und dann gab es noch die unendliche Reihe menschlicher Tragödien. Wenn all das nicht trennte, verband es Philipp mit seinen Winzern nur stärker.

»Sie arbeiten für uns – und nicht für die Winzer!« Darauf hatte Langer ihn mehr als einmal hingewiesen, wenn er für »seine« Lieferanten zu viel Verständnis zeigte.

»Wenn es Ihnen nichts ausmacht, Monsieur«, sagte Madame Louise, »dann schauen Sie ruhig zu. Oder haben Sie sogar eine Lösung für unser Problem?« Sie reichte ihm kurz die feste und gepflegte Hand. Philipp war überrascht, dass sie sich die Fingernägel rot lackierte. Er nickte und versuchte sich einen Überblick über die Situation zu verschaffen.

Von links wurden die sechseckigen Kästen mit den auf dem Kopf stehenden Champagnerflaschen ans Band gebracht. In dieser Stellung wurden sie zwanzig Sekunden in eine Kühlflüssigkeit getaucht. Dabei gefror nur der Teil des Champagners, in dem sich beim Rütteln die abgestorbenen Hefen abgesetzt hatten. Im Flaschenhals machte das vielleicht einen Zentimeter aus. Jetzt wurde die Flasche gedreht und der Verschluss entfernt. Meist war es ein Kronenkorken und eine Plastikkapsel, bei den Millésimes ein Korken, von einer Eisenspange gehalten. Beim Öffnen drückte die Kohlensäure den im Eispropfen gebundenen Heferest heraus. Kaum stand die Flasche wieder senkrecht auf einer schmalen Schiene und wurde weitergeschoben, senkten sich Düsen über den Flaschenhals und spritzten die Dosage hinein. Dieses Wein-Zucker-Gemisch machte aus dem Champagner einen Brut, einen Sec oder einen Démi-Sec, ganz nach Wunsch des Produzenten. Die meisten Menschen liebten die Süße. Ein Brut Nature oder die Non-Dosage-Champagner waren im Kommen. Sie kamen ohne Zucker aus, es waren Philipps Lieblingsweine.

Metallbügel schoben die Flaschen weiter zum Verkorken. Dazu musste der Kork zusammengepresst werden, um in den Flaschenhals zu passen. Eigentlich war er so dick wie der Teil, der oben herausragte. Aus einem Rohr fiel eine bedruckte Blechscheibe auf den Korken, eine Maschine wand den Draht oben drüber und um den Flaschenhals, im nächsten Arbeitsschritt wurde, entweder von Maschinen oder von Menschen, die Hülse über Kork und Flaschenhals gestülpt. Dann kam die Flasche in die Kiste.

Dieser Prozess war an der Stelle unterbrochen, wo die Dosage zugefügt wurde. Die Experten stritten, ob ein mechanischer oder elektronischer Defekt vorlag. Philipp betrachtete sich unter den Anwesenden keinesfalls als kompetent, in irgendeiner Weise mitzureden. Ein wenig verstand er von der Mechanik, von Elektronik hingegen nichts, und er sah aus der zweiten Reihe zu. Lernen konnte man immer.

Madame Louise hielt es wie er und trat neben ihn. »Selten genug, dass wir die Anlage benutzen«, meinte sie, »aber gerade dann, wenn wir sie brauchen, fällt sie aus.«

»Murphys Gesetz gilt auch in Frankreich«, meinte Philipp, den Madame Dillon-Lescure weit mehr interessierte als fachsimpelnde Monteure. »Was kaputt gehen kann, das geht auch kaputt. Wenn man sich ärgert, wird es noch schlimmer.«

»Ich versuche auch, mich in derartigen Situationen daran zu halten. Manchmal klappt es sogar. Aber jetzt würde ich Sie lieber herumführen, statt auf die Männer aufzupassen. Jeder würde lieber den anderen von seiner Theorie überzeugen, statt den Fehler zu beheben. Sind alle Männer so?« Sie musterte Philipp von der Seite, als frage sie sich, ob er auch so sei.

»In solchen Fällen ziehe ich mich lieber zurück und mache mich unsichtbar. Ansonsten reise ich durch die Welt und suche schöne Weine für ...«, er zögerte. Ja, für wen suchte er sie eigentlich aus? Er hatte für »uns« sagen wollen, aber die persönliche Formel blieb ihm im Mund stecken. Louise Dillon-Lescure bemerkte sein Zögern. »Für France-Import, oder irre ich mich? So wurden Sie angekündigt.«

»Sie haben sich die Website der Firma sicher längst im Internet angesehen?«

Ihr zustimmendes Lächeln war zu charmant, und Philipp bemerkte, wie er Lust zum Flirten bekam. War es das, was man im Mittelalter als »verhexen« bezeichnet hatte? Hier in Moussy vorbeizuschauen war Yves' Empfehlung gewesen, er hatte den Kontakt vermittelt.

»Yves ist ein angenehmer Mensch«, erklärte Louise Dillon-Lescure, »seine Frau kenne ich auch. Sind Sie schon lange mit ihm befreundet?«

»Seit etlichen Jahren, seit ich in die Champagne komme.«

»Das spricht für Sie.«

Wie sie lächeln konnte. Philipp musste sich zum Weiterreden zwingen. »Ich würde seinen Champagner gern in ... in das Angebot von France-Import aufnehmen«, (er hatte wieder »unser Angebot« sagen wollen), »aber Yves produziert so wenig, das rechnet sich nicht für uns. Da nehme ich ihn lieber nur für mich.«

»Er hat Sie zu mir geschickt, weil bei mir mehr zu holen ist?«

Philipp nickte nur.

»Ich verhandle sehr hart, Monsieur.«

»Davon bin ich überzeugt«, sagte Philipp, ohne nachzudenken.

Sie schnappte kurz nach Luft, und beide merkten, dass ihnen die doppelsinnigen Andeutungen gefielen.

»Dann werde ich Ihnen wohl einiges zeigen müssen«, sagte Madame und blitzte Philipp böse an, weil sie merkte, dass er immer noch nicht an den Champagner dachte, den sie meinte. Sie verschaffte sich eine Atempause, indem sie zurück zu den Arbeitern ans Band ging. Eine halbe Stunde später lief es wieder.

Die Auffahrt vor der Freitreppe des Châteaus war in der Zeit angelegt worden, als Besuch noch mit dem Zweispänner eintraf. Für einen Vierspänner hätte es nicht gereicht, um die Pferde in einer Kehre wieder zu dem von Säulen flankierten Tor hinauslenken. Für Autos war allemal genug Platz, sie parkten vor den Seitenflügeln, die bis an die Straße mitten durch Moussy heranreichten. Philipp stand oben neben Madame Louise auf der Freitreppe, er blickte auf die Weinberge des Gutes, die jenseits der Straße sanft anstiegen und auf dem Kamm des Hügels an einem Wäldchen endeten.

Das Château, es war mehr ein Herrensitz als ein Schlösschen, stammte aus dem 18. Jahrhundert, gebaut in der Zeit Ludwig XV., und wirkte beileibe nicht wie ein Prunkbau. Die Stufen der Treppe zeigten Risse, die sie flankierenden Blumenkübel wiesen Sprünge auf, was sie für Philipps Geschmack umso liebenswerter machte. Die Patina der Zeit lag auf allem, auch die Fassade wirkte nicht geleckt, und die hohen Fenster der Belle Étage mit den Flügeltüren waren noch nicht der Wärmedämmung anheimgefallen. Deshalb wurde dieser Gebäudeteil im Winter nur bei großen Festivitäten beheizt, zu denen die mit silbernen Leuchtern, Kommoden, Spiegeln, Louis-VX.-Tischen und Stühlen möblierten Räume vermietet wurden.

»Vor siebzig Jahren allerdings hatten wir hier Gäste, die überhaupt nicht bezahlt haben.«

Philipp war klar, dass sie die Truppen der Wehrmacht meinte. »War es schlimm?«

»Nicht so sehr. Bis auf den Umstand, dass sie uns etwa hunderttausend Flaschen Champagner gestohlen haben und sich hier mietfrei einquartiert haben, sogar ihre Kommandantur war bei uns untergebracht, haben sie es uns nicht allzu schwer gemacht. Und auch abgesehen davon, dass mein Großvater vier Jahre in Deutschland in Gefangenschaft war. Aber er hatte Glück, er war Winzer, da haben sie ihn als Zwangsarbeiter in den Weinberg geschickt. Seine Arbeitgeber waren glücklicherweise Menschen und keine Nazis. Doch das ist lange her, da waren wir beide noch gar nicht geboren, nicht wahr?« Sie lächelte schon wieder wunderbar. »Ressentiments pflegen nur die Dummen, die davon leben, und solche, die sie für ihr verkümmertes Ego brauchen.«

»Ist er heil nach Hause gekommen?«

»Wer?«

»Ihr Großvater natürlich.«

»Ja, doch – als Erstes hat er die Mauer eingerissen.«

Jetzt war es Philipp, der den Zusammenhang nicht verstand. »Welche …« Für ihn gab es nur eine, und die hatte in Berlin gestanden.

»Na, die Mauer, hinter der er unsere besten Champagnerflaschen eingemauert hatte. Als die Deutschen angriffen, hat er erkannt, dass sie nicht aufzuhalten waren. Er wusste, dass der damalige Außenminister Ribbentrop den Champagner liebte, schließlich war er in Deutschland Vertreter für Pommery und Mumm, und da ahnte mein Großvater, was auf uns zukam. So, jetzt kommt der übliche Rundgang auf Sie zu. Ihre wievielte Kellereibesichtigung ist es? Wie lange üben Sie diesen Beruf aus?«

»Zehn Jahre – aber ich habe vorher schon ...«

»Etwa fünfzig pro Jahr, das wären fünfhundert ...«

»Mit Ihnen ist es natürlich ganz was anderes.«

»Das will ich hoffen.« Louise sah Philipp an, als wüsste sie nicht, wie er es aufgefasst hatte.

»Mir würde die Champagne besser gefallen, wenn das Wetter besser wäre.« Sie beendeten den Rundgang durch die Kellerei in der Halle mit der Abfüllanlage. Das Degorgieren verlief ohne Störungen. »Wir sind Frankreichs nördlichstes Weinbaugebiet, haben die wenigsten Sonnenstunden, ziemlich viel Regen, und dann müssen die Spritzmaschinen wieder raus, leider zu oft. Das kostet Geld, es braucht Arbeitskräfte und Chemikalien und ist außerdem nicht besonders gesund, weder für die Arbeiter noch für die Bodenflora. Glücklicherweise bekommen wir vom CIVC korrekte Wettermeldungen. Danach können wir uns richten. Aber wenn wir Schaumwein in Gegenden mit besserem Wetter produzieren würden, hätten wir weder den kalkhaltigen Boden noch das Mineralische, die besondere Ausprägung der Trauben und weniger Säure. Und gerade die macht den Champagner so spritzig.«

Die Erklärungen von Madame Louise während des Rundgangs hatten Philipp ihre profunde Kenntnis des Weinbaus und der Kellerwirtschaft gezeigt. Da drängte sich die Frage auf, woher sie diese Kenntnis hatte.

»Wir sind Winzer in der sechsten Generation. Wenn eine Generation mit dreißig Jahren gerechnet wird, dann – ja, eigentlich in der siebten. Ich lernte vom Großvater, vom Vater, von meinem früheren Mann allerdings nicht, der war nicht von hier.«

»Sind Sie geschieden ...?« Es war eine Frage, die Philipp bereits seit dem Moment beschäftigte, da er Madame am Band hatte stehen sehen.

»Nein, er ist tot. Ein Autounfall, ein Frontalzusammenstoß mit einem Lastwagen auf einer unserer wunderbar unübersichtlichen Landstraßen, wo Sie nie überholen können oder dürfen.«

»Er war allein im Wagen?«

»Gott sei Dank, ja. Er war auf dem Weg, unsere Mädchen aus den Ferien zu holen. Ich habe es mir nie vorgestellt, dass er sie im Wagen gehabt hätte. Haben Sie Kinder?«

»Ja, einen Sohn, er studiert – Betriebswirtschaft – aber er will nicht mehr. Er will Winzer werden.«

»*Mon Dieu*, weiß er, was auf ihn zukommt?«

Sie lachten zusammen das Lachen derer, die sich verstanden, es war komplizenhaft.

»Ihre Töchter sind noch nicht erwachsen?«

»Sie glauben es, Monsieur, Sie werden sie kennenlernen, hoffe ich. Sie bleiben doch noch ein Weilchen?« Jetzt wirkte sie fast in wenig besorgt. »Wir veranstalten am Sonnabend ein kleines Fest. Meine wichtigsten Importeure kommen – der aus der Schweiz – ach nein, der hat abgesagt, aber der aus Belgien wird da sein, unser Brite kommt, der Holländer …«

»Und wer kommt aus Deutschland?«

Sie lächelte vielsagend. »Sie vielleicht, Monsieur Achenbach?«

Wollte sie testen, ob er in die Runde ihrer Importeure passte? »Ich glaube, Sie verstehen eine ganze Menge von Menschen, nicht wahr, Madame? Sie werden über Geschäfte reden?«

»Und ich glaube, dass Sie nicht immer alles richtig verstehen, oder? Vielleicht freue ich mich einfach über Ihre Gesellschaft.«

»Dann verschieben wir die Verkostung auf morgen? Ich nehme an, Sie werden alle Ihre Champagner dort haben.«

»Sie erraten es. Und auch das, was nicht zum Verkauf steht. Gedulden Sie sich.«

Das würde er tun; nur eine Frage wollte er vor seinem

Aufbruch noch stellen. »Ich möchte Sie um einen Gefallen bitten. Können Sie für mich etwas herausfinden?« Ohne auf ihre Zustimmung zu warten, fuhr er fort. »Ich habe mit einem Monsieur Touraine zu tun, und ich hätte gern, bevor ich mit ihm Geschäfte mache, einiges über ihn gewusst. Können Sie den einen oder anderen Kollegen fragen?«

»Das bedeutet, dass Sie dem Mann nicht vertrauen?«

»Ich bin im Zweifel. Gérard heißt er mit Vornamen.«

»Gérard Touraine? Jemand mit diesem Namen war vor zwei Jahren bei mir, er wollte eine größere Partie von unserer Sélection Grand Cru Extra Brut kaufen.«

»Und?« Philipp horchte auf. »Kam das Geschäft zustande?«

»Nein, ich habe mich rausgeredet. Er hatte unrealistische Preisvorstellungen. Es gibt Menschen, mit denen verbindet einen wenig, und da mein Champagner sehr gut ist, kann ich es mir leisten, mir die Kunden auszusuchen.«

»In der jetzigen Lage auch?«

»An Preissenkungen sind wir im Gegensatz zu den Großen bislang vorbeigekommen.«

»Und wer kocht bei dem Fest? Lassen Sie das Essen bringen?«

»Ich selbstverständlich«, empörte sich Madame Louise, »allerdings habe ich Hilfe dabei.«

»Ihre Töchter?«

Sie winkte ab. »Wo denken Sie hin. Die haben Besseres zu tun.«

»Dann könnte ich Ihnen beim Zwiebelschälen zur Hand gehen?« Philipp vermisste die abendliche Entspannung am Herd, wenn er unterwegs war. Und er hatte Lust, das charmante Geplänkel fortzusetzen. Außerdem fühlte er sich leichter und freier, wenn er Französisch sprach. Ein anderer Teil seines Wesens wurde lebendig, es ließen sich Dinge sagen, die er sich im Deutschen nicht gestattete, mit Doppeldeutigkeiten war leichter umzugehen, und den Klang des

Französischen empfand nicht nur er als schmeichlerisch. Er erinnerte sich an ein Zitat aus dem Film »Matrix«, dass auf Französisch zu fluchen so ähnlich sei wie sich mit Seide den Hintern abzuwischen. Er schmunzelte bei dem Gedanken, aber er dachte an andere Seide, an den gleichnamigen Roman von Alessandro Baricco, eine Liebesgeschichte, die sogar ihm gefallen hatte. Jetzt war es an ihm, verlegen zu werden, denn er fühlte sich ertappt.

Das Motorrad war wieder da – oder jedenfalls irgendeines. Da wollte jemand allem Anschein nach auf Teufel komm raus wissen, was er tat – oder wen er traf. War es dieselbe schwarz-rote Maschine?

Der Mann am Lenker hatte langes Haar gehabt, der Zopf hatte hinten unter dem Helm herausgeschaut. Ein Halstuch war es nicht gewesen. Die Maschine jedenfalls war dunkel lackiert gewesen, der Fahrer hatte eine schwarze Montur mit roten Aufsätzen an Schulter, Ärmeln und Knien getragen. Um sicherzugehen, begann Philipp dasselbe Spiel wie kürzlich im Regen. Um sich nicht wieder auf der Nationalstraße 51 zu langweilen, nahm er den Weg über Louvois durch den Wald nach Ludes, wo er versuchen wollte, die Arbeiter aus der Kellerei von Villers-Allerand aufzutreiben, besonders den mit der riesigen Nase. Wenn Philipp etwas über Touraine und seine Aktivitäten erfahren wollte, musste er die Arbeiter fragen. Denen blieb kaum etwas verborgen.

Sollte der Motorradfahrer ihn tatsächlich verfolgen, so musste der nichts von seinen Kontakten wissen.

Es gab eine weit gezogene Rechtskurve, wo sein Verfolger kurz aus dem Rückspiegel geriet. Am Ausgang der Kurve lag rechter Hand ein Parkplatz. Es war keine Vollbremsung nötig, um dort einzubiegen, eine schnelle Kehre auszuführen und mit Blick auf die Straße anzuhalten – gerade rechtzeitig, um das Motorrad vorbeifahren zu sehen. Das einzig Auffällige war, dass der Fahrer ziemlich klein oder das Motorrad recht groß war. Philipp wartete ab. Wenn seine Vermutung zutraf, würde der Fahrer gleich umkehren. Und genau das geschah. Als er den Parkplatz erreicht hatte und Philipps Volvo sah, bremste er.

Genau in diesem Moment gab Philipp Vollgas. Der Volvo sprang wie ein Raubtier auf das Motorrad zu, der Fahrer reagierte schnell und gab ebenfalls Vollgas, um sich in Sicherheit zu bringen, für einen Moment schleuderte die Maschine, erhob sich aufs Hinterrad und raste davon. Es war Unsinn, ihr zu folgen, Philipp hätte sie nie eingeholt, nicht einmal das Nummernschild hatte er lesen können. Aber es konnte nicht schaden, dem Verfolger Angst einzujagen. Er würde in Zukunft vorsichtiger sein. Aber unheimlich war es Philipp doch, wie er hinter dem Unbekannten durch den Wald raste, bis es ihm zu gefährlich wurde. Jederzeit konnte ein Traktor, ein Holzlaster aus dem Wald kommen und einbiegen.

Gleichzeitig empfand Philipp die Verfolgung als lächerlich. Er ließ den Wagen ausrollen, wendete und fuhr zurück. Die Frage aber, wer auf dieser Rennmaschine saß und in wessen Auftrag, beschäftigte ihn weiter. Er zermarterte sich den Kopf, wie er es herausfinden könnte, aber er fand keine Lösung. Kurz bevor er Ludes erreichte, war das Motorrad wieder da. Dieser tief über seinen Tank gebeugte Mensch musste wahnsinnig sein. Rechnete er denn nach dem Angriff nicht mit weiteren Attacken?

Da erinnerte sich Philipp an die Kurve vor der Kellerei Bérèche. Sie lag ganz in der Nähe. In der Kurve könnte er das Manöver von eben wiederholen, etwas härter und aggressiver, und vielleicht würde das den Fahrer abschrecken.

Die einseitige Straßensperre und die Ampel an einer Baustelle kamen seinem Vorhaben entgegen. Er wartete, bis sie auf Rot sprang, und fuhr los, der Wagen hinter ihm nicht. Er kam gerade noch am Gegenverkehr vorbei, der Motorradfahrer musste warten. Philipp hatte mindestens zwei Minuten Vorsprung, um sich in Position zu bringen. Er raste durch die Weinberge bergan auf den Waldrand zu, dahinter begann die Kurve. Im Rückspiegel konnte er das Motorrad kaum noch erkennen. Er bremste scharf am Ausgang der Kurve, wendete wieder und stellte sich vor der Einfahrt zur Kellerei quer auf die Straße. Wer angemessen fuhr, sah ihn und konnte rechtzeig bremsen. Wer zu schnell war …

… den bestrafte das Leben. Das Motorrad raste in Schräglage durch die Kurve auf Philipp zu, es würde in seinen Wagen krachen, es konnte nicht mehr ausweichen. Die Maschine schwankte, Philipp sah es später immer wieder in Zeitlupe vor sich, von seinem Gewissen gequält. Die Szene wurde zum Albtraum.

Um nicht auf den Wagen zu prallen, riss der Motorradfahrer den Lenker herum, wollte zwischen Wagen und Waldrand hindurch, geriet auf den Seitenstreifen, schleuderte, die Maschine kippte, und der Fahrer überschlug sich mehrmals in grotesken Bewegungen, bis ihn Büsche auffingen. Regungslos blieb er im Gras liegen.

Philipp brach der Schweiß aus. Das war so nicht geplant. Oder hatte er es unbewusst doch beabsichtigt? Das fragte er sich, als er seiner eigenen Kälte und einem Gefühl von Befriedigung gewahr wurde. So gezielt hatte er noch nie einem Menschen geschadet.

Er setzte den Wagen zurück in die Einfahrt, stieg aus und sah sich um. Er war allein, Zeugen gab es nicht, dann alarmierte er den Winzer. Der sollte den Krankenwagen rufen, denn Philipp musste sich aus der Sache heraushalten.

Monsieur Bérèche erinnerte sich gleich an ihn, und zusammen liefen sie zu dem leblosen Fahrer im Straßengraben. Er rührte sich nicht, aber ihm zu helfen war zu riskant, die Wirbelsäule konnte verletzt sein. Als der Winzer das Visier des Helms nach oben schob, erstarrte Philipp – er blickte in das Gesicht einer jungen Frau.

»Glücklicherweise hat sie nicht viel abbekommen«, sagte der Notarzt nach der ersten Untersuchung. Die Frau lag bereits auf der Trage. »Eine Gehirnerschütterung, dazu vielleicht ein Beinbruch und etliche Prellungen, die Büsche haben Schlimmeres verhindert. Was glauben Sie, was wir an verunglückten Motorradfahrern zu sehen bekommen. Sie hat wirklich Glück gehabt.«

Philipp und Bérèche zogen sich zurück, um sich keine weiteren Schauergeschichten anhören zu müssen. Philipp dachte daran, dass er einen Moment lang überlegt hatte, einfach wegzufahren, aber es nicht über sich gebracht hatte. Jetzt, wo er wusste, dass ihn eine Frau verfolgt hatte, wuchs sein Entsetzen über das, was er angerichtet hatte. Gleichzeitig war er erleichtert, dass nicht mehr passiert war. Wäre er seines Lebens jemals froh geworden, wenn …? Aber er hatte diese Wahnsinnige gewarnt. Trieb er die Perfidie nicht auf die Spitze, wenn er sich als Zeuge über den Hergang des Unfalls zur Verfügung stellte?

»Ich habe gesehen, wie sie in Schräglage durch die Kurve heraufkam, wie beim Motorradrennen, ich kam von dort.« Philipp wies in die entgegengesetzte Richtung.

»Waren Sie zu schnell?«, fragte der Gendarm und studierte Philipps Führerschein.

»Nein, ich kenne diese Straße und halte mich immer an die Geschwindigkeitsbegrenzung.«

»Wieso sprechen Sie so gut Französisch?«

»Weil ich hier mit Winzern arbeite. Ich suche nach Champagner, den wir in Deutschland vertreiben.« Monsieur Bérèche bestätigte seine Worte.

»Hätten Sie was gegen einen Alkoholtest einzuwenden?« Die scharf gestellte Frage ließ nur ein »Nein« zu.

Wie gut, dass er an diesem Tag nicht einen Tropfen zu sich genommen und die Verkostung bei Louise Dillon-Lescure auf morgen verschoben hatte. Der Test ergab 0,0 Promille. Allem Anschein nach ärgerte sich der Gendarm darüber.

Der Arbeiter, den er suchte, saß am Abend tatsächlich in der einzigen Kneipe von Ludes. Er hatte auch beim Kartenspiel mit den Männern, die mit am Tisch rechts der Bar saßen, die Schiebermütze nicht abgesetzt. Philipp beobachtete ihn von draußen durch die große Glasscheibe mit der vergilbten Gardine. Vor zweien stand ein Glas mit der gelblich-weißen Flüssigkeit des verdünnten Anisschnapses mit dem üblichen Wasserkrug daneben.

Vor der Eingangstür stand eine große Schiefertafel, gekrönt von der Abbildung eines Schweinekopfes (wieso grinste das Tier, wenn es doch geschlachtet war?), darunter das Menü des Tages. Philipp verspürte Lust auf einfache Kost, es musste nicht immer das Edelste und Feinste sein: … an Schaum, … auf einem Bett aus …, im Mantel von … – das langweilte ihn. Heute mal keine Haute Cuisine und keinen Champagner – nur einfachen, ehrlichen Landwein. Und genau den gab es hier. Die Wirtin kochte, ihr Mann bediente und zapfte das Bier, und in der Küche arbeitete sich ein Schwarzer aus einer ehemaligen französischen Kolonie als Tellerwäscher zum Millionär hoch.

Das Lokal teilte sich in den vorderen Teil mit Bar und Tischen für die Kartenspieler und in einen abgeteilten Raum mit holzgetäfelten Wänden, wo mehrere Tische mit rotweiß kariertem Tischtuch fürs Abendessen eingedeckt waren.

Vorerst blieb Philipp an die Bar gelehnt stehen, nippte an seinem bis zum Rand gefüllten Glas und beobachtete die Kartenspieler. Wie sollte er die Männer ansprechen, besonders den mit der Schiebermütze und der großen Nase, der ihn längst wiedererkannt hatte. Der interessierte ihn, von ihm stammte die Frage, ob Touraine noch oder bereits wieder hier sei. Was das zu bedeuten hatte, hätte Philipp zu gern gewusst. Der zweite aus dem Treppenhaus hatte die Baskenmütze abgesetzt, sie hing aus seiner Jackentasche und schien jeden Moment herunterzufallen. Philipp hoffte, dass er hier auch der Antwort auf seine Frage näher kam, weshalb Touraine sich ablehnend, ja beinahe feindlich gab. Es war möglich, dass die beiden Arbeiter mehr wussten.

Wen von beiden sollte Philipp ansprechen? Stand einem von ihnen die Ehrlichkeit ins Gesicht geschrieben, oder sah einer der beiden aus, als wäre er einem Fünfzig-Euro-Schein nicht abgeneigt? Fünfzig Euro waren die Antworten allemal wert, aber er konnte mit zwanzig anfangen, zehn drauflegen und nochmal zwanzig nachschieben. Ihre Gesichter waren vom Leben geprägt, wohl eher gezeichnet. Sie hatten es schwerer gehabt als er, sie waren in einer anderen Situation, wahrscheinlich verdienten sie nicht mal ein Drittel dessen, was er im Monat bekam. Wenn er dem mit der Schiebermütze gegenüber den richtigen Ton finden würde, dann hatte er jemanden in der Kellerei, der ihm hin und wieder die eine oder andere Information beschaffen könnte. Das konnte für France-Import wichtig sein. Aber nannte man solche Personen für gewöhnlich nicht Spitzel? Als ihm dieses Wort in den Sinn kam, verwarf er den Gedanken. Wenn er sich so verhielt, war er nicht besser als der Auftraggeber jener Motorradfahrerin, die jetzt im Krankenhaus lag. Ihren Namen hatte er von den Gendarmen erfahren: Sie hieß Marthe Beaubois. Man hatte sie in die Polyclinique Les Bleuets nach Reims gebracht. Er würde sie dort aufsuchen, vielleicht würde sie ihm sogar etwas sagen, doch das konnte für ihn gefährlich werden, falls sie ihn anzeigte. Allerdings gab es keine Zeugen.

Der Wirt bat Philipp, im Nebenraum links hinter dem Durchgang Platz zu nehmen, der Tisch sei gedeckt. Das kam ihm entgegen. Er saß, nur durch ein Stück Wand getrennt, neben den Kartenspielern. Es vergingen keine zehn Minuten, bis der mitteilsamere der beiden Männer, der auch beim Kartenspiel das Wort führte, sich auf den freien Stuhl neben Philipp setzte, seine Schiebermütze zurechtrückte und ein Stück aus dem Brotkorb nahm.

»Guten Abend, Monsieur. Sie haben was auf dem Herzen, Monsieur? Man sieht es Ihnen von Weitem an. Ich habe dafür einen sicheren Blick. Ich kenne verdammt viele Leute, habe in meinem Leben so manches und manchen gesehen, und da weiß man gleich, was in einem vorgeht. Wenn man das nicht weiß, ist man der Dumme und zieht die schlechteren Karten. *Alors*, also, was haben Sie auf dem Herzen? Es hat doch sicherlich mit Ihrem Besuch in der Kellerei zu tun – und mit unserem sympathischen Monsieur Touraine?«

»Trinken Sie ein Glas mit mir?«, fragte Philipp und griff nach der Flasche.

»Sie sehen aus wie ein Einkäufer. Was sind Sie für ein Landsmann? Deutscher? Das macht es leicht. Ob ich mit Ihnen trinke? Aber natürlich, wo wir ja heute alle Europäer sind.« Er holte sich ein Glas von der Bar und setzte sich. »Ich heiße Bertrand, die anderen nennen mich den General, wegen meines Barts, verstehen Sie? Nein, natürlich wegen meiner Nase. Also, auf uns Europäer.« Er hob sein Glas und rückte näher. »Und nun, Monsieur, was wollen Sie wissen? Wer Touraine ist? Was er macht?«

Der Mann hatte eine erstaunliche Menschenkenntnis. »Genau darum geht es«, sagte Philipp und fragte, ob er schon gegessen habe. »Ich esse ungern allein.«

»Wenn das so ist – ich dachte schon, Sie wollten ganz viel von mir wissen, aber wo Sie so ungern – eben, wer isst schon gern allein, n'est-ce pas?«

Es gab eine Zwiebelsuppe, danach ein Hammelragout. Während sie aßen, sprach der General über die Firma, über die mittelmäßigen Champagner, Massenware. Sie kauften Wein, füllten ab und machten Champagner daraus, Handelsmarken für billige Supermärkte, er erzählte, dass er auf der Suche nach einem besseren Job sei, und fragte, ob Philipp nicht jemanden wüsste, wo er anfangen könne. Er käme bestimmt viel rum, hätte wahrscheinlich auch Freunde unter den begüterten Champagnerproduzenten.

»Aber das alles wollen Sie nicht wissen. Touraine ist unser Thema, nicht wahr? Er erschien vor etwa drei Jahren, da erfuhren wir, dass Teile des Kellersystems vermietet wurden, an einen Fonds, alles streng von uns getrennt. Aber fragen Sie mich nicht, was ein Fonds ist und wie das funktioniert. Sicher ist es eine Masche, um anderen Leuten das Geld aus der Tasche zu ziehen.«

»Das muss nicht sein«, meinte Philipp, obwohl er dasselbe dachte, Fonds wurden ja nicht aufgelegt, um Kunden zu beglücken. »Und wie sah es praktisch aus, ich meine, was geschah dann?«

»Sie begannen große Mengen Champagner einzulagern. Woher die kamen, von welchen Häusern oder welchen Winzern, das wussten wir nicht. Wir waren nie dabei, nur Touraine und seine Tochter. Sie ist ganz der Vater. *Un pitre présomptueux*, ein eingebildetes Würstchen. Die spielt sich noch schlimmer auf als der Vater. Dabei ist sie höchstens zwanzig.«

»Haben Sie für ihn gearbeitet?«

»Bewahre, nein. Sie bringen immer eigene Arbeiter mit. Wir dürfen keine Flasche anrühren, egal ob sie umräumen oder abfüllen oder etikettieren. Die beginnen erst mit der Arbeit, wenn wir Feierabend machen.«

»Die füllen selbst ab? Ich denke, die kaufen fertige Champagner bekannter Namen?«

»Das sicher auch, Monsieur, aber ich weiß ganz genau, dass sie abfüllen. Wo sie einkaufen, weiß ich nicht. Wenn die Flaschen geliefert werden, sind nirgends Etiketten drauf.«

»Und wieso haben Sie ihn gefragt, ob er schon wieder auf den Beinen sei?«

»Ich kann diesen Touraine nicht leiden, und deshalb ärgere ich ihn gern. Er mag niemandem von uns die Hand geben, und deshalb schütteln wir sie ihm bei jeder Gelegenheit, das machen alle.« Der General lachte. »Entweder mag er keine Arbeiter, oder wir sind ihm zu schmutzig, oder der Bourgeois fürchtet sich vor dem Proletarier. Sie sind kein

Kommunist, nein? Nicht zufällig? Es gibt in Frankreich auch viele Leute wie Sie, Intellektuelle, die sind auch Kommunisten oder Trotzkisten. Sind Sie keiner von denen?«

»Ich interessiere mich nicht für Politik.«

»Wieso nicht? Alles ist Politik.«

»Es ist ein schmutziges Geschäft.«

»Es ist ein Geschäft wie jedes andere, wie das, was wir hier machen. Die Parteien sind Unternehmen. Die verkaufen eben Ideen, Worte, Illusionen, und in der eigenen Partei prügeln sich alle untereinander um die besten Jobs. Wer am besten bescheißen kann oder die größte Beute verspricht, wird Präsident. Und Sie, Monsieur, Sie wollen etwas haben, das ich habe, nämlich Informationen. Dafür müssen Sie zahlen – wie für alles im Leben.« Seine Ausführungen schienen ihm Spaß zu machen.

Also lief es auf Geld hinaus. Als Philipp noch überlegt hatte, ob ein solches Geschäft unmoralisch sei, hatte sein Gegenüber längst die Situation erfasst. Der General war sich sicher, wen er in Philipp vor sich hatte und was er wollte.

»Sie haben meine Frage noch nicht beantwortet.«

»Welche?«

Philipp glaubte, dass der General genau wusste, was er wissen wollte, also musste er ihm ein Angebot machen. Er schob unauffällig einen Zwanziger über den Tisch.

»Dabei verhungert man ja, Monsieur. Sie geben heute Abend mehr als das für Ihr Abendessen aus – mit Wein.« Der General spielte den Beleidigten. »Etwas mehr sollte es sein, wenn ich für Sie die Augen offen halten soll. Oder haben Sie noch was anderes vor?« Bei seinem Flüstern konnte man die Worte unmöglich am Nebentisch verstehen, zu vorgerückter Stunde wogten die Stimmen lautstark durch den Raum. »Mit siebzig bin ich zufrieden.«

»Ich gebe Ihnen fünfzig, dann sehen wir weiter.«

Der General steckte das Geld wortlos ein, ohne sich zu vergewissern, ob ihn jemand beobachtete.

»Was haben Touraines Leute nun gemacht? Ich habe gesehen, dass gefegt worden ist. Er hat gesagt, es seien eine Menge Flaschen geplatzt, und deshalb hätten sie umschichten müssen ...«

»*Bêtises*, Quatsch.«

»... eine fehlerhafte Lieferung von Flaschen.«

»Das kann passieren, wenn die Dosage nicht stimmt, wenn zu viel Hefe in den Wein gegeben wird. Aber das Platzen hätten wir gehört.«

»Auch wenn es nachts passiert?«

»Dann hätte ich die Flecken auf dem Boden gesehen, und ich hätte es gerochen. Wir laufen morgens durch alle Gänge.«

»Weshalb war er dann da?«

»Können Sie sich das nicht denken? Weil wir nicht da sind und nicht sehen, was sie machen und wer für ihn arbeitet. Offiziell heißt es, dass sie unseren Arbeitsablauf nicht stören wollen. Wir sollen sie in Ruhe lassen. Das tun wir auch.«

»Haben Sie eigentlich Zugang zu allen Kellern?« Philipp wurde mutiger.

»Wie meinen Sie das?« Der General nahm zum ersten Mal seine Mütze ab und kratzte sich auf dem Kopf. Er war fast kahl.

»Haben Sie einen Schlüssel, oder schließt Ihnen der Verwalter oder ein Vorarbeiter auf?«

»Sie wollen mehr sehen? Das kostet Sie noch einmal dasselbe.«

Philipp wollte in Avize direkt schlafen gehen. Für einen Anruf bei Helena war es zu spät, außerdem dachte er an das Fest, und ihm schwirrte seine neue Bekanntschaft, Louise Dillon-Lescure, im Kopf herum, seit er ins Auto gestiegen und durch die nächtlichen Dörfer gefahren war. Immer wieder hatte er in den Rückspiegel geblickt, aber niemand war ihm gefolgt. Was ihn jetzt verfolgte, war ein schlechtes Gewissen. Sein Verhalten war unverantwortlich gewesen. Dieser Besuch in der Champagne glich insofern den vorherigen, dass er auch dieses Mal nicht zum Schlafen kam, nur aus anderen Gründen.

Yves plauderte fidel im Salon mit eben eingetroffenen Gästen aus Holland, selbstredend stand eine Flasche Champagner vor ihnen.

»Auch ein Glas?«, fragte er.

Es war nie Philipps Art gewesen, sich lange bitten zu lassen, wenn es um was Gutes ging. »Hast du heute was erfahren können?«

Yves nickte bedeutungsvoll. »Wir beide reden nachher. Herr und Frau Otten aus Leiden erzählen mir grade, wo sie schon überall gewesen sind, im Burgund, in Savoyen ...«

Bald darauf schleppte sich Philipp todmüde in sein Zimmer. Zum Gespräch mit Yves war es nicht mehr gekommen, und als er am nächsten Morgen frühstückte, hatte Yves bereits das Haus in Richtung Paris verlassen.

10

Es war erstaunlich, wo Yves die Kondition nach einer so langen Nacht hernahm. Lag es am Altersunterschied von zehn Jahren? Seine Mutter, die Philipp das Kännchen mit dem Darjeeling auf den Frühstückstisch stellte, machte ein unbestimmtes Gen dafür verantwortlich.

»Von mir hat er das nicht, ich werde abends um zehn Uhr beinahe ohnmächtig. Mein Vater allerdings war auch nie ins Bett zu kriegen, besonders als Kind nicht, wie meine Großmutter erzählte. Dass er im Alter bis nach Mitternacht aufblieb, lag beileibe nicht an seniler Bettflucht.«

Das holländische Ehepaar und die Franzosen, die bereits bei Philipps Ankunft hier gewohnt hatten, saßen ein wenig abseits und unterhielten sich leise über die Besichtigungspläne vom Tage. So konnte Philipp ungestört ein ausgedehntes Frühstück im Wintergarten des »Maison Delaunay« genießen. Er hatte schlecht geschlafen, er war immer wieder hochgeschreckt und hatte die Motorradfahrerin und ihren Sturz vor Augen gehabt und wie sie ohnmächtig auf der Trage gelegen hatte.

Bei aller Grübelei kam er der Antwort auf die Frage nicht näher, warum sie ihn verfolgt und wer sie auf ihn »angesetzt« hatte. Beim Nachdenken darüber wurde er sich gewahr, wie wenig er über die Menschen wusste, mit denen er umging. Es konnte ihn nur jemand beobachten lassen, der wusste, wo er sich aufhielt, der ihn kannte und ihm nicht traute und für den es wichtig war, was er tat. Außer für Langer war es sonst für niemanden wichtig.

Als die beiden Ehepaare den Wintergarten verlassen hatten, schaltete Philipp sein Mobiltelefon ein und zögerte. Was sollte er Helena sagen? Konnte er ihr vertrauen? Sie war zwar nur vier Autostunden, aber gleichzeitig zu weit von dem entfernt, was ihn bewegte. Das betraf nicht nur den Fonds und den gestrigen Vorfall. Es hatte damit zu tun, dass er bald Louise Dillon-Lescure wiedersehen würde. Wieso traf er fast zur gleichen Zeit zwei attraktive Frauen, wo er jahrelang nicht einer begegnet war, die ihn derart interessierte? Er ließ das Telefon sinken und starrte den handgroßen Computer an, mit dem er nicht nur telefonieren, sondern sogar im Internet und in den Daten von France-Import herumfahren konnte, was er als absurd empfand. Da er auch Korrespondenzen und Kundenlisten hier gespeichert hatte, lebte er in ständiger Sorge, dieses »Teil« zu verlieren. Irgendwann würde man auf den Dingern auch kochen können.

In der Anrufliste fand er Helenas Nummer, sie hatte ihn gestern mehrmals angerufen und eine sehr freundliche Nachricht hinterlassen. Er fehle ihr, und sie hätte das Wochenende gern mit ihm verbracht. Wieso er sich nicht melde?

Aber zunächst konnte Philipp nur hoffen, dass Touraine sich endlich meldete. Als der Franzose anrief, war er zuvorkommend und freundlich. So hätte es jemand ausgedrückt, der ihn nicht erlebt hatte, Philipp hingegen empfand ihn als scheißfreundlich. Wieso hatte der Kerl Kreide gefressen – oder hatte Langer sie ihm zu fressen gegeben?

»Sie wollten sich noch einmal mit mir treffen. Können Sie nach Reims kommen in unser lokales Organisationsbüro? Die Unterlagen der verschiedenen Fonds werden hier aufbewahrt, zwar nur als Kopie, aber Sie werden einen guten Eindruck, äh … Überblick gewinnen.«

Sofort sagte Philipp zu, die Gelegenheit musste er nutzen, Reims war nicht weit.

»Wissen Sie, wo Champagne Jacquart ist, nein? Sie fahren bis zum Place de la République, dort stellen Sie Ihren Wagen ab und gehen in die Rue de Mars. Wenn Sie die Mosaiken oben an der Giebelwand der Kooperative Jacquart sehen, gehen Sie etwa hundert Meter bis zur Ecke. Auf der rechten Seite finden Sie uns.«

Philipp benötigte eine Stunde, bis er den Parkplatz an den Hautes Promenades im Westen der Stadt gefunden hatte. Die Rue de Mars nahm ihren Anfang an der Markthalle, und keine fünf Minuten später stand er vor den Fresken.

Der Eingang zu Champagne Jacquart, einer Kooperative im Besitz von sechshundert Winzern, glich den Rundbögen des Art déco, des Stils, in dem das im Ersten Weltkrieg zerstörte Reims wieder aufgebaut worden war. Unter dieser Stadt existierte seit Jahrhunderten ein System von Kellern, Gängen, Stollen und Tunneln. Mit ihrem Bau hatten die Römer begonnen und dort Material für Wehranlagen herausbrechen lassen. Darin hatte die Bevölkerung von Reims den grauenhaften Beschuss durch die deutsche Artillerie überlebt, während überirdisch die Stadt des »Erbfeindes« fast dem Erdboden gleichgemacht wurde. Einhundertzwanzigtausend Menschen hatten 1914 hier gewohnt, fünf Jahre später waren es keine zwanzigtausend mehr. Heute, und das war für Philipp ein beruhigender, aber in geschäftlicher Hinsicht beunruhigender Gedanke, lag in den ehemaligen Steinbrüchen und Schutzräumen ein Bruchteil der 1,2 Milliarden Flaschen der Champagne. Bei Jacquart sollten es allein drei Millionen sein, in mehreren Tunnelsystemen übereinander.

Unterhalb des Daches zogen sich die Mosaiken als gewaltiges Fries über die gesamte Breite der Fassade: Es waren die Szenen der Champagnerherstellung in fünf Bildern, von der

Weinlese übers Etikettieren bis zum Verpacken der Champagnerflaschen in strohgepolsterten Holzkisten – Bilder einer Zeit, als alles von Hand geschah. Romantischer als die vollautomatische Bearbeitung war es in der guten alten Zeit allemal gewesen, nur ging Handarbeit meist mit Schmerzen, Verletzungen, Armut und Elend einher. Die Gegenwart brachte Arbeitslosigkeit, und was die Zukunft bringen könnte, würde sich in den nächsten Minuten zeigen.

Touraine begrüßte ihn lächelnd mit Handschlag, offerierte Kaffee, stellte ein gemeinsames Mittagessen im berühmten »Café du Palais« in Aussicht und bot als Erstes ein Glas Champagner an. »Damit wir uns aufs Thema einstimmen.« Zu seinem Verhalten passte seine Kleidung. Statt eines strengen Anzugs trug er eine braune Cordhose, ein weißes Hemd und darüber einen weichen, weinroten Mohairpullover, eine Farbe und ein Material, das den Augen guttat.

Wer ihn nicht anders kannte, hätte meinen können, dass Touraine ein reizender und zuvorkommender Zeitgenosse war. Seine schauspielerischen Fähigkeiten waren beeindruckend. Die Büroeinrichtung konnte sich sehen lassen, obwohl die Schreibtische, Rollschränke und Aktenböcke sicherlich aus der Zeit vor dem Zweiten Weltkrieg stammten. Damals waren Möbel häufig noch aus massivem Holz gefertigt worden, und die Zeit hatte ihnen eine schöne dunkle rotbraune Tönung verliehen. Die Fotos an den Wänden glichen den Szenen auf den Mosaiken, nur lagen fünfzig Jahre technischen Fortschritts dazwischen. Wer dieses Büro eingerichtet hatte, hatte Geschmack bewiesen.

»Das verdanken wir Mister Goodhouse«, sagte Touraine auf Philipps Lob hin. »Ich will gleich zum Kern Ihrer Fragen vorstoßen. Die Verteilung der Champagner im Fonds entspricht der allgemeinen Struktur der Champagne: Wir führen Winzer, Kooperativen und die Champagner der großen Häuser. Wir versuchen uns auf Produkte zu konzentrieren, bei denen wir in den verschiedenen Ländern über Jahre einen konkreten Wertzuwachs feststellen konnten. Steigt der Preis, verkaufen wir, fällt der Preis, dann kaufen wir ein, wir erhöhen die Warenbestände des Fonds und damit seinen Wert und die Sicherheit für die Anleger. Sie kennen bestimmt den Londoner Liv-ex Fine Wine Index? So etwas wie den deutschen Aktienindex DAX für Wein? Der ist richtungsweisend, genau wie die Bewertungen des US-Weinpapstes Parker. Sie verstehen?«

Natürlich wusste Philipp, dass für viele Weinkenner angeblich objektive Bewertungen die Richtung vorgaben, auch Langer redete davon. Aber ihn interessierte eine ganz andere Frage.

»Mir ist besonders der technische Ablauf wichtig. Sie wählen den Champagner, kaufen ihn und lagern ihn ein, und wie geht es weiter?«

»Wir wären dumm, wenn wir den Fonds als geschlossen halten würden und ihn wie andere Weinfonds zu einem bestimmten Zeitpunkt liquidieren, zu Geld machen würden. Dann müssten wir uns nach den jeweiligen Preisen richten und könnten verlieren. So aber verkaufen wir, wenn der Preis hoch ist und wir die uns gesetzte Mindestrendite erzielen.«

»Ich möchte meine Frage wiederholen. Wie verfahren Sie technisch, das heißt, wer degorgiert, wer bestimmt den dafür geeigneten Zeitpunkt? Der Champagnerproduzent wird die Dosage liefern, kein Winzer lässt es zu, dass ein Champagner mit seinem Namen in Umlauf kommt, an dem andere herumgefummelt haben …«

»Erstens fummelt da niemand herum … und zweitens sagte ich es bereits.« Touraine fiel wieder in seine gewöhnliche und arrogante Art zurück, sein Lächeln wurde kalt, Schultern und Nacken spannten sich.

Philipp hatte nicht übel Lust, sein Gegenüber weiter zu provozieren. Aber es war lächerlich, er war zum Arbeiten hier, und Machospielchen führten zu nichts. Er gab besser nach und veranlasste den anderen zum Vorrücken, dann offenbarte er womöglich die ungeschützten Flanken.

»Der Wertzuwachs beginnt doch eigentlich erst nach dem Abfüllen ...«

»Falsch! Der Name des Abfüllers ist entscheidend, der Jahrgang und ob die Trauben aus einer Grand-Cru-Lage oder einer Premier-Cru-Lage stammen. Wir warten, bis der Preis oben ist, dann wird der jeweilige Produzent gerufen, die finalen Arbeiten vorzunehmen, damit wir in den Vertrieb gehen können, was dann Ihre Aufgabe, vielmehr die von France-Import werden soll. Wir sagen Ihnen rechtzeitig Bescheid, damit Sie das Nötige veranlassen.«

»Aber Champagner sollte nach dem Degorgieren noch drei Monate ruhen, um sich von dem Eingriff zu erholen, sich zu harmonisieren, und in der Zwischenzeit sinkt der Preis womöglich ...«

Touraine schien Widerspruch nicht gewohnt zu sein, das Lächeln gefror wieder. »Das meinte ich mit dem Nötigen! So wie Sie, Monsieur Achenbach, etwas von Weinverkostung verstehen, so versteht Mister Goodhouse etwas von Kapitalanlagen.«

»Der Weinmarkt ist nicht der Kapitalmarkt!«

»Heutzutage ist jeder Markt ein Kapitalmarkt. Es geht um nichts anderes mehr, ausschließlich um Geld. Es ist gleichgültig, was man produziert. Mister Goodhouse ist ein äußerst erfahrener Investmentbanker. Er ist ein verantwortungsvoller Finanzberater, der ausschließlich den Erfolg seiner Kunden im Blick behält, und nicht den einer Bank. Das macht seinen Erfolg aus! Er ist einer der wenigen, die in der letzten Krise nicht ein Pfund, nicht einen Dollar oder Euro verloren haben.«

Er hat den Yen vergessen, dachte Philipp, dem solche Lobhudelei zuwider war. »Wie gut kennt er den deutschen Markt? Schließlich verkaufen wir von Aschaffenburg bis Zwickau.«

»Sie können und sollten davon ausgehen, dass er über

einen ausgezeichneten Beraterstab verfügt, zu dem unter anderen Ihr Chef gehört, denn allein, und das wissen Sie selbst, kann man so etwas nicht leisten.«

Da irrte Touraine, man konnte sich nach Jahren noch an einen Geschmack erinnern und an einen Duft. Philipp lächelte im Stillen und dachte an das Parfüm seiner ersten großen Liebe. Immer wenn er es roch, zuckte er in freudiger Erwartung und sah sich um ... Möglicherweise erinnerte sich dieser Goodhouse daran, wie an einem bestimmten Tag der Dow Jones Index gestanden hatte.

»Außerdem ist er ein exzellenter Weinkenner. Unterschätzen Sie seine Fähigkeiten nicht.« Für einen Moment versuchte Touraine, Philipp mit der Eindringlichkeit seines Blicks zu überzeugen – oder einzuschüchtern? »Vertrauen müssen Sie uns schon«, das klang nach Kritik, »anderenfalls können wir nicht zusammenarbeiten.«

Diese für beide Seiten wesentliche Frage hatte Touraine relativ schnell angesprochen, es war ein Argument, mit dem man alles und jedes totschlagen und strittigen Fragen ausweichen konnte. Und mit dem Vertrauen haperte es.

»Der Fonds funktioniert nach den Gesetzen des jeweiligen Landes, und in jedem Land verfügen wir über einen Beirat aus Personen mit dem entsprechenden fachlichen Hintergrund ...«

»Sie verfügen über den Beirat? Heißt verfügen, dass Sie bestimmen ...«

»Das ist Wortklauberei, Monsieur. Man sagt das so, wenn Sie so wollen. Es besteht ein Beirat aus Fachleuten, wenn Ihnen das besser gefällt, der die Performance der Fonds überwacht. Jeweils drei Mitglieder – ein Wirtschaftsprüfer, ein Anwalt und ein Finanzfachmann – überzeugen sich gemeinsam vom ordnungsgemäßen Zustand unserer Lager. Ich habe sie mehr als einmal begleitet. In unserer Depotbank in Luxemburg prüfen sie die Papiere, Rechnungen, Versicherungspolicen ... Das alles hat seine Ordnung.«

Die wird es wohl haben, dachte Philipp, aber von dieser Ordnung würde er sich gern selbst ein Bild machen. Er lächelte jetzt wohlwollend, um seine Skepsis nicht zu zeigen.

Touraine reagierte darauf wie Thomas und viele andere, mit denen er zu tun hatte, er interpretierte Philipps Ausdruck genau entgegengesetzt.

»Ich spüre bei Ihnen, Monsieur Achenbach, ein unbegründetes Misstrauen«, Touraine lächelte noch immer, »es ist mir nicht klar, worauf es sich gründet. Das stört mich. Gibt es irgendetwas Nachteiliges, haben Sie etwas gehört, das unseren Ruf schädigt? Hat man Ihnen etwas zugetragen, das ich aufklären könnte?«

Strategisch gesehen verhielt sich Touraine richtig, er wählte die Vorne-Verteidigung und forderte Offenheit. Gerade die hatte Philipp bei dem Besuch in Villers-Allerand vermisst, bei der Wahl des Termins für ihr erstes Treffen und auch beim Beantworten einiger Fragen.

»Gestatten Sie mir Einblick in die Bestandslisten? Ich möchte mir ein Bild machen, welche Champagnerhäuser ich demnächst unserem Kunden anbieten werde. Und ich muss wissen, welche Marken zu welchem Zeitpunkt freigegeben werden.«

Da war es wieder, dieses Zögern, Touraine brauchte eine Sekunde zu lange, um eine Antwort zu finden. Entweder wusste er nicht Bescheid, oder er legte sich eine Antwort zurecht. Genau das nährte Philipps Argwohn.

»Mit welchen Häusern wir arbeiten, steht in unserem Prospekt. Die Einkaufsrechnungen liegen als Kopie vor, wie ich sagte, das wird Ihnen reichen. Die Originale befinden sich bei der Depotbank. Da hilft Ihnen Mister Goodhouse nötigenfalls. In Köln werden Sie alles Weitere mit ihm besprechen.«

Alles hatte seine Ordnung. Über drei Jahre war ein Stock an Champagner gekauft und in Villers-Allerand eingelagert worden. Da mussten ungefähr 1,6 Millionen Flaschen liegen.

Bei einem Durchschnittspreis von achtzehn Euro, wenn man die einfachen Blanc de Blancs zugrunde legte, sowie die teuren Millésimes und die Premiers Cru, kam ein Warenwert von mehr als achtundzwanzig Millionen Euro zusammen. Goodhouse musste ein guter Geldeintreiber sein, um diese Summe zusammenzukriegen. Jetzt kam es darauf an, welche Preise man erzielte, die Anleger wollten etwas davon haben. Sie erhielten, wie Touraine erklärte, eine Grundrendite und wie bei einer Lebensversicherung zusätzlich eine Überschussbeteiligung. Der Fonds kaufte und verkaufte, und aus den Erlösen wurde die Rendite bezahlt. Und die Anteile am Fonds konnten jederzeit verkauft werden. Bisher sollte ein Verkäufer in Kassel den Champagner verkauft haben.

»Wer entscheidet, welcher Champagner eingekauft wird?«, fragte Philipp, der eben die Transportrechnungen durchsah. Innerhalb der Champagne waren die Kosten niedrig, aber für den Verkauf mussten die Flaschen zuvor nach Köln gebracht werden.

»Mister Goodhouse hat Analysten ausgebildet, sie beobachten die Preisentwicklung beim Champagner und kaufen wie bei Aktien die entsprechenden Marken.«

»Sind das Finanz- oder Weinexperten?«

»In erster Linie sind wir ein Fonds und orientieren uns an möglichen Erträgen. Wir wollen keinen Schönheitswettbewerb gewinnen. Die offiziellen Bewertungen spielen zwar eine Rolle …«

»Menschen, die bereit sind, für Champagner Geld auszugeben«, unterbrach Philipp, »für hochwertigen Champagner, können meistens ein gutes von einem weniger guten Produkt unterscheiden.«

Wenn Touraine so ordinär grinste wie jetzt, bekam er einen sehr herablassenden Zug. Es passte zu dem, was er sagte. »Wissen Sie, und da sind wir uns doch bestimmt einig, die wenigsten Menschen haben Geschmack. Wann wird Champagner getrunken? Wenn ein alter Knacker eine junge Frau rumkriegen will, deshalb nennen es viele Hoteliers die Nutten-Brause. Filmsternchen feiern ihren neuen Plastikbusen mit Champagner, die Golfer und Tenniscracks ihre Hunderttausend-Dollar-Siege. Gerade weil das Herumspritzen so ordinär wirkt, ist Moët & Chandon bereits vor zehn Jahren da ausgestiegen. Jetzt schütteln die Sieger eine billigere Marke. Und allein im Moulin Rouge in Paris werden jährlich fast eine Viertelmillion Flaschen Champagner geleert. Worum geht's da? Um schöne Frauen.«

»Was bietet Mister Goodhouse bei Ihren Investorenpartys an, wenn Sie Leute von Ihrem Fonds überzeugen wollen?« Philipp war sicher, was Touraine antworten würde.

»Natürlich Champagner … aber ausschließlich unseren besten. Es ist das Wort, das reizt, das Image, der schöne Schaum …«

Die Einladung zum Essen im »Café du Palais« hatte Philipp höflich abgelehnt. Er hatte Touraines Gesellschaft satt und wollte sich nach der Motorradfahrerin erkundigen. Ihr Zustand machte ihm Sorge. Aber er war so ehrlich sich selbst gegenüber, sich einzugestehen, dass es ihn genauso brennend interessierte, in wessen Auftrag sie ihm gefolgt war. Er fürchtete sich vor dem Treffen, vor dem, was er angerichtet haben mochte, und gleichzeitig hielt er es für unausweichlich.

Am Empfang der Klinik in der Rue du Colonel Fabien erkundigte er sich, auf welcher Station er sie finden könne. Glücklicherweise fragte ihn niemand nach dem Grund seines Interesses, was er befürchtet hatte, denn dass der Zeuge eines Verkehrsunfalls sich nach dem Zustand des Unfallopfers erkundigte, war höchst unwahrscheinlich.

»Madame Beaubois wurde vor zwei Stunden auf eigenen Wunsch hin entlassen«, erklärte die Schwester hinter der Glaswand. »Sie ist in eine Privatklink überführt worden.«

Philipp brauchte einen Moment, um die Nachricht zu verdauen. Da hatte ihn jemand ausgetrickst. Er stand genauso dumm da wie vorher. Weitere Auskünfte dürfe man ihm nicht erteilen, sagte die Schwester, weder wohin man sie gebracht noch wer sie abgeholt hatte. Selbstverständlich sei es mit einem Krankenwagen geschehen. »Wenden Sie sich an die Polizei.«

Das war unmöglich. Damit wäre seine Rolle als Zeuge hinfällig, und dass diese Madame Beaubois, wenn sie wirklich so hieß, über den Grund ihrer Raserei schweigen würde, davon war er überzeugt. Philipp musste mit Yves darüber reden, wie er am besten weiter vorging, ihm konnte er vertrauen – außerdem wurde es Zeit, Thomas anzurufen. Vielleicht war ja ihr Haus längst abgebrannt, sämtliche Blumen und Pflanzen im Garten vertrocknet, sein Gemüse geerntet, alle Weine im Keller bei nächtlichen Studentenpartys ausgetrunken und die Einrichtung von Thomas' betrunkenen Kommilitonen verwüstet?

Als er über den Parkplatz vor dem Krankenhaus ging, setzte der Regen ein. Anderthalb Tage gutes Wetter hatten sie gerade mal gehabt. Wie sollte dabei der Wein reifen? Aber so war es in der Champagne immer gewesen, und nur deshalb enthielten die Trauben hier wenig Zucker und der Champagner wenig Alkohol. Etwas anderes als Champagner konnte man aus diesen Trauben kaum machen, obwohl es in der Côte des Bar weiter südlich auch hervorragende Stillweine gab, deren Trauben sicherlich länger als nur bis September an den Stöcken hingen. Er hatte eine ferne Erinnerung an diese Weine, und er nahm sich vor, falls es ihn dorthin treiben sollte, einige Flaschen Pinot noir mitzubringen.

Der Regen hörte auf, aber der Himmel blieb verhangen. Philipp verzichtete aufs Mittagessen, er fürchtete, bei zu vielen Restaurantbesuchen dick zu werden. Beim Anziehen heute Morgen hatte er bemerkt, dass er den Bauch einziehen musste, um die Hose zu schließen. Das konnte er sich nicht leisten, und er dachte, als er auf der Brücke über die Marne vor Épernay im Stau stecken blieb, an Helena und Louise – oder an Louise und Helena? War er eigentlich verrückt? War er so liebesbedürftig (oder so unkritisch seinen chaotischen Gefühlen gegenüber), dass er sich kurz hintereinander in zwei Frauen verliebte?

Alles Quatsch, dachte er, zumindest in Bezug auf Louise, sie war einfach nur charmant gewesen, und er war für sie ein potenzieller Kunde. Er hatte längst mit Helena eine Beziehung begonnen (was für ein schreckliches Wort für das, was ablief), traute man sich nicht, es klar zu benennen? Klangen alle schöneren Metaphern lächerlich oder kitschig?

Wenn er ehrlich war, sah er dem Abend bei Madame Louise gespannt entgegen und fürchtete sogar eine mögliche Ernüchterung im Kreise ihrer Importeure. Er wollte ihr gefallen, wollte, dass sie ihn mochte, oder mehr als das?

Nachdem der Stau sich aufgelöst hatte, konnte er die Stadt rasch durchqueren, er verfuhr sich wie immer an einem der beiden Kreisel am Ortsausgang und gelangte nach Pierry. Eine Umleitung führte ihn an einer Druckerei vorbei, und er dachte an das Gespräch mit Touraine. Heute war ihm einiges klarer geworden, obwohl er vergessen hatte, ihn noch mal nach diesem Müller zu fragen.

Die Grenze zwischen Pierry und Moussy markierte ein Ortsschild, sonst hätte man den Übergang von einem Dorf ins nächste kaum bemerkt. Philipp fuhr am Château von Madame Louise vorbei, gelangte am Ende des Dorfes an einen Kreisverkehr und fuhr nach links den Berg hinauf zur Kirche, die auf dem Foto in seinem Büro war. Von hier aus hatte er einen Blick über die Weinberge, das Dorf und die nötige Distanz.

Er stieg aus und betrachtete die Landschaft. Ein Flickenteppich von Weingärten breitete sich rings herum aus, sie begannen hier oben an der Kirche, zogen sich in die Senke hinab, schlossen das Dorf ein und zogen sich dahinter auf ganzer Breite bis auf den Kamm der Hügelkette gegenüber. Die graubraunen Dächer von Moussy waren so typisch für Frankreich, die harten Linien von den runden Kronen der Bäume aufgefangen und gemildert. Ein nadelspitzer Kirchturm war noch immer das höchste Gebäude im Dorf, aber nicht höher als die Hügel. Junges Weinlaub in unterschiedlichem Stadium des Wachstums bedeckte sie, mal heller, mal dunkler, hier dichter, dort lockerer, an anderer Stelle schimmerte der helle Kreideboden durch, der in wenigen Tagen von saftigen Blättern zugedeckt sein würde. Mitten drin strahlte ein Rapsfeld in knalligem Gelb. Ruhe und Hingabe empfand Philipp, Gelassenheit nicht nur gegenüber dem Wetter, sondern auch Bewunderung dem Wachsen gegenüber, das er immer als Wunder betrachtete, auch wenn er die biologischen, chemischen und wer weiß was für Zusammenhänge noch kannte. Vielleicht waren sie das Wunder. Hier fühlte er sich wie ein Kind, das darüber staunte, wie aus einem vertrockneten knorrigen Stock wunderbare Trauben wuchsen. Das Leben, das sich darunter im Boden abspielte, ließ sich nur ahnen oder wissenschaftlich erforschen, aber nicht sinnlich begreifen. In diesen Momenten meldete sich das Gefühl, mit dem er so wenig anfangen konnte, eine Mischung aus Neid und Bewunderung, es war keine Missgunst, es verbarg sich dahinter vielmehr der Wunsch, dabei mitzutun.

Er schnitt den Gedanken ab, ging zum Anfang der Rebzeilen und betrachtete ein Blatt. Er nahm es in die Hand, strich über die glatte Oberfläche, fühlte die Unterseite, strich mit den Fingern über die Zähnung: Es handelte sich um Chardonnay, die Blattoberseite war glatt und nicht blasig wie bei Pinot noir und nicht so gezackt wie bei Pinot meunier. Die Spitze der Triebe war wollig behaart, die Gescheine der späteren Trauben entwickelten sich, und Philipp dachte einmal mehr daran, wie die menschliche Hand, das Licht, der Boden und der Stock zusammenwirkten, bis ein Champagner daraus wurde.

Eigentlich ist das Gesöff für viele viel zu schade, dachte er, zu schade für diejenigen, die es nicht zu schätzen wissen und es nur zum Verspritzen brauchen, zum Prahlen, um in Hotelbars auf sich aufmerksam zu machen oder bei einem Glas Champagner in der Linken mit einem Hämmerchen in der Rechten ein Stück aus einem Rest der Berliner Mauer zu schlagen. Genau das hatte das Hotel »Westin Grand« kürzlich angeboten. Für ihn war es der Gipfel der Geschmacklosigkeit. Vielleicht ein Tröpfchen Blut der Mauertoten in den Blanc de Blancs geben und einen Blanc de Noirs (oder Rosé) daraus machen?

Mit diesem Gedanken verdarb er sich selbst die Stimmung. Er stieg in den Wagen und erreichte eine halbe Stunde später das »Maison Delaunay«. Während er Madame bat, ihm einen Tee zu bringen, den sie im Salon servierte, wo er auf Yves warten wollte, rief er Thomas an.

Das Haus war nicht niedergebrannt, die Gemüsebeete waren weder verdorrt noch abgeerntet, der Bestand an Weinen in Philipps Keller hatte lediglich um eine Flasche abgenommen, und niemand hatte mit Zigaretten Löcher ins Sofa gebrannt. Thomas' Pläne, das Studium aufzugeben, hatten Gestalt angenommen. Er schrieb bereits Bewerbungen, er hatte durch Philipps Beruf so viel von der Weinszene mitbekommen, dass er wusste, bei wem er sich um eine Lehrstelle bewerben wollte. Den Konkurrenzkampf jetzt schon vor Augen musste es jemand sein, dessen Name bekannt war, und auch die berühmten Winzer, die Stars, suchten sich ihre Leute gut aus.

Dann war es an Philipp zu berichten, und er tat es in kurzen Worten, wobei er nichts ausließ.

»Du zweifelst«, sagte Thomas, »du zweifelst, ich kenne dich. Alles klingt gut, aber du bist unzufrieden. Alles stimmt ...«

»... ja, nur der Mann nicht. Diesen Goodhouse habe ich noch nicht kennengelernt. Vielleicht beschei ... betrügt Touraine ihn, kauft auf Kosten des Champagner-Fonds ein und verkauft auf eigene Rechnung. Bei einem Umfang von einer Million Flaschen oder mehr den Bestand zu ermitteln ist unmöglich. Und dann streitet er ab, Leute zu kennen, die andere für seinen Assistenten halten. Es ist schon auffällig.« Und er erzählte weiter vom General und von Michael Müller.

»Wenn du mich brauchst, Philipp, ich komme sofort.« Immer dann, wenn Thomas wünschte, besonders ernst genommen zu werden, nannte er Philipp beim Namen, wenn er um etwas bat, war Papa angesagt. Philipp lächelte. Gerade wenn es mit Thomas am schwierigsten wurde, mochte er ihn am meisten. Es war idiotisch, das Studium nach sechs Semestern aufzugeben, für ihn eine grandiose Fehlinvestition, die ihn viele tausend Euro gekostet haben würde. Nur, sein Sohn war keine Investition, und Philipp wollte, dass er glücklich wurde und nicht das tat, was er sollte, sondern etwas, das er mit Überzeugung tun konnte. Die Stärke, die er ihm gegenüber demonstrierte, würde Thomas auch im Leben zeigen.

»Du wirst sicher länger bleiben«, vermutete Thomas.

»Du liegst richtig«, antwortete Philipp, obwohl er in diesem Moment noch nicht wissen konnte, auf welche Fährte Yves ihn wenige Minuten später setzen würde.

Sie saßen beim Tee, und Yves ließ sich nicht lange darum bitten, sein Wissen preiszugeben. »Er ist nicht besonders bekannt, beliebt ist er gar nicht, das liegt wohl an seiner Art. Er ist ein harter Verhandlungspartner, obwohl kaum jemand diesen Begriff benutzt hat. Es dauert verständlicherweise lange, bis jemand den Mund aufmacht, denn niemand gibt seine Kontakte preis, und schon gar nicht, mit wem er arbeitet und wem er was verkauft. Nur über persönliche Beziehungen kommst du weiter. Mir fällt das leicht, weil ich so unbedeutend bin, weil mich niemand als Konkurrenten fürchtet. *Alors*, um es kurz zu machen. Kaum jemand hält Touraines Verhalten für angebracht, eigentlich niemand, seine harte Art, über Preise zu verhandeln, kommt nicht gut an, denn dafür sind die Mengen, die er einkauft, zu gering.«

»Zu gering? sagtest du, *trop négligeable* ...?«

»Das sagte ich, zu gering. Er verhandelt, das hat man mir von drei Seiten bestätigt, als würde er die Jahresproduktion kaufen.«

»Und – wie viel kauft er?«

»Das hat man nicht gesagt, da müsste man sich vom Winzerverband die genauen Zahlen besorgen, aber ob sie die rausrücken?«

»Der Champagner-Fonds hat, soweit ich weiß, circa 1,6 Millionen Flaschen eingelagert, nur im deutschen Teil. Wie viele es bei den anderen Ländern sind – keine Ahnung, es dürfte sich um ähnliche Mengen handeln.«

»Dann müssten da annähernd sieben Millionen Flaschen liegen. Alles in den Caves von Villers-Allerand? Bist du sicher, dass es so viele sind?«

»Wie willst du die Flaschen zählen? Die Gänge sind auf ganzer Breite bis oben hin gefüllt, die Gänge können zwanzig, dreißig oder vierzig Meter tief sein ...«

»Dieser Fonds lohnt sich doch nur, wenn der Wert steigt. Das gilt nur für Spezial-Cuvées und für die Millésimes, die Jahrgangschampagner, oder wenn ein Champagner nach dem Degorgieren lange liegt und sich gut entwickelt. Selbst wenn man von diesen drei Gruppen ausgeht, gibt es davon nicht so viel.«

»Ich habe die Rechnungen gesehen ...«

»Und für diese Mengen sollst du eine Verkaufsorganisation schaffen?«

»So soll es sein. Aber Langer weiß, dass ich das nicht kann und auch nicht will. Ich soll vorerst nur prüfen, ob alles seine Richtigkeit hat.«

»Na, dann viel Spaß. Wirst du mit uns heute essen?«
»Leider nein, ich habe bereits eine Einladung.«
Yves sah ihn skeptisch an. »Bei deinem Grinsen würde ich sagen, es handelt sich um eine Dame …«

Er hatte geduscht, sich rasiert, sein Haar sehr sorgfältig gekämmt, wobei ihn das Grau zunehmend störte, aber sein Haar würde er niemals färben. Es würde Philipp nie in den Sinn kommen, etwas vorzugeben, das er nicht war. Er brauchte keine Fälschung von sich selbst anzufertigen.

Eine Fälschung? Er stand vor dem Spiegel und starrte sich mit offenem Mund an, als hätte er ein wahres Gegenüber vor sich. Eine Fälschung! Nein, das hielt er nicht für möglich, er hatte die Rechnungen gesehen. Außerdem würde kein Produzent dabei mitmachen, seine Etiketten, Korken, Kapseln und die Agraffe irgendwelchen Fälschern zur Verfügung zu stellen und sich damit zu ruinieren. Wenn irgendwo eine Fälschung auftauchte, würden sich alle darauf stürzen und den Markt nach Kopien durchkämmen.

Er überlegte, ob er ein Aftershave verwenden sollte, er hatte einen winzigen Flacon dabei – doch er benutzte es nur, wenn die Rasur zu rau gewesen war. Mach dich nicht lächerlich, sagte er sich, du gehst zu einem Geschäftsessen, weiter ist es nichts, aber er wusste, dass es mehr sein würde.

Sie blieb nicht oben auf dem Treppenabsatz stehen, sondern kam ihm ein Stück entgegen. »Ich freue mich ganz besonders, dass Sie gekommen sind, Monsieur Philippe, dass Sie die Zeit fanden, wo Sie nur so kurz bei uns verweilen.« Madame Dillon-Lescure lächelte, als hätte sie nur ihn eingeladen, und Philipp beugte sich zum angedeuteten Kuss über ihre Hand.

»Sie wissen, was uns Frauen gefällt?!« Es klang wie eine Aussage und war gleichzeitig eine Frage. Als er sich aufrichtete und sie anschaute, holte sie genauso tief Luft wie er. O je, wie soll das werden, fragte sich Philipp, als er ihr die Treppe hinauf und dann ins Empfangszimmer mit den Empire-Möbeln folgte, wo die Champagnergläser neben den Sektkühlern warteten. Wie soll ich den Abend überstehen? Philipp sah sich suchend um. »Und die anderen Herren, Ihre Importeure?«

»Ich erwarte sie erst in einer Stunde, sie besuchen ein Seminar für Verkaufsstrategen. Zwei von ihnen bringen auch ihre Damen mit. Weshalb sind Sie nicht dort – ach, wie dumm von mir, Sie sind nicht der Verkäufer. Sie sind der Einkäufer. Die unangenehme Arbeit überlassen Sie anderen?«

»Sie meinen, das Problem sei nicht, guten Champagner zu machen, es sei vielmehr, ihn zu verkaufen?«

Madame, wie er sie an diesem Abend nennen wollte, nicht Louise, wie sie in seinen Gedanken bereits hieß, zögerte mit der Antwort. »Es wird viel von uns verlangt, zu viel, besonders von kleinen Produzenten. Deshalb verkaufen viele an die Konzerne. Nur was wird dann aus der Champagne?«

»Das, was der Rest der Welt auch ist, ein Tummelplatz für Großkonzerne, dazwischen einige Freizeitparks mit Blumenkübeln ...«

»Sie sind doch sonst kein Zyniker? Also tun wir was dagegen. Es ist leichter, nur Trauben zu produzieren und sie zu verkaufen. Die Preise sind hoch, an die sechs Euro auf den Premier-Cru-Lagen, Grand-Cru-Trauben werden bei 6,20 gehandelt. Bei unserer Art der vorsichtigen Pressung brauchen wir etwa 1,2 Kilo Trauben für die Flasche. Das heißt, 7,50 Euro kostet uns der Rohstoff, wenn wir nicht selbst anbauen würden, die Hälfte unseres Bedarfs kaufen wir allerdings hinzu. Aus Trauben Wein zu machen und ihn an uns zu verkaufen ist nicht so teuer. Aber ihn danach zu lagern, die Tanks dafür bereitzustellen, die Entscheidungen über die Zusammensetzung der Cuvée zu treffen, die Verkaufsorganisation aufzubauen, die Verkäufer zu schulen, sie bei Laune halten ...«

»Sie sprechen von Ihren Sorgen, Madame?«

Sie blickte zur Seite, er folgte ihren Augen, und ihre Blicke trafen sich irgendwo im Spiegel. Sie ist eine verdammt schöne Frau, sagte sich Philipp, als er sie neben sich stehen sah, sie waren ein schönes Paar ...

»Nein. Ich spreche von meinem Alltag ...«

11

Die Importeure trafen gleichzeitig ein. Die Männer waren jünger als Philipp, ihre Frauen wiederum jünger als Madame Dillon-Lescure. Sie machte Philipp mit allen bekannt und stellte ihn in seiner Funktion als Einkäufer des Hauses France-Import in Köln und als Champagnerexperten vor. Ein gemeinsames Thema ergab sich sofort: Wer war in diesem Jahr auf der Düsseldorfer Weinmesse gewesen, wer hatte wen dort getroffen und welche neuen Weine und Champagner waren entdeckt worden. Als die Abendgesellschaft zum Empfangszimmer geführt wurde, kam ihnen durch die Flügeltür eine Mitarbeiterin mit einem Servierwagen entgegen, darauf diverse Sektkühler, darin alle im Hause verfügbaren Champagnermarken und -jahrgänge auf Eis – es war ein beeindruckendes Arrangement.

Madame beugte sich zu Philipp in einem Moment, in dem sich die Aufmerksamkeit dem Einkäufer aus Großbritannien zuwandte, ihre Fingerspitzen berührten seine Schulter. »Man muss ihnen einiges bieten, man muss die Jungs verwöhnen«, flüsterte sie. »Dabei sind sie verwöhnt wie kaum jemand: Sie kennen die besten Restaurants in Paris und Bordeaux, sie bekommen die schönsten Weine entweder geschenkt oder zum Probieren. Sie wahrscheinlich auch, Monsieur Achenbach? Dafür bringen sie mir gute Ergebnisse. Wenn sie mit meinem Champagner nicht genügend Geld verdienen, das ist klar, dann kaufen sie ihn morgen woanders. Gnade gibt es in unserem Geschäft nicht.«

Philip fühlte sich geschmeichelt, dass Madame ihn in ihre Überlegungen einbezog und dadurch zum Verbündeten oder Vertrauten machte. Und immer, wenn ihm etwas schmeichelte, blinkte seine innere Warnleuchte. Er wusste nicht zu sagen, wer sie ihm eingebaut hatte, jedenfalls folgte er der Erkenntnis, dass immer dann, wenn ihn jemand hofierte, dieser Jemand etwas von ihm wollte, was hauptsächlich seinen Interessen diente. Aber doch nicht Madame Dillon-Lescure, und schon gar nicht Louise? Wieso eigentlich nicht? Es käme darauf an, worum es ihr ging.

Dann wandte sich das Gespräch wie ritualisiert den Restaurants der Messestadt zu: Welche gegenwärtig in Düsseldorf zu empfehlen seien, in welchem sie zuletzt gespeist hatten, wohin man zur Party von diesem oder jenem Unternehmen eingeladen worden war, welcher Küchenchef sich wo einen Stern erkocht hatte und so weiter, es war das übliche Geplauder zum Abtasten und Aufwärmen, zum Feststellen von Gemeinsamkeiten, Gegensätzen und Sympathien. Für einige blieb es dabei, anderen diente es zum Sondieren, bevor man von der Oberfläche ein wenig in die Tiefe vorstieß und sich über das wirklich Interessante unterhielt. Bis dahin wurde gefachsimpelt.

Das interessierte Philipp, der Hunderte derartiger Gespräche hinter sich hatte, genauso wenig wie die mitreisenden Ehefrauen und Begleiterinnen. Ihnen war die Langeweile bei den sich stets mehr oder weniger ähnelnden Gesprächen anzusehen, und er schloss sich Louises Führung der Frauen durch das Château an. Es war eine Freude für die Augen. Hier standen Stühle um einen Tisch aus der Zeit von Louis XIV. Im großen Nebenraum waren die Schränke, die Vitrinen und die Spiegel aus der Zeit Ludwigs VX. sowie einige schöne Silberarbeiten und Tische mit kunstvollen Intarsien. Eine Standuhr aus der Zeit Napoleons vor einer

Stofftapete erregte viel Beifall, dann ging man – nein, sie schwebten unter Rufen des Entzückens – weiter durch den großen Saal, der nun wieder mit Empire-Möbeln dekoriert war, die Vorhänge vor den bodentiefen Fenstern in Material und Farbe der Zeit nachempfunden. Die Damen kamen aus dem Staunen nicht mehr heraus. Philipp hatte auf seinen Reisen häufig derart klassisch und elegant eingerichtete Häuser besucht und auch dort einige Tage verweilt. Es würde sie auch noch in Deutschland geben, wenn dieses Volk von Idioten nicht dem Rattenfänger nachgelaufen wäre.

Nur eine Frau mit strengem Blick enthielt sich jeglicher Gefühlsäußerung. Ihr ungeschminktes Gesicht hätte gut ein wenig Sonne vertragen können, ihre Augen waren schmal, die Nase mager, der Mund trug ein verkniffenes Lächeln, mit dem sie Zustimmung zu zeigen trachtete, was aber in seiner Wirkung den calvinistischen Ausdruck dieser in verwaschenem Schwarz mit einem winzigen weißen Pastorenkragen gekleideten Gestalt nur noch verstärkte. Sie war Holländerin, und sie war offenbar neidisch, ihr Blick voller Verachtung, sowohl für die Gegenstände in ihrer Umgebung wie auch für die Klasse, zu der sie die Hausherrin zählte. Vom Alter her hätte sie die Tochter des niederländischen EU-Abgeordneten Wim van de Camp sein können, der sich öffentlich Sorgen über die Gesundheitsgefährdung seiner Landsleute durch herumfliegende Sektkorken gemacht hatte. Philipp würde sie danach fragen. Der Knallkopf hatte tatsächlich einen Warnhinweis auf den Flaschen gefordert.

Als Louise, auf ihr Arbeitspensum angesprochen, darlegte, dass ihre Arbeitswoche aus sieben Tagen bestand, der Arbeitstag häufig erst um Mitternacht endete und das Haus in diesem Zustand nur erhalten werden konnte, indem es für Veranstaltungen vermietet wurde, überhörte die Holländerin das geflissentlich. Als man zu Tisch gerufen wurde und sie an der Seite ihres Ehemannes, einem durchaus begeisterungsfähigen Jungmanager, saß, irritierte sie die Runde weiter mit ihrer Feindseligkeit. Das alles würde sie niemals besitzen, doch anders als Philipp, der auch genießen konnte, was er nicht besaß, war sie nicht in der Lage, die Welt zu vergessen und bei diesem Diner im Licht von Kerzen, mit silbernem Besteck und blitzenden Kristallgläsern zu schwelgen.

Was Philipp an Louise hingegen (jetzt dachte er längst nicht mehr an Madame Dillon-Lescure) als liebenswert empfand, war ihre Freude bei der Bewirtung ihrer Gäste, trotz ihres deutlichen Geschäftssinns. Sie war die geborene Gastgeberin. Sie repräsentierte die elegante Seite der Champagnerwelt, und trotz ihrer gepflegten Hände war sie eine Frau, der man durchaus zutraute, mit dem Gabelstapler einen Lkw zu beladen.

»Unser Freund, Monsieur Philipp«, sie legte ihm vertraulich die Hand auf den Arm, »wird als Kenner Frankreichs sicherlich für einen derartigen Anlass die gebotenen Worte finden.« Erwartungsvoll sah sie ihn an.

Übertrug sie ihm damit nicht ein wenig von ihrer Legitimation als Hausherrin, ohne ihre Kompetenz wirklich aus der Hand zu geben? Er verstand ihre Absicht und zwinkerte ihr kaum merklich zu, er würde mitspielen, und sie senkte zustimmend die Augen. Was für eine spannende Frau, durchfuhr es ihn. Das Theater machte ihm Freude, und er vergaß für einen Abend sowohl Langer wie auch Touraine und Goodhouse, Michel Muller oder Müller, den General und Helena. Dafür war Louise mehr als präsent.

Sicher fand er die passenden Worte. Er hatte für derartige Gelegenheiten den Juristen Brillat-Savarin in petto, den Experten für Tafelfreuden. Er hatte zur Zeit der Französischen Revolution gelebt und auch Bonaparte überlebt, dessen Größenwahn zwei Millionen Europäer das Leben gekostet hatte, wie Philipp nicht umhin kam, zu erwähnen. Statt sich jedoch durch blutige Taten einen Namen zu machen, war Brillat-Savarin als Feinschmecker unsterblich geworden, der prominente Gast der großen Pariser Diners. Auch der Satz, dass Champagner in seiner ersten Wirkung erfrischend wirkt, später jedoch in Folge seiner »kohlensauren Gase lastend und verdummend« und damit die Tischgespräche behindernd, wurde ihm zugeschrieben.

»Er hat eine Art Kodex für derartige Festessen aufgestellt«, fuhr Philipp auf Englisch fort, um die Frau des Holländers nicht auszuschließen, auch wenn sie das selbst tat. »Seine damals aufgestellten Regeln halte ich bis heute für gültig. Wir sind hier am Tisch zehn Personen, sogar zwei weniger, als der lukullische Richter als Obergrenze angibt, damit das Gespräch noch von allen verfolgt werden kann. Gegen eine andere Regel verstoßen wir bereits, da wir alle einen ähnlichen Beruf haben. Denn als das Schlimmste bei Tische sah Brillat-Savarin die Fachsimpelei. Ich hoffe, wir werden uns an diesem Abend zurückhalten. Ob unser aller Geschmack ähnlich ist, wie von ihm gefordert, werden wir hingegen gleich feststellen.«

Als Vorspeise wurde ein Carpaccio von Langostinos auf Basilikum gereicht, eines der Rezepte aus dem Kochbuch von Madame. Es gab niemanden, der es verschmähte, genauso wenig wie den Chardonnay Dosage Zéro – ohne jeden Zucker. Inzwischen empfand Philipp das puritanische Gehabe der Holländerin sogar als komisch, er nahm ihr die Entsagung nicht ab und glaubte, dass sie sich wahrscheinlich am liebsten wollüstig im Ananas-Carpaccio gewälzt hätte. Ihrem Partner jedenfalls hätte er es zugetraut, er genoss den Abend. Wie konnten es zwei derart unterschiedliche Menschen miteinander aushalten? Sie trugen die gleichen Ringe.

Da erinnerte sich Philipp seines Auftrags. »Das Speisezimmer ist luxuriös eingerichtet, leider ein wenig zu warm, wie unser Monsieur Brillat-Savarin meinen würde. Dafür erfüllen die Männer das Gebot, geistreich ohne Prätention zu sein, und die Frauen sind ohne zu viel Koketterie.« Eher zu wenig, dachte er beim Anblick der Holländerin, die verbissen auf ihren Platzteller starrte. »Dass die Speisen erstklassig sind, davon können wir nach der Vorspeise ausgehen, und dass auch die Weine, beziehungsweise die Champagner, von erster Qualität sind, wissen wir.«

Philipp hob sein Glas in Richtung der Gastgeberin neben ihm. »Auf einen großen Gourmet, auf Monsieur Brillat-Savarin!«

Es machte ihm Spaß, Louises Spiel zu spielen, obgleich er sich ein wenig eingesponnen fühlte; er würde aufpassen müssen, dass ihr Netz nicht zu eng wurde, und ihr auch die Grenze dessen zu zeigen, was er gewillt war mitzumachen. Wollte sie ihn oder brauchte sie einen Vertreter in Deutschland?

»Dass die Reihenfolge von den schweren zu den leichten Gerichten geht, dafür sorgt Madame bestimmt, beziehungsweise ihre Köchin, und dass wir von den leichten zu den schweren Weinen übergehen, verlangt nicht nur die Etikette. Seine Lehre beschloss Brillat-Savarin übrigens mit dem Hinweis auf ein gemäßigtes Tempo der Gangfolge, denn wie er sagte, ›das Diner ist die letzte Beschäftigung des Tages. Gäste sind Reisende, die zugleich am selben Ziel ankommen wollen.‹«

Es war genug, er war auch am Ziel, es waren genügend Ideen da, die aufgegriffen werden konnten, um sich näherzukommen und peinliche Pausen zu überbrücken: Gedanken zum Weiterspinnen, weit weg von jeder Debatte über Männerthemen wie Fußball, Autos und Politik. Es ging weiter mit Spargel, dann kam ein Fisch im Salzmantel auf den Tisch, danach am Spieß gegrilltes Rindfleisch mit Pampelmuse, Koriander und Thymian.

Vom Champagner blieb Philipp besonders der Brut Rosé in Erinnerung, Wildkirsche, Feige und Johannisbeere. Es war ein Wein für Sterne und nicht für Sternchen, nicht das billig Spritzige, sondern das ruhig Tragende für Kenner. Als Krönung empfand er den Authentis, einen Premier Cru, ausschließlich Pinot noir, und der Grundwein war im Barrique ausgebaut. Eigentlich mochte er die wenigsten Weine dieser Art. Die wenigsten Winzer konnten das Holzaroma, das der Wein in der Eiche annahm, richtig dosieren, und es blieb wenig von der Fruchtigkeit der Weintraube, um die es eigentlich ging. Dieser Champagner hier war aber so komplex, die einzelnen Komponenten hatten sich so gut miteinander verbunden, dass eines vom anderen nicht mehr zu trennen war.

Louise sah ihm an, dass ihm der Wein gefiel, er hätte gern mit ihr darüber gesprochen, doch in ihrem Kreis kam man immer wieder auf das Thema Wirtschaft zurück. Sie waren schließlich Händler.

Als der Brite darauf angesprochen wurde, dass sich die notleidenden Banker der Londoner City wieder auf dem Wege der Besserung befanden, was sich auch im Champagnerabsatz zeige, konnte Louises Importeur von der Insel, Mister Gabriel Wallace, mit Insiderwissen aufwarten. Das brachte Philipp auf die Idee, ihn nach Goodhouse zu fragen.

»Ich kenne jemanden mit diesem Namen, wenn wir denselben meinen. Ich habe ihn vor Jahren mal getroffen, bei der Verkostung kalifornischer Weine. Er war ein erfolgreicher Investmentbanker, sehr erfolgreich, seriös, er hatte einen ausgezeichneten Ruf. Kann es sich um den Mann handeln, den Sie meinen?«

»Durchaus. Aber gesehen habe ich ihn nie, und dass er Weinliebhaber ist, wusste ich nicht.«

»Das ist das Besondere an ihm. Er ist ein international ausgewiesener Weinkenner und Weinliebhaber mit einer umfangreichen Sammlung. Ich bin ihm später noch einmal bei einer Versteigerung bei Acker, Meryll & Condit begegnet. Wenn ich mich richtig erinnere, hat er den Zuschlag für eine Kiste Cheval-Blanc-Weine von 1957 bekommen. Wenn Sie mehr wissen wollen, Mister Achenbach, dann bringe ich Sie mit einem Freund von mir in Kontakt, der bei der

Midland Bank gearbeitet hat, der kennt die ganze Bande.« Wallace lachte glucksend.

»Es freut mich, dass Sie die so nennen.« Philipp stimmte in sein Lachen ein. »Ich empfinde das ähnlich«, sagte er, ohne zu ahnen, dass er der Holländerin das Stichwort für einen Sturzflugangriff gegeben hatte. Wie eine gereizte Hornisse stieß sie auf den Engländer herab.

»Ich empfinde es geradezu als Vaterlandsverrat, dass Sie als Brite die Banken, die Bankiers und Investoren der City durch den Begriff ›Bande‹ mit Kriminellen auf eine Stufe stellen.«

»Sind sie das nicht?«, fragte der Brite und lächelte so vornehm, wie man es von ihm erwarten konnte. »Sie wollen ausschließlich unser Bestes, nämlich unser Geld. Sie haben wissentlich Millionen ins Unglück gestürzt und Milliarden einfach in nichts aufgelöst. Sie sind rücksichtslos, gnadenlos, egozentrisch …«

»Niemand hat gegen Regeln verstoßen, gegen Gesetze!«

»Es geht auch nicht darum, meine Liebe.« Jetzt wurde sein Ton scharf. »Meinen Sie nicht, dass es vielmehr um Verantwortung, um Ethik und Anstand geht?«

Darauf ging sie nicht ein, stattdessen zog sie atemlos über die sensationsgierigen Medien her (wobei sie nicht ganz unrecht hatte), die schuld daran seien, dass die Krise sich in derartiger Geschwindigkeit weltweit hatte ausbreiten können (was nun wieder Unsinn war). Sie insistierte auf System- und Sachzwängen und den falschen Bewertungen der Ratingagenturen, wodurch die Banken zum Handeln genötigt seien, wie durch die Gier der Anleger. Die Bedeutung der Banken sei fundamental für den Geldstrom, um die Produktion von Waren überhaupt am Leben zu halten, da viel zu wenig eigenes Kapital in den Unternehmen stecke.

Dass ihr Mann sie zu beruhigen trachtete, machte sie noch wütender, sie entzog ihm unbeherrscht den Arm. Wallace, an den die Worte in erster Linie gerichtet waren, war ein Stück vom Tisch weggerückt, verwirrt und entsetzt darüber, wie die Frau auf ihn reagierte. Philipp wartete gespannt auf das weitere Geschehen. Die Frau des Belgiers hatte den Kopf geschüttelt, während die Holländerin ihre flammende Verteidigungsrede hielt. Nach diesem kämpferischen Monolog war jedes weitere Wort erstorben, der grauen Furie allein gehörte die Runde, und niemand wagte zu widersprechen. Man konnte meinen, sie hätte es darauf angelegt, sich selbst sowie ihren Mann zu blamieren und dann allen anderen den harmonischen Abend zu verderben. Philipp blickte Louise an, sie musste eingreifen.

»Liebe Freunde, lasst uns in den Garten gehen, da kann auch geraucht werden.« Louise strahlte, sie ließ sich keinerlei Verstimmung anmerken und hakte sich bei ihrem britischen Importeur unter. Sie wusste, wie man eine derartige Situation rettet. Als sie an einen Balkon traten und in den spärlich und um so gekonnter erleuchteten Garten blickten, trat Philipp zu dem Briten.

»Sie kennen Ihren holländischen Kollegen schon länger?«

Er vergewisserte sich, dass außer ihm nur Louise zuhörte, die jetzt zwischen die beiden Männer trat. »Sie meinen, ob ich seine Frau kenne? Nie gesehen. Ihn kenne ich, er ist ein umgänglicher Zeitgenosse, wer weiß, woher die Spannungen rühren.«

»Ich kenne sie«, flüsterte der Belgier, der leise hinzugetreten war. »Vor dem, was manche Krise nennen, war sie so reich, dass sie«, er machte eine ausholende Handbewegung, »das alles hier auf einen Schlag hätte kaufen können. Er hätte das nicht gekonnt. Sie hatte den härtesten Ehevertrag ausgehandelt, den man sich denken kann, wie ihr Mann mir erzählte. Aber das war auch seine Rettung. Sie hat alles verloren, weil sie obskure Transaktionen mit Derivaten getätigt hat und auf steigende Kurse wettete. Sie war Managerin eines Hedgefonds und wegen angeblichen Insiderhandels zwei Wochen im Gefängnis.«

»Daher die graue Farbe«, witzelte Philipp. »Aber man hat ihr natürlich nichts nachweisen können?«

»Das wäre auch ein Wunder!« Der Belgier gluckste.

»Wie funktioniert so ein Hedgefonds? Man hört den Begriff immer nur in Zusammenhang mit ...« Philipp suchte das englische Wort für Heuschrecken. »Auf Französisch heißen sie *sauterelles*, sie fressen tatsächlich alles ab und hinterlassen eine Wüste.«

Der Belgier erklärte es. »*Grashoppers*. Aber das trifft es nicht. Es ist eine besondere Art von Investmentfonds. Für ihr Geschäftsverhalten gibt es keine gesetzlichen Beschränkungen. Gleichzeitig hat der Anleger die Chance auf extrem hohe Renditen. Dafür ist aber auch das Risiko extrem, seine Anlage zu verlieren. Hedgefonds verkaufen Aktien, die sie gar nicht besitzen, sozusagen leer, und hoffen auf fallende Preise, zu denen sie dann kaufen, oder umgekehrt ...« Jetzt mischte sich der Brite ein, und auch der Holländer gesellte sich mit seinem Glas in der Hand zu ihnen, und sie erwogen das Für und Wider, und jeder kannte jemanden, der weit mehr verloren als gewonnen hatte. Und alle zockten weiter.

Der Blick in den Garten war für Philipp weitaus schöner als die Beschäftigung mit Geld. Er schaltete ab, denn was er über Goodhouse erfahren hatte, beruhigte ihn. Da niemand in den Garten ging, blieb auch er am Geländer stehen und beugte sich weit vor. Dabei meinte er, jenseits der weiten Rasenfläche einen von Büschen verborgenen Bach rauschen zu hören. Rechts gab das Licht einer kleinen Laterne der überwucherten Laube ein unheimliches Aussehen, links des Rasens lag eine Terrasse, von hohen Bäumen überragt. Er würde wiederkommen müssen und sich den Garten bei Tag ansehen, denn es gab ein weiteres Gebäude, das ihn an die Ruine einer kleinen Mühle erinnerte, jenseits des Baches, wo die Weingärten begannen.

Später im Salon bei Kaffee und Cognac wurde Madame Dillon-Lescure von der Frau des Briten gefragt, wo denn ihr

Mann sei. »Mein Mann?« Louise lächelte versonnen, keineswegs peinlich berührt. »Mein Mann ist vor zehn Jahren tödlich verunglückt.«

»*Oh. I am sorry.*« Die Frau des Briten wurde rot. »Davon hat mir mein Mann nie etwas gesagt.«

»Wozu auch?«, meinte Louise verbindlich.

»Dann sind Sie ja eine dieser berühmten Champagnerwitwen wie die Witwe Clicquot – von Veuve Clicquot! Das ist ein großartiger Champagner ...« Es war klar, dass dieser Fauxpas nur von der Holländerin stammen konnte.

»Wie lieb und luftig perlt die Blase / der Witwe Klicko in dem Glase.« Der Vers von Wilhelm Busch kam Philipp stets in den Sinn, wenn das Champagnerhaus Clicquot genannt wurde, aber ihn auszusprechen lag ihm fern, und in anderen Sprachen ging der Witz verloren. Aber die Holländerin hätte ihn sowieso nicht verstanden. Es gab eine Zeit für Fragen, eine für Antworten und eine fürs Schweigen. Die Holländerin hatte die Fähigkeit, nicht nur die Anwesenden zu brüskieren, sondern auch die Zeiten durcheinanderzubringen. Vielleicht war ihre eigene im Gefängnis durcheinandergeraten? Vielleicht hätte sie dort noch ein wenig länger meditieren sollen? Ihre Art bestätigte einmal mehr Philipps Eindruck, dass Menschen, die sich ausschließlich mit Geld beschäftigten, für die wesentlichen Belange des Lebens nicht mehr erreichbar waren. Was interessierte es Bankiers, ob Tausende aufgrund ihrer Politik hungerten, Länder verarmten, oder ob Soldaten nach Maßnahmen der Weltbank auf die protestierende Menge einschlugen. Er erinnerte sich an sein Unbehagen, als man in Deutschland einen Banker zum Präsidenten gemacht hatte.

»Ich kann Ihnen gern mehr erzählen, wenn Sie wollen«, sagte Louise, ohne den verbindlichen Ton aufzugeben, die Kontrolle über die Situation war ihr nicht eine Sekunde lang entglitten.

»Mein damaliger Mann starb bei einem Autounfall. Er

war zum falschen Zeitpunkt am falschen Ort, wenn Sie so wollen …«

»*I am sorry*«, sagte die Holländerin, ohne es zu meinen.

»Das brauchen Sie nicht zu sein.« Das betonte ›Sie‹ war die Ohrfeige, die diese Frau längst verdient hatte.

»Meine ersten Jahre waren schwer, aber auch nicht zu schwer. Ich bin in diesem Hause aufgewachsen, ich bin sozusagen mit Champagner statt mit Milch groß geworden – und hat es mir geschadet?« Ihre Augen suchten die von Philipp.

Geschadet? Nein, keineswegs, dachte er, eher war das Gegenteil der Fall.

»Es wird nicht leicht für Sie gewesen sein, besonders der Anfang, und die Zeiten ändern sich nur langsam.« Mrs. Wallace, deren Wangen vom Champagner gerötet waren, zeigte echte Bestürzung. »Besonders wenn ich daran denke, dass Frankreich erst nach der Befreiung von den Nazis das Frauenwahlrecht einführte, als einer der letzten Staaten in Europa. Da musste wahrscheinlich Ihre gesamte Mannschaft umlernen. Es wird den Männern nicht gefallen haben.«

»Wer Schwierigkeiten hatte, ist von allein gegangen.« Louise war davon nicht sonderlich bewegt. »Mein Vater war da, und der hat jedem, der frech wurde, mit Rausschmiss gedroht. Außerdem war ich beileibe nicht die einzige Frau im Geschäft. Denken Sie nur an Madame Bollinger, unsere berühmte Lily. Die radelte sogar im Krieg, weil wir kein Benzin bekamen, durch die feindlichen Linien zu ihren Weinbergen und musste den Nazis die Stirn bieten. Das hat sie getan, und sie hat Frankreich nicht verraten, wie viele andere. Bis 1971 hat sie ihr Haus geführt, sie ist um die ganze Welt gereist, um ihren Champagner zu verkaufen. 145 Hektar haben sie damals gehabt. Was sind dagegen meine 28? Ach, denken Sie nur an Madame Clicquot und an Madame Duval-Leroy, eine liebenswerte Kollegin. Kennt sie jemand von Ihnen?«

Philipp nickte und berichtete, was er in ihrem Hause probiert hatte.

»Dieser Mann ist ein Phänomen.« Louise sah Philipp mit großen Augen an. »Wen kennen Sie eigentlich nicht, Monsieur Philipp?«

Er dachte an Touraine, an den General und an Goodhouse, dessen Name ihn nicht losließ.

»Wie wirken sich eigentlich die jüngsten Mengenbegrenzungen durch das Komitee aus?«, fragte der Belgier, der sich nicht anmerken ließ, ob er bemerkt hatte, was sich zwischen seiner Champagnerlieferantin und dem Deutschen abspielte.

Philipp war es recht, dem allgemeinen Interesse zu entkommen. »Neuerdings sind nur noch 8.000 Kilo Trauben pro Hektar gestattet, um Champagner zu machen. Die Pressvorschriften wurden nicht geändert?«

»Nein, wieso auch. 8.000 Kilo sind für uns zwei *marc*, und je *marc* gewinnen wir bei der ersten Pressung, der *cuvée*, 2.050 Liter. Die zweite Pressung, die *taille*, liefert nochmal 500 Liter. In meinem Haus verwenden wir sowieso nur die *cuvée*.«

Alle sagten das, jeder, der etwas auf sich hielt. Philipp hatte es zu oft gehört, um es noch zu glauben.

»Und was machen Sie, Madame, mit der *taille*?« Diese Frage interessierte ihn besonders, denn wie beim Olivenöl ergab die erste Pressung das beste Öl, und ein höherer Pressdruck führte nicht zu besseren Ergebnissen. Aber das Öl der zweiten Pressung wurde auch als Olivenöl angeboten. »Die 500 Liter der *taille* machen ein Fünftel des Mostes aus, und die wirft man nicht einfach weg.«

»Natürlich nicht. Die *taille* wird verkauft.«

»An wen?«

Es war nicht die Frage an sich, es war der insistierende Ton, der Louise missfiel. »An wen auch immer. Wer daraus Champagner machen will, soll es tun. Auch der Geschmack oder der Geldbeutel in den Billigmärkten will bedient sein, nicht unbedingt von mir, aber …« Sie zuckte mit den Schultern und rückte ihr Kleid zurecht.

Jetzt fühlte sich der Belgier wieder gefordert. Als jemand, der mit ihr arbeitete, hatte er ein Recht auf eine klare Antwort. »Wie reagieren Sie denn nun auf die Mengenbegrenzung? Schicken Sie Ihre Arbeiter vor der Lese durch die Rebzeilen, und schneiden Sie grüne Trauben raus, damit die anderen besser reifen, oder lesen Sie alles und verkaufen die überzähligen Trauben …«

»Nichts von beidem, mein lieber Freund. Erst einmal füllen wir unsere Sonderreserve auf. Für jeden Hektar in unserem Besitz dürfen wir 8.000 Liter lagern. Das ist als Ausgleich für schlechte Jahre oder für Verlust durch Frost und Hagel gedacht. Wir können ein wenig jonglieren. Bei unseren 28 Hektar sind das knapp 240.000 Liter. Um die richtig zu lagern, braucht man luftdicht abschließende Tanks – der Wein darf nicht oxidieren – für die geschmackliche Abstimmung und zum Auffüllen nach dem Degorgieren.«

Philipp meinte, vor Kurzem von einem Gerücht gehört zu haben, dass die Winzer von Samos ihre süßen Weine von kreidehaltigem Boden zum großen Teil in die Champagne verkauften. Mit denen wurde angeblich Champagner gesüßt und geschmacklich verbessert. Das war lediglich ein Gerücht, nichts war bewiesen, aber er hielt es für möglich. Denn alles war möglich, es war immer die Frage, wie es der Einzelne mit der Moral hielt, und die wiederum war davon abhängig, was sich damit verdienen ließ.

»Was machen Sie nun mit dem Rest?«, insistierte der belgische Importeur. Auch die Kollegen aus den anderen Ländern waren gespannt.

»Man kann aus unseren Trauben nicht jeden x-beliebigen Weißwein keltern, Messieurs, das sollten Sie wissen. Bedenken Sie, wie früh wir ernten und wie wenig Zucker bis dahin in der Beere akkumuliert ist. Dann verwenden wir Klone, bei denen die Säureproduktion sehr hoch ist. Weshalb sollte dann ein französischer Winzer unsere teuren Trauben kaufen?«

»Was passiert denn nun mit den überzähligen Trauben, Madame Dillon-Lescure?«

»Wir lassen sie am Stock hängen! Ja, meine Herren, da staunen Sie, wir tun es, auch wenn einem das Herz bricht.«

Philipp verbarg seine Skepsis nicht. Seiner Überzeugung nach widersprach es jeder bäuerlichen Mentalität, bis zu einem Drittel des Ertrags an den Stöcken vertrocknen zu lassen. Er wusste, wie sehr manche Arbeiter den Grünschnitt hassten, bei dem die grünen Trauben weggeschnitten wurden. Aus Italien kannte er Fälle, wo sie sich geweigert hatten, die Schere in die Hand zu nehmen und vermeintlich überflüssige Trauben wegzuschneiden.

Das Gespräch wandte sich Themen zu, die Louise und ihre Importeure miteinander verbanden, und Philipp fühlte sich überflüssig. Er fragte Wallace nach seiner Rufnummer, damit er über ihn an den Bekannten kam, der eventuell mehr über Goodhouse wusste.

»Was halten Sie von diesem Kreis?«, fragte Wallace, als Philipp sich verabschiedete, und auch der Holländer wandte sich ihm interessiert zu. »Wir haben keinen festen Importeur für Madame in Deutschland. Ich würde meinen, Sie passen ganz gut zu uns, nicht wahr, Madame?«

Philipp erlebte sie in diesem Moment zum ersten Mal verlegen. »Deshalb habe ich Sie nicht eingeladen, Philipp«, sagte sie, als sie ihn auf der Treppe verabschiedete, Philipp stand eine Stufe unter ihr und war daher auf gleicher Höhe.

»Das ist mir klar, Madame.« Sie waren sich so nah, dass ein Kuss unausweichlich wurde. »Deshalb bin ich auch nicht gekommen.«

»Wieso gehen Sie dann so früh?«

»Weil ich sehr abgespannt bin. Ich komme morgen gern wieder.«

»Ich rechne mit Ihnen.«

In seinem Zustand nachts über die Landstraßen und durch den Wald zu fahren, war unverantwortlich. Ein Reh, ein Wildschwein – nicht einmal ein Autounfall musste zur Katastrophe führen – und der Führerschein war weg. Er hätte nicht mehr fahren dürfen, aber wie sollte er sich in dieser Region ohne öffentliche Verkehrsmittel bewegen, zumal bei Nacht? Man müsste einen Fahrer haben, sagte er sich, Louise könnte bei derartigen Gelegenheiten einen Mitarbeiter bitten, und sicherer war es allemal. Irgendwie hatte er noch ihr Parfüm in der Nase, aber er sah das Gesicht von Helena vor sich und fragte sich, was Louise an ihm fand. Er hatte das dumpfe Gefühl, dass sie etwas mit ihm vorhatte. Er war heilfroh, als sich die Silhouette von Avize aus der Nacht schälte. Der Führerschein war gerettet.

Es war erst dreiundzwanzig Uhr, und alle Lichter im »Maison Delaunay« brannten. Auf der Stelle, wo er sonst seinen Wagen parkte, stand ein Auto, das er gut kannte, eine blaue Rostschleuder mit Kölner Nummer. Es grenzte an ein Wunder, dass sie es bis hierher geschafft hatte.

»Ihr Sohn ist auch da.« Madame Delaunay strahlte. »Was für eine nette Überraschung. Wieso haben Sie mir nicht verraten, dass er kommt? *Mon Dieu*, ist der Junge groß geworden, ein richtiger Mann, und gut sieht er aus.«

»Hm ...« Philipp war müde. »Und wo ist der Bengel?«

»Oben, bei Yves und seiner Frau, ich wollte gerade das Tor abschließen und die Lichter löschen. Das mache ich am liebsten selbst, dann schlafe ich besser. Wir sehen uns gleich?«

»Hm ...«

Madame Delaunay sah ihn an. »Sie sind doch nicht ärgerlich, nicht wahr? Ist es wegen des Jungen?«

Philipps Kopfschütteln reichte ihr als Antwort.

»Lassen Sie es den armen Kerl nicht merken, er ist die weite Strecke allein gefahren, ganz ohne Mutter aufgewachsen, ohne Liebe ...«

»Ohne Liebe? Höchstens mit zu viel davon!«

Aber als Philipp seinen Sohn sah, musste er lächeln, besonders über dieses Gesicht, das Thomas' Gefühle zwischen kühner Entschlossenheit und Zweifel vor der möglichen Reaktion seines Vaters widerspiegelte.

»Weshalb bist du gekommen, Thomas?«, fragte Philipp. Er hätte Thomas gern umarmt, aber er beließ es bei einem kumpelhaften Schulterklopfen. »Sind eure Dozenten im Streik, oder herrscht zu Hause wieder mal Hochwasser? Willst du auf diese Weise deinen Beitrag zur Klimakatastrophe beisteuern?«

»Kannst du nicht ein einziges Mal cool bleiben, Philipp?«

»Ich bin immer cool, viel zu cool, glaube ich. Also?«

»Ich habe gedacht, du brauchst Hilfe.«

»Ich? Hilfe?« Philipp glaubte, seinen Sohn nicht richtig verstanden zu haben.

»Ja, du, Hilfe. Nach dem letzten Anruf habe ich mir Sorgen gemacht.«

»Du hast dir Sorgen gemacht? Ich mach mir Sorgen um dich, um deine Ausbildung, das Studium ...«

»Die Sache mit dem Motorradfahrer, es gibt Leute, die dich verfolgen, diese undurchsichtige Figur Touraine, du willst dich von irgendeinem Kellerarbeiter, den du kaum kennst, nachts in einer unbekannten Kellerei einschließen lassen, um dich umzusehen ... Ich weiß, wie leichtgläubig du bist.«

»Besonders dir gegenüber. Und was ist mit dem Studium?«

»Geschenkt ... abgebrochen ... exmatrikuliert. Du predigst immer, dass man Nägel mit Köpfen machen soll, eine Entscheidung treffen und sie dann radikal durchziehen.«

»Und wie soll es weitergehen?«

»Alles geregelt. Wir bringen das hier gemeinsam zu Ende, und in drei Wochen fange ich bei Knipser in der Pfalz die Lehre an, er gehört zum VDP, zu diesem Verband der Prädikatsweingüter. Von ihm haben wir übrigens auch einen Riesling im Keller.«

»Hast du ihn aufgemacht?«

»Klar, ich musste seinen Wein doch kennen, falls er mich fragt.«

Yves war dazugetreten. »Probleme?«

»Er will Winzer werden.«

»Das weiß ich, er hat es uns bereits erzählt. Ich finde es großartig. Ich hatte nach deinen Erzählungen schon befürchtet, er würde so einen unseriösen Beruf ergreifen wie Anlageberater, Fondsmanager oder Wirtschaftsprüfer. Na, das müssen wir feiern.«

Eine Flasche Champagner lag in diesem Haus immer auf Eis, und trotz der vorgerückten Stunde stieß man zur Feier der Nachricht mit Thomas an. Philipp wusste nicht, ob er lachen oder weinen sollte. Zumindest eines war ihm klar: Es blieb ihm nichts anderes übrig, als Thomas' Entscheidung zu akzeptieren.

»Ich werde auch auf dem Weingut wohnen«, sagte Thomas, »du brauchst also nichts mehr für mich zu zahlen. Das ist doch was, oder? Dann kannst du ein wenig mehr auf die Seite legen, um dir deinen Traum zu erfüllen.«

»Was weißt du von meinen Träumen?«

»Na, Papa, dein eigenes kleines Weingut, endlich mitmischen und nicht immer nur die Weine der anderen probieren. Du willst deinen Namen auf den Etiketten sehen.« Er wandte sich an Yves. »Aus unserem Garten hätte er am liebsten längst einen Weinberg gemacht, aber er will nicht warten, bis sich das Klima ändert.«

Am nächsten Vormittag liefen sie durch die Weinberge oberhalb von Avize hinauf zum Wald. Philipp hörte Thomas zu, der sich im Sturm seiner eigenen Begeisterung bereits nach einem Lieferwagen für den Umzug erkundigt hatte, es gab Freunde, die ihm helfen würden, und Helena habe ihm erklärt, wie es mit der Krankenkasse weitergehen würde. Helena sei übrigens großartig, sie kümmere sich in diesen Tagen um das Haus und um den Garten, und sie habe ihn in seinem Beschluss, herzukommen, bestärkt. Auch mit seinem zukünftigen Arbeitgeber käme er gut klar.

»Woher weißt du das, wie kannst du das sagen?«

»Ich bin hingefahren, es sind nur zwei Stunden, er wollte mich persönlich kennenlernen. Nur eins ärgert mich höllisch.«

»Und das wäre?«, fragte Philipp.

»Dass dein Name den Ausschlag dafür gab, dass er überhaupt mit mir geredet hat. Als ich sagte, wer mein Vater ist, hat er gleich eingewilligt. Du hängst dich schon wieder in mein Leben.«

»Ich werde immer in deinem Leben rumhängen, mein Junge, ob es dir passt oder nicht.«

Thomas sagte nichts weiter dazu, und schweigend gingen sie weiter, bis Thomas, die Hände tief in den Hosentaschen vergraben, stehen blieb. »Was ist mit dir los, Papa? Du wirkst bedrückt. Was ist in der vergangenen Woche wirklich passiert?«

Philipp scheute sich zuerst, von seinen Mutmaßungen zu erzählen, schließlich berichtete er doch ausführlich, und Thomas merkte sehr schnell, dass sein Vater hier etwas wegließ, an anderer Stelle ungenau erklärte oder Fakten unterschlug. Seine Skrupel hinsichtlich der Motorradfahrerin teilte Thomas nicht.

»Was gibt die blöde Kuh sich auch dafür her? Muss sie nicht damit rechnen, dass die Leute sich wehren? Die Wirklichkeit ist kein Cyberspace. Zerbrich dir nicht ihren Kopf. Aber wenn es jemand ernst meint, wird bald eine andere oder ein anderer auftauchen, und der wird schlauer sein. Wir sollten aufpassen, Papa.« Thomas blieb stehen und sah sich um. Es war ihnen niemand gefolgt. Hier und dort flochten einige Winzer mit ihren Helfern die jungen aufschießenden Triebe zwischen die Drähte der Rebzeilen.

Philipp trat an einen der Rebstöcke, griff nach einem Blatt und betrachtete es. »Chardonnay!«

Thomas runzelte die Stirn. »Du verscheißerst mich. Noch kannst du das, aber bald nicht mehr.«

»Wir sind hier an der Côte des Blancs, und die hier am Abhang liegenden Orte sind bekannt für Chardonnay. Die Blätter vom Chardonnay sind kaum gebuchtet, meist haben sie fünf leichte Zacken, und die Triebspitze ist wollig behaart. Wenn wir jetzt bereits Trauben hätten, könnte man auch anhand ihrer Form die Rebsorte bestimmen. Über die Gescheine weiß ich zu wenig ...«

»Gescheine?«

»Die Blütenstände, aus denen sich die Trauben entwickeln. Die europäischen Edelsorten haben meist Zwitterblüten, das heißt, eine vollständige Blüte mit männlichen und weiblichen Blütenorganen. Wenn das Käppchen über der Narbe abgeworfen wird, können die Staubfäden ...«

»Philipp!« Thomas unterbrach seinen Redefluss. »Ich bin nicht gekommen, um mir deine Vorträge ...«

»Ich denke, du willst Winzer werden.«

»Das geht erst in drei Wochen los. Heute ist was anderes angesagt. Dieser Yves ist dein Freund. Kannst du ihm wirklich trauen? «

Sie waren am Waldrand angelangt und blieben bei der riesigen, schräg gestellten Flasche stehen, aus der sich ein Plastikstrahl gelben PVC-Champagners in ein mannshohes Glas ergoss.

»Ja, ich traue Yves absolut.«

»Du bist sein Kunde, und für Kunden macht man alles.«

»Vieles, aber längst nicht alles. Yves tut das nicht – und ich auch nicht, das solltest du langsam gemerkt haben. Außerdem ...«

»Du bist Deutscher, vielmehr wir sind es«, korrigierte er

sich, »und bei den vielen Kriegen, besonders hier, da herrschen ... Ressentiments, Vorurteile, alter Hass.«

Philipp verschränkte die Arme vor der Brust und blickte seinen Sohn stirnrunzelnd an. »Wie bist du denn drauf? Was redest du für einen Unsinn. Es ist wirklich gut, dass du hergekommen bist, damit du die Leute hier kennenlernst.«

»Sie sind nett, weil sie dir Champagner verkaufen wollen.«

»Natürlich wollen sie das, was sollten sie uns sonst anbieten. Am Rhein verkaufen sie dir Rheinwein, so ist die Welt. Und du willst Wein machen und musst den auch irgendwann verkaufen. Wie jedes Land bewegt sich auch Frankreich nur zwischen Himmel und Hölle, allerdings ein ziemliches Stück oberhalb der Mitte zwischen beidem, und in der Champagne noch ein Stück darüber. Lern die Leute kennen, beobachte sie und hör zu, da bekommst du am meisten mit. Oder fahr nach Hause und lass mich meine Arbeit machen.«

Nachdem sie eine Weile schweigend durch feuchte Waldwege gestapft waren, wurde es Thomas zu viel. »Darf man dir keine Fragen mehr stellen?«

»Es kommt auf die Frage an.«

»Dieser Arbeiter aus der Kellerei, dieser General, den kennst du erst seit ein paar Tagen. Wieso vertraust du ihm?«

»Ich traue ihm nicht, aber er bietet sich an, und er will Geld.«

»Deshalb lässt du dich auf ihn und seinen Vorschlag ein?«

»Weil er mir hilft und weil derartige Leute zum Spiel gehören.«

»Ist das hier ein Spiel für dich?«

Philipp war nicht danach zumute, viele Worte zu machen. »Wenn du mitspielen willst, dann mach dich nützlich, sonst ...« Obwohl Thomas längst für sich selbst entschied, war Philipp klar, dass er ihn aus der Schusslinie heraushalten musste.

»Wie hast du dir das Nützlichmachen vorgestellt?«

»Als diskreter Beobachter …«

»Schmiere stehen nannte man das früher?«

»So in etwa.«

»Für den Fall, dass er dich reinlegt?«

12

Die Fahrt war nicht lang, zwanzig Minuten würden sie bis zum Château Dillon-Lescure brauchen. Die Straße war so wenig befahren, dass ihnen ein möglicher Verfolger sofort aufgefallen wäre. Philipp hatte daran gedacht, mit seinem Wagen loszufahren, nur um zu sehen, ob sich wieder jemand an ihn hängen würde, aber das war ihm lächerlich vorgekommen, obwohl ihm das Spiel, wie er es nannte, zu gefallen begann. Ja, es reizte ihn. Sie hatten stattdessen Thomas' alten Wagen genommen, um einen möglichen Verfolger nicht auf die Verbindung zu Louise zu bringen, und da Thomas am Steuer saß, konnte Philipp seinen Gedanken nachhängen.

Er glaubte immer weniger an Touraines Aufrichtigkeit. Wenn er daran dachte, dass Touraine ihm Anweisungen geben würde, wann welcher Champagner zu verkaufen war – nein, besten Dank. Und dass dieser Mister Goodhouse sich in die tägliche Verkostungspraxis einmischen würde, hielt er für ausgeschlossen. Es müssten gemeinsame Entscheidungen sein, sie würden vom Zustand des Champagners und vom Preis abhängig sein. Diese Entscheidungen konnten nur zwischen dem jeweiligen Chef de Cave, Goodhouse oder seinen Analysten und ihm getroffen werden.

Ob Touraine sich auf Kosten des Fonds bereicherte, musste dringend geklärt werden. Philipp empfand Gefallen daran, ihm in seiner hochfahrenden Art eins auszuwischen. Für Langer würde es aufschlussreich sein, die Schwachstellen im System zu entdecken. Vielleicht würde es ihn von seinen Plänen abbringen, zumindest würde es seine Position gegenüber Goodhouse stärken. Hatte er ihn nicht eigens deshalb hergeschickt? Die Schwachstellen – das waren meistens die Menschen. Es beunruhigte Philipp, dass er kaum jemanden der Beteiligten kannte. Was der Brite hingegen über Goodhouse gesagt hatte, klang gut. Auch der Belgier, der Importeur aus Brügge, hatte in den Fonds investiert. Allerdings nur den Mindestbetrag. Wie hoch der war, wollte er nicht sagen. »Im Rahmen der breiten, risikoarmen Streuung meiner Anlagen, nur sehr wenig.«

Philipp und Thomas fuhren gemächlich durch die Weinberge von Grauves und Mancy, rechts und links gab es nichts als frisches, junges Grün. Hätte es sich nicht um Weinstöcke gehandelt, hätte Philipp die Monokultur des Weins gestört, wenn nicht sogar gelangweilt, aber bei Wein war es anders. Maisanbau war eintönig, man konnte nicht einmal drüberschauen, bei Zuckerrohr war es genauso. Soja war die reine Monotonie, auf Kilometer gab es zwischen den Pflanzungen keinen Baum und keinen Strauch – die Insekten waren totgespritzt – ansonsten nur flaches Blattwerk auf roter Erde. Weizen überzeugte allein durch seine Farbe, und er zeichnete die Wellen des Windes nach. Der Wein hingegen gewann Leben durch die Anpassung ans Gelände, durch die Aufteilung des mal hellen, mal dunklen Grüns in unterschiedliche Formen, belebt von Linien, die sich immer in einen anderen Winkel zum Betrachter stellten.

Das führte ihm die Dimension des Fonds vor Augen, und ihm wurde flau. Es ging um Millionen. Aber verblassten die nicht längst im Schatten der weltweit versenkten Milliarden und Billionen? Und da standen noch Yves' Worte über Touraines Auftreten bei Verhandlungen und die kleinen Mengen im Raum. Touraines Rechnungen aber belegten große Mengen. Wenn man viel wollte, konnte man groß auftreten, aber bei kleinen Mengen hatte man sich zurückzuhalten.

Das Tor des Châteaus war abgeschlossen. Sie stellten den Wagen in der nächsten Seitenstraße ab und nahmen den Seiteneingang. Nachdem Philipp seinen Sohn vorgestellt und von dessen Plänen hinsichtlich des Weinbaus berichtet hatte, beugte Thomas sich vertraulich zu seinem Vater. Louise war wegen eines Telefonats in ihr Büro geeilt.

»Helena gießt zu Hause die Blumen, und du bändelst schon wieder an. Papa, was soll das? Man hört so einiges über die Männer mit fünfzig, die auf junge Mädchen stehen. Aber du stehst mehr auf ältere Semester?«

»Was geht dich das an?«, zischte Philipp.

»Nichts, aber dass zwischen dir und dieser … Madame was abläuft, sieht ein Blinder – wie sie dich anschmachtet, hast du's nicht gemerkt?«

»Es gefällt mir, ich mag sie, sie sieht gut aus, sie ist eine stattliche Person. Aber das hier ist rein geschäftlich.«

»Ach, wirklich?«

»Im Übrigen frage ich dich auch nicht nach deinen Amouren, ich habe mich nie eingemischt, also lass mich in Ruhe. Wenn du nur deshalb hergekommen bist …«

»Ist ja gut. Und wieso siezt ihr euch noch?«

»Weil eben nichts passiert, du Klugscheißer.«

Als Louise ihr Telefonat beendet hatte – »nicht einmal sonntags lassen die Kunden einen in Ruhe« – begannen sie den Rundgang durch die Kellerei. Obwohl Thomas lediglich das Schulfranzösisch beherrschte, erübrigten sich viele Erklärungen, weil er über die Technik der Weinbereitung im Bilde war. Ein wesentlicher Unterschied zu anderen Kellereien der Champagne war, dass man die alte Korbpresse nicht herausgerissen, sondern als Schauobjekt hatte stehen lassen.

Sie konnte 4.000 Kilo Trauben aufnehmen, also genau einen *marc*. Wegen der gleichmäßigeren Verteilung des Drucks war die Presse wie ein riesiger flacher Teller aus nebeneinander liegenden Brettern gebaut, der in einen ähnlich gearbeiteten Korb drückte. Er hatte einen Durchmesser von etwas vier Metern und war etwas mehr als hüfthoch. Diese Presse hatte nur noch für nostalgische Fotobände und Werbebroschüren eine Bedeutung und war längst durch pneumatische Pressen ersetzt worden. Die allerdings standen in den eigens zur Kontrolle der Pressung eingerichteten Zentren, sodass nur der Most in den Kellereien ankam.

»Wenn ihr unser Lager sehen wollt, müssen wir die Straße vor dem Château überqueren«, meinte Louise. »Der Tunnel, der früher von hier aus in den Berg gegenüber führte, ist am 29. August 1944 eingebrochen.«

»Da haben Sie aber noch nicht gelebt, oder?«, fragte Thomas und sah seinen Vater zusammenzucken.

Louise nahm es nicht krumm. »Sehr charmant, junger Mann. Nein. Es war unser Tag der Befreiung. Mein Vater erzählte immer davon, wie der Stollen einbrach, als der erste amerikanische Panzer darüberfuhr, es soll ein Sherman gewesen sein. Der schaffte, was deutschen Panzern in den vier Jahren davor nicht gelungen war. Aber da es ein Sherman war und kein Tiger, war es für die Familie ein sichtbares Zeichen, dass mein Großvater bald aus der Kriegsgefangenschaft zurückkommen würde.«

Sie hatten die Straßenseite gewechselt und folgten einem Weg den Hügel hinauf. Auf halber Höhe blieben sie stehen und blickten auf das Dorf, das links an Moussy grenzte und sich rechts an der Straße entlangzog, bis es von Hügeln und Weinbergen an der weiteren Ausdehnung gehindert wurde.

»Darf ich Ihnen eine persönliche Frage stellen, Monsieur Achenbach?«

Es fiel Philipp heute zum ersten Mal auf, dass sie das »ch« seines Namens nicht wie die meisten Franzosen als »sch«

sprach. »Was würden Sie sagen, wenn ich mit Nein antworten würde? Ich habe manchmal den Eindruck, dass Fragen gestellt werden, deren Antwort einen nicht mehr überrascht.«

»Ich glaube, Sie interessiert nicht nur der Geschmack eines Weins, die Art, wie er gemacht ist, und sein Preis. Ich sehe, wie Sie in den Himmel schauen, wie Sie nach der Erde greifen und daran riechen, Sie drehen die Blätter der Weinstöcke um und betrachten die Triebe. Das Ganze ist für Sie viel mehr als die Summe seiner Teile. Ich hoffe, ich bin nicht zu persönlich?«

»Durchaus nicht«, antwortete Philipp, dem ihre Ausführungen mit jedem Wort unangenehmer wurden. Er hatte noch nie erlebt, dass man ihm seine Gedanken ansehen konnte.

»Ich finde Ihre Haltung ausgesprochen sympathisch. Sie nehmen mehr wahr, als Sie sehen. Vielleicht hat Ihnen das noch niemand so direkt gesagt. Fühlen Sie sich ausgelastet? Ich meine – nicht von der Arbeitszeit her, sondern von Ihren Fähigkeiten?«

Philipp, sagte er sich, pass auf, wenn dir jemand Honig um den Bart schmiert!

»Haben Sie jemals daran gedacht, sich zu verändern?« Louise wirkte jetzt sehr klar und direkt.

»Wie meinen Sie das?« Philipps Verdacht wurde bestätigt, Madame hatte Hintergedanken. Er musste sich seine Antwort genau überlegen. »Veränderungen sind immer nötig – nur auf das Maß kommt es an und auf die Richtung.«

»Wenn Sie auf die Himmelsrichtung anspielen, dann in Richtung Westen. Haben Sie mal erwogen, in die Champagne zu kommen und uns zu helfen? Sie könnten sich sehr nützlich machen, nützlicher als Sie es für France-Import vielleicht sind. Dabei wären Sie nicht der Erste, der diesen Schritt wagt. Es hat eine lange Tradition. Viele bekannte Champagnernamen gehen auf Deutsche zurück. Da gab es den Johann-Joseph Krug aus Mainz. Leider gehört das Haus heute einem Luxuskonzern, für den sind Châteaux nichts weiter als Profit-Center, auch wenn sie einen Clos d'Ambonnay machen, die Flasche wird im Restaurant für lächerliche 4.500 Euro angeboten. Das können sich nur Verbrecher oder Finanzjongleure leisten. Henri-Guillaume Piper, der sich mit Charles-Henri Heidsieck zu Piper-Heidsieck zusammengetan hat, kennen Sie sicher.«

Es war ein Name, den man in jedem Supermarkt fand. Was Philipp abstieß, war die neueste weltweite Aktion, diesen Champagner aus einem hochhackigen Damenschuh zu trinken, eine Vorstellung, die ihn anekelte. Es war keine Erotik mehr, es war Prostitution. Aber das war heutzutage vieles.

»Mumm, Bollinger, Deutz und Taittinger (sie sprach es zu Philipps Verblüffung deutsch aus), das alles sind Leute, die zu uns kamen und geblieben sind.«

»Aber nicht, um Champagner zu machen«, warf Philipp ein und sah, dass Thomas ihn verstand. »Sie übernahmen organisatorische Aufgaben, dazu eignen sich die deutschen Sekundärtugenden bestens, weniger jedoch, um Blattunterseiten zu beurteilen. Als man in der Champagne begann, Champagner als speziellen Ausdruck französischer Lebensart zu verkaufen, haben sie sich französische Vornamen zugelegt. Aus Heinrich wurde Henri, aus Peter wurde Pierre ...«

»Bei Ihrem Vornamen muss man nur ein kleines ›e‹ dranhängen«, fügte Louise mit ihrem reizenden Lächeln hinzu. »Ihre Bemerkung über die organisatorischen Aufgaben ist durchaus berechtigt, nur – mit irgendetwas muss man schließlich anfangen.«

Sollte er das als Angebot verstehen? Thomas sah ratlos von einem zum anderen, sein Französisch war nicht so gut. Das Klingeln des Mobiltelefons enthob Philipp einer Antwort. Er schaute auf die Nummer auf dem Display, er kannte sie nicht, aber die Stimme.

»Monsieur? Treffen wir uns heute Abend um einundzwanzig Uhr zum Kartenspielen? Sie könnten ein gutes Blatt bekommen, aber man weiß nie genau, wer die Karten gibt. Spielen Sie mit?«

Für den längeren Aufenthalt in den kalten, weitläufigen *crayères* von Villers-Allerand brauchte er seine dicke Jacke, und auch Thomas sollte sich entsprechend anziehen. Philipp schaute auf seine Füße; die Schuhe waren für derartige Ausflüge denkbar ungeeignet. Um an den Stadtrand von Reims zu kommen, wo sich die Outlets der Bekleidungsfirmen befanden, die auch an Wochenenden geöffnet waren, nahmen sie besser seinen Wagen. Sie würden anschließend nach Avize zurückfahren – bis einundzwanzig Uhr war es lange hin.

Auf dem Weg in die Stadt erklärte er Thomas, was er über die Keller wusste, was er vermutete und woran er sich erinnerte.

»Du bist fest davon überzeugt, dass in der Kellerei oder mit dem Champagner-Fonds was nicht stimmt, oder?«

»Ja. Es passt zu vieles nicht, und dann geht mir eines nicht aus dem Kopf, wofür ich überhaupt keine Erklärung habe.«

»Und das wäre?«

»Der Verwalter der Kellerei fragte mich zum Beispiel, ob ich jemanden mitgebracht habe, der Muller heißt, Michel Muller, angeblich den Assistenten von Touraine. Touraine kennt ihn und will ihn nicht kennen, er lügt. Ich sollte den General fragen, diesen Arbeiter, der uns in die Kellerei bringt.«

»Wie heißt er – Michel Muller? Ein Franzose?«

»Keine Ahnung, ich glaube, es ist ein Deutscher.«

Thomas schwieg und zog ein Gesicht, das Philipp neugierig werden ließ.

»Spuck es aus! Kennst du etwa jemanden, der so heißt?«

»Ich nicht, aber Irene …«

»Wer ist das schon wieder?«

»Das ist eine Frau, die ich neulich kennengelernt habe.«

»Eine neue Freundin? In Köln?« Philipp wurde mit einem Schlag hellhörig und nahm den Fuß vom Gaspedal, sodass sofort jemand hinter ihm hupte.

»Eine junge Frau, ich habe sie bei einem Studienkollegen getroffen, der sie anbaggert. Warum – das weiß ich auch nicht.«

»Was hat das mit Müller zu tun?«

»Der Exfreund von dieser Irene heißt so, Michael Müller, er ist seit Wochen verschwunden. Sie hat davon erzählt, es macht ihr zu schaffen, das ist noch ziemlich frisch.«

»Wieso ist er verschwunden?«

»Mensch, Philipp, woher soll ich das wissen! Er war eines Tages weg. Keiner hat ihn mehr gesehen, er ist abgetaucht, untergetaucht, hatte keinen Bock mehr, was weiß ich.«

»Vielleicht hatte er die Nase voll und lebt jetzt in einem Ashram in Goa.«

»Der Typ ist er nicht, sagt sie. Ziemlich *straight* soll er sein. Er hat bei einer Druckerei als Spezialist für Reproduktionen gearbeitet, angeblich ein Genie am Computer, der konnte so ziemlich alles nachmachen, und er hat jede Menge Champagner in seiner Wohnung gehabt.«

»In der Wohnung? Nicht im Keller?«

»Du fragst komische Sachen. Mich hat es nicht interessiert.«

»Kannst du den Typ anrufen, diesen Freund von dir?«

»Das ist kein Freund, das ist ein Studienkollege.«

»Dann eben so. Frag ihn, ob dieser Müller Französisch sprach und oft in der Champagne war und wo er den Champagner aufbewahrt hat.«

Thomas erledigte den Anruf, als sie aus Reims zurück waren. Er brachte in Erfahrung, dass dieser Michael Müller bis heute nicht aufgetaucht war und sehr gut Französisch sprach. Der Champagner war in seiner Wohnung gefunden worden. Dieser Müller war möglicherweise mit Touraines Assistenten identisch.

»Bei welcher Druckerei hat er gearbeitet?«

»Keine Ahnung, das müsste ich fragen.«

»Und von welchem Hersteller stammte sein Champagner?«

»Soweit ich verstanden habe, waren das verschiedene Marken«, antwortete Thomas.

Das ergab für Philipp noch weniger Sinn.

Um zwanzig Uhr brachen sie auf. Philipp war nervös, besonders nach den unbefriedigenden Auskünften über diesen Michael Müller. Wenn er etwas mit dem Champagner-Fonds zu tun hatte und Touraine ihn verleugnete, musste man sich wegen seines Verschwindens Sorgen machen. Möglicherweise tat sich eine Dimension auf, die für Philipp eine Nummer zu groß war, und somit war es unverantwortlich, Thomas mit hineinzuziehen. Aber um genau das herauszufinden, brauchte er Klarheit. Für sich selbst fürchtete er nichts, und er wusste auch nicht, ob für Thomas eine Gefahr bestand. Thomas würde oben bleiben, mit dem Mobiltelefon in der Hand Schmiere stehen, am besten zusammen mit dem General, und ihn gegebenenfalls warnen, falls unerwarteter Besuch käme. Er selbst würde sich unten umsehen und versuchen, einen Überblick über die Flaschenmengen und die Lager der einzelnen Länder zu gewinnen, und er musste die Tafeln mit den Aufschriften fotografieren, um sie später zu entschlüsseln. Was konnte ihm passieren, wenn ihn jemand erwischte? Hausfriedensbruch war das Maximum. Er schaute in den Rückspiegel – und begriff, dass doch nicht alles so einfach war wie gedacht …

»Weshalb hältst du an?«, fragte Thomas, als Philipp an den Straßenrand fuhr, sie waren keine drei Minuten unterwegs.

»Dreh dich nicht um, sieh nur in den Rückspiegel!«

»Verfolgungswahn?« Thomas stellte den Innenspiegel so, dass er die Straße überblicken konnte. »Du meinst das Motorrad da hinten?«

Philipp stieg aus und klappte die Motorhaube auf, dann klappte er sie zu, wendete und fuhr zurück. »Wie du sagtest, sie haben gelernt. Es ist nicht nur das Motorrad, es ist ein grauer Peugeot dazugekommen. Pass auf, er wendet auch.« Und genau so war es. »Aber sie dürfen nicht merken, dass wir sie bemerkt haben, sonst ändern sie ihre Strategie.«

Philipp fuhr bis zum »Maison Delaunay« zurück und stellte den Wagen so ab, dass sie beim Aus- und Einsteigen nicht beobachtet werden konnten. Dann informierte er Yves, der sich anbot, ihnen zu helfen. Er bestieg nach zehn Minuten Philipps Volvo, und von einem der oberen Fenster zur Straße beobachteten Philipp und Thomas, wie sich das Motorrad und der Peugeot an Yves hängten. Dann nahmen sie Thomas' Wagen und fuhren in die entgegengesetzte Richtung. Wenn die Verfolger ihren Irrtum bemerkten, würden sie längst verschwunden sein.

Sie trafen den General in der Kneipe. Er saß an der Bar und war gar nicht erfreut darüber, dass Philipp in Begleitung kam, es mache die Angelegenheit kompliziert. Erst als er erfuhr, dass es sich um Philipps Sohn handelte, war er beruhigt. Er drängte zur Eile, ließ Philipp seine Rechnung bezahlen, verlangte hundert Euro im Voraus für seine »Hilfe« und fuhr in seinem scheppernden Kombi zehn Minuten vor ihnen los, »um die Lage zu peilen«.

Thomas konnte sich kaum darüber beruhigen, wie sehr die Nase des Arbeiters der des Generals glich. Er hatte de Gaulles Foto in einem der Bildbände in Madame Delaunays Salon gesehen.

»Wenn er Geld nimmt, muss er nicht link sein. Er weiß die Situation für sich zu nutzen. Bauernschlau nannte man das früher, glaube ich. Und ich glaube auch, er kann diesen

Touraine nicht leiden, der muss ihm heftig auf die Füße getreten sein.«

»Hast du Betriebswirtschaft oder Psychologie studiert«, fragte Philipp entnervt, dem klar wurde, wie schlecht er mit der Spannung umgehen konnte. Er hoffte, dass er sich mit dem Einbruch nicht zu viel zumutete.

Der General wartete hundert Meter vor der Kellerei und winkte sie in eine Nebenstraße, wo sie den Wagen abstellten. Er bedeutete ihnen, zu folgen und Abstand zu halten. Sie überquerten die Hauptstraße, betraten eine Gasse, die links an der hohen Mauer der Kellerei entlangführte, gegenüber standen einstöckige Häuser. Am Ende der Mauer bogen sie rechts ab. Niemand war auf der Straße, nicht einmal eine streunende Katze, die Fenster der winzigen Häuser blieben dunkel oder waren mit Fensterläden verschlossen, Villers-Allerand wirkte verlassen. Der General öffnete eine Garagentür in einem Wohnhaus, sie folgten ihm wieder durch einen Hof mit allerlei Gerümpel und einem schrottreifen 2CV, der Thomas' Aufmerksamkeit erregte. Die Lücke in der unverputzten Wand hinter dem Wagen war von einer rostigen Metalltür verschlossen, für die der General den passenden Schlüssel besaß. Philipp wunderte sich, dass die Tür nicht quietschte, als er sie aufstieß; anscheinend wurde sie häufiger benutzt. Über den Grund dafür machte er sich jetzt keine Gedanken. Sie gelangten in einen Hof mit ausrangierten Holzfässern, verrotteten Paletten und verrosteten Rüttelkästen für Champagnerflaschen. Der General schloss die nächste Tür auf, und jetzt blickte Philipp in eine Halle, die er mit Touraine zusammen durchquert hatte.

Der General schlug vor, erst einmal zusammen hinunterzugehen. »Der Fahrstuhl macht zu viel Lärm. Ich erkläre Ihnen dann, wie das Tunnelsystem angelegt ist. Haben Sie was zu schreiben? Machen Sie sich einen Plan. Ich gehe dann mit Ihrem Sohn wieder rauf, und wir warten, bis Sie fertig sind. Wie lange werden Sie brauchen?«

»Mindestens eine Stunde, es kommt darauf an, wie schnell ich fertig werde. Sagen Sie, *mon général*, weshalb machen Sie das, weshalb helfen Sie uns?«

»Für Geld, Monsieur, nur des Geldes wegen.«

Philipp sah Thomas an, dass auch er ihm nicht glaubte, aber sie gaben sich mit der Antwort zufrieden. Wusste man selbst immer, weshalb man dieses oder jenes tat, was die Motive des Handelns bestimmte, oder warum manches unterblieb? Bisher war alles glattgegangen, ihre Verfolger waren in die Irre geführt worden, und Philipps Nervosität legte sich. Sein Herz schlug ruhiger, er hatte auch weniger Bedenken, dass Thomas dabei war. Sollte er ihn doch mit nach unten nehmen? Nein, es war besser und sicherer, wenn er oben blieb.

»Du lässt den General nicht aus den Augen, versprochen? Nicht eine Sekunde!«

»Und wenn ich pinkeln muss?«

»Musst du eigentlich immer einen Spruch hinterherschieben? Verkneif es dir, beides. Wenn was passiert – du hast dein Telefon in der Tasche, die Taschenlampe auch? Alles klar? Kannst ja mit ihm Französisch lernen, frag ihn aus. Der weiß mehr, als er sagt. Es muss doch allen hier merkwürdig erscheinen, dass immer nachts gearbeitet wird.«

Thomas nickte, und Philipp klopfte ihm kurz auf die Schulter. Über die Treppe gelangten sie auf die unterste Ebene des Tunnelsystems und stießen rechts vom Lastenfahrstuhl auf den Hauptgang, wo der General ihnen die Anlage erklärte.

»Falls Sie sich verlaufen – halten Sie sich immer an den Uhrzeigersinn, das hat man bei der Anlage der Keller vor zweihundert Jahren auch getan, und halten Sie sich außen. Es gibt einen äußeren Gang, davon zweigen Seitentunnel ab. Im Zentrum kreuzen sich zwei Hauptgänge, aber das Ganze ist – wenn Sie sich eine Uhr vor Augen führen – nach neun Uhr hin verschoben. Wir sind jetzt ungefähr auf sechs Uhr, die Flaschen, die Sie suchen, liegen auf ein Uhr. Kompliziert wird es dadurch, dass nicht alles rechtwinklig angelegt ist, die Schrägen bringen einen durcheinander. Man braucht Zeit, um das System zu begreifen. Sie können das Licht hier unten ein- und ausschalten. Hier, nehmen Sie die Glühbirne, die beiden Drähte hängen Sie oben über das Kabel wie beim Trolleybus, dann haben Sie Licht an der Stelle, an der Sie was untersuchen wollen. Wir vermuten schon lange, dass da was faul ist, wenn einer nicht redet und seine eigenen Leute mitbringt. Keiner weiß, wo die herkommen. Von außen oder oben kann man nicht sehen, ob hier unten Licht brennt, nur vom Kontrollraum aus. Da sind die Sicherungskästen und Hauptschalter. Aber da bin ich. Also dann, viel Spaß.« Der General legte Thomas fast schützend den Arm um die Schultern und zog ihn weg.

Philipp war allein. Die Stille lastete auf ihm wie der Berg aus Kalk und Kreide über ihm. Er hörte nur das Geräusch tropfenden Wassers, als er sich auf die Suche nach »ein Uhr« machte, wie der General gesagt hatte. Dieses Uhrzeigersystem funktionierte nur, wenn man einen Kompass hatte, einen inneren oder einen in der Hand, und immer wusste, wo »sechs Uhr« war. Er dachte an die Klinkerverblendung im Hauptgang und an die schmierige Firnis aus Feuchtigkeit und Penicillinbakterien in den Seitengängen.

Er blickte zurück, um sich die Ansicht des Rückwegs einzuprägen. Auf der linken Seite des Gangs standen mit Flaschen gefüllte Drahtkäfige. Wie urzeitliche Stoßzähne ragte die Gabel eines Staplers aus einer Nische in den langen Gang vor ihm. Da, in der Mitte des Gangs, mussten rechts im Tunnel die Flaschen des Fonds liegen. Es wäre besser gewesen, wenn der General bis hierher mitgekommen wäre. Die Aufschriften auf den Schiefertafeln hatte Philipp sich beim letzten Besuch nicht gemerkt, aber die Grotte mit dem Gitter davor kam ihm bekannt vor. Nur gab es dummerweise weiter hinten weitere Grotten. Er rief Thomas an und wunderte sich, dass er ein Signal bekam. Der General erklärte ihm, dass er genau davor stand, und jetzt sah er die Kratzspuren am Boden. Als er den tief in den Tunnel reichenden Stapel genauer untersuchte, sah er etwas, das ihm beim ersten Besuch nicht aufgefallen war. In einem der Tunnel, der zum Champagner-Fonds gehörte, gab es einen minimalen Höhenunterschied bei den gestapelten Flaschen, eine Art Kante. Waren dort die Leisten, die zwischen den Champagnerflaschen lagen, um ihnen Halt zu geben, dicker? Oder waren es andere Flaschen?

Am Boden lagen dunkle Krümel. Philipp suchte sich einen Drahtkorb, zerrte ihn her und stieg darauf, so ließen sich die Drähte an der Glühbirne einhaken. Er bückte sich nach den Krümeln, zerrieb sie zwischen den Fingern und roch daran. Es war Holz, Sägespäne. Da hatte wohl jemand die Leisten auf die richtige Länge gesägt. Er wechselte zu einem der vergitterten Tunnel, wo alle Flaschen eine gleichmäßige Ebene bildeten. Philipp begann zu fotografieren. Dabei entdeckte er in einem nur zur Hälfte gefüllten Tunnel eine Plane, und darunter lagen Balken und Bretter mit frischen Schnittspuren. Hier hatte jemand gezimmert, aber nirgends fand er das, was dabei entstanden war.

Er hielt eine der Flaschen waagerecht ins Licht. Am Boden hatte sich kaum Hefe gesammelt. Aber den Angaben auf der Schiefertafel nach, die er jetzt entzifferte, sollte der Champagner bereits seit zwei Jahren hier liegen. Da hätten wesentlich mehr abgestorbene Hefebakterien ausfallen müssen. Waren diese Flaschen kürzlich bewegt worden? Bei einem benachbarten Tunnel stieß er auf das gleiche Phänomen. Wer kam auf eine derart idiotische Idee, Champagner, der ruhen sollte, zu bewegen? Unschlüssig, wonach er suchen sollte, schaute Philipp die Flaschen an und trat weiter zurück. Da waren die Schleifspuren. Sie führten von einem der belgischen Tunnel zu dem deutschen. Hatte Touraine nicht erwähnt, dass demnächst eine Gruppe deutscher Anleger und der Beirat des deutschen Fonds kommen würden, um sich von der ordnungsgemäßen Lagerung zu überzeugen? Führten die Schleifspuren von den Belgiern zu den Deutschen oder umgekehrt? Er kniete sich hin, um die Spur zu untersuchen. In diesem Moment erlosch das Licht.

Es war, als wäre in seinem Kopf etwas ausgeknipst worden. Er hockte in einem Labyrinth, das aus der Kreide herausgehauen war, er war illegal eingedrungen, und in dieser bodenlosen Finsternis geschah irgendetwas Unvorhergesehenes. Wieso rief ihn Thomas nicht an? Wo war sein Mobiltelefon? Empfang hatte er, also musste es einen Verstärker geben. Da vibrierte das Gerät.

»Der General hat den Hauptschalter umgelegt«, flüsterte Thomas, »draußen ist ein Lieferwagen vorgefahren, ein Haufen Leute steigt aus. Es ist besser, meint der General, wenn du raufkommst. Aber sei vorsichtig, vielleicht gehen sie runter.«

»So ein Dreck, verfluchter, wie soll ich mich ohne Licht zurechtfinden?« Philipps Ärger war größer als die Befürchtung, entdeckt zu werden.

»Auch wir sitzen im Dunkeln, damit niemand merkt, dass jemand hier ist. Du hast die Taschenlampe, Papa.« Jetzt hörte sich Thomas ernstlich besorgt an.

»Mit der Funzel komme ich nicht weit! Wo seid ihr? Ich komme rauf, ich habe eine Idee ...«

Er musste ruhig bleiben. Wahrscheinlich war Touraine mit einem Arbeitstrupp angerückt, um Flaschen abzuholen. Der Lump stahl Goodhouse und seinen Anlegern den Champagner. Aber wozu? Wem würde er nicht degorgierte Flaschen verkaufen? Das ergab keinen Sinn. Oder hatten sie etwas anderes vor? Philipp wartete auf das Rattern des Fahrstuhls, aber alles blieb ruhig. Seit das Licht ausgegangen war, hatte er seine Position nicht verlassen. Er nahm die Taschenlampe und leuchtete die Umgebung ab. Der mickrige Strahl verlor sich in der Weite, trotzdem war es eine

Hilfe. Als er versuchte, den Kopf der Lampe zu drehen, um den Lichtstrahl zu fokussieren, fiel sie herunter. Er kroch über den Boden, tastete sich durch die Feuchtigkeit, er fand sie wieder, aber sie funktionierte nicht mehr. Verdammt. Er saß fest.

Panik kam auf, doch bevor sie ihn packte, erinnerte er sich an die Digitalkamera. Er streifte den Tragriemen übers Handgelenk, damit ihm nicht das gleiche Malheur passierte, machte eine Aufnahme nach rechts, anschließend eine nach links und betrachtete die leuchtenden Bilder auf dem Display. Es klappte, er hatte eine Ansicht der näheren Umgebung. Er musste nur die Entfernung schätzen, die er bis zur nächsten Aufnahme zurücklegen musste, und merkte sich dazu einen Punkt wie den Gabelstapler oder die Ansammlung von Rüttelpulten mit Magnumflaschen. Auf diese Weise bewegte er sich durch die virtuellen Bilder seiner Kamera. Das erinnerte ihn an den Film »The Purple Rose of Cairo«. Da war jemand aus dem Film in die Wirklichkeit getreten. Hoffentlich fand er aus den Bildern den Weg wieder an die Oberfläche. Als er auf dem kleinen Display den Hauptgang erkannte und die Stelle, an der die Treppe begann, hörte er den Aufzug. Jemand schaltete das Licht ein. Erleichterung verschmolz mit der Furcht, doch entdeckt zu werden.

Wo konnte er sich verstecken? Vielleicht war es seine Rettung, dass niemand damit rechnete, dass hier unten jemand herumgeisterte. Er hockte sich unter zwei in spitzem Winkel zusammengestellte Rüttelpulte, und da die Löcher für die Flaschenhälse schräg hineingebohrt waren, konnte man ihn nicht sehen. Dafür hörte er umso besser.

Touraine trieb seine Leute an und gab Befehle. Hatte Philipp richtig gehört? Es ging darum, Flaschen aus dem Keller zu holen, die degorgiert und etikettiert werden sollten? Als die Schritte des Arbeitstrupps verklangen, wagte er sich aus seinem hölzernen Zelt und rannte zur Treppe. Durch den Plastikvorhang sah er einen Nachzügler schemenhaft die

Stufen herabkommen, er presste sich neben der Tür an die Wand und hielt den Atem an. Der Arbeiter kannte sich aus und wandte sich sofort nach rechts. Philipp schlich zur Treppe und lauschte wieder. Das Einzige, was er im Treppenaufgang hörte, war sein Herzschlag. Er spurtete eine Etage höher und wartete. Niemand kam. Dann rannte er zur nächsten Etage, wo er sich hinter einer Tür verbergen wollte, doch sie war verschlossen. Er musste das Risiko auf sich nehmen und weiter rauf, zwei Stufen auf einmal nehmend, bevor wieder jemand kam. Wo war der General, wo war Thomas? Oben angekommen blieb er hinter einem Gärtank stehen und rief Thomas an. Der gab das Telefon an den General weiter, und der beschrieb ihm, wie er unbemerkt zu ihnen finden konnte. Sie warteten in einem Nebenraum der großen Halle, wo die Abfüllanlage stand.

»Dass die hier auftauchen – damit konnte niemand rechnen.«

»Wirklich nicht?«, fragte Philipp lauernd.

»Nein, Monsieur, wirklich nicht. Die Verabredungen trifft die Zentrale in Reims, soweit ich weiß. Der Verwalter bekommt es lediglich mitgeteilt. Aber kommen Sie, ich muss Ihnen was zeigen.«

Thomas war sichtlich nervös geworden, aber er fand das Ganze auch »irgendwie cool«, wie er Philipp zuflüsterte.

Die von Touraine mitgebrachten Arbeiter waren derart beschäftigt, dass die drei sich relativ sicher bewegen konnten. Außerdem gab es überall Tanks, dann die Kästen mit Flaschen, Palettenstapel und aufgetürmte Kartonagen, um dahinter zu verschwinden. Der General führte Philipp und Thomas fast im Kreis in die Halle mit der Abfüllanlage, und zu Philipps Erstaunen war sie in Betrieb. Wieso wurde hier Champagner abgefüllt? Bisher war er davon ausgegangen, dass die Hersteller die Flaschen lieferten, aber nicht, dass ihr Champagner hier abgefüllt wurde. Oder war es gar nicht ihr Champagner?

»Ich habe Ihnen doch versprochen, dass ich Ihnen etwas zeige, worüber Sie staunen werden.« Der General sah Philipp siegessicher an und zwinkerte Thomas vertraulich zu. Philipp war froh, dass sie sich so gut verstanden.

»Was füllen die ab?«, fragte er und schüttelte ungläubig den Kopf. »Wer hat den Champagner geliefert? Wo kommt der her?«

»Das wüsste ich auch gern.« Dem General machte Philipps Fassungslosigkeit sichtlich Freude. »Wir können uns eine Flasche holen und probieren.«

»Unmöglich, da kommen wir nie ran.« Dort, wo die Flaschen die Abfüllstraße verließen, nachdem sie ihre Dosage von Hefe und Zucker bekommen hatten, standen drei Männer unter Aufsicht eines vierten und stapelten sie in den Transportkörben.

Der General war plötzlich verschwunden, nur um eine Minute später drüben zwischen den Arbeitern aufzutauchen, und nach einigen Worten bekam er eine Flasche in die Hand gedrückt und verschwand. Eine weitere Minute später war er wieder hier und gab sie Thomas in die Hand, der sie an seinen Vater weiterreichte.

»Jetzt sind Sie dran. Was das ist, müssen Sie herausfinden, Sie sind der Verkoster.«

Philipp betrachtete die schwere, nicht etikettierte Flasche, als könne er den Inhalt erkennen.

Der General war ernst geworden. »Was fangen Sie mit den Informationen an? Ich möchte meinen Job gern behalten. Ich habe Familie – und schon einmal Pech gehabt.«

»Wobei?«

»Das erzähle ich Ihnen ein andermal. Wollen Sie die andere Halle noch sehen?«

»Was passiert da?«

»Degorgieren, Etikettieren, Verkorken, Verpacken. Da wird auch gerade gearbeitet. Touraine ist mit zwei Lieferwagen gekommen. Ein dritter steht seit gestern im Hof. Da war auch ein Tankwagen hier. Ausgeladen wurden einige Fässer, wohl mit der Versanddosage, aber was im Tankwagen war, weiß ich gar nicht.« Er machte Philipp auf die Maschine aufmerksam, die aus mehreren überdimensionalen Pipetten etwas in die auf einer Schiene vorbeigeführten Flaschen einspritzte.

»Kennen Sie die Leute, die da arbeiten?«

»Nein, nie gesehen, keiner stammt aus der Gegend, aber es sind alles Franzosen. Illegale und Schwarze würden auffallen. *Alors* – wollen Sie die andere Halle noch sehen?«

Philipp sah Thomas an und biss sich auf die Lippe. Konnte er es wagen? Bisher war alles glatt gegangen, die Arbeiter waren beschäftigt, und wer innehielt, wurde angeschnauzt.

»Warum zögerst du?«, fragte Thomas. »Das dürfen wir uns nicht entgehen lassen. Was das alles bedeutet, wirst du mir sicherlich erklären.«

»Wenn ich das selbst wüsste.« Philipp schaute auf die Uhr, es war Viertel nach elf. »Einen Blick riskieren wir noch. Wir dürfen die Sache nicht zu sehr ausreizen.«

Der Weg in die nächste Halle war kompliziert. Sie mussten am Fahrstuhl vorbei, wo die von unten kommenden Flaschen ausgeladen und die abgefüllten eingeladen wurden. Es blieb ihnen nichts anderes übrig, als genau den Moment abzupassen, als die Arbeiter die Flaschen aus dem Keller zum Degorgieren brachten und der Fahrstuhl ratternd nach unten fuhr. Kaum wollten sie loslaufen, als jemand zum Fahrstuhl ging. Sie durften nicht gleichzeitig ihren Standort verlassen.

»Ich gehe mit Thomas vor«, sagte der General, »und Sie folgen uns.«

Aber Philipp wusste nicht, wohin.

»Suchen Sie sich ein Versteck, ich finde Sie da garantiert.« Damit packte der General Thomas am Ärmel und zerrte ihn mit sich.

Er hat uns in der Hand, dachte Philipp. Weshalb tut er das alles? Da ergab sich die Gelegenheit, ungesehen in die Halle zu kommen, und Philipp ließ die Frage unbeantwortet. Vor ihm, parallel zur Längsseite der Halle, lief das Band mit den klirrenden Flaschen, links waren Stapel mit Kartons und Verpackungsmaterial. Er wandte sich nach links, gerade rechtzeitig, um nicht entdeckt zu werden, denn vom Band kam jemand zur Tür. Da spürte er einen harten Griff an der Schulter – er war entdeckt – nein, es war der General.

»Kopf runter! Man kann Sie sehen.«

Er packte Philipp und drückte ihn hinter den grauen Kartons an den Boden. Als Philipp sich aufrichten wollte, sah er die Etiketten. Sie klebten außen auf den Kartons, sie waren unterschiedlich, sie gehörten zu mehreren Marken, es war auch eine darunter, die France-Import im Angebot führte. Sie ließen ihre Flaschen hier etikettieren – oder waren das die Flaschen des Fonds? Welches Champagnerhaus gab seine Etiketten weg? Vielleicht als Lohnauftrag? Wohl kaum …

Drüben am Band wurde jetzt die Rolle mit den Etiketten gewechselt – aber zu Philipps Erstaunen nicht die Flaschen auf dem Transportband.

In diesem Moment betrat Touraine die Halle und ging zum Aufpasser, griff in die Hosentasche und zeigte ihm einen länglichen Gegenstand, gelb und schwarz – Philipp fasste an die Gesäßtasche – verdammt, er hatte die Taschenlampe beim Heraufkommen verloren. Jetzt kam es darauf an, wo er sie verloren hatte, ob Touraine vorher dort vorbeigekommen war und nichts hatte liegen sehen. Aber aus Touraines Haltung sprach ein Verdacht. Er sah sich um, blickte in Richtung Tür und winkte den Aufpasser zu sich.

»Wir müssen weg«, raunte Philipp, der General war damit einverstanden, und als eine Flasche mit lautem Knall zu Boden fiel, verließen sie ihre Deckung. Sie gelangten gerade noch in den Hof, bevor Touraine mit zwei weiteren Männern zurückkam.

»Sieh mal, was ich habe«, sagte Thomas und zeigte Philipp mehrere bedruckte Metallplättchen.

»Woher hast du die?«

»Die waren in den Kartons.«

»Agraffe, *coiffe de surbouchage* auf Französisch. Bist du jetzt auch von Placomusophilie befallen?«

»Ist das eine Krankheit?«

»Mehr oder weniger«, flüsterte Philipp, »es ist die Leidenschaft, die Aluminiumdeckel der Champagnerflaschen zu sammeln. Manche werden teuer gehandelt. Belgier sind verrückt danach.«

Der General bedeutete ihnen zu schweigen, denn Touraine oder seine Begleiter ruckelten an der Tür, durch die sie eben gekommen waren und die er hinter ihnen abgeschlossen hatte. Sie vermuteten, dass jemand auf dem Gelände war, und Touraine gab Order, alles abzusuchen:

»Wenn hier jemand war, müssen wir ihn finden! Also findet ihn!« Das klang ziemlich unfreundlich.

»Weshalb haben Sie uns geholfen?«, fragte Philipp erneut, als sie zu den Autos liefen. »Die Frage haben Sie mir vorhin nicht beantwortet.« Ohne den General wären sie niemals in die Kellerei gekommen – und auch nicht wieder raus.

»Lassen Sie den Laden auffliegen, dann bin ich völlig zufrieden!« Der General hob die Hand, fast wie zu einem militärischen Gruß, und zwängte sich hinter das Lenkrad seines klapprigen Renaults. Das Zuschlagen der Tür klang, als wäre ein großes Blech auf die Straße gefallen.

13

»Wie heißt die Krankheit, von der du vorhin gesprochen hast?«, fragte Thomas, der den Wagen steuerte.

»Placomusophilie.«

»Kriegt man die, wenn man das Zeug sammelt?« Er griff in die Hosentasche und hatte die Hand voller Deckel.

»Das kann bei den Verrückten chronisch werden, wenn sie bis zu tausend Euro für eines von den Dingern ausgeben, um ihre Sammlung zu komplettieren.«

»Es sind die gleichen Deckel, die du mir vor Ewigkeiten mitgebracht hast, allerdings sehen diese hier anders aus.«

»Ist klar, es werden andere Champagnerhäuser sein, jedes hat auch für die Deckel sein individuelles Design.«

»Das meine ich nicht. Ich habe die Dinger noch, ich habe sie damals als Ersatz für die verbaselten Mühlesteine benutzt. Ich erinnere mich an die Wappen. Bei einigen sind Symbole aufgedruckt oder komplette Bilder, wie eine Ernteszene, bei einem steht sogar Pinot noir, Clone 521 drauf.«

»So genau erinnerst du dich?«

»Die Kappen waren eigentlich spannender als das Spiel. Nur die ich aus der Halle mitgenommen habe, sind flach, meine sind geformt, sie haben bereits die Rillen für die Drähte.«

»Einen Wert haben sie nur für die Sammler, wie Briefmarken; allen anderen bedeutet es nichts.«

»Menschen sind ziemlich verrückt, nicht?«

»Ziemlich, aber wir gehören auch dazu, wenn man darüber nachdenkt, was wir gerade hinter uns haben, und welchen Gefahren ich meinen Sohn aussetze.«

»Konnte ja niemand wissen, dass die kommen. Fahren wir noch mal an der Kellerei vorbei?«

»Unbedingt. Ich will sehen, ob man von außen irgendwas Ungewöhnliches bemerkt. Wenn die häufig nachts arbeiten, wird das im Dorf längst aufgefallen sein.«

»Nicht zwangsläufig. Hinten sind die Höfe, die große Halle liegt dazwischen, große Fenster habe ich nirgends gesehen. Vorne sind die Büros ...«

Sie rollten langsam an der Einfahrt vorbei. Das Tor war geschlossen, nirgends trat Licht durch die Fenster, kein Geräusch ließ sich vernehmen, als sie am Tor kurz hielten. Die Lieferwagen im Hof blieben hinter Mauern verborgen.

»Fahr schneller«, sagte Philipp in die Stille. »Gib Gas! Da vorn, in der Nische, steht jemand mit einem Motorrad.« Er meinte, dass dieser Jemand ein Mobiltelefon ans Ohr hielt, und rutschte auf dem Beifahrersitz nach unten. Sein Verdacht bestätigte sich, das Motorrad setzte sich hinter sie, holte auf und überholte, als sie den Ort verlassen hatten. Der Fahrer beugte den Kopf, um in den Wagen hineinzusehen. Er musste Philipp bemerkt haben. Thomas reagierte richtig, er bremste scharf und bog rechts in die nächste Einfahrt, wo er anhielt und ausstieg, neben dem Wagen stehen blieb und sich reckte, dann ging er zur Beifahrertür und öffnete sie, als wolle er jemandem heraushelfen. Der Motorradfahrer war zurückgekommen und beobachtete sie. Wenn sie sich nicht verdächtig machen wollten, durften sie nicht wieder zurückfahren. Der nächste Ort vor ihnen war Ludes, von dort führte eine Straße zurück nach Avize.

Vater und Sohn schwiegen bei der Fahrt durch den Wald, nicht ein Fahrzeug begegnete ihnen auf der Strecke. Und obwohl sie langsam fuhren, um keinen Zusammenstoß mit einem Wildschwein zu riskieren, ging es Philipp zu schnell.

Alles ging zu schnell, die vergangenen Wochen waren vorübergerast. Es türmten sich ständig neue Fragen auf, die er nicht beantworten konnte. Es gab Ereignisse, deren Bedeutung er nicht kannte, Menschen, die er nicht durchschaute, und was diese zwanzig Arbeiter heute Nacht in der Halle veranstalteten, begriff er gar nicht. Doch, er begriff es, aber wenn seine Vermutungen richtig waren, würde das verdammt viel Ärger bedeuten.

»Hat es nun was gebracht, dass wir uns die Nacht um die Ohren geschlagen haben?« Thomas schien hellwach zu sein.

»Ja«, murmelte Philipp, denn er verstand schon, dass Touraine allem Anschein nach den Fonds in großem Stil betrog und sein eigenes Ding durchzog. »Er füllt Champagner ab, den er dem Fonds unterschiebt, und deklariert ihn als Champagner großer Hersteller. Er setzt darauf, dass die Abnehmer keine Ahnung haben. Wenn er privat verkauft, ginge das. Nur wir, France-Import, würden uns den Ruf verderben. Irgendwo hat er die Etiketten und alles Übrige zur Ausstattung der Flaschen geklaut.«

»Bestimmt nicht selbst. Chefs klauen nie, die lassen das andere machen. Auch Langer macht sich nicht die Hände schmutzig.«

»Das muss er auch nicht«, meinte Philipp, »Touraine wird Verbindungen zu den Arbeitern der diversen Kellereien unterhalten, wo jemand für ihn stiehlt.«

»Ob unser General das weiß?«

Philipp fühlte, dass er und Thomas gut miteinander auskamen. »Schon möglich, aber ich glaube nicht, dass er uns mehr sagen wird. Er hat seinen Beitrag geleistet ...«

»... oder erreicht, was er wollte«, fügte Thomas nachdenklich hinzu, »und uns auf die Spur gesetzt.«

Um zehn Uhr riss der Rufton des Mobiltelefons Philipp aus dem Schlaf. An der Nummer sah er, dass es Langer war. Mit dem wollte er im Moment am wenigsten reden, und er ignorierte den Anruf. Er hatte nicht den leisesten Schimmer, wie er ihm diese Katastrophe nahebringen sollte. Mit den Plänen für den Fonds war es offensichtlich vorbei. Der musste schnellstens von Touraine gesäubert werden. Von jetzt an war das Ganze eine Aufgabe für die Polizei. Es war nur die Frage, ob er überhaupt einen Beweis hatte. Die entscheidende Frage hatte Thomas gestellt, bevor sie in ihrem Quartier angekommen waren.

»Was haben die da abgefüllt? Bist du sicher, dass es Champagner war?«

Nach dem Frühstück waren sie wieder unterwegs, heute in Richtung Süden und ohne Haken zu schlagen. Philipp wollte nach Urville. Dort, in der Côte des Bar, dem südlichsten Teil der Champagne, lebte ein Winzer, dessen Champagner Philipp kannte und schätzte, den er für France-Import ausgesucht und dessen Etiketten er gestern in der Halle gesehen hatte. Somit bildete auch er einen Teil des Fonds.

»Unser Verfolger wird sich wundern, oder die Verfolgerin«, Philipp blickte grimmig in den Rückspiegel, »falls es wieder eine Frau ist. Inzwischen machen Frauen wirklich jeden Scheiß mit und halten das für Emanzipation. Ich würde sonst was darum geben zu wissen, wer sie uns auf den Hals gehetzt hat.«

»Wer außer Touraine kann es sein?«, fragte Thomas und sah sich um. »Und wieso wird er oder sie sich wundern?«

»Weil der da hinter uns nicht damit rechnet, dass wir hundertfünfzig Kilometer fahren. Die Côte des Bar ist der südlichste Teil der Champagne, er grenzt direkt an die Côte d'Or im Burgund.«

»Und was liegt dazwischen?«

»Das Land gehört nicht dazu. Am Anfang des letzten Jahrhunderts wurden die Trauben der Côte des Bar nach Reims verkauft, um Champagner zu machen. Irgendwann, als die Appellation offiziell eingeführt wurde, gab es in Bar

Ärger mit den Weinbauern und Lieferstreiks. Sie wollten auch zur Appellation Champagne gehören. Das haben sie erreicht, aber je weiter die Weinberge von Reims entfernt waren, desto weniger wurden sie als Cru- und Premier-Cru-Lagen eingestuft. Deshalb gab es auch weniger Geld für diese Trauben, das ist bis heute so. In Bar ist der Boden anders, es kommt mehr Kalkstein vor, deshalb wird auch Pinot noir wie im Burgund angebaut. Vor hundertfünfzig Jahren gab es hier doppelt so viel Weinland wie heute und drei Mal so viele Einwohner.«

Als Thomas mit seinem Mobiltelefon herumfummelte, erinnerte sich Philipp an Langers Anruf. Er durfte ihn nicht länger warten lassen.

»Ich habe Sie heute zurückerwartet.« Langer war stinkig. »Ist mit Ihnen im Laufe des Tages zu rechnen?«

»Ich hatte Ihnen letzte Woche bereits gesagt, dass es Schwierigkeiten mit Monsieur Touraine gibt …«

»… und mit Ihnen, wie mir scheint. Ich habe Sie eingestellt, damit Sie Probleme lösen und nicht welche schaffen.«

Philipp gab sich einen Ruck. »Es zeichnet sich eine Katastrophe ab, Herr Langer. Wir müssen dringend miteinander reden, ganz im Vertrauen, unter vier Augen, und nicht jetzt am Telefon.«

»Das hört sich ja sehr geheimnisvoll an. Haben Sie was angestellt? Sagen Sie es gleich, Achenbach!«

»Es geht um den Fonds. Ich glaube, dass hier ein ziemlich krummes Ding abgezogen wird, und ich brauche noch mehr … äh …« Beweise hatte er sagen wollen, aber das klang zu kriminalistisch, deshalb entschied er sich für »… mehr Informationen, um zu einem Urteil zu gelangen.«

»Na gut, wenn es hilft. Dann sind Sie morgen hier?«

»Frühestens übermorgen.«

»Mann, Achenbach. Sie sind doch sonst so schnell. Beeilen Sie sich, Goodhouse ist diese Woche in Köln, dann will ich Sie bekannt machen. Er ist sehr gespannt. Ich habe Sie in den höchsten Tönen gelobt. Es können sich neue Aufgaben für Sie ergeben, interessante Aufgaben, auch finanziell …«

Das Gegenteil wird der Fall sein, dachte Philipp, nachdem das Gespräch beendet war. Er sah zum wiederholten Mal in den Rückspiegel. Der Motorradfahrer wusste Abstand zu halten, sie oder er hatte gelernt. Sein schlechtes Gewissen nagte im Stillen weiter. In Montmort-Lucy hatten sie den Motorradfahrer aus den Augen verloren und atmeten auf. In Sézanne war bei der komplizierten Straßenführung rund um das Städtchen kein Zweifel mehr möglich, dass er sie weiter verfolgte. In Anglure, als sie die Aube überquerten und an einer Brücke ausstiegen und darüber sprachen, sich ein Hausboot für eine längere Tour zu mieten, und Thomas ihn mit der Frage ärgerte, ob er lieber Helena oder Louise mitnehmen würde, wartete der Motorradfahrer am Ufer des Flüsschens unter einer Trauerweide. Auf der Schnellstraße rund um Troyes hielt er noch mit, aber dann, Thomas sah es, bog er in eine Tankstelle ein. Ihm musste das Benzin ausgegangen sein, auf eine derart lange Tour war er nicht vorbereitet.

»Jetzt gib Stoff, Papa, aber verschärft! Dann sind wir ihn endgültig los.« Thomas schien ihr Abenteuer Spaß zu machen, Philipp hingegen war das Versteckspiel satt. Er fühlte sich miserabel, unausgeschlafen, gehetzt, und ihm stand der Moment bevor, an dem er Langer berichten musste. Er glaubte schon jetzt die Linie ihrer Auseinandersetzung zu erkennen. Langer würde seinen Verdacht zerstreuen und alles beschönigen, Entschuldigungen finden und Ausreden. Er würde ihm das Wort im Mund umdrehen und die Fakten so darstellen, dass Philipp als der Dumme dastand, misstrauisch und pessimistisch.

Es war kaum auszudenken, was geschehen würde, wenn Thomas recht hätte, und es war kein Champagner in den Flaschen, nicht mal ein schlechter. Den würde man zumindest mit einem Phantasieetikett noch über die Billigketten verkaufen können. Aber wenn nun etwas ganz anderes abgefüllt worden war, irgendein Billigwein, irgendetwas, woraus die Italiener Frizzante machten oder Spumante, der zu Schaumwein aufgemotzt worden war, mit Zucker, Hefe, Säure und Geschmacksverstärkern? Er dachte an den letzten großen Weinskandal in Italien, da waren zwanzig oder mehr Direktoren verschiedener Kellereien und Weingüter drin verstrickt gewesen.

Sie waren mit Michel Drappier zum Mittagessen in einem Restaurant am Oberlauf der Seine verabredet. Der Winzer wartete bereits, und sie begrüßten sich so herzlich, als wären sie alte Freunde. Monsieur Drappier freute sich besonders, auch Thomas kennenzulernen.

Philipp dankte ihm, dass er sich so schnell bereitgefunden hatte, herzukommen, was Drappier als Selbstverständlichkeit empfand, zumal Philipp angedeutet hatte, dass der gute Ruf seines Hauses durch zwielichtige Geschäfte in Gefahr gebracht werden könne.

Der Inhaber des Restaurants platzierte sie am Ende des Speisesaals an einem großen Fenster, unter dem in zwei Meter Entfernung die hier sehr flache Seine vorüberfloss. Sie war so schmal, dass man leicht einen Stein ans andere Ufer werfen konnte, und in dem sauberen Wasser sah man bis auf den Grund. Unter den Weiden stand ein Schwarm Forellen im Schatten, die großen Fische bewegten in der leichten Strömung kaum die Flossen. Der friedliche Anblick verleidete sowohl Philipp wie auch Thomas die Lust an einem Fischgericht, vielleicht auch deshalb, weil am Eingang des Restaurants andere Artgenossen in einem Becken auf den baldigen Tod im Kochtopf warteten. Drappier bemerkte das heimliche Einverständnis zwischen Vater und Sohn, er zuckte hilflos mit den Achseln und entschied sich ebenfalls für ein bereits geschlachtetes Kalb.

Michel Drappier hatte seinen Brut Nature in einer Kühltasche mitgebracht, was Thomas zu unbegreiflicher Heiterkeit veranlasste. Er erzählte ungeniert von einem Päckchen Marihuana, das ein Freund bei einer Fete aus der Hosentasche gezogen hatte. Nur hier empfand er den Rahmen als exklusiver und legal. Aber um Drogen ging es gleichermaßen. Es war selbstverständlich, dass dieser Champagner aus Pinot noir gekeltert und als Brut Nature nicht aufgezuckert war. Es war einer der ehrlichsten Champagner, die Philipp je probiert hatte, und er liebte Pinot noir. Dieser Champagner war nicht gefiltert worden, daher besaß er mehr Aromen und Dichte als andere, als ein wenig zu frisch und spitz empfand ihn Philipp schon, er war auch erst zwei Jahre zuvor degorgiert worden.

Der Wirt half mit einem älteren Brut Nature aus der Verlegenheit, er hatte davon noch drei Flaschen im Keller. Der wies eher in die Richtung des reifen, gut gealterten Weißweins und besaß eine wesentlich geschmeidigere Säure. Damit machte Drappier Philipp eine besondere Freude. Es war ein Champagner für Kenner, die sich nicht vom schönen Schaum beeindrucken ließen.

»Für mich bleibt Champagner immer ein Wein und dadurch mit allen anderen Weinen verbunden.« Drappier war Winzer mit Haut und Haaren, seinem Beruf geradezu verfallen, was für die Familie nicht leicht zu ertragen war, wie er meinte. Sein Wein, und da war er stolz drauf, sei einer von de Gaulles Lieblingschampagnern gewesen, »vielleicht auch nur, weil sein Landsitz ganz in der Nähe lag. Da hat er auch Konrad Adenauer empfangen, als die Aussöhnung zwischen Franzosen und Deutschen begann.« Sie hoben ihre Gläser und tranken auf Europa.

Das war Philipps Stichwort. So knapp wie möglich berichtete er von der Idee des in mehreren EU-Ländern aufgelegten Champagner-Fonds, davon, welche Rolle France-Import spielen sollte, und von seinen Nachforschungen, oder besser von ihren – Thomas' Beteiligung ließ er nicht außer Acht – und was sie bislang ergeben hatten.

»Alle Rechnungen weisen auf große Mengen hin. Aber das widerspricht der Aussage eines Freundes, dass der Einkäufer verhandelt, als würde er zigtausende Flaschen abnehmen, aber nur zehn Paletten kauft. Das sind 5.600 Flaschen. Und dann meine ich, dass wir Ihre Etiketten in einer Kellerei in Villers-Allerand gesehen haben. Jetzt frage ich mich, wie viele Flaschen Sie dem Fonds verkauft und ob Sie kürzlich die Freigabe zum Degorgieren erteilt haben.«

»Du hast was vergessen«, wandte Thomas ein, »ob Monsieur Drappier dem Fonds auch die Etiketten liefert beziehungsweise wie viele.«

Michel Drappier legte sein Besteck auf den Tellerrand, lehnte sich zurück und blickte auf die Seite.

»Einige Fragen kann ich sofort beantworten, für andere müssen wir in die Bücher schauen. Wir haben nichts an den Fonds verkauft, aber es könnte sich um einen Zwischenhändler gehandelt haben. Das erfährt man nur über das Rechnungsdatum. Vom Degorgieren weiß ich nichts. Und Etiketten haben wir noch nie aus der Hand gegeben.«

»Gilt das auch für die Deckel auf den Korken?«, fragte Thomas und holte einige aus der Hosentasche. Er hielt sie Drappier hin.

Der Winzer lächelte. »Sie sammeln? Selbstverständlich gilt es für alles, auch für die Rückenetiketten.« Er drehte seinen Deckel wie eine Münze zwischen Zeigefinger und Daumen, dann schüttelte er den Kopf. »Der ist nicht von uns, der ist unscharf und ungenau, eine Kopie ... da bin ich mir sicher.«

»Das können Sie sehen?«, fragte Thomas.

»In Bezug auf meinen Champagner sehe ich alles.«

Das Château beziehungsweise die Kellerei in Urville war um 1152 auf Veranlassung eines Abbés gebaut worden, das Gebäude in seiner jetzigen Form 450 Jahre später. Die Holztäfelung im Besucherzimmer mit den klassischen Möbeln, die Philipp bei seinen Besuchen immer wieder aufs Neue faszinierten, stammte von 1613.

Drappiers Millésime Exception von 1999 kam auf den Tisch, und nachdem auch Thomas diese Cuvée aus Pinot noir und Chardonnay probiert hatte, brannte er geradezu darauf, durch die Gewölbe der Kellerei geführt zu werden.

»Gewöhn du dich schon mal an die Kälte da unten«, sagte Philipp und erklärte Drappier die Bedeutung seiner Bemerkung und dass er Thomas' Pläne abwegig fand.

»Was soll er Ihrer Meinung nach machen?«, fragte Drappier, nachdem Thomas dem Kellermeister in die Unterwelt gefolgt war, wo einige Millionen Flaschen lagen. »Soll er den Rest seines Lebens an der Börse herumhampeln, auf Bildschirmen Kurven anlegen oder in einer Bank seinen Kunden erklären, wieso sie ärmer werden, während die Bank wächst? Sie haben mir auch von Ihren Plänen erzählt, ein Weingut zu erwerben, und dass es Ihnen Freude machen würde. Warum tun Sie es nicht? Sie hätten kein Nachfolgeproblem. Wenn er will, kann er jederzeit bei mir ein Praktikum machen. Ich habe im Napa Valley in den USA gelernt, ich war in Australien, aber man muss ja nicht so weit reisen.«

»Ich halte es für unsinnig, das Studium abzubrechen ...«

»Hätten Sie weiter studiert, wenn Sie kein Interesse mehr gehabt hätten?«

Die Frage hatte Philipp kommen sehen, sie brachte ihn in die Bredouille. Drappier merkte es. »Seine Kinder darf man nicht aufhalten, man verliert sie nur dabei. Außerdem hat jeder das Recht auf eigene Fehler.«

Mittlerweile hatte eine Mitarbeiterin die Unterlagen vor ihnen auf den Tisch gelegt, und Philipps Fragen waren schnell beantwortet. Ein Zwischenhändler, anscheinend ein Bevollmächtigter des Fonds, hatte zehn Paletten eines Jahrgangschampagners gekauft. Das, was davon hier im Hause lag, sollte genau jetzt degorgiert werden, also musste die verkaufte Partie genauso behandelt werden. Was die Analysten des Fonds dazu sagten, wusste Philipp nicht.

Drappier wollte seinen Teil im nächsten Monat degorgieren, es lag auch ein Auftrag an die Druckerei in Troyes vor, doch nur für seinen Teil.

»Dann müssen wir uns wirklich ernsthaft fragen, wie dieser Touraine an die Etiketten gekommen ist.« Drappier starrte nachdenklich vor sich hin. »Sie sind ganz sicher, dass es unsere waren, hundertprozentig?«

»Nein, das nicht.«

»Dann sollten wir abwarten und sehen, ob sich weitere Anhaltspunkte für eine unkorrekte Arbeitsweise finden lassen.«

Darin stimmte Philipp dem Winzer zu. »Ich werde mit meinem Chef sprechen, dann treffen wir diesen Goodhouse. Der wäre auch betroffen. Wenn sein Geschäftsführer hier zu früh erfährt, dass wir ihm auf die Schliche gekommen sind, schafft er Beweise beiseite.«

»Wie sollte er Tausende von Flaschen entsorgen?«

»Ich würde sie liegen lassen und mich verdünnisieren«, meinte Thomas, als er nach dem Rundgang wieder zu ihnen stieß. Er war noch ganz im Bann der großen, fünftausend Liter fassenden *fudres*, die hier statt Edelstahl in Gebrauch waren, sowie der besonderen Flaschen. Die Magnum sowie die Doppel-Magnum mit drei Litern Inhalt kannte er, davon lagen einige in ihrem Keller. Die Methusalem-Flasche jedoch war ihm neu, wie auch die Nebukadnezar mit fünfzehn Litern.

»Wir führen noch eine ganz besondere Größe«, meinte Drappier, von Thomas' Neugier angetan, »den Melchisedech, ebenfalls ein alttestamentarischer Name. Die Flasche fasst dreißig Liter.«

»Wie wirkt sich das auf Geschmack des Champagners aus?«, fragte Thomas.

»Eigentlich gar nicht mehr«, antwortete Philipp, da der Winzer am Empfang verlangt wurde. »Die größte Harmonie erlangt er in der Magnum- bis zur Doppel-Magnum-Flasche, weil der Champagner nicht in ihnen reift.«

Thomas hatte noch eine andere Flasche entdeckt, deren Etikett es ihm angetan hatte: die Cuvée Charles de Gaulle. »Die bringen wir dem General mit.«

Thomas bekam die Flasche geschenkt. Drappier gab ihnen noch weitere Proben mit, einmal einen Urville Rouge, einen seltenen Rotwein aus hiesigen Pinot-noir-Trauben, und einen Marc de Champagne. Der Tresterbrand aus den Rückständen der Traubenpressung war stark und hart und in Frankreich längst nicht so beliebt wie ein Grappa in Italien, obwohl er zum Aromatisieren von Trüffelpralinen Verwendung fand. Sein Name war altfranzösisch und leitete sich von *marcher* ab, was so viel wie »Zerkleinern« bedeutete und sicher einst dafür verwendet wurde, als die Maische noch mit den Füßen getreten worden war.

Im Departement Bar-sur-Seine kannte Philipp noch einen Winzer, der ihm eventuell weiterhelfen konnte. Er wurde, wie seine Sekretärin erklärte, am Abend aus Paris zurückerwartet, dann hätte er morgen sicher Zeit, sie zu empfangen, und sie konnten anschließend nach Avize zurückkehren.

»Also übernachten wir hier, und du kaufst uns 'ne Zahnbürste. Eine Dusche wird es im Hotel wohl geben.«

Für die Tour nach Les Riceys ließen sie sich Zeit. Eigentlich waren es drei Dörfer direkt an der Côte d'Or. Am oberen Lauf des Flüsschens Laignes lag Ricey Haut, flussabwärts am rechten Ufer schloss sich Ricey Haute Rive als größter Teil an, und hinter einem Streifen Wald und niederen Wiesen begann Ricey Bas mit dem Hotel »Le Marius« direkt gegenüber der Kirche.

Das Wetter meinte es heute gut mit den Weinstöcken und

mit ihnen. Philipp und Thomas nutzten die Zeit für eine Tour durch die Umgebung. Philipp erinnerten die steilen Hügel und die bewaldeten Berge ans Burgund. Die Weingärten wurden von Nadelwald begrenzt, was sich auf den Geschmack des Weins auswirkte, falls die natürlichen Hefen der Wildpflanzen auf den Trauben die Gärung bestimmten. Aber bei Champagner war das wenig wahrscheinlich. Es könnte ungewollte Aromen in den Wein bringen – Champagner war längst ein extrem empfindliches Kunstprodukt. Ihre Tour fand ein abruptes Ende, als ein Hubschrauber die steilen und schwer zugänglichen Weinberge zu spritzen begann. Es war eine teure und ungenaue Methode der Pilzbekämpfung. Und bevor sie die Brühe aus Schwefel und Kupfer einatmeten, flüchteten sie zurück ins Dorf.

Der frühe Abend war im stillen Ricey Bas wesentlich gesünder und angenehmer. Sie beobachteten Mauersegler und Schwalben bei rasanten Flügen um die Wasserspeier und Zinnen der alten Kirche. Sie schlenderten zum Waschhaus, wofür eigens die Laignes aufgestaut worden war, deren Wasser sich keine fünfzig Meter unterhalb der Stelle, wo die Frauen auf Steinen die Wäsche ausgeklopft hatten, anmutig über ein Wehr ergoss, wo die Strömung Schlingpflanzen tanzen ließ.

Von weitem schienen die Mauern zwischen Häusern und Gärten aneinander zu grenzen, aber dazwischen blieben schmale Gänge frei, was man erst aus der Nähe bemerkte. In den Vorgärten überwucherten die Pflanzen das Trottoir, Sukkulenten hatten Mauern und Simse besiedelt, Flechten bedeckten die Torbögen und gaben dem grauen Granit ein lebendiges Aussehen. Das Tor zum nahen Château stand offen, der Blick fiel über eine gepflegte Rasenfläche auf das helle, zweistöckige Gebäude. Die Frau, die vor den Glastüren im Parterre einen Wagen belud, war einer der wenigen Menschen, die sie im Dorf zu Gesicht bekamen. Thomas wollte den Park betreten, aber Philipp hielt ihn zurück.

»Auch ein offenes Tor gilt nicht als Einladung. Es gibt Kreise in Frankreich, die sind zehn Mal konservativer als in Deutschland. Du musst auf die Einladung warten.«

Ansonsten schien Ricey Bas ausgestorben. Sogar im Hotel und dem angeschlossenen Restaurant ließ sich vor dem Abend niemand blicken. Erst gegen neunzehn Uhr, als der Bäcker für eine Stunde öffnete, tauchten Bewohner auf, holten sich ihre Baguettes ab und verschwanden damit in ihren von außen unansehnlichen Häusern. Dass es ihnen an Geld nicht fehlte, zeigte sich an neuen Audis der Kategorie sechs bis acht vor der Haustür.

»Sie werden mit Landverkäufen oder den Erträgen aus dem Traubenanbau finanziert«, erklärte der Hotelbesitzer, auch er ein Weinbauer. »Auf den Hektar hier macht man mehr als zwanzigtausend Euro Profit. Das ist eine Spitzenrendite für die Landwirtschaft, wenn einem der Boden gehört. Bei uns ist niemand arm – wie bei Kriegsende und zu Zeiten der Reblauskrise, die damals fast sämtliche Weinstöcke vernichtete. Danach wurden Kartoffeln statt Wein angebaut, denn nur davon bekam man seine Kinder satt.«

Der Wirt hatte nichts dagegen, dass sie statt seines Champagners beim Abendessen den Urville Rouge von Drappier probierten. Sie gaben ihn in eine Dekantierkaraffe, um ihn zu belüften und die Aromen besser zu genießen, doch dieser Wein machte ihnen die Analyse schwer. Er war zu gut. Dieser Pinot noir hätte jeden Freund eines gelungenen Burgunders begeistert, auch wenn er von der Coteaux Champenois stammte. Er war frei von jeglichem Holzgeschmack. Das hatte ihn angenehm weich, rund und frisch belassen, und gleichzeitig fühlte er sich im Mund fein und stoffig an. Er war heller als ein Rotwein und dunkler als ein Rosé-Champagner. Allerdings bereitete es Philipp Schwierigkeiten, den Duft zu beschreiben. Damit haderte er sowieso, denn die Vergleiche mit den Aromen von Waldbeeren, Weichselkirsche und Lakritz, auf subtile Weise mit dem Duft verblühter

Rosen vermischt – wer sollte davon eine Vorstellung gewinnen? Beerig, dunkel, tief, das alles bei einer dezenten Süße, das war es, was ihm einfiel, und als Thomas »reife Johannisbeere« beisteuerte, meinte er auch die zu riechen. Es gab ein viel besseres Kriterium, den Wein zu beurteilen: Noch bevor sie den Hauptgang beendet hatten, war die Flasche leer.

»Wenn wir zurück sind, schaue ich mir bei Gelegenheit deinen neuen Lehrbetrieb gerne an, und du stellst mich deinem Lehrherren vor«, sagte Philipp, als sie sich nach dem Abendspaziergang wieder vor dem Hotel einfanden. Sie waren, so wie es aussah, die einzigen Gäste.

Thomas fuhr auf. »Musst du dich ständig in meinen Kram einmischen?«

»Bei Gelegenheit, habe ich gesagt, bei Gelegenheit.« Thomas' schroffe Bemerkung traf Philipp. Er fühlte sich missverstanden und gekränkt. Er mischte sich so gut wie nie in Thomas' Angelegenheiten ein, äußerte lediglich seine Meinung. Philipp blickte seinen Sohn heimlich an, ein wenig sogar wie einen Fremden. Der raste mit anderen Augen und einer anderen Geschwindigkeit durch die Welt, doch zumindest spürte er, dass er etwas falsch gemacht hatte, und eine Stunde später, als Philipp sich überwunden und ihm seine Beweggründe für die Frage geschildert hatte, konnte er sich zu einer Entschuldigung durchringen.

Gilbert Machault, der in Ricey Haute Rive in der Nähe der Schule wohnte, war ein unfreundlicher Zeitgenosse. Philipp und Thomas verständigten sich sofort, ihre Einschätzung, dass sie mit ihm nicht weit kommen würden, deckte sich. Monsieur Machault wollte nicht über seinen Kontakt mit Touraine und seine Erfahrungen mit dem Champagner-Fonds sprechen, schon gar nicht über ihre Abmachungen wegen der Lieferungen und erst recht nicht über die Menge verkaufter Flaschen.

»Ich spreche nicht über Abwesende«, lautete seine nicht besonders hilfreiche Erklärung, doch Philipp vermutete andere Gründe. Dem Winzer war ihr Besuch sehr unangenehm, er fühlte sich ausgehorcht und beantwortete Fragen zum Champagner in einer besserwisserischen Weise. In seine Keller wollte er sie nicht lassen, und für eine Probe fehlte ihm die Zeit. Von Philipps Angebot, seine Produkte in Deutschland zu vertreiben, ließ er sich nicht ködern. Bei jeder weiteren Frage verwies er auf Touraine, mit ihm sollten sie sprechen, und auch der Hinweis darauf, wer sie hergeschickt hatte, half nicht weiter. Philipp hielt sich zurück, und er bedeutete Thomas, dasselbe zu tun. Ihn beschlich der Verdacht, dass der Winzer Touraine von ihrem Besuch benachrichtigen würde, sobald sie das Haus verließen. Bislang war die Verbindung zu Drappier und Louise nicht bekannt, und das musste so bleiben. Thomas äußerte allerdings den Verdacht, dass das abweisende Verhalten des Winzers auch darin begründet sein mochte, dass er Deutsche nicht leiden konnte.

Da ihr Gespräch nicht länger als fünfzehn Minuten gedauert hatte, machten sie sich früh auf den Rückweg. Philipp überlegte, ob sie noch in Château-Thierry bei Pannier vorbeifahren sollte. Es gab dort einen Amerikaner, der ihm von einem Optionsgeschäft berichtet hatte, wofür eine Million gezahlt worden war. Der Champagner war nie abgerufen worden, die Million war verloren. Aber Philipp fühlte sich immer unwohler. Das Spiel war vorbei. Was er als interessante und zusätzliche Variante seines Berufs begriffen hatte, entwickelte sich zu einer ernsten Angelegenheit, deren Folgen nicht abzusehen waren.

Das Motorrad vor dem »Maison Delaunay« war fast ein gewohnter Anblick. Sie kamen den Berg herab, Philipp kuppelte aus und ließ den Wagen langsam von hinten auf das am Straßenrand stehende Motorrad zurollen. Der Fahrer bemerkte sie nicht, erst als Philipp einen Meter hinter der Maschine den Motor im Leerlauf hochjagte, fiel der Fahrer vor Schreck fast über den Lenker, wobei sein Helm zu Boden polterte. In panischem Entsetzen raste er los, prallte in der nächsten Kurve fast gegen eine Mauer und verschwand.

Thomas ergötzte sich an der Szene, stieg aus, nahm den Helm und steckte ihn in Siegeslaune auf die höchste Sprosse des eisernen Gartenzauns des »Maison Delaunay«, wie den Kopf eines Feindes. Die Kampfansage war eindeutig.

»Ich fahre heute nach Hause, ich wüsste nicht, was wir momentan noch tun könnten«, meinte Thomas nach dem Mittagessen, »außer dass wir heute Abend mal beim General vorbeischauen und ihm die Flasche bringen. Vielleicht weiß der noch was.«

»Ich möchte dich bitten, erst morgen zu fahren, ich habe heute noch einiges zu erledigen, und ich möchte nicht, dass du unter diesen Umständen allein in Köln bist.«

»Unter welchen Umständen?«

»Tu nicht so, als wüsstest du nicht, was ich meine. Sei nicht leichtsinnig, Thomas. Wir werden überwacht, ich habe eine von denen ins Krankenhaus gebracht, mit dem Fonds stimmt vieles nicht, es würde mich nicht wundern, wenn das hier ein groß angelegter Schwindel wäre …«

»Du willst nur zu deiner Champagnerwitwe«, sagte Thomas und merkte sofort, dass er sich im Ton vergriffen hatte.

Philipp nahm es gelassen auf. »Möglicherweise ergibt sich eine geschäftliche Verbindung …«

»So erklärt man das heute seinen Kindern? Nur was soll ich Helena erzählen, wenn du nicht kommst?«

»Sag ihr, was du willst. Aber heute bleibst du hier. Basta!«

Am späten Nachmittag war Philipp wieder bei Louise. Sie erläuterte ihm ihre Geschäftsideen, gab ihm einen Überblick über den wirtschaftlichen Stand ihres Unternehmens und sprach von der Chance einer gemeinsamen geschäftlichen Zukunft. Es war nicht ausgesprochen, doch es schwang in ihren Worten mit, dass sie dabei nicht nur berufliche Perspektiven meinte, sondern durchaus auch persönliche. Philipp sah darin keine böse Absicht. Er begann Louise zu schätzen, sie hatte Witz, sie gefiel ihm, verstand ihr Geschäft und ließ sich nicht einschüchtern, aber er hatte sich noch nicht entschieden. Der Umbruch war nah, er bewegte sich darauf zu, doch es ging ihm zu schnell. Außerdem widerstrebte es ihm, wieder die Nummer zwei zu sein.

Er trat an den Bach in ihrem Garten, der zwischen den bemoosten Mauern unter schattigen Bäumen angenehm murmelnd dahineilte. Nach dem heißen Tag hatte er seine Kühle genossen, der Abend war warm genug, um lange draußen zu sitzen, und Louise ließ in der steinernen Laube zum Abendessen decken. Eine Flasche Rosé steckte im Sektkühler. Wie aufmerksam, dass sie sich daran erinnert hatte, dass dieser ihm am besten gefallen hatte.

Als der geschäftliche Teil ihrer Unterredung beendet war, wandten sie sich dem Essen zu. Dabei sprachen sie über sich, über Freunde, was sie an ihnen schätzten, jeder erfuhr, was dem anderen wichtig war. Es war ein sehr intimes Gespräch. Sie erzählten von ihren Kindern und wie sie damit zurechtkamen, allein zu leben. Es sagte keinem von beiden zu. Fast zwangsläufig kamen sie auf Deutschland zu sprechen.

»Unser Verhältnis zu Ihrem Land hat sich nach dem Krieg total gewandelt«, meinte Louise, woran ihr Großvater den wichtigsten Anteil habe. »Sein deutscher Arbeitgeber hat ihn versteckt, als das Ende des Krieges abzusehen war, damit er zuletzt nicht doch noch deportiert oder erschossen würde. Und dann haben sie gemeinsam seine Flucht geplant.«

»Es wird schwierig gewesen sein, quer durch Feindesland, ohne Sprachkenntnis ...«

»Eben nicht«, sagte Louise und lachte verschmitzt. »Mein Großvater hat in der Gefangenschaft Deutsch gelernt und hatte unverschämtes Glück. Er war am Kaiserstuhl bei einem Winzer ...«

Philipp hatte neulich bei ihrer Andeutung in dieser Richtung schon mal kurz daran gedacht.

»... mit der Familie sind wir bis heute eng befreundet, wir sind sozusagen zu einer Familie geworden. Wir verstehen uns mit allen großartig, bis auf Helena. Sie ist die Enkelin meines Großvaters, ich meine des deutschen. Zwischen uns beiden kam es zum Bruch. Oft sind es die Ehemänner, die Freundschaften auseinanderbringen. Das ist zwanzig Jahre her.«

»Andersrum funktioniert es genauso gut«, warf Philipp ein und sah seine Befürchtungen bestätigt. »Aber wenn man sich auseinanderbringen lässt?«

»Mag sein, aber das interessiert mich wenig. Helena ist exakt in meinem Alter, wir waren dicke Freundinnen. Dann hat sie einen Kölner geheiratet, durch ihn habe ich zwei Worte gelernt, die ich vorher nicht kannte: Kölscher Klüngel. Damit ging unsere Freundschaft in die Brüche.«

»Wieso das?«, fragte Philipp und tat so neugierig wie möglich, um seinen Schrecken zu überspielen. »Sie waren hoffentlich nicht in denselben Mann verliebt?« Das konnte nicht sein, dass er sich erst in die eine und dann in die andere der zerstrittenen Freundinnen verliebte.

Louise schaute an Philipp vorbei, während sie sprach. »Es fing damit an, dass Helenas Mann ihre Familie nicht mehr gut genug war. In seinen Augen waren das Bauern, zwar Weinbauern, aber trotzdem Bauern. Das hat er sie spüren lassen. Er, ein Niemand aus der Großstadt, hat sich eingebildet, was Besseres zu sein, über ihr zu stehen, hat nur an Netzwerken geknüpft, auch hier hat er es versucht. Wieso sie sich das hat gefallen lassen, ist mir schleierhaft. Vielleicht hat sie auch einen Hang zu ... derartigen Kreisen, jedenfalls hat sie sich rüberziehen lassen. Das nehme ich ihr übel. Sie hatte keinen Grund, ihre Familie zu verleugnen. Er wollte groß ins Champagnergeschäft einsteigen, den wichtigen Importeur abgeben, dabei hatte er von Wein und Champagner nicht den geringsten Schimmer. Er hat die absurdesten Forderungen gestellt – er hat sich aufgeführt wie der Klaebisch persönlich. Daran ist letztlich meine Freundschaft mit Helena gescheitert.«

»Wer ist das, Klaebisch?«

»Ach, das ist bei uns ein geflügeltes Wort. Klaebisch war während der Besatzung der ›Weinführer Champagne‹. Sein Schwager war der deutsche Außenminister Ribbentrop, und der war wiederum der Schwiegersohn des deutschen Sektkönigs Otto Henkell. Henkell Trocken wird Ihnen ein Begriff sein? Damals, im Krieg, war es Frankreich verboten, ins Ausland und an Franzosen zu verkaufen – nur an Deutsche war es erlaubt. Da haben viele den Nazis billigen, mit Kohlensäure versetzten Wein untergeschoben. Auf den Etiketten stand, dass sie für die Wehrmacht reserviert waren, ›zur Aufrechterhaltung der Moral der Truppen‹, wie es hieß. Dieser Klaebisch soll ein Pfau gewesen sein, der hat die Uniform nie ausgezogen und liebte den Prunk. Meine Großmutter erinnerte sich gleich an ihn, als Helena mit ihrem Mann hier auftauchte, deshalb der Vergleich. Er hat genauso erbärmliche Preise für Champagner geboten wie Klaebisch. Schilling heißt sie heute, sie hat zwei Töchter, die auch nach dem Vater schlagen. Vielleicht ist er Ihnen mal über den Weg gelaufen? Man weiß ja nie ...«

»Ich hatte nicht das Vergnügen«, antwortete Philipp, und es war nicht gelogen.

»Dieser Schilling hat bei uns mit seinem großspurigen Auftreten kein Bein auf den Boden bekommen.«

»Und Sie glauben, Madame, mir würde das gelingen?«

»Sie stehen bereits mit beiden Beinen mittendrin.«

Meinte Louise die Champagne, oder sprach sie von ihrem Château? Die Nacht jedenfalls verbrachte er im Gästezimmer. Um zu später Stunde nach Avize zurückzufahren, hatte er zu viel getrunken, aber er war nüchtern genug, den gebotenen Abstand zu halten, obwohl Louise ihm sehr entgegenkam. Wenn er sich entscheiden sollte, für sie zu arbeiten, würde seine Liaison mit Helena ruchbar werden, und damit wäre seine Beziehung zu Louise belastet. Das aber störte seine Nachtruhe nicht allzu sehr.

Der Schock traf ihn erst, als er am nächsten Morgen ins »Maison Delaunay« trat, wo ihm Thomas mit der Zeitung entgegenkam. »Es geht um den General!« Sein entsetztes Gesicht ließ Schlimmes befürchten.

Philipp kannte seinen Sohn gut genug, um zu wissen, wann er Angst hatte, und las die Überschrift: »Tödlicher Arbeitsunfall in Villers-Allerand: Arbeiter von Lastenaufzug zu Tode gequetscht.«

»Lass uns packen und sofort zurückfahren!«, sagte Philipp, nachdem er den Artikel überflogen hatte.

»Ich bin reisefertig«, antwortete Thomas bedrückt. Der Tod des Generals traf ihn hart. »Übrigens, letzte Nacht hat jemand den Motorradhelm vom Zaun geholt.«

14

»Sie glauben, dass der Tod dieses Arbeiters, des Generals, wie Sie ihn nennen, mit Ihrer Untersuchung zu tun hat?« Langer kritzelte etwas in seiner unleserlichen Handschrift auf einen Zettel. »Ich finde derartige Schlüsse übereilt und ziemlich gewagt, ehrlich, aber dadurch, dass Sie es behaupten ...«, er hob die Hand, um Philipps Protest abzuwehren, »bekommt es eine andere Bedeutung. Also müssen wir es ernst nehmen.«

Langer war aufgestanden und wie üblich, wenn er intensiv nachdachte, ans Fenster seines Büros getreten. »Ihre Anschuldigungen, Achenbach, sind ziemlich umfassend. Sie stellen unser Projekt, ja sogar die Zukunft meiner Firma in Frage. Touraine, der jahrelange Vertraute von Mister Goodhouse, soll ein Verräter sein?«

»Nein, ein Betrüger.«

»Von mir aus, trotzdem unglaublich.« Langer legte die Hände wie im Gebet aneinander, sah Philipp kurz an und blickte, als ginge es um ihn, schuldbewusst zur Seite. »Wenn wir als Beweis nichts weiter vorweisen können als ein paar Blechdeckel, dann sind Ihre Anschuldigungen haltlos. Das ist Ihnen hoffentlich klar.«

»Es geht mir nicht um irgendwelche Beweise vor Gericht, es geht darum, wie wir uns zu dem Projekt stellen, wie France-Import dazu steht. Außerdem habe ich die Flasche, die in der Nacht abgefüllt wurde. Wir probieren den Inhalt gemeinsam, dann werden Sie sehen ...«

»Darin sind Sie besser als ich. Egal was drin ist, sie trägt nicht einmal ein Etikett. Es gibt nur Ihre Aussage über den Fundort, Sie können sie sonstwo mitgenommen haben. Außerdem haben Sie die Flasche gestohlen. Ich weiß nicht, ob das rechtlich einwandfrei ist.«

Philipp war von dieser Reaktion schockiert. »Darauf kommt es gar nicht an. Ihrem Mister Goodhouse ist sicher genauso sehr an Klarheit gelegen wie uns.« Philipp fühlte sich ungerecht behandelt, gleichzeitig bemühte er sich, seine Verärgerung nicht zu zeigen. Wozu hatte ihn Langer in die Champagne geschickt, wenn er seinen Beobachtungen so wenig Gewicht beimaß? Jetzt lagen alle Entscheidungen hinsichtlich des Fonds bei Langer. Er war der Boss. Aber Philipp hatte auf der Rückfahrt seine Entscheidung bereits getroffen. Sollte Langer dabei bleiben, würden sie sich trennen. Er konnte bei allem, was er jetzt wusste, kein Betrugssystem unterstützen. Niemals würde er mit diesem Touraine zusammenarbeiten, nicht einen Tag. Aber das sollte er vorerst für sich behalten.

Was trieb Langer in die Arme des Fonds? Was versprach er sich davon, für Goodhouse den Handlanger zu spielen, den Hand-Langer?

»Uns wird nichts übrig bleiben, als die Polizei einzuschalten, damit eine Untersuchung eingeleitet wird.«

Langer fuhr auf: »Sie werden nichts und niemanden einschalten, Herr Achenbach!« Er war sogar laut geworden und hatte sich bei dem Wort »Polizei« abrupt vom Fenster abgewandt. »Teilen Sie Ihre Bedenken gern Mister Goodhouse mit, darum möchte ich Sie auch bitten, es kommt auf jede Einzelheit an, aber wir dürfen nichts übereilen. Das Gefährlichste in der jetzigen Situation ist Panikmache. Denken Sie an den Fonds. Niemand wird weitere Anteile zeichnen, die Anleger würden ihr Geld zurückverlangen, der Champagner-Fonds würde kollabieren, und niemandem wäre geholfen, weder den Betreibern, noch den Kunden – und uns erst recht nicht. Dabei entwickelt er sich sehr positiv. Von welchem Wertpapier lässt sich das heute sagen? Acht Prozent Rendite!«

»Wir müssen die Bestände in Villers-Allerand überprüfen, eine Art Inventur machen und danach die Ergebnisse mit den Einkaufsrechnungen abgleichen. Touraine hat mir nur Kopien vorgelegt. Anhand der Schleifspuren am Boden der Keller könnte ich mir vorstellen, dass zwischen den Ländern die Bestände hin und her transportiert werden.«

»Sie werden sich unterstehen und den Privatdetektiv spielen. Das ist ausgemachter Unsinn. Was denken Sie sich? Nächste Woche begleitet Goodhouse eine Gruppe von Anlegern nach Reims, um sich selbst ein Bild zu machen. In drei Wochen kommen die Belgier – da wird doch niemand so hirnrissig sein ...«

»Das widerspricht meinen Vermutungen nicht.«

»Es ist gefährlich, was Sie da sagen, Herr Achenbach, sehr gefährlich.« Langer war leise geworden, und seine Augen wurden schmal.

»Der Fonds wird von Luxemburg aus verwaltet?«

»Woher wissen Sie denn das schon wieder? Ja, und die Erträge fließen in eine Stiftung nach Liechtenstein. Sind damit alle Vorurteile des deutschen Spießers oder der Neider bestätigt? Es ist mir bislang nicht aufgefallen, dass Sie so kleinkariert denken. Ihre Zivilcourage in allen Ehren, aber die zeigt sich heutzutage anders, nämlich in der Art zu leben, den Wohlstand zu zeigen, den man sich erarbeitet hat, und nicht so zu tun, als gäbe es keine Klassenunterschiede.«

Philipp ließ sich von dem zuletzt Gesagten nicht beeindrucken. »Wenn diese Unregelmäßigkeiten dem CIVC zu Ohren kommen ...«

»Was ist das, CIVC?« Langer sprang an, als hätte er »BKA« gehört.

»Es ist der Verband aller Winzer und Produzenten in der Champagne. Er wurde 1942 gegründet, um der Besatzungsmacht etwas entgegenzusetzen. Der Verband ist heute noch aktiv und effektiv. Man wird es nicht zulassen, dass Fälschungen in Umlauf kommen. Ich erinnere mich, wie schnell und hart man gegen einen unserer Kunden in Hannover vorgegangen ist, dessen Weinhandlung seit Jahren ›Schampus‹ hieß. Sogar das hat man ihm verboten. Nicht einmal Champagner-Bratbirne dürfen Sie ein Produkt nennen, selbst wenn Champagner dazu verwendet wird, oder Currywurst & Champagner darf als Name nicht verwandt werden – nichts in Verbindung mit Champagner. Es drohen Geldstrafen von Zigtausenden von Euro und ausgefuchste Anwälte. Ich habe von einem Fall gehört, bei dem anhand einer falschen Postleitzahl auf dem Etikett eine Fälschung erkannt wurde. Der CIVC hat sofort alle Flaschen aufgekauft, die man entdecken konnte. Nicht jeder Champagner lebt von seinem Geschmack, da wird auch miserables Zeug abgefüllt, aber alle leben von dem Wort ›Champagner‹ auf dem Etikett.«

»Auch wir, Achenbach, auch wir leben davon. Für den Umgang mit dem Komitee gibt es eine simple Lösung. Sie halten den Mund, und niemand wird aktiv. Ich erwarte, dass Sie sich zurückhalten, bis wir mit Mister Goodhouse gesprochen haben, es wird nicht zu Ihrem Schaden sein.«

»Selbstverständlich.« So wie Philipp es gesagt hatte, klang es überzeugend. Aber das Nachdenken konnte Langer ihm nicht verbieten, schon gar nicht, seine Schlüsse zu ziehen.

»Hatten Sie den Eindruck, dass Sie auch auf der Rückfahrt wieder verfolgt wurden?«

»Nein, ich habe es so eingerichtet, dass eine Verfolgung ausgeschlossen war.«

»Wie haben Sie das fertiggebracht?«

Er war auf Yves' Rat hin im Nachbardorf Le Mesnil-sur-Oger in den Hof seines Freundes gefahren, bis dorthin hatte ihn der Motorradfahrer eskortiert. Yves' Freund hatte das Tor zur Straße hinter Philipp geschlossen und das zum Wirtschaftsweg hinten geöffnet. Aber das brauchte er Langer nicht auf die Nase zu binden.

»Haben Sie irgendeinen Verdacht, eine Vermutung, Herr Achenbach, irgendeinen Anhaltspunkt, auf wessen Veranlassung die Verfolgung eingeleitet wurde?«

»Keine Ahnung. Es begann an dem Tag, an dem ich die Kellerei in Villers-Allerand aufgesucht habe. Aber zurück zu Ihrem Mister Goodhouse. Bleibt es bei dem Treffen morgen?«

»Sicher. Ich, äh ... wir treffen ihn im Hyatt Regency, ich habe Frau Schilling eine Suite für ihn bestellen lassen. Wir haben unseren eigenen Besprechungsraum. Wenn Sie um elf Uhr dort sind, wäre uns das recht.«

Eine Suite! Sicher auf Kosten der Anleger. Darunter taten es die Banker anscheinend nicht mehr. »Warum treffen wir uns nicht hier?«, fragte Philipp. »Da lernt er den Betrieb kennen.«

»Glauben Sie nicht, dass er ihn längst kennt?«

»Ach – war er in den vergangenen Tagen hier?«

»Lange vorher, Herr Achenbach, lange vorher. Glauben Sie, er hätte uns gebeten, für ihn zu arbeiten, wenn ihm France-Import unbekannt wäre?«

»Es gibt noch andere offene Fragen, Herr Langer.«

»Können wir die nicht morgen klären?«

»Nein. Das geht nur Sie und mich etwas an.«

»Haben Sie noch weitere Verschwörungs- oder Mordtheorien?«

»Ich wurde auf einen Michel Muller angesprochen. Jetzt weiß ich, dass er Michael Müller heißt und aus Köln stammt. Haben Sie jemals diesen Namen gehört?«

Langer drehte sich wieder um und blickte zur Laderampe,

er zog ein Taschentuch aus der Hosentasche und schnäuzte sich. »Herrgott, Achenbach, Sie kommen mit Fragen – wer hat Sie darauf angesprochen?«

»Darauf angesprochen hat mich der General, und der ist jetzt tot. Zuerst hat mich der Verwalter der Kellerei gefragt, ob Muller wieder dabei sei.«

»Es wird ein Mitarbeiter von Touraine sein. Darum kümmere ich mich nicht. Weshalb ist er wichtig?«

»Weil ich erfahren habe, dass er seit einem Monat verschwunden ist, und wie wir jetzt wissen, arbeitete er in der Druckerei Schwenke. Wurden dort nicht die Prospekte für den Fonds gedruckt?«

Langer lehnte sich an die Fensterbank, wippte mit dem Oberkörper und sah Philipp lange an. »Könnte es sein, dass Sie sich da in etwas verrannt haben? Dass Sie Menschen verdächtigen, die Sie nicht einmal kennen? Dass Sie die Ereignisse und Abläufe, die Sie nicht verstehen, falsch interpretieren? Und die Ihnen bekannten Einzelheiten setzen Sie möglicherweise nicht richtig zusammen.«

»Darüber habe ich auch nachgedacht, Monsieur, äh, Herr Langer, das frage ich mich, seit Touraine mich belogen hat. Am Telefon sagte er, dass er noch nicht in der Champagne sei, und während er das sagte, stand er keine zehn Meter von mir entfernt. Sie werden mir sicher gestatten, dass ich mir diesbezüglich Fragen stelle.«

»Zweifellos. Das ist durchaus berechtigt. Nur die Schlüsse, Herr Achenbach, die sollten wir in Zukunft gemeinsam ziehen. Oder sind Sie anderer Ansicht?«

Was blieb Philipp anderes übrig, als zustimmend zu nicken.

»Übrigens habe ich während Ihrer Abwesenheit einige Flaschen Sekt auf Ihren Schreibtisch gestellt, sozusagen als schönen Kontrast zum Champagner, in Anbetracht dessen, dass wir unser Angebot auf Deutschland ausdehnen, also nicht nur auf Italien und Spanien. Ich möchte Sie bitten, den Sekt bald zu probieren. Die Flaschen stammen von äußerst profilierten Winzern. Der eine gibt sich als Enfant terrible des deutschen Weinbaus, er nennt sich Terroirist, der andere ist Hoflieferant des Bundespräsidenten.«

Schon wieder der Banker, dachte Philipp, es sind eindeutig zu viele, es fehlen nur noch die Konzernchefs und Medienbosse, dann haben wir die herrschende Klasse der Demokratie zusammen. Grußlos verließ er den Raum und war unendlich erleichtert, Langer endlich den Rücken kehren zu können. Von einem Treffen zum nächsten wurde es schwieriger mit ihm.

Helena sah ihm an, dass er sich ärgerte. Als er vor einer Stunde hereingekommen war, hatten sie sich lediglich einen »Guten Tag« wünschen können. »Schlechte Nachrichten oder schlechte Gedanken?«, fragte sie. »Du wirkst nicht gerade glücklich. War die Reise anstrengend?«

Philipp legte den Finger auf die Lippen. »Heute Abend?«

Sie schüttelte den Kopf. »Ich bin eingeladen, leider, ich würde mich aber freuen, wenn wir uns später noch sehen können. Ich hoffe, es dauert nicht so lange.«

»Gerade heute, wo ich wiederkomme?«

»Du warst in den vergangenen Tagen nicht sehr kommunikativ.« Das hörte sich ziemlich vorwurfsvoll an. »Ich habe deinen Garten versorgt und im Haus nach dem Rechten gesehen. Thomas war ja auch plötzlich verschwunden, ohne jede Erklärung. Wie der Vater, so der Sohn?«

Bevor er etwas erwidern konnte, klingelte Helenas Telefon, sie sah ihn an, griff aber nach dem Hörer. Philipp dachte an Louise, er erinnerte sich, dass diese beiden Frauen einst Freundinnen gewesen waren und was Louise über sie gesagt hatte. Dann legte sich die Erinnerung an den General auf ihr Gesicht. Er hatte den großen alten Mann direkt vor Augen, er saß in seinem Kopf, seit er die Meldung von seinem Tod gelesen hatte.

»Philipp – was ist mit dir? Wo bist du mit deinen Gedanken? Was ist in der Champagne passiert? Muss ich mir Sorgen machen?« Helena blickte ihn besorgt an.

Philipp stöhnte. Du musst gar nichts, hatte er sagen wollen, aber er sagte etwas anderes. »Sorgen um mich, meine Liebe? Nein. Es reicht, wenn ich mir welche mache. Ich hätte gern heute Abend mit dir darüber geredet.«

»Nach Feierabend habe ich eine Stunde Zeit, hilft dir das?«

»Aber keinesfalls in der Firma.« Und daran, ob es ihm half, hatte er erhebliche Zweifel.

Sie trafen sich in einer Kneipe im Industriegebiet. Hier machten die Lkw-Fahrer Pause, die auch France-Import belieferten. Es roch nach Pommes, nach Brat- und Currywurst und Krautsalat, es war laut und stickig, und die Blicke der Gäste zeigten, dass sie der Ansicht waren, Helena und Philipp hätten sich verlaufen. Doch Philipp schätzte ein gutes Kölsch, egal in welcher Kneipe. Und Helenas Kaffee kam aus einer Espressomaschine, bei der man wenig falsch machen konnte, außer man füllte schlechte Kaffeebohnen ein und berührte die falsche Taste.

»Du solltest dich zurückhalten und vorsichtig sein«, sagte Helena, nachdem Philipp ihr einen Überblick über die Ereignisse gegeben hatte, diesmal mit anderen Auslassungen als bei Langer. Er hatte Angst, sich zu verplappern, er war es nicht gewohnt, seine Gedanken zu verstecken.

»Wenn du meinen Rat suchst, halte dich aus der Angelegenheit raus«, ergänzte Helena. »Du weißt nicht, was dahintersteckt, es ist nicht dein Gebiet, und du machst dir wahrscheinlich Feinde. Du hast keine Ahnung, um welche Größenordnung es geht.«

»Mich raushalten? Das ist die schlechteste Lösung. Wie sollte das funktionieren? Langer hat mich beauftragt, die Sache zu untersuchen. Das habe ich getan, und ich kann ihm nur abraten, sich auf den Champagner-Fonds einzulassen, solange Touraines Rolle nicht geklärt ist.«

»Begreifst du nicht, dass er das Geschäft um jeden Preis machen will? Es ist seine Firma, auch was die Erweiterung betrifft, ob du dagegen bist oder nicht. Ich habe während deiner Abwesenheit viel telefoniert mit Weinmaklern und Proben bestellt ...«

»Was hast du gemacht?«, unterbrach Philipp sie und gab sich keine Mühe, seine Verärgerung zu verstecken. »Proben zu bestellen und die Kontakte mit den Winzern zu machen ist meine Aufgabe.«

»Mir blieb nichts anderes übrig«, sagte Helena distanziert. »Langer hat mir den Auftrag dazu gegeben. Also musste ich es tun.«

»Du hättest es mir zumindest sagen können.«

»Das hätte ich getan, wenn du mal angerufen hättest.«

Wütend starrte Philipp auf die gescheuerte Tischplatte, und schob sein Glas auf dem Bierfilz von sich, er hätte es am liebsten gegen die Wand geknallt. Er spürte, wie Helena auf Abstand ging. Was hatte er erwartet? Ihre Loyalität gehörte dem Chef, sie kannte Langer bei Weitem länger als ihn. Und ihr Exmann war mit ihm befreundet, wie man in Netzwerken eben befreundet sein kann. Langer hatte ihr den Job gegeben, und wenn sie Frau Maheinickes früheres Gehalt bekam, wurde sie gut bezahlt. Es wäre aus ihrer Sicht dumm, das zu gefährden.

Philipp ärgerte sich, dass er Helena überhaupt eingeweiht hatte. Sicher würde sie Langer davon berichten. Dummerweise hatte er ihr von der Motorradfahrerin erzählt und auf ihr Verständnis gehofft. Dass Thomas aufgetaucht war, hatte er mehr nebenbei erwähnt. Damit war jeglicher Informationsvorsprung dahin. Nur von Louise wusste keiner.

»Ich muss gehen«, sagte Helena unvermittelt und stand auf. »Wenn es nicht zu spät wird, komme ich noch bei dir vorbei, ansonsten ...«

Als sie durch die Kneipe ging, sah er ihr nach, sah sie in ihren Wagen steigen und abfahren, und er wusste, dass sie abends nicht kommen würde. Es war vorbei, genauso schnell, wie es begonnen hatte. Er war traurig und erleichtert zugleich.

Er setzte sich wieder, löste seine Krawatte, machte den obersten Kragenknopf auf, zog das Sakko aus, krempelte die Ärmel auf und signalisierte der Bedienung, dass er ein weiteres Bier wollte. Die Blicke der Fahrer wurden milder, er war angekommen, er war einer von ihnen, einer von Tausenden von Malochern.

Dann kehrte die Erinnerung an Langer zurück, und seine Stimmung verdüsterte sich schlagartig. Langer hatte sich merkwürdig unberührt von seinem Bericht gezeigt, als hätte er mit nichts anderem gerechnet. Langer war ein schlechter Lügner. Philipp kannte ihn gut genug.

Was sollte er tun, wenn es tatsächlich stimmte, dass der General ermordet worden war? Er könnte in Köln auf eine Polizeiwache gehen und sagen, er wüsste von einem Mord an einem alten Arbeiter in einer französischen Kellerei. Sie würden sich totlachen und freundlich darauf hinweisen, dass der Karneval in diesem Jahr erst am 11.11. um elf Uhr elf begann. Dann würde er von den Blechdeckeln auf den Champagnerflaschen erzählen, und sie würden ihn lächelnd an die Abteilung für Hütchenspieler verweisen. Höchstens bei diesem Michael Müller sah er die Chance, weiterzukommen. Wenn dieser verschwunden war, müsste es eine entsprechende Anzeige geben. Er musste mehr über den Verschwundenen wissen, vor allem welche Verbindung es zwischen ihm und Touraine gab. Es blieb ihm nichts anderes übrig, als selbst weiterzusuchen. Dieser Goodhouse war die Schlüsselfigur. Es würde interessant sein zu sehen, wie er auf die Anschuldigungen gegenüber seinem Sachwalter reagierte. Solange es ungefährlich blieb, würde Philipp Thomas' Hilfe in Anspruch nehmen, danach nicht mehr. Ob er über ihn an diese Freundin von Michael Müller herankäme? Sie sollten unbedingt heute noch mit ihr sprechen, möglichst vor dem Treffen mit Goodhouse.

Philipp ging zum Tresen und zahlte. Als er das Telefon an der Wand sah, kam ihm eine Idee, und er fragte nach einem Telefonbuch. Die junge Polin am Zapfhahn gab ihm die zwei Jahre alte Ausgabe mit nassen Händen. Er suchte die Nummer des Hyatt Regency und fragte auf Englisch, ob Mister Goodhouse bereits eingetroffen sei. Ja, hieß es, er sei bereits gestern eingetroffen, aber gegenwärtig nicht im Hause.

Er hätte auch Helena danach fragen können, ab wann die Suite reserviert sei, doch seit ihrem Abgang eben und seit Louise von den Gründen gesprochen hatte, die zu ihrem Zerwürfnis geführt hatten, war sein Vertrauen angekratzt. Im Grunde genommen vertraute er sowieso nur noch Yves und Thomas. Philipp nahm sich vor, morgen auf jeden Fall früh in der Firma zu sein. Er musste versuchen, aus dem Prokuristen so viel wie möglich herauszukriegen. Hellwege würde wissen, was finanziell ablief und ob Goodhouse ihr großer Finanzier im Hintergrund sein würde.

Als er zu Hause eintraf, war Thomas bereits angekommen. Niemand war ihm gefolgt, er hatte extra einen anderen Weg als sonst eingeschlagen. Das Haus war sauber, die Putzfrau, Frau Öztarhan, war da gewesen, und Helena hatte den Kühlschrank gefüllt. Alles schien in bester Ordnung. Philipp legte die Sektflaschen von Heymann-Löwenstein und St. Laurentius in den Klimaschrank, sie brauchten Ruhe und durften vor der Probe nur langsam heruntergekühlt werden. Aber mehr als einen Tag würde Philipp ihnen nicht gönnen, denn die Erinnerung an den Champagner war frisch, und er wollte möglichst einen direkten Vergleich. Vielleicht sollte er gleichzeitig dazu zwei oder drei Champagner aufmachen. Er betrat die Bibliothek, wie er sein Büro nannte, um nach der Post zu sehen, die Helena auf seinen Schreibtisch gelegt hatte. Wie fürsorglich. Er starrte auf den Stapel Briefe und Werbung, und als er die Schublade mit dem Brieföffner aufzog, hatte er das Gefühl, dass etwas anders war als zuvor. Philipp hätte nicht sagen können, was es war, aber er war sich sicher, dass jemand an seinem Schreibtisch gewesen war.

Thomas schwor Stein und Bein, dass er nichts angerührt hatte. Frau Öztarhan hielt seit Jahren das Haus in Schuss, zu ihr hatte Philipp volles Vertrauen. Blieb nur noch Helena. Gehörte sie zu jenen Frauen, die in den Sachen ihrer Männer herumwühlten, bis sie etwas fanden, woran sich ihre Eifersucht entzünden konnte? War sie das von ihrem Mann her gewohnt? Philipp trat ans Regal, wo er in einem Kasten seine privaten Briefe aufbewahrte und wo die Urlaubspostkarten von Freunden lagen. Die Ansichtskarte von François Leclerc, die der Winzer aus Martinique geschickt hatte und die als Letzte eingetroffen war, lag hinten im Karton und nicht vorn, so wie er sie deponiert hatte.

Aus dem Dachgeschoss dröhnte deutscher Rap, was Philipp nicht davon abhielt, Thomas eine Bitte vorzutragen. »Versuch mal, die Freundin von diesem Müller aufzutreiben, am besten heute noch. Sag ihr, dass wir sie treffen wollen, wo immer sie will, außer du hältst das für eine schlechte Idee.«

Wenig später saßen sie mit Irene Behrens im »Café Fleur«, sie hatte es ausgesucht, weil sie in der Nähe wohnte. Trotz ihrer fünfundzwanzig Jahre wirkte sie wie ein Mädchen und war ziemlich unscheinbar, sie war unauffällig gekleidet, verwaschenes Schwarz von Kopf bis Fuß, und sie schminkte sich nicht. Das Schönste an ihr war das dunkelblonde Haar. Aber sie trug die falsche Frisur, das Haar fiel nicht üppig, es war im Nacken zu einem Zopf gebunden, was Philipp an die Motorradfahrerin erinnerte. Irene schien jemand zu sein, dem es nie im Leben eingefallen wäre, eine

Forderung zu stellen, etwas zu verlangen, und selbst eine Bitte zu äußern fiel ihr schwer.

»Werden Sie etwas unternehmen, um Michael zu finden?«, fragte sie zaghaft und leise, sehr darauf bedacht, dass am Nebentisch niemand zuhörte. Philipp betrachtete es geradezu als ein Wunder, dass sie bereit war, mit ihnen zu reden. »Die Polizei sucht nicht mehr nach ihm«, fuhr sie fort, »ich glaube, sie hat noch gar nicht gesucht. Die Menschen, die verschwinden, werden in irgendwelche Listen eingetragen, und damit hat es sich.«

Irene hatte nicht die geringste Vorstellung, weshalb Michael Müller abgetaucht war, wohin er gefahren sein könnte oder wo er sich gegenwärtig aufhielt. Von möglichen Freunden oder Verbindungen nach Frankreich wusste sie nichts. Von Villers-Allerand hatte sie genauso wenig gehört wie von einem Champagner-Fonds. Auch den Namen Touraine habe er nie genannt. Mit seinen Eltern sei der Umgang kompliziert, es seien Leute, die zurückgezogen in einer Doppelhaushälfte in Köln-Lövenich lebten. Der Vater arbeite bei Ford, die Mutter hielt das Haus in Ordnung und hätte sich am Schicksal ihres Sohns wenig interessiert gezeigt und sogar während ihres letzten Besuchs dauernd in billigen Frauenzeitschriften geblättert. Alle Umstände des Verschwindens, dass sein Wagen zum Beispiel mit einem extrem hohen Kilometerstand gefunden worden sei, und das bei jemandem, der nur wenige Kilometer vom Arbeitsplatz entfernt gewohnt habe, dass weder ein Koffer noch eine Reisetasche in seiner Wohnung fehle, geschweige denn Kleidungsstücke aus seinem Schrank, soweit sie das nach der kurzen Zeit ihrer Beziehung beurteilen könne, hätten die Eltern überhaupt nicht interessiert. Irene hatte den Eindruck, dass die Mutter das Verschwinden Michaels verdränge.

»›Ach, Kind, er kommt wieder, bestimmt, wart's ab‹, hat sie immer zu mir gesagt.«

»Und der Vater, kümmert der sich nicht darum, hat er nichts unternommen?«

»Er hat die Wohnung gerade aufgelöst, er hat alles zu sich nach Hause geschafft, um es aufzuheben. Ich glaube, er ist an Michaels Sachen mehr interessiert als an ihm. Er scheint sich mit dem Verschwinden abgefunden zu haben. Er redet immer nur von dem, was er hat, dabei besitzt er nichts – bis auf dieses Haus, dahinter ein Stück Rasen und ein altes Auto.«

»Was hat er mit dem Champagner gemacht, von dem du mir erzählt hast«, fragte Thomas. »Weißt du, welche Marken es waren?«

»Nein, davon verstehe ich nichts.«

»Haben Sie mal mit ihm Champagner getrunken?«, fragte Philipp weiter, denn er wusste, dass viele, wurden sie nach Champagnermarken gefragt, nur die ohnehin bekannten nannten.

»Nein, nie, aber ich hätte es gern. Als ich mal eine Flasche aufmachen wollte, ist er fuchsteufelswild geworden und hat mich angeschnauzt, ich solle die Finger davon lassen.«

»Und wie haben Sie reagiert?«

»Ich habe ihn gefragt, wozu der denn da ist, wenn nicht zum Trinken.« Wieder schwieg sie. Philipp musste geduldig die nächste Frage stellen.

»Was hat er geantwortet?«

»Ich solle mich um meine Angelegenheiten kümmern. Das seien Muster – er hat diese Flaschen immer angesehen, als würde er sich darüber freuen. Ich habe mal jemanden gesehen, einen Maler in einem Film, der hat ein Bild gemalt, der hat genauso geguckt, als es fertig war. Ich glaube, der Film hieß ›Das Mädchen mit dem Perlenohrring‹. Ich habe ihn mit Michael gesehen.«

»Das war der Film über Vermeer«, glaubte Thomas zu wissen, und Irene stimmte ihm zu.

»Nach einer Weile hat Michael behauptet, die Flaschen

seien Andenken. Ich habe das nicht verstanden und auch nicht weiter gefragt. Ich wollte nicht, dass er sich wieder aufregt.«

»Und da waren keine zwei gleichen Flaschen dabei?«

»Nein. Ich habe jedenfalls keine gesehen.«

»Glaubst du, Michaels Eltern würden uns den Champagner zeigen?«

Irene schüttelte den Kopf. »Wozu das, Thomas?«

»Und wenn Sie mitkämen, also Sie und ich, oder Sie mit Thomas?« Philipp sah da eine Chance.

Sie sah ihn skeptisch an, dann entspannte sie sich. »Gut. Versuchen wir's. Wenn Thomas mitkommt, könnte es klappen. Er kann sich ja als Kollege ausgeben. Und Sie versuchen wirklich, Michael zu finden?« Irene blickte ungläubig von einem zum anderen. Es sah nicht so aus, als würde sie ihnen das glauben, aber sie war zu ängstlich, es ihnen ins Gesicht zu sagen. Und sie schien auch jede Hoffnung aufgegeben zu haben, ihren Exfreund je wiederzufinden.

Nach zehn Minuten hatten sie das Haus wieder verlassen. Die Verabschiedung vor dem Haus von Müllers Eltern war kurz und unfreundlich. Thomas und Irene hatten sich nicht einmal umgewandt, als die Tür mit dem hässlichen gelben Riffelglas bereits wieder ins Schloss fiel. Ein bedrücktes Schweigen herrschte im Wagen, als Philipp Irene nach Hause brachte. Er bedankte sich für ihre Hilfe und versprach, sie auf dem Laufenden zu halten. Als sie ausgestiegen war, konnte Thomas offen reden.

»Es ist ein Wunder, dass sie uns überhaupt reingelassen haben. Das lag an der Mutter, sie wollte wohl höflich sein. Als ich von dem Champagner anfing, war der Alte gleich stinksauer, so als wollten wir ihm was wegnehmen. Der ist sein Leben lang zu kurz gekommen, das ewige Opfer, richtig ätzend, so nach dem Motto, was kann der kleine Mann schon ausrichten.« Thomas machte wenig Hehl aus seiner

Verachtung. »Ich finde es total verständlich, dass der Junge nichts von den Alten wissen wollte. Dabei glaube ich, der Vater versteckt was.«

»Wie kommst du darauf?«

»Wie ich darauf komme?« Thomas dachte eine Weile nach. »Es ist nichts weiter als ein Gefühl. Er stand immer mit dem Rücken zur Kellertreppe, oder er schob seine Frau davor, also wird der Champagner da unten sein. Ich glaube, man kommt ganz einfach in das Haus rein.«

»Untersteh dich!«

»Nein, Papa, ich meine das ernst. Wir haben einen Augenblick im Wohnzimmer gestanden, da habe ich gesehen, dass sich die Tür zum Garten leicht aufhebeln lässt.«

»Hast du noch alle Tassen im Schrank? Woher hast du das, ich meine das technische Wissen – und die kriminelle Energie?«

»Von dir, Papa.«

»Red keinen Stuss.«

»Doch, als du mal die Schlüssel im Haus vergessen hattest, kam jemand vom Schlüsseldienst und hat die Tür mit einem Kuhfuß aufgehebelt. Das ging ganz leicht, und die kriminelle Energie, die habe ich geerbt. Hinter dem Haus ist eine Hecke. Man müsste sehen, ob da ein Zaun davor ist, aber wenn, dann kann er nicht hoch sein.«

»Untersteh dich!«, wiederholte Philipp drohend, dabei spielte auch er bereits mit dem Gedanken.

15

»Bevor Mister Goodhouse zu uns stößt, möchte ich Ihnen einiges mitteilen. Es sind mehr die persönlichen Dinge, die privaten, damit Sie ihn besser verstehen.«

Langer rückte sich auf dem Sofa im Besprechungsraum der Suite zurecht, die Goodhouse gemietet hatte. Von der Größe her hätte hier die Belegschaft von France-Import Platz für die Montagsbesprechung gefunden. Der große Zampano war also noch beschäftigt, wahrscheinlich saß er im Foyer und las die Börsenberichte in Rosa. Philipp schaute sich um. Die Suite war wie eine Luxuswohnung ausgestattet, und um die Nutzung der verschiedenen hier herumstehenden Geräte zu lernen, hätte man eine Woche bleiben müssen. Für den Preis könnte man sich einen Mittelklassewagen kaufen. Das Schönste war der Blick über den Rhein auf den Dom, aber den gab es von einer Bank am Rheinufer gratis. Philipp blieb am Fenster stehen, vergrub die Hände in den Hosentaschen seines dunklen Anzugs und sah den Lastschiffen nach. Dann bemerkte er die Köln-Düsseldorfer an den Pontonbrücken. Er hätte jetzt lieber an der Reling eines der Fahrgastschiffe gestanden, wenn er nicht brennend an Goodhouse interessiert gewesen wäre und daran, wie er auf die Informationen über Touraines Betrug reagieren würde. Es war allemal interessanter als das, was Langer zu sagen hatte.

Inzwischen verabscheute er seinen unterwürfigen Ton,

den er immer dann anschlug, wenn er über den Engländer sprach. Wieso machte sein Chef sich so klein, dass Philipp sich sogar für ihn schämte? Es war ihm peinlich, und es war gerade vor wichtigen Verhandlungen weder angebracht noch entsprach es Langers Position. Er hatte es nicht nötig, sich klein zu machen. Wenn er sich mit den Frankreich-Importeuren verglich, war er groß, wenn er die Großhändler zum Maßstab machte, konnte man France-Import allerdings als klein betrachten. Es kam darauf an, in welcher Liga man spielen wollte – und konnte. Philipp erinnerte sich in diesem Moment an einen hässlichen Spruch: Kleine Köter sollten nicht mit großen Hunden pissen gehen, denn wenn die das Bein heben, werden sie nass.

»Kurz vor Beginn der Finanzkrise starb Mrs. Goodhouse. Ich glaube, die beiden haben eine sehr gute Ehe geführt.« Langers Worte beendeten Philipps Betrachtungen der Binnenschifffahrt.

»Kannten Sie Mrs. Goodhouse persönlich?« Manchmal wunderte sich Philipp darüber, wie gut er Anteilnahme heucheln konnte.

»Nein, damals kannte ich auch ihn nicht. Der Tod seiner Frau war eine Katastrophe, wie er mir sagte, ein Schock, der auf brutale Weise sein Leben umkrempelte. Er hat danach vieles verändert. Er hat sein Haus am Stadtrand Londons verkauft, er hat seinen beruflichen Wirkungskreis verändert und seine riskanten Spekulationsgeschäfte aufgegeben; zuerst ist er ein Dreivierteljahr oder länger um die Welt gereist, ohne jeden Stress, wie er mir erzählte, als hätte er alles hinter sich lassen wollen.«

Wahrscheinlich mit einem Koffer voll Geld, dachte Philipp, um es zwischen den Mangroven auf den Bahamas zu verstecken oder im US-Staat Delaware, einem wenig bekannten Steuerparadies. »Machen Sie endlich wieder ein freundliches Gesicht, Achenbach«, forderte ihn Langer auf. »So kenne ich Sie gar nicht. Sie sehen aus, als wäre

Ihnen der Aufenthalt in der Champagne nicht gut bekommen.«

Das ist er auch nicht, dachte Philipp, aber er verkniff sich jeden Kommentar.

»Zurück zu Goodhouse. Von seinem Charisma hat er durch diesen Schicksalsschlag nichts eingebüßt. Sie werden es erleben, Achenbach. Die Gründung des Champagner-Fonds geht auf seine Liebe zu großen Weinen zurück. Er hat einen vorzüglichen Weinkeller mit Gewächsen aus allen wichtigen Appellationen der Welt. Er wird Sie sicher zu einer Probe einladen, er ist sehr gespannt, ich habe ihm ausführlich von Ihren Fähigkeiten als unserer Wein-Nase berichtet. Er wird Sie testen.« Langer lachte, mehr gequält als frei, um damit die Distanz zu Philipp zu überbrücken. »Er hat sich für Champagner statt für Wein entschieden, weil es derartige Fonds bereits gibt, meist sind es geschlossene Fonds auf der Basis von Grands Crus aus Bordeaux. Da wird zu einem bestimmten Zeitpunkt der gesamte Bestand verkauft. Aber wenn die Preise gerade zu dem Zeitpunkt im Keller sind, muss der Anleger Verluste hinnehmen oder seinen Wein selbst trinken, das ist jedoch nicht der Zweck der Sache. Ein aktiver Fonds ist in jedem Fall besser.«

»Gibt es einen Mindestbetrag, um sich zu beteiligen?«

»Allerdings, es sind zwanzigtausend Euro. Und was mir so gut gefällt ist, dass die Rendite absolut pünktlich gezahlt wird. Es ist nicht übermäßig viel, Goodhouse macht keine großen Versprechungen, nichts, das er nicht halten könnte. Im letzten Jahr, als die Lage auf den Finanzmärkten noch instabil war, hat er vielen geraten, mit ihrer Anlage besser zu warten. Wie finden Sie das?«

Langer blickte zur Tür und stand auf, zu schnell und viel zu beflissen für Philipps Geschmack. Doch es war nur ein Ober, der auf einem Servierwagen den Imbiss nebst Champagner hereinrollte.

Der Champagner, den der General ihm in die Hand gedrückt hatte, befand sich längst im Sektkühler. Philipp hatte sich das Probieren bisher verkniffen, obwohl seine Neugier geradezu stündlich wuchs.

Das Erscheinen des Kellners hatte Langer aus dem Konzept gebracht. Er war nervöser, als Philipp ihn jemals in den Jahren ihrer Zusammenarbeit vor wichtigen Konferenzen erlebt hatte. Was war mit ihm los? Dass er Angst hatte, konnte Philipp sich kaum vorstellen, doch sein Verhalten ließ kaum einen anderen Schluss zu. Und dann trat der Zampano tatsächlich ein – oder auf?

Philipp hatte sich in seinem Leben oft gefragt, wem seine Mitmenschen so etwas wie eine charismatische Persönlichkeit zuschrieben – oder andichteten? Er hatte noch nie jemanden getroffen, den er als »begnadet« empfunden hatte, als den »geborenen Führer«. Bei den Worten gruselte es ihn sowieso. Er kannte auch niemanden, dem man seine wie immer gearteten außergewöhnlichen Fähigkeiten ansah. Er hasste es, wenn jemand als der große Weinkenner vorgestellt wurde. Seine einzige Erklärung für dieses Phänomen war, dass es Menschen gab, die sich gern verführen ließen, die an etwas glauben wollten und das Große bewunderten – dabei konnte durchaus ein großer Misthaufen ihre Bewunderung erregen, Hauptsache, er war groß! Als charismatisch empfand Philipp diesen Mister Goodhouse nicht, der lächelnd eingetreten war und auf ihn zuging. Er war sympathisch, ohne Zweifel, er wirkte jovial, durchaus, ein wenig leutselig, und dass er Philipp mit einer gewissen Reserviertheit entgegentrat, konnte darauf zurückzuführen sein, dass Langer ihn bereits informiert hatte. Offen war er nicht. Was er jedoch verbarg, vermochte Philipp nicht zu sagen.

Goodhouse war durchaus eine Persönlichkeit, ein Mensch, mit dem Philipp sich auf den ersten Blick eine Zusammenarbeit vorstellen konnte. Er mochte knapp sechzig Jahre alt sein, war groß, schlank und sportlich, sein Gesicht war glatt, etwas hölzern vielleicht, es hatte einen intelligenten, wachen Ausdruck, und sein Lächeln strahlte Zuversicht aus. Das volle graue Haar war onduliert, es machte ihn ein wenig englisch, konservativ und aristokratisch. Als Reiter im roten Rock bei einer Fuchsjagd hätte Philipp ihn sich gut auf einem Pferd vorstellen können. Nur mit den Augen stimmte etwas nicht. In einem anderen Gesicht hätte Philipp sie als unerbittlich bezeichnet. Er schien jemand zu sein, der es nicht ausstehen konnte, wenn Fehler gemacht wurden.

Er nickte Langer freundlich zu (als hätten sie sich heute bereits gesehen), wandte sich direkt an Philipp und reichte ihm die Hand: »Ich habe viel von Ihnen gehört, Mister Achenbach, von Ihren Fähigkeiten«, er lächelte breit, Zustimmung signalisierend, »als einer Person, die ihre Aufgaben sehr ernst nimmt, allerdings auch als einen Menschen, der seine Unabhängigkeit schätzt – das mögen wir Briten –, der aber seinem Boss gegenüber loyal ist. So hat Ihr Chef Sie beschrieben. Sie lieben den Wein und Champagner? Das ist sehr gut. Bessere Voraussetzungen für unsere gemeinsame Aufgabe gibt es nicht.«

Goodhouse sprach ein Englisch, wie Philipp es schätzte, ohne jeden amerikanischen Unterton, Oxford pur, klassisch, Originalton BBC. Allein damit gewann er. »Sie sehen, ich bin gut informiert. Ich weiß, dass Sie einen Sohn haben, ein Haus mit einem gepflegten Weinkeller besitzen, dass Sie die Gartenarbeit lieben, Restaurants verabscheuen, mit dem Fahrrad in die Firma kommen, was wir alle in Anbetracht der Klimaveränderung tun sollten, und Sie sollen gut kochen. Vielleicht ergibt sich mal eine Gelegenheit, bei Ihnen zu speisen. Ich glaube, die Themen werden uns nicht ausgehen. Wir haben vieles gemein; daher freue ich mich wirklich, Sie kennenzulernen.«

War der offizielle Teil jetzt vorbei? Es war genug, Philipp fühlte ein wachsendes Unbehagen. Ihm war bewusst, dass ihm ein hartes, unangenehmes Gespräch bevorstand. Seine

Enthüllungen würden Goodhouse alles andere als glücklich machen. Wenn er diesen Raum verließ, würde man sich entweder ein beträchtliches Stück nähergekommen sein – ansonsten war der Bruch unvermeidlich.

»Gestatten Sie mir eine Frage, Mister Goodhouse, eine Frage, die mich persönlich betrifft.«

»Unter Partnern ist Offenheit eine Voraussetzung.«

Anders als Goodhouse wirkte Langer jetzt verspannt, er wandte sich an Goodhouse. »Das Gleiche habe ich in unserer Vorbesprechung auch gesagt.«

»Werden Sie die Erweiterung von France-Import zum Großhändler finanzieren?« Philipp kam es jetzt auf Langers Reaktion an.

»Wir werden durch die Erweiterung des Angebots unseren Umsatz verdreifachen«, fuhr Langer auf Deutsch dazwischen, »nein, sogar vervierfachen.«

»Wer sagt das?«, fragte Philipp und sah, dass auch Goodhouse aufmerksam zuhörte. »Ist das Ihre Prognose?«

»Demnächst kommt ein Unternehmensberater ins Haus, von der Firma Debts & Sandboat aus London.«

»Sie sagten es bereits. Auf seine Empfehlung hin?« Philipp sah Langer an und meinte den Briten.

»Seit wann habe ich meine Entscheidungen mit Ihnen zu diskutieren?« Langer gab sich keine Mühe, seine Verstimmung zu überspielen. Oder spielte er vor Goodhouse den starken Mann?

»Bislang haben Sie es getan, meine Meinung war Ihnen wichtig«, antwortete Philipp ruhig.

»Das ist noch nicht endgültig entschieden«, ließ sich Goodhouse in seiner Sprache vernehmen.

»Was ist nicht entschieden?« Langer war mit einem Mal völlig wach.

»Ob ich die gesamte Finanzierung allein übernehme.«

Langer überspielte seine Bestürzung nur schlecht. Diese Reaktion reichte Philipp, um zu begreifen, dass Goodhouse durchaus fähig war, blitzschnell neue taktische Allianzen einzugehen. Es wird für Langer hart sein zu begreifen, dass man auf Verbündete nur so lange rechnen kann, wie man ihnen nutzt. Als Mensch, dem Ehrlichkeit etwas bedeutete, der Wert auf Freundschaften legte und der sich in andere hineinzuversetzen versuchte, erkannte Philipp schnell, dass Goodhouse nichts fühlte, stattdessen analysierte und handelte er. Er war ein praktischer Mensch, einer mit einem extrem starken Willen. Gefühle waren ihm hinderlich. Und er schien bereit, die Allianz mit Langer jederzeit zu kündigen. Das alles wusste Philipp nicht, aber er fühlte es, und dann begann er mit seinem Bericht.

»Ich bin gestern aus der Champagne wiedergekommen. Ich bin davon überzeugt, dass Monsieur Touraine Sie betrügt ... Das funktioniert folgendermaßen ...«

Auf seine Helfer und die Ablenkungsmanöver ging Philipp nicht ein, Louise, Yves und die Motorradfahrerin ließ er außen vor. Nicht eine Zwischenfrage wurde gestellt, schweigend hörten ihm die beiden Männer zu, und als er geendet hatte, stand das Gesagte wie eine Mauer zwischen ihnen. Ihre Gesichter waren starr, die Stimmung eisig, geradezu feindlich.

Philipp stand auf. »Hier ist der Beweis!« Er holte den Champagner. Er hatte noch eine zweite Flasche mitgebracht, ein exzellentes Gewächs zum Vergleich und um sich mit etwas Trinkbarem den Mund zu spülen, wenn in der Flasche das war, was er vermutete.

»Er ist nicht ganz kalt, aber da lassen sich die Aromen besser wahrnehmen.«

In dieser Suite gab es alles, auch Champagnergläser, sie standen in der Bar, und Philipp stellte sie auf den Tisch. Gespannt betrachteten Langer und Goodhouse die Flasche in Philipps Händen.

Goodhouse machte ein unglückliches Gesicht. »Kein Etikett? Und was befindet sich Ihrer Meinung nach in dieser

Flasche? Wahrscheinlich nichts, was man Ihren Kunden anbieten kann, oder?« Er sah Langer an. »Das ist eine Katastrophe, Mister Langer, wenn das stimmt, ist es sogar ein Erdbeben. Wie konnte das passieren? Dabei haben wir so viele Sicherheiten eingebaut, aber die Franzosen sind ...«

Philipp schenkte ein, und alle drei probierten. Langer nickte bedächtig. »Das ist minderwertige Qualität, extrem minderwertig, oder, Achenbach, was sagen Sie? Sie sind der Fachmann.«

Auch er hatte probiert und fand seine Erwartungen bestätigt. Der Champagner, oder was immer es war, hatte zwar eine feine Perlung, aber er wirkte sehr gewöhnlich und dünn. Süße und Säure wirkten überzogen und standen unharmonisch nebeneinander. Das Zeug hier hatte den Charakter eines billigen, mit Kohlensäure aufgepumpten Weißweins, und der Geschmack im Mund war sofort wieder weg – glücklicherweise – bis auf etwas Kreide.

»Das hier, was immer es ist, können Sie niemandem anbieten«, sagte Philipp entschieden. »Der Geschmack stimmt nicht, Süße und Säure sind gegensätzlich, die Kreide überwiegt, sie ist aggressiv, die Süße hier resultiert ausschließlich aus der Versanddosage. Wenn mich meine Nase nicht im Stich lässt, ist das irgendein Massenprodukt aus dem Veneto, ein Pinot Grigio, zu Deutsch Grauburgunder, oder ein billiger Weißwein aus der Provinz Cuneo, da gibt es auch kalk- und kreidehaltige Böden. Oder er ist auf Muschelkalk gewachsen. Das ist kein Champagner. Dann wurde Säure zugesetzt, sie macht den Wein nicht frisch, sondern aggressiv ...«

»Es reicht, Achenbach«, zischte Langer.

Goodhouse gab sich erstaunt. »Was Sie alles herausschmecken, phänomenal. Aber meinen Sie nicht, dass Sie zu kritisch sind?« Es war keine Frage. Er wandte sich ab, trat ans Fenster und schaute auf den Rhein.

»Nicht wahr?« Langer lenkte sofort ein. »Das habe ich

Ihnen doch gesagt. Er ist gut. Aber um Gewissheit zu bekommen, müsste man einen Labortest machen.«

Philipp empfand Langer schon wieder als willfährig. Verblüfft nahm er zur Kenntnis, wie gelassen Goodhouse mit der Nachricht umging, die seinen Fonds das Leben kosten könnte, denn die Fälschung war plump. Hauptsache, das Zeug schäumte.

»Was werden Sie jetzt unternehmen, Mister Goodhouse? Ich vermute mal, dass Monsieur Touraine die schlechten gegen die guten Flaschen eintauscht und möglicherweise auf eigene Rechnung verkauft. Ich kann Mister Langer unter diesen Umständen nur abraten, die Vermarktung Ihrer Produkte zu übernehmen. Ich sage Ihnen das ganz offen.«

Goodhouse sah ihn an, und seine Augen wurden kalt, es war ein fremder Blick, verachtend und arrogant.

»Wir leben in freien Ländern, und da muss man es den Bürgern überlassen, wie sie ihr Vermögen anlegen. Ich habe den Fonds aufgebaut, ich erhalte ihn am Leben. Es ist mein persönliches Projekt. Es geht nicht um Profit. Die Erträge fließen in eine Stiftung nach Liechtenstein, die sich zum Ziel gesetzt hat, die europäische Einigung zu fördern. Zu einer derartigen Katastrophe, dass Engländer und Deutsche aufeinander schießen, darf es nie wieder kommen. Mein Vater war Pilot, er wurde über Köln abgeschossen. Da unten, oder da oben«, er zeigte auf den Himmel über dem Dom, »da ist er gestorben. Deshalb habe ich diese Stiftung gegründet. Und damit sie am Leben bleibt, muss der Fonds erhalten werden. Ich danke Ihnen, Mister Achenbach, Sie haben Hervorragendes geleistet. Ihre Arbeit ist damit beendet.« Er gab ihm die Hand.

Philipp schaute Langer an, der wich seinem Blick aus. »Ich glaube, Sie bringen da etwas durcheinander, Mister …«

»Ich bringe gar nichts durcheinander. Wir wissen jetzt, dass Monsieur Touraine mich möglicherweise hintergeht, und ich allein trage die Verantwortung, ich werde das mit ihm klären. Er wird dafür geradestehen müssen. Es wird harte Konsequenzen geben. Und Sie halten sich zurück!«

»Ich verlange absolutes Stillschweigen von Ihnen«, schob Langer nach.

»Sie meinen, ich habe meinen Teil erledigt, Sie brauchen mich nicht mehr, und ich kann gehen?«

»Sie sollten sich um Wichtigeres kümmern, zum Beispiel um das neue Sortiment von France-Import, Mister Achenbach, diskret und unauffällig.«

Langer wirkte plötzlich verzweifelt, er ahnte, dass Philipp sich damit nicht zufriedengeben würde, und damit lag er richtig.

»Wie soll das funktionieren?« Philipp war nicht bereit, so schnell aufzugeben. »Es ist zu viel geschehen. Ich denke auch an den Arbeiter, der gestorben ist ...«

»Das muss nichts zu sagen haben«, unterbrach Langer. »Selbstverständlich ist Mister Achenbach bereit, zu warten, was Ihre Nachforschungen ergeben.« Goodhouse war gemeint.

Er wirkte auf Philipp, als würde er gegen seine Überzeugung sprechen, doch das mochte Einbildung sein.

»Wir müssen das jetzt nicht weiter ...« Langer suchte nach Worten, sein Englisch war miserabel, ihm fehlte die Übung. Mit beschwörenden Blicken versuchte er Philipp zu mäßigen.

»Halten Sie es nicht für sinnvoller, dass sich die Polizei und der Champagnerverband mit dieser Sache befassen?«

»*Complete nonsense*, kompletter Unsinn!« Goodhouse wurde scharf. »Sie verlieren die Realität aus den Augen, Mister Achenbach. Allein in Deutschland sind etwa fünfundzwanzig Millionen Euro in den Fonds geflossen. Ihr Gesichtskreis ist eingeschränkt und Ihr Denken von Presseberichten vernebelt. Wie könnte ich Ihnen das übel nehmen? Sie wollen Aufklärung? Die sollen Sie haben, aber Sie wollen ja nicht bezwecken, dass wir finanziellen Selbstmord verüben und dass die Anleger um ihr Geld betrogen werden? Nicht wahr, Mister Achenbach? Sie sind nicht der Typ *whistleblower*, ein Denunziant, der ungeprüft Informationen weitergibt, weder an die Behörden noch an gierige Presseleute. Sie haben Verantwortung und nehmen sie ernst. Wir werden den Fall prüfen, das schwöre ich Ihnen, wir werden für eine vollständige Aufklärung sorgen, und zwar korrekt, diskret und schnell. Wir werden genauestens klären, ob es sich um Fälschungen handelt, und die werden wir aus dem Verkehr ziehen ...«

»Glauben Sie, dass Touraine Ihnen korrekt Auskunft gibt? Das Zählwerk der Abfüllanlage stand immerhin bei viertausend in jener Nacht, die Fälschungen werden längst im Keller sein und ...«

Goodhouse stand jetzt dicht vor Philipp und stemmte die Hände in die Hüften. »Davon haben Sie uns noch gar nichts gesagt. Sie haben das Zählwerk lesen können?«

»Ich nicht, der General hat es mir gesagt.«

»Sie sollten nicht so viel darauf geben, was diese Froschfresser erzählen. Der Mann wollte sich wichtig machen. Was wissen Sie noch? Wir müssen absolut offen miteinander umgehen. Verheimlichen Sie uns sonst noch etwas?«

»Ich möchte auch deshalb die Polizei hinzuziehen, weil ich glaube, dass der Mann, der uns in die Kellerei gebracht hat, vor zwei Tagen ermordet wurde. Meines Erachtens handelt es sich nicht um Zufall, dass er einen Tag später im Lastenfahrstuhl verunglückte.«

»Uns? Wen meinen Sie mit uns? Wer war noch mit dabei?«

Philipp spürte, wie ihm die Hitze in die Wangen stieg. Er musste Thomas aus der Sache raushalten. »Ich meinte den General und mich«, antwortete er ausweichend, und er merkte, dass man ihm nicht glaubte.

Langer fühlte sich zur Vermittlung bemüßigt. »Wir werden alles ausführlich durchsprechen müssen. Wir überlegen gemeinsam, wie man am besten vorgeht. Außerdem haben wir noch ein anderes Thema. Was in Villers-Allerand vor sich geht, kann nur Mister Goodhouse klären. Es liegt in seiner Verantwortung und ist eine sehr persönliche Angelegenheit. Ist es nicht so, Mister Goodhouse?«

Der Brite beglückte ihn mit einem väterlichen Lächeln. »Ich informiere zuerst den Beirat. Bis wir wissen, was zu tun ist, kann es einige Tage dauern.«

»Dann sollten Sie ihn auch darüber informieren, dass möglicherweise die Etiketten gefälscht werden. Wären sie aus den Beständen der Champagnerhäuser oder aus Druckereien gestohlen worden, wäre das bekannt geworden.«

»Das glaube ich nicht, das hängt niemand an die große Glocke!«, meinte Langer.

»Richtig, aber wir können es herausfinden«, entgegnete Philipp. »Man müsste die Rechnungen mit den Beständen abgleichen, da müssten sich Differenzen ergeben, die Transportrechnungen, die Versicherung, die Miete für die Kellerräume, das alles steht sicherlich in einem Verhältnis zur gelagerten Menge ... Man müsste eine Inventur machen.«

»Das können Sie getrost uns überlassen, Mister, Herr Achenbach.« Goodhouse ging der Vorschlag eindeutig zu weit. »Davon versteht unser Beirat etwas, für Kontrolle ist er zuständig. Außerdem ist Ihr Blickwinkel zu eng. Es geht nicht nur um Deutschland, es geht um Holland und Belgien, um Großbritannien – wir müssen das als konzertierte, europäische Aktion begreifen. Man könnte den Eindruck gewinnen, Sie seien den Franzosen stärker verbunden als uns. Vor allem müssen wir die Aufklärung so handhaben, dass keine Panik entsteht. Nichts, ich wiederhole es, nichts darf an die Öffentlichkeit dringen.«

Waren das nicht Langers Worte? Dann wussten sie längst, was in Villers-Allerand vor sich ging?

»Wir haben noch ein anderes, wichtiges Thema zu besprechen. Entschuldigen Sie, dass ich unterbreche.« Goodhouse griff nach dem echten Champagner und schenkte ein.

»Es geht um die Expansion von France-Import. Sie haben mir vorhin eine Frage gestellt, die ich mit Ja beantworte. Ich werde sie finanzieren. Mir macht es Freude, mit Menschen wie Ihnen zu arbeiten und mit dem Wein. Ich bin kein Händler, und ich habe auch keine so gute Nase – wie Sie. Aber vom Handel mit Geld verstehe ich einiges. Es ist eine große Herausforderung, eine Firma aufzubauen in einem fast gesättigten Markt. Sie werden die Auswahl der Weine treffen, Mister Achenbach, und daher haben wir uns was ganz Besonderes ausgedacht, nicht wahr, Mister Langer? Und das, was Sie uns heute gesagt haben, bestärkt uns darin.«

Jetzt übernahm Langer. »Sie, Herr Achenbach, werden in der neuen Firma unser CEO werden, der Chief Executive Officer. Ihr Gehalt wird ab sofort verdoppelt, und wir beteiligen Sie zukünftig am Erfolg des Unternehmens, ich hatte das vor Ihrer Abreise bereits angedeutet – und anders als verantwortungslose Banken beteiligen wir Sie auch am Risiko.«

»Das ist gut«, warf Goodhouse begeistert ein, »das ist sehr gut.«

»Also nichts von wegen Provisionen, auch bei negativen Betriebsergebnissen. Das sollte Ihnen bei Ihrer Kritik an den Banken doch gefallen.« Langer nickte Goodhouse zu, und beide brachen in ein selbstzufriedenes Lachen aus. Sie glaubten, einen guten Witz gemacht zu haben.

Aber Goodhouse hatte Philipps befremdeten Blick bemerkt. »Ich bin absolut seiner Meinung«, sagte der Brite über die Schulter. »Die Kritik an den Banken teile ich vollkommen. Im Jahr 2007 wurden allein in London zehn Milliarden Pfund an Provisionen bezahlt. Die Summe stürzte ein Jahr später auf drei, dann stieg sie wieder auf das vorherige Niveau, und sie steigt weiter. Die Prämien werden mangels Konkurrenz, die in der Krise ausgeschaltet wurde, immer höher. Das Geschäft der Pleitebanken ist auf die Überlebenden und auf uns übergegangen. Und was die Kontrollen angeht, so bin ich der Meinung, dass der Markt sich selbst regulieren wird, aber dabei muss er selbst wirkungsvoller reguliert werden.«

Was war denn das für ein Schwachsinn? Kontrollierte Selbstkontrolle? Der Redeschwall des Briten hatte Philipp aus dem Konzept gebracht, und er brauchte einen Moment, um das davor Gesagte zu begreifen. Einen CEO wollten sie aus ihm machen, einen Chief Executive Officer? Würde es demnächst auch COOs und GOMs bei France-Import geben, Chief Operating Officers und General Operating Managers? Ist Langer jetzt total durchgeknallt, fragte sich Philipp. Er – und neuerdings Goodhouse als Finanzier – werden Inhaber bleiben – und weiterhin das Sagen haben. Einen Verwalter wollen sie aus mir machen? Was Dümmeres konnte ihnen nicht einfallen. Das war genauso plump, wie jemandem für irgendwelche Verdienste einen Blechorden um den Hals zu hängen, aber die meisten Menschen waren schlicht gestrickt und bissen an. Sie steckten sich ein paar Federn auf den Kopf, und schon fühlten sie sich wie Winnetou. Oder wollten sie ihn kaufen?

Spiel mit, sagte ihm seine innere Stimme, verdammt, spiel mit und lächle! Benimm dich, als würdest du darauf eingehen. Nur so erfährst du, was sie vorhaben und was wirklich mit dem General passiert ist, und mit Michael Müller. War der nicht Fachmann für Reproduktionen? Waren Reproduktionen nicht eine Art Fälschung? Müller soll ein Experte am Computer gewesen sein, so was wie ein Hacker? Dann war es durchaus möglich, dass er die Etiketten und Kapseln und Deckel hatte nachmachen lassen. Und Druckereien, die für jeden Auftrag empfänglich waren, gab es genug, dazu musste man weder in die Tschechische Republik noch in die Ukraine reisen.

»Außerdem weiß ich, dass Sie seit Langem mit einem Weingut liebäugeln, Achenbach.« Langer redete neuerdings in einer Weise, die bei Philipp nur Widerwillen auslöste. »Wenn diese Pläne konkret werden – Mister Goodhouse hat es angedeutet –, halte ich es für möglich, dass er Ihnen eine besonders günstige Finanzierung besorgt und eine Bürgschaft übernimmt.«

»Das ist ja wunderbar«, antwortete Philipp schleimig und wurde wütend auf sich selbst. Wie dumm, dass er Langer davon erzählt hatte. Gleichzeitig bemerkte er, dass seine Gesprächspartner nur von dem Champagner tranken, den er aus seinem Keller mitgebracht hatte, und den aus Villers-Allerand nicht anrührten. Er selbst rührte nichts an, er brauchte einen klaren Kopf. Alles, was dieser Goodhouse sagte, konnte unterschiedlich verstanden und ausgelegt werden. Seine Worte waren glatt, man hätte auf ihnen ausrutschen können. Es gab allerdings noch eine Frage, die Philipp loswerden musste, um sein Bild von ihm abzurunden.

»Kennen Sie Michael Müller?«

Goodhouse sah Langer verständnislos an, beide schüttelten den Kopf, Goodhouse antwortete: »Nie gehört, nein, wer soll das sein?«

»Diesmal ist es kein Toter, sondern jemand, der verschwunden ist.«

Goodhouse seufzte gelangweilt, er wandte sich ab und schaute wieder über den Rhein. Er winkte Langer zu sich und legte ihm den Arm um die Schultern. »Schauen Sie, sehen Sie das große Kreuzfahrtschiff dort unten? So eine Reise würde mir gefallen. Erkundigen Sie sich doch mal danach.«

»Selbstverständlich, Mister Goodhouse ...«

»Und wo gehen wir essen? Was haben Sie für uns ausgesucht?«

Langer schlug ein Restaurant oberhalb von Köln am linken Rheinufer vor. »Ihre Spezialität sind Fischgerichte. Sie fliegen die besten Lobster aus der Karibik ein, und ich habe da mal einen traumhaften Wildlachs gegessen. Die Haifischflossensuppe haben sie von der Speisekarte genommen, nachdem radikale Tierschützer eine Kampagne gegen das Restaurant angezettelt haben.«

Philipp erinnerte sich, dass ihm Thomas davon erzählt hatte. Die Tierschützer hatten Schnellbinderzement ins Klo geschüttet, und das Restaurant war, bis die verstopften Abflussrohre ausgewechselt waren, eine Woche lang geschlossen gewesen.

»Solche Leute gehören ins Gefängnis statt in die Nachrichten. Was halten Sie davon, Mister Achenbach?«

Einstweilen sah sich Philipp noch zu einer diplomatischen Antwort genötigt. »Obwohl ich Ihre Vorliebe für Wildlachs teile, sehe ich auch die Verantwortung des Verbrauchers, am Erhalt unserer Welt mitzuwirken.«

»Klingt schön. Sie glauben an den Unsinn, von wegen Klimakatastrophe, Anstieg der Weltmeere und andere Horrorszenarien? Seien wir ehrlich, die letzte Konferenz hat es gezeigt. Es ist nichts weiter als eine Möglichkeit für Wissenschaftler, die sonst nichts mehr zu erforschen haben, Fördergelder zu kassieren. Mit Angst verdient man am meisten, davon profitieren die Rüstungsindustrie, die Sicherheitsindustrie und der World Wide Fund for Nature sowie Greenpeace. Das sind weltweit agierende Konzerne mit Hunderten von Mitarbeitern, die nichts anderes wollen als wir auch, nämlich Geld verdienen.«

»Sie haben doch auch ein Anliegen«, wandte Philipp ein. Sie standen mittlerweile vor dem Hotel und warteten auf Langers Mercedes, der aus der Tiefgarage gebracht wurde.

»Welches Anliegen meinen Sie?«, fragte Goodhouse, als sie beide hinten in den Wagen stiegen, den Langer fuhr. »Ich habe mehrere.«

»Ihnen liegt an der europäischen Integration, Sie wollen Kriege vermeiden und die Verständigung fördern, das sind auch politische Ziele.«

»Ich arbeite schließlich auch dafür, und zwar sehr hart. Ich verwende oder verschwende ausschließlich mein eigenes Geld dafür und sammle keine Spenden.«

Philipp wollte einwenden, dass ein Fonds ja wohl auch

eine Art Spendensammlung war, allerdings zur persönlichen Bereicherung, als er Langers entsetzte Augen im Rückspiegel sah.

»Ich glaube, wir müssen uns mal ein wenig länger unterhalten, Mister Achenbach. Sie verstehen nicht, worum es geht«, sagte Goodhouse. »Was glauben Sie, wie lange Ihr Sozialstaat noch funktioniert? Die Arbeit wird knapp, es werden immer weniger Leute gebraucht, der Kampf wird härter, Kapitalismus heißt, menschliche Arbeit in Kapital umwandeln, was wieder für diesen Prozess eingesetzt wird und dessen Freisetzungen beschleunigt. Zeigt ein Unternehmen die geringste Schwäche, schlachten es die Konkurrenten aus wie die Strandräuber ein gestrandetes Schiff. Das ist ein Vergleich, den wir Engländer als Inselbewohner sehr gut verstehen.«

Als Piraten wart ihr auch nicht zu verachten, dachte Philipp und machte ein böses Gesicht, vielleicht kam es als lustig rüber.

»Der Mensch ist skrupellos. Es findet sich immer einer für jede noch so schmutzige Arbeit, ob wir das wollen oder nicht. Der Zweite Weltkrieg war ein Raubzug durch Europa. Zwei Millionen Flaschen Champagner hat die Wehrmacht im ersten Monat der Besatzung in Frankreich gestohlen. Aber insgesamt gesehen war es ein Misserfolg. Gleichzeitig hat er das Wirtschaftswunder ermöglicht. Weil wir alles zerstört haben, konnten Sie die modernste Industrie Europas aufbauen. Und weshalb habe ich Erfolg gehabt? Weil ich weiß, wann man aufhören muss …«

Dann bitte jetzt, wünschte sich Philipp, erspare uns deine Aphorismen.

»… weil ich frühzeitig auf Gold gesetzt habe, auf *emerging markets*, auf Rohstoffe, besonders auf die strategischen. Stahl! Kupfer! Als die Schweinegrippe kam, habe ich, eigentlich mehr als Versuch, Pharmaaktien gekauft und damit sehr viel Geld verdient. Eine Rendite von fünfundzwanzig

Prozent in einem Jahr ist dabei rausgekommen! Moral? Sie glauben doch in dieser Welt nicht mehr an Moral. Die Lüge gehört zum Marketing, sogar das Werben um eine Frau. Als der zweite Irakkrieg begann, habe ich Rüstungsaktien gekauft. Ich war nie ein Freund von Bush, mehr von Blair. Und kurz darauf kaufte ich Aktien von Baukonzernen. Wenn ich es nicht getan hätte, hätte ich etwa den Krieg verhindert? Ich habe an der Zerstörung verdient …«

Irgendwo hatte Philipp gelesen, dass man dann investierte, wenn Blut floss.

»… und am Wiederaufbau. Aber derartige Wetten schlage ich niemand anderem vor, das mache ich nur mit meinem eigenen Geld. Man muss verantwortlich handeln. Der Champagner-Fonds ist ganz auf Sicherheit aufgebaut, auf konkreten Werten, die dahinterstehen. Geld – das ist im Grunde nichts als eine Fiktion, eine Fantasie von Macht, von Möglichkeiten und der damit gewonnenen Freiheit. Geld funktioniert nur so lange, wie alle anderen daran glauben, Mister Achenbach, oder wie der Staat es zulässt. Wenn er die Währungen abwertet, um sich von den Schulden zu befreien, bleiben uns nur materielle Werte. Deshalb werde ich Ihr Weingut unterstützen.«

Eine halbe Stunde später trafen sie im Restaurant ein und wurden zu einem Tisch am Fenster geleitet. Sie hatten wieder einen Blick über den Rhein. Der Ober reichte ihnen die Speisekarten und Goodhouse als Ältestem am Tisch die Weinkarte. Philipp wunderte sich, dass er einen Blanc-de-Noir-Champagner zum Zander bestellte. Ein Blanc de Blancs wäre passend gewesen, aber Engländer waren berüchtigt für ihren merkwürdigen Geschmack, außer beim Bordeaux und Portwein, damit kannten sie sich aus.

»Sie sind nicht da, Papa. Das Haus ist leer.« Thomas war Feuer und Flamme für den Plan, in das Haus der Eltern von Michael Müller einzusteigen, nur um zu sehen, ob die

Champagnerflaschen mit denen im Prospekt des Champagner-Fonds übereinstimmten.

»Woher weißt du, dass sie weg sind?« Philipp hielt den Plan für idiotisch und äußerst gefährlich. Dass er sich Thomas' Vorschläge überhaupt anhörte, lag an seiner brennenden Neugier. Er hätte es genauso gern gewusst, zumal ihm nach dem Gespräch im Hotel und beim Essen grundlegende Zweifel an Goodhouse gekommen waren. Weshalb wollte jemand wie er, der mit Aktien von Bombenbauern und den Produzenten überflüssiger Impfstoffe ein Vermögen verdiente, einen Weinhandel finanzieren?

»Ich weiß es von Irene. Sie hat mir gegenüber gestern beiläufig erwähnt, dass Müllers Eltern eine Laube haben. Sie sind Kleingärtner, und heute Abend wird der neue Vereinsvorstand gewählt, da müssen sie hin. Der Vater war bislang Kassierer.«

»Du bist wahnsinnig, Thomas. Das ist illegal, das ist ein Verbrechen, Einbruch, wenn uns die Polizei schnappt ...«

»Dann wissen wir, ob Müller in die Sache verstrickt war. Notfalls gehe ich eben allein. Ich schreibe mir die Namen der Champagnermarken auf, dann verschwinde ich. Zwanzig Flaschen lassen sich leicht finden. Solche Leute sind ordentlich, die lassen die Pullen nicht im Wohnzimmer, die legen alles korrekt nebeneinander ins Kellerregal.«

»Ich verbiete es dir! Du bleibst hier.« Philipp baute sich drohend vor seinem Sohn auf.

»Mach keinen Scheiß, Papa. Willst du mich etwa mit Gewalt daran hindern? Du hast vorhin bei der BaFin angerufen – und was hat dir die Finanzaufsicht geantwortet? Sie prüfe nur die formale Richtigkeit der Fonds, sie prüfen nur Papiere. Du sollst dich an irgendeinen Staatsanwalt wenden. Und was haben wir für Beweise? Keine. Also müssen wir sie uns beschaffen.« Thomas stand seinem Vater direkt gegenüber, Auge in Auge, und Philipp hätte sich lieber die Hand abgehackt, als sie gegen seinen eigenen Sohn zu heben. Er war erwachsen, er war volljährig, was konnte er machen?

»Ich will vermeiden, dass du Ärger mit der Polizei kriegst. Ist das so schwer zu verstehen?«

»Das lass ruhig meine Sorge sein. Oder komm einfach mit.«

Sie fuhren zweimal langsam am Haus der Familie Müller vorbei. Die Tage waren lang, es war lange hell, doch heute hatte der Himmel sich nachmittags zugezogen, eine geschlossene Wolkendecke hatte es früh Abend werden lassen, und bei Müllers im Haus war alles dunkel. Zur Sicherheit ging Thomas noch einmal daran vorbei und klingelte zu Philipps Entsetzen.

Er kam zum Wagen zurück. »Reg dich ab, Papa. Keiner da. Es hätte sein können, dass die Mutter zu Hause geblieben ist und schläft. «

Sie fuhren zum dritten Mal am Haus vorbei, bogen links ab und parkten an der nächsten dunklen Ecke. Von hier aus konnten sie in drei Richtungen verschwinden. Beide hatten einen Wagenschlüssel in der Tasche, eine Taschenlampe, um kein Licht einschalten zu müssen, und Thomas hatte den Kuhfuß unter die Jacke gesteckt, dazu einen großen Schraubenzieher und eine Zange.

»Ich wüsste zu gern, weshalb sie uns den Champagner nicht zeigen wollten«, sagte Philipp, um seine Aufregung zu überspielen. Er war deutlich nervöser als in Villers-Allerand, obwohl beide Situationen ähnlich waren. Es waren Einbrüche, bei denen nichts gestohlen werden würde, aber hier handelte es sich um Sachbeschädigung und Hausfriedensbruch. Kam man da mit einer Geldstrafe davon? War es das wert? Nein. Aber Philipp glaubte, keine andere Wahl zu haben, wenn er Thomas nicht allein dieser Situation aussetzen wollte. Er hatte ihn hineingezogen, er war verantwortlich, er würde alles auf sich nehmen. Und jetzt war es sowieso zu spät.

Vor ihnen war die Hecke, anscheinend hatte Thomas den Weg derartig gut ausgekundschaftet, dass er sogar wusste, welche Zweige er zur Seite biegen musste, um an den Zaun zu gelangen. Der Draht war schnell durchgeknipst, und sie hockten sich hinter den Tisch auf der Terrasse. Er schützte sie gegen die Blicke der Nachbarn. Thomas setzte den Kuhfuß unter der Glastür an, aber nur das Holz splitterte. Philipp empfand den Lärm als entsetzlich, er meinte, die gesamte Nachbarschaft sei alarmiert – aber alles blieb ruhig. Dann setzte Thomas den Hebel mittig an. Dieses Mal klappte es, nichts brach, die Tür ging auf, kein Alarm ertönte – und sie standen im Wohnzimmer. Sie bewegten sich, den Schein ihrer Lampen abschirmend, durch den Flur und dann die Treppe hinab in den Keller.

Einen Heizungskeller hatte das Haus nicht, es war an ein Fernwärmesystem angeschlossen. Es gab einen Raum mit Sperrmüll und Malerutensilien, Farbeimern und Tapetenrollen, links war die Waschküche, und rechts befand sich die Vorratskammer, und darin, eine schön neben der anderen aufgereiht, standen die Champagnerflaschen.

»Wir sind am Ziel«, raunte Thomas erfreut. »Na bitte, was habe ich dir gesagt? Der Spießer hält auf Ordnung.«

»Du gehst nach oben und beobachtest die Straße. Wenn ein Auto kommt …« Philipp hielt bereits einen Notizblock in der Hand und begann, die Marken und Qualitäten zu notieren. »Übrigens danke für den Spießer. Bei uns sieht's nicht anders aus. Fass bloß nichts an …«

Thomas hatte die Hand bereits nach einer Flasche ausgestreckt, um die Goldfolie abzureißen und sich das Deckelchen anzusehen. »Los, geh rauf …«

In diesem Moment hörten sie das Klimpern eines Schlüsselbundes in der Haustür – und erstarrten, dann drangen eine Männer- und eine Frauenstimme zu ihnen. Das Ehepaar Müller war zurückgekehrt. Es nutzte wenig, dass Philipp Thomas böse ansah, dass er das vorwurfsvollste Gesicht zog, das er jemals gezogen hatte, und dass Thomas entsetzt und hilflos mit den Achseln zuckte.

Da kreischte oben bereits Frau Müller, so entsetzlich, dass Philipp am liebsten nach oben gerannt wäre, um ihr den Mund zuzuhalten. Die Frau hörte überhaupt nicht auf. Philipp erfasste lediglich drei Namen, einen davon hatte er auf den Etiketten in Villers-Allerand gelesen, dann spurtete er die Treppe rauf, Thomas rannte hinter ihm her, beide schirmten ihre Gesichter mit den Händen ab, um nicht erkannt zu werden, oben drückte Philipp die schreiende Frau zur Seite, stieß die Terrassentür auf, und sie hetzten kopflos durch den Garten. Philipp blieb im Zaun hängen, bis er sich losriss, und dann waren sie bereits unterwegs, immer noch das Schreien von Frau Müller im Ohr.

»Eine Scheißidee war das, eine völlig bekloppte Idee. Wie konnte ich das zulassen? Jetzt kriegen sie uns am Arsch, aber richtig.«

»Ich wusste gar nicht, dass du solche Ausdrücke auf Lager hast.« Für Thomas war das Spiel noch immer nicht beendet. »Du hättest die Kamera einstecken und die Flaschen fotografieren sollen. Du bist zu altmodisch. Oder wir haben eben zu wenig kriminelle Energie«, druckste er. »Es ist doch gar nicht gesagt, dass sie uns erkannt haben.«

»Mich schon, du hast ja die Kapuze übergestülpt. Und wo ist der Kuhfuß?«

»Verflucht, den habe ich liegenlassen. Hast du wenigstens deine Taschenlampe?«

16

Sie kamen nicht im Morgengrauen, sondern erst, als Philipp und Thomas frühstückten. Sie kamen auch nicht mit gezogenen Pistolen, sondern waren in Zivil und klingelten artig an der Haustür, zeigten ihre Ausweise und baten, hereinkommen zu dürfen, was Philipp ihnen ohne Bedenken gestattete. Er hatte sie erwartet und deshalb einigermaßen ruhig geschlafen. Er bot den Kriminalbeamten eine Tasse Tee an, die sie dankend ablehnten. Man setzte sich ins Wohnzimmer. Er hörte ihnen sehr gefasst zu, wie sie ihn mit der Beschuldigung des Einbruchs und der Sachbeschädigung sowie des schweren Hausfriedensbruchs konfrontierten. Frau Müller habe Strafanzeige gestellt, obwohl nichts gestohlen worden sei. Eigentlich hätten sie gar nicht eingreifen müssen, aber Frau Müller habe nun einmal Strafanzeige gestellt und Philipp erkannt.

Er stritt nichts ab und erklärte sogar, wie er durch den Zaun und mit Hilfe eines Stemmeisens ins Haus gelangt war. Je mehr er preisgab, desto verunsicherter zeigten sich die Beamten von seiner Offenheit. Er hielt es für die einzige Möglichkeit, Thomas aus der Sache herauszuhalten. Als er die Gründe für den Einbruch darlegte, waren die Beamten vollends verwirrt. Philipps Ausführungen über den Champagner-Fonds interessierten sie nicht. Aber als er erzählte, dass der Sohn der Familie Müller verschwunden sei, wurden sie hellhörig.

»Das fällt nicht in unser Ressort. Wer war der Mann in Ihrer Begleitung?«, fragte der Wortführer, während der Kollege das Wohnzimmer in Augenschein nahm. »Frau Müller, die sich wegen des Schocks in ärztliche Behandlung begeben muss, hat ihn nicht erkannt.«

»Wahrscheinlich will die Alte auf Schmerzensgeld raus«, vermutete Thomas später.

Zu seinem Begleiter verweigerte Philipp jede Angabe. »Das müssen Sie schon selbst rauskriegen, das sage ich Ihnen nicht. Ich bin der Initiator – der Anstifter oder Rädelsführer«, erklärte er, da ihn der Beamte nicht verstand. »Ich habe den Wagen gefahren, das Werkzeug stammt aus meiner Werkstatt, und ich habe die Taschenlampe gekauft und auch die Tür aufgestemmt.«

Es war offensichtlich, dass er log. »Wozu brauchten Sie dann den zweiten Mann? Sie geben zu, dass er dabei war?«

»Selbstverständlich. Ich brauchte ihn als Zeugen, jemand, der gesehen hat, welche Champagnerflaschen Müllers im Keller haben, und dass ich nichts gestohlen habe. Anders kam ich nicht an die Information.«

»Es ging Ihnen ausschließlich darum?«

»Ich hatte nie die Absicht, etwas zu entwenden, und ich komme selbstverständlich für den Schaden auf, ich bezahle auch eine neue Tür, eine, die einbruchsicher ist.« Er grinste, was die Beamten nur als überheblich betrachten konnten.

Sie waren ärgerlich, sie wussten nicht, was sie mit diesem geständigen Täter machen sollten. »Wo ist der Wagen, mit dem Sie zum Tatort gefahren sind?«

»Es ist mein Wagen, er steht in der Garage.«

»Dürfen wir uns im Hause umsehen?«

»Selbstverständlich. Nur der obere Teil des Hauses gehört meinem Sohn, dazu brauchen Sie dann seine Erlaubnis.« Philipp wusste, dass sie die niemals bekommen würden und erst recht keinen Hausdurchsuchungsbefehl, da nichts gestohlen worden war und somit keine »Gefahr im Verzug« war.

Thomas, noch immer im Bademantel, kam aus der Küche in den Flur und erteilte seine Erlaubnis. Hoffentlich weiß er, was er tut, dachte Philipp und dachte an die Taschenlampe und die entsprechende Verpackung. Er hatte gesehen, wie Thomas sie achtlos in den Papierkorb geworfen hatte. Einer der Beamten warf einen Blick hinein, aber der Papierkorb, gestern noch voll, war geleert. Thomas' Einliegerwohnung, so nannte er die beiden Räume, war picobello aufgeräumt, nur das Bett nicht gemacht, und auch in seinem Badezimmer sah es ordentlich aus.

Dann stieg man gemeinsam in den Keller. Eine derartige Fülle an Flaschen hatten die staunenden Beamten bislang nur in Weinhandlungen gesehen. »Trinken Sie das alles?«

»Einiges ja, aber ich sammle auch und verschenke vieles. Ich bin Weintester, da kommt man viel rum.«

Der Weinkeller war à jour, nicht ein Karton stand herum, alle Flaschen in den aus Ziegeln gemauerten Regalen waren nach Ländern und Herkunftsgebieten sortiert, und es war kalt und feucht. Der Polizist warf einen Blick aufs Thermometer.

»Haben Sie auch Champagner?

»Selbstverständlich.« Philipp führte sie an die entsprechende Stelle des Regals, und die Beamten zogen die Flaschen heraus, deren Namen sie stimmlos vor sich hinsagten und notierten.

»Das hätten Sie mal bei Familie Müller machen sollen, dann hätte ich mir den Einbruch sparen können.«

»Ist das eine weitere Einlassung zu Ihrem Einbruch? Fühlen Sie sich mal nicht so sicher.« Der Beamte war von der Absurdität der Situation völlig überfordert. Man stieg gemeinsam wieder ins Erdgeschoss, wo die Wohnungsbegehung beendet wurde. »Wollen Sie demnächst verreisen?«

»Nur wenn die Firma mich losschickt, andernfalls bleibe ich in Köln.« Philipp hatte »meine Firma« sagen wollen, aber es passte immer weniger.

Vater und Sohn sahen den wegfahrenden Beamten grinsend nach. »Wie hast du es eigentlich angestellt, die Sachen, deine Klamotten und die Verpackung der Taschenlampe loszuwerden? Ich dachte, du bringst dich in Teufels Küche.«

»Als du schon gepennt hast, bin ich noch mal losgerannt und habe die Kapuzenjacke und das andere Gelump entsorgt, wirklich entsorgt. Eines sage ich dir, Papa, die nächste Aktion planen wir besser. Ich kam mir gestern vor wie die Marx Brothers auf der Flucht.«

»Den Film gibt's gar nicht«, meinte Philipp. »›Kopflos in Köln‹ gefällt mir besser, so sollten wir ihn nennen«, schlug er vor, und sie lachten, bis ihnen die Tränen übers Gesicht liefen.

»Mit meinem Alten auf Einbruchstour, das glaubt mir keiner.«

»Ist auch besser so.«

»So was kommt eigentlich sonst nur im Prekariat vor. Gab es nicht im Berlin der zwanziger Jahre eine Verbrecherbande, die nur aus Familienmitgliedern bestand?«

»Stimmt, die Gebrüder Sass, nur leider sterben die Familienunternehmen aus.«

Helena empfing ihn mit eisigem Lächeln. »Wie wunderbar, dass man dich wenigstens im Büro zu Gesicht bekommt. Wieso rufst du nicht wenigstens mal an? Ist das zu viel verlangt, oder ist dein Interesse bereits erkaltet?« Sie war wütend und hätte gern lauter gesprochen, aber Langer hätte mitgehört. Er wartete auf Philipp, und das war die Gelegenheit, einer unseligen Debatte zu entkommen. Sie würde zu nichts führen, solange er ihr nicht die Hintergründe seines Verhaltens erklärte. Er versuchte, Helena mit ausweichenden Gesten zu beschwichtigen, und zeigte auf Langers Bürotür, und sie entließ ihn mit einer genauso wenig definierbaren Handbewegung.

Langer hingegen ging auf Philipp zu, schüttelte ihm die

Hand strahlte ihn an. »Goodhouse ist von Ihnen begeistert.«

Das erstaunte Philipp zutiefst.

»Würden Sie nicht für mich arbeiten, Achenbach, dann würde er Sie vom Fleck weg engagieren. Wie gut, dass wir einen langfristigen Vertrag haben.« Langer setzte ein gekünsteltes Lächeln auf. »Aber Sie brauchen ihm wirklich nicht zu sagen, was er tun und lassen soll. Empfanden Sie das nicht selbst als etwas unpassend?«

Es war nicht leicht, auf diese Frage eine Antwort zu geben, die Langer befriedigen würde und gleichzeitig Philipps Verdacht verschleierte, dass Goodhouse längst informiert war und aus irgendeinem Grund darüber hatte Stillschweigen bewahren wollen.

»Wir dürfen uns vom Ergebnis Ihrer Nachforschungen nicht irre machen lassen«, fuhr Langer fort. »Es könnte genau das damit bezweckt sein. Wenn Kriminelle wie dieser Touraine unser Handeln bestimmen, sind wir wirklich am Ende. Dabei stehen wir erst am Anfang. Ich glaube, dass Mister Goodhouse das Richtige tun wird. Außerdem handelt es sich um ein Verbrechen, das in Frankreich begangen wurde. Sie haben allerdings recht, wir sollten uns mit dem Verkauf des Champagners Zeit lassen, bis alles geklärt ist. Aber was Sie von diesen beiden Personen erzählt haben, der eine sei verschwunden, der andere ermordet – haben Sie sich mal gedacht, wie das bei anderen ankommt? Ich kenne Sie lange genug, Sie haben manchmal recht merkwürdige Ideen. Ich habe mich daran gewöhnt, aber auf Mister Goodhouse hat es keinen guten Eindruck gemacht. Sie machen nicht nur sich selbst lächerlich, sondern auch France-Import.«

»Das hat mit unserem Geschäft nichts zu tun, Herr Langer. Sie handeln nicht gegen Ihre Überzeugung, und ich werde es auch nicht tun. France-Import wird da selbstverständlich nicht mit belastet oder hineingezogen.«

»Was erlauben Sie sich?« Langer wurde wütend. »Weil

Ihnen der nötige Weitblick fehlt, um Dimensionen, um die es hier geht, zu erfassen, spielen Sie den Detektiv? Grotesk kann ich das nur nennen, Herr Achenbach. Da fallen ein paar Namen, da ist nicht gleich alles sonnenklar, da gibt es Ereignisse, die Sie nicht verstehen – und Sie vermuten gleich schwerste Verbrechen wie Entführung und Mord!« Jetzt wurde er wieder ruhiger und lächelte sogar. »Vergessen Sie den Unsinn, machen Sie Ihre Arbeit. Die machen Sie sehr gut, und nur deshalb kann ich über Ihre spekulativen Entgleisungen hinwegsehen. Von jetzt an besprechen wir alle Ihre Schritte gemeinsam. Handeln Sie nicht mehr eigenmächtig. Und jetzt möchte ich dieses Thema beenden. Bevor wir zu den wirklich wichtigen Fragen kommen, noch eins. Sie verstehen sich, wie es aussieht, recht gut mit meiner neuen Sekretärin?«

Also hatte Langer was spitzbekommen. »Durchaus, sie ist eine sehr kompetente und interessierte Mitarbeiterin. Sie wird sich schnell einarbeiten.«

»Das meine ich nicht. Ich meine die persönliche Ebene. Es freut mich, dass Frau Schilling sich in der Zeit Ihrer Abwesenheit bereits um Ihr Haus und Ihren Schrebergarten kümmert, und ich weiß nicht, um was noch. Aber denken Sie nicht, dass diese allzu rasche Verbrüderung ein bisschen weit geht? So, das lag mir auf dem Herzen. Wenden wir uns nun angenehmeren Fragen zu.« Langer reichte Philipp eine Liste mit Weingütern aus Italien und Spanien und dazu ein Paket mit Prospekten. »Bei diesen Winzern hat Frau Schilling Proben angefordert, die in den nächsten Tagen eintreffen werden. Sie sehen sich die Namen an und sagen mir, was Sie davon halten, und ergänzen sie gegebenenfalls. Dann beginnen wir mit den systematischen Proben. Sie werden die Verhandlungen über Preise und Lieferbedingungen übernehmen. Aber vermeiden Sie bitte in Zukunft Alleingänge wie die Bestellung in Bandol.«

Langer hatte es noch immer nicht verstanden. »Das hat

nichts mit Bandol zu tun, sondern mit dem Diebstahl. Es hätte jede andere Region treffen ...«

»Ich weiß, ich weiß. Was ist übrigens daraus geworden?«

»Eine Bande hat den Lkw ausgeraubt und stehen lassen, die Bande agiert international, wie die Polizei meint. Mehr und mehr Restaurants, weniger die Weinhändler, fragen nicht nach der Herkunft ihrer Weine.«

»Da wissen Sie ja, worauf Sie in Zukunft achten müssen ...«

»Hast du denn wenigstens heute Abend mal Zeit?«

Philipp befürchtete das Schlimmste. »Was hast du vor, Helena?«

»Ich möchte dir heute gern einen New Yorker Künstler vorstellen, Nigel Nigels, N. N. nennen ihn alle. Ein toller Mann, er präsentiert seine Bilder und Plastiken in Voglers Galerie. Rio, London, Paris, da hat er überall gearbeitet. Seine Bilder waren auf der Art Cologne sofort verkauft. Es kommen einige meiner Bekannten, mit denen wir später noch ein Glas Wein trinken würden. Bitte, es wäre schön für mich, wenn du mitkämest. Es wird Zeit, dass du mal meine Freunde kennenlernst.«

Er sagte zu und schluckte die Kröte, obwohl er lieber im Garten gearbeitet hätte, es war dringend nötig. N. N. – hieß das nicht Normalnull oder »den Namen weiß ich nicht«?

Er hatte nicht die geringste Lust, sich das Geschwätz der Kunstkenner anzuhören, die in den Feuilletons bewandert waren, aber es nie länger als zwei Minuten vor Chagalls Kirchenfenster in der Kathedrale von Reims ausgehalten hatten. Es würde ein grässlicher Abend werden, und er dachte an Louise.

»Sie werden dich kaufen, Papa. Sie geben dir mehr Arbeit, damit du eingebunden bist und über nichts anderes nachdenken kannst. Das ist wie die Möhre vor dem Kopf des

Esels, der im Kreis rennt und Wasser aus einem Brunnen pumpt.«

»So, als Esel siehst du mich?«

»Nur wenn du mitspielst. Langer gibt dir doch nur mehr Kohle, damit du deine freie Zeit damit verbringst, sie auszugeben oder darüber nachzudenken, wie du mehr daraus machen kannst. Das ist keine Beteiligung, das ist Bestechungsgeld. Und noch einen Grund gibt es: Mit mehr Geld kommst du in Kreise, wo über nichts anderes geredet wird. Langer und dieser Goodhouse haben dich unter Kontrolle. Pass auf – bald bist du der Weinlieferant für die nächste Prunksitzung.«

»Langer hat bereits Derartiges angekündigt. Aber mein Junge« – diese Worte benutzte Philipp immer dann, wenn er Thomas signalisieren wollte, dass er besorgt war, und er blickte ihn eindringlich an –, »bei dir muss einiges schiefgelaufen sein, dass aus dir kein Jeck geworden ist. Haben die zehn Jahre in Köln keine Spuren hinterlassen?«

»Die frühkindliche Prägung war gelaufen, als wir aus Marburg hergezogen sind.«

»Vielleicht hätte ich wieder heiraten sollen, ich kann dir nicht Vater und Mutter gleichzeitig sein.«

»Du reichst mir als Büttenredner. Es gibt Leute, die legen ihren Urlaub in die Karnevalszeit und fliegen nach Gomorrha, nur um keine Pappnasen zu sehen.«

»Gomera …«

»Tatsächlich? Köln ist geil, aber den Karneval können sie von mir aus abschaffen. Ach, warte einen Moment, ich habe was für dich, das wird dich interessieren.« Thomas spurtete polternd die Treppe rauf und kam mit dem Mühlespiel zurück. Er hob den Deckel der abgestoßenen Pappschachtel auf und suchte unter den schwarzen und weißen Steinen die Champagnerdeckelchen heraus, dann schüttete er andere, noch nicht in Form gepresste, neben dem Spiel auf den Tisch im Wohnzimmer. »Schau dir das an. Die sind verschieden.«

Philipp trat neugierig hinzu und nahm die Deckel in die Hand. »Da liegen Jahre dazwischen. Die hier hast du vor sechs oder sieben Jahren von mir bekommen, die anderen stammen von unserer Reise.«

»Eben. Die Neuen sehen aus, als hätte man die Alten irgendwie reproduziert, die Kerben für die Drähte in den Deckeln sind mitgedruckt, die Rundungen sind verzerrt. Hier, bei diesem ist das Bild verschwommen, es scheint verrutscht zu sein ...«

»Hast du ›reproduziert‹ gesagt?« Philipp starrte die Deckel an. Die Unterschiede wurden erst deutlich, wenn man sie nebeneinander hielt, und wahrscheinlich auch nur den Sammlern. Bei flüchtiger Betrachtung hätte man die Abweichung vom Original übersehen. Er wusste, dass es zwei Aluminiumplättchen waren, von Kunststoff überzogen, die erst bedruckt und dann geformt wurden. »Du hast erzählt, dass dieser Müller als Reprofotograf gearbeitet hat, als Computerspezialist.«

»Was schließt du daraus?«

»Dass er die Deckel und auch die Etiketten und die Hüllen für den Flaschenhals gefälscht oder zumindest die Druckvorlagen hergestellt hat.«

»Und jetzt hat er alles stehen- und liegenlassen«, ergänzte Thomas. »Wir müssen uns fragen, warum er verschwunden ist.« Thomas sammelte die Deckel vorsichtig ein. »Weshalb verduftet jemand, der 'ne Freundin hat, 'n guten Job und 'n schönes Auto?«

»Die Antwort ist einfach. Weil er Angst hat. Er ist auf der Flucht, weil – ja, warum flüchtet jemand?«

»Er will sich in Sicherheit bringen. Weil er das hier vermurkst hat.« Thomas nahm eines der Deckelchen zwischen Daumen und Zeigefinger. »Und sein Auftraggeber ist sauer, dieser Touraine, wie ich annehme.«

»Oder jemand hat ihn verschwinden lassen.«

»Das glaube ich nicht«, sagte Thomas, »Leute werden

rausgeschmissen, wenn man sie nicht mehr braucht. Oder sie verunglücken im Fahrstuhl.«

»Das wissen wir nicht genau.« Philipp warnte ihn vor voreiligen Schlüssen. »Es gibt noch andere Entlassungsgründe. Man wird gefeuert, wenn man frech wird, spioniert oder zu viel weiß!«

»Na, dann pass mal schön auf dich auf, Papa!«

Als es im Morgengrauen an der Haustür Sturm klingelte und Philipp ans Fenster trat, um zu sehen, welcher Idiot ihn um diese Zeit aus dem Schlaf riss, sah er als Erstes ein Auto, das da nicht hingehörte. Am Gartentor standen drei Männer. Wieso er annahm, dass es sich um Polizisten handelte, wusste er nicht. Philipp rannte zu Thomas in den zweiten Stock und warf ihn aus dem Bett. Er brauchte einen Zeugen und war in gewisser Weise froh, dass Helena nicht mitgekommen und er nicht bei ihr geblieben war. Sie hatte sich angeblich nicht wohl gefühlt. Aber Philipp sah den Grund mehr darin, dass er den Abend über geschwiegen hatte. Er hatte einfach nichts zu sagen gewusst. Der Maler war ein Spinner gewesen, auf den alle reinfielen, und seine Bilder waren eine Katastrophe, aber was er dachte, durfte er die Bewunderinnen nicht merken lassen. Helena hatte es natürlich doch bemerkt und war beleidigt gewesen.

Das war Philipp jetzt auch. Er empfing die beiden Kriminalbeamten und den Staatsanwalt im Bademantel an der Haustür. »Das ist ja ein richtig großer Bahnhof«, sagte er. »Bin ich wegen dieser paar Flaschen jetzt zum Staatsfeind avanciert?«

»Sie geben es also zu?«, fragte der Staatsanwalt Dr. Anlahr und reichte Philipp den Durchsuchungsbefehl.

»Wieso kommen Sie schon wieder?« Philipp holte die Visitenkarten der Beamten aus der Brieftasche, die gestern hier gewesen waren. »Man sagte mir, ich würde vorgeladen.«

»Davon wissen wir nichts«, meinte der Staatsanwalt, er

wirkte sehr jung, ein Milchgesicht geradezu, aber äußerst sympathisch und aufgeweckt. »Wir müssen Ihnen nicht mehr mitteilen als das, was auf dem Befehl steht. Und es liegt noch eine Anzeige wegen Betrugs und passiver Bestechung vor.«

Philipp starrte auf das Papier. Er war als Betroffener genannt, seine Wohnung auch, aber dann folgte der Schlag vor den Kopf: Er sollte bei France-Import 120 Flaschen Wein gestohlen haben, darunter Grands Crus der besten Bordelaiser Châteaus, Jahrgangschampagner sowie Prestige Cuvées, teure Burgunder und seltene Chablis-Weine – von allem nur das Beste. Philipp wurde schwindlig, er lehnte sich an den Türrahmen.

»Ich soll gestohlen haben? Da ist wohl einer total durchgeknallt.« Er reichte das Schriftstück weiter an Thomas. »Völliger Unsinn, das habe ich gar nicht nötig.« Sein Lachen klang verzweifelt. »Ich habe den Keller voll mit Wein, so viel, wie ich gar nicht selbst trinken kann. Und davon ist vieles geschenkt.«

»Wo ist Ihr Weinkeller?« Die Stimme des Staatsanwalts war kalt wie die eines Menschen, der es gewohnt war, sich die Gefühle anderer vom Leib zu halten.

Philipp band den Gürtel des Morgenrocks fester und wies auf die Kellertür. Thomas erzählte ihm später, wie absurd diese Prozession auf ihn gewirkt hätte: Der Vater im seidenen Morgenrock mit einem chinesischen Drachen auf dem Rücken ging voran, dahinter der kleine Staatsanwalt im Anzug, gefolgt von zwei Zivilbeamten – wie ein Priester auf dem Weg zum Hochaltar, gefolgt von seinen Ministranten.

Die Kellertür war nicht abgeschlossen, Philipp machte Licht und ließ die Staatsmacht vorangehen. Als hätten sie gewusst, wo sie zu suchen hatten, steuerten die Beamten auf einen Haufen von Pappen zu, unter denen die aufgeführten Weine zum Vorschein kamen.

Philipp war starr vor Schreck. Weder die Weinkisten noch

die Pappen hatten gestern dort gelegen. Oder war er vorgestern zuletzt hier unten gewesen? Da hatte ihm jemand einen verdammt bösen Streich gespielt.

»Ich verweigere jede Aussage«, sagte Philipp ärgerlich, »und du, Thomas, du tust das auch!«

»Das ist Zeugenbeeinflussung.« Der Staatsanwalt zählte die Sechserkartons, öffnete zwei von ihnen, prüfte den Inhalt, las die Etiketten und wies schließlich die Kriminalbeamten an, die zwanzig Weinkartons nach oben zu schaffen. Philipp sah ihnen nach, wie sie die Kartons, die er aus dem Lager von France-Import kannte, abtransportierten.

»Du denkst an Helena, nicht wahr?« Thomas riss ihn aus seinen Gedanken. Entsetzen hatte ihn gepackt. Wie schnell sich die Lage ändern konnte oder geändert wurde. Gestern war er noch ihr zukünftiger CEO gewesen, heute stellten sie ihn als Verbrecher hin.

»Sie hat dich zu dieser Vernissage geschleppt, damit Langer seine Beweise deponieren konnte. Ich mochte die Frau von Anfang an nicht.«

»Das stimmt nicht, du fandest sie sympathisch.«

»Unterschreiben Sie das hier!« Der Staatsanwalt hielt Philipp ein Schriftstück hin, in dem die besagten Weine aufgeführt waren. »Alles, was als gestohlen aufgeführt wurde, konnten wir sicherstellen. Schlecht für Sie, eindeutiger geht es nicht.«

»Halten Sie das nicht alles für etwas zu eindeutig, Herr Staatsanwalt? Ich möchte Sie unter vier Augen beziehungsweise unter sechs Augen sprechen«, entgegnete Philipp mit Blick auf Thomas.

Dr. Anlahr war doch nicht so grün hinter den Ohren, wie Philipp vermutet hatte. Er hörte sich die Geschichte vom Champagner-Fonds an und machte Notizen. »Wie man weiter verfährt, entscheidet die Staatsanwaltschaft, die das Verfahren weiter betreibt. Ich habe keinen Einfluss. Ich rate Ihnen, den Sachverhalt haargenau zu protokollieren und dann an meine übergeordnete Behörde zu senden. Die ist für Fonds-Betrug zuständig. Aber es geht ja Ihrer Meinung nach um bedeutend mehr, wenn ich alles richtig verstanden habe und das Ganze kein Märchen ist.«

»Wieso sind Sie eigentlich so schnell gekommen?«, fragte Thomas, als der Staatsanwalt bereits in der Haustür stand. »Die Kartons können frühestens letzte Nacht hergebracht worden sein. Man liest immer, dass die Justiz überlastet sei.«

»Wir tun genau das, was man uns aufträgt.«

Sicher auf Geheiß des Oberstaatsanwalts, dachte Philipp in Hinblick auf Langers Beziehungen.

Gegen neun Uhr traf der Bote mit der fristlosen Kündigung und dem Hausverbot bei France-Import ein, gerade in dem Augenblick, als Philipp das Rad aus der Garage holte.

»Wie schön, dann können wir zusammen frühstücken. Ich fahre dann mal zum Bäcker«, sagte er und schwang sich aufs Rad. »Thomas, was soll ich dir mitbringen? Stütchen, wie immer?«

»Nein, ein Röggelchen und eins mit Mohn ...«

Das Hausverbot war sofort wirksam. Hellwege ließ Philipp wissen, dass es ihm wie allen anderen Mitarbeitern untersagt sei, ein einziges Wort mit ihm zu wechseln. »Sie können sich das Entsetzen nicht vorstellen, das Ihre Tat hier ausgelöst hat. Das hat Ihnen niemand zugetraut.« Der maßregelnde Ton zeugte davon, dass auch Hellwege die Anschuldigungen ernst nahm. Für die meisten galt das Motto gleichermaßen, dass schon irgendetwas an den Vorwürfen dran war, ansonsten würde Langer niemals zu derart drastischen Methoden gegriffen haben.

Untätigkeit war für Philipp schwer zu ertragen. Auf die Entscheidungen anderer warten zu müssen bereitete ihm Kopfschmerzen. Er konnte sich nicht erinnern, wann ihm der Schädel zuletzt derartig gebrummt hatte. Er rang sich dazu durch, eine Tablette zu nehmen. Doch dann vergaß er die Kopfschmerzen und rannte nach oben, wo Thomas an seinem Schreibtisch saß – wie zu Zeiten vor dem Abitur, umgeben von Nachschlagwerken. Nur waren es keine Mathematikbücher mehr, sondern Philipps Weinführer, seine Lexika, Fachliteratur über Rebsorten, Anbaugebiete, zum Weinbau und zur Kellerwirtschaft.

»Ich habe einen Fehler gemacht, einen riesigen Fehler. Ich habe sie alle unterschätzt, Touraine genauso wie Langer und Goodhouse.«

Thomas blickte auf. »In welcher Hinsicht?«

»Ich bin ein Trottel. Ich erzähle dem Staatsanwalt von Mord und ziehe selbst nicht die richtigen Schlüsse.«

»Dann haben wir den Fehler gemacht, wenn du mich noch auf der Pfanne hast.«

»Du bist von jetzt an draußen, ist das klar? Ich kümmere mich um die Angelegenheit, ich muss das rausfinden, und du, du fängst in Ruhe deine Lehre an – oder studierst weiter Betriebswirtschaft.«

»Jetzt, wo du arbeitslos bist? Wer soll denn das bezahlen?«

»Meinst du nicht, dass es dir manchmal am nötigen Respekt fehlt?«

Thomas kratzte sich ausgiebig am Kopf, es war seine Art, einen Fehler einzugestehen. Dann aber blickte er auf. »Ich bin genauso wenig draußen wie du! Glaubst du, dass mir der General egal ist? Ich träume sogar von der beknackten Kellerei. Jetzt sag endlich, was wir für einen Fehler gemacht haben.«

Es war nicht der richtige Zeitpunkt, einen Streit vom Zaun zu brechen, aber Philipp hatte Angst um Thomas, besonders nach den jüngsten Ereignissen. Doch was half es, wenn er ihm seine Überlegungen vorenthielt?

»Wir haben etwas Entscheidendes übersehen, und zwar die Größenordnung, um die es geht. Denken wir einfach nur mal darüber nach, was wir wissen, denken wir europäisch. Allein in Deutschland hat der Champagner-Fonds fünfundzwanzig Millionen Euro angesammelt. Wie viel Millionen in den anderen Ländern zusammenkommen, weiß ich nicht ...«

»Das wissen *wir* nicht«, korrigierte Thomas.

Philipp ließ sich nicht aus dem Konzept bringen. »Goodhouse hat das gemacht. Das heißt, er hat an die fünfzig Millionen gesammelt, in Deutschland mehr, in anderen Ländern entsprechend weniger. Und diese fünfzig Millionen geraten durch mich, äh, durch uns in Gefahr. Wen wundert es, dass er heftig reagiert? Es wurden Leute für bedeutend kleinere Summen umgebracht. Der Tod des Generals juckt ihn gar nicht, das Verschwinden von Michael Müller genauso wenig – ich weiß nicht einmal, wie der aussieht.«

»Vielleicht genauso wie seine Eltern? Dann muss er ein elend langweiliger Typ sein.« Thomas sprach aus, was Philipp gedacht hatte.

»Dann kommen die Schläge von Langer. Erst bietet er mir den CEO an, die Leitung der erweiterten Firma, und gleichzeitig kommandiert er mich herum wie einen Schuljungen, ich soll die neuen Weine probieren. Er kriecht Goodhouse in den Hintern. Helena hatte die Schlüssel vom Haus, sie hat sie mir gestern nicht wiedergegeben, sie sagte, sie hätte den Bund zu Hause gelassen.«

»Sie steckt mit Langer unter einer Decke!«

Das mochte für Thomas so aussehen, bei Philipp hingegen blitzte für einen Moment die Erinnerung auf, wie er morgens davon wach geworden war, dass sie ihm die Decke über die Schulter gezogen hatte und er wieder eingeschlafen war. »Ich kann es nicht glauben, sie ist doch keine ... keine Frau, die das aus Berechnung tut.« Das hämische Lachen seines Sohns verletzte Philipp, und er starrte ihn unschlüssig an. Woher stammte dessen Misstrauen Frauen gegenüber?

»Diese Irene, die Freundin von dem Müller, die ist nur auf ihn abgefahren, weil er einen Alfa Romeo fuhr, das habe ich nebenbei mitgekriegt. Geld macht sexy – oder erotisch, wie ihr sagt.«

»Hast du ›hatte‹ gesagt, er hatte einen Alfa Romeo?«

Es war Thomas nicht bewusst, aber er war davon ausgegangen, dass auch Michael Müller nicht mehr lebte. »Die haben den aus irgendeinem Grund verschwinden lassen.«

»Wenn das so ist, wenn dafür sogar Menschen sterben müssen, dann steckt ein riesiges Betrugssystem hinter dem Fonds! Das wollte ich dir in kurzen Worten eben sagen.«

»Mehr nicht? Das nennst du eine großartige Erkenntnis? Ich bin die ganze Zeit über von nichts anderem ausgegangen. Die untergeschobenen Weinkisten von Langer sind der letzte Beweis. Weshalb sonst sollte er dich und das, was du zu sagen hast, sozusagen neutralisieren? Einem Dieb und Betrüger glaubt kein Mensch. Wer weiß, was er sich sonst noch ausdenkt. Er nimmt dich auseinander, vernichtet deinen Ruf, pass auf, er wird es in der Branche rumposaunen.«

»Demnach gibt es nur eine Lösung«, sagte Philipp nachdenklich, und er begriff das Ganze von dieser Sekunde an nicht mehr als spannendes Spiel, sondern als todernste Angelegenheit. »Ich muss das selbst aufklären.«

»Wir, Papa, wir müssen das …«

Nach langer Debatte kam Thomas mit zum Rechtsanwalt in die Kölner Innenstadt. »Das Ding ist für dich alleine zu groß. Du brauchst meine Hilfe, du kannst das nicht allein wuppen«, war sein stichhaltigstes Argument. Der Junge hatte recht, er brauchte ihn, aber das konnte Philipp sich nur schwer eingestehen. In einer derart verfahrenen Lage war er noch niemals gewesen.

Er hielt es für das Beste, den Anwalt das Schreiben an die Staatsanwaltschaft aufsetzen zu lassen, um seinem Verdacht ein offizielles Erscheinungsbild zu geben. Es war Thomas' Idee, den Anwalt zu bitten, die Mitglieder des deutschen Beirats festzustellen, die den Champagner-Fonds kontrollierten. Es sollten ein Steuerberater sein, ein Wirtschaftsprüfer und ein Anwalt, spezialisiert auf Wirtschaftsrecht. Der Rechtsanwalt hielt es darüber hinaus für sinnvoll, auch die Beiräte der ausländischen Fondsgesellschaften festzustellen und diese Namen mit dem Stiftungsbeirat in Liechtenstein abzugleichen. Der Anwalt versicherte, über einen Kollegen an die entsprechenden Personen herankommen zu können.

»Du gehst zu sehr von deinem Feindbild aus«, sagte Thomas, als sie nachdenklich die Treppe des Bürohauses herabstiegen. »Touraine ist eine kleine Nummer, Goodhouse ist der Zampano, wie du selbst gesagt hast. Sollten sich bei den Namen Überschneidungen ergeben, dann wissen wir, dass weit mehr faul ist. Glaubst du, dass Langer sich derart aus dem Fenster lehnen würde, wenn es nicht um seinen eigenen Arsch ginge?«

»Deine Ausdrucksweise ist ein wenig ordinär.«

»Sie passt zu dem, womit wir uns beschäftigen. Geld ist ordinär.«

»Auch in der Form des Taschengeldes beziehungsweise des Monatsschecks?«

»Es gibt keine Schecks mehr. Wenn man damit die Bestien züchtet, die sich später nicht mehr beherrschen lassen, dann ja. Von einem bestimmten Punkt an schlägt Quantität in eine neue Qualität um, und dann wird's kritisch.«

»Beschäftigt man sich in Betriebswirtschaftslehre neuerdings mit Dialektik? Das hilft dem Kapitalismus auch nicht mehr.«

»Vielleicht doch. Aber Dialektik ist was für angehende Weinlehrlinge. Wir studieren die Erscheinungsform des Champagners, das Wesen des Schaums und die Logik des schönen Scheins. Wo wir grade bei Scheinen sind – du wolltest mir das Geld für die Klamotten geben, die ich vorgestern entsorgt habe. Schließlich habe ich die bezahlt.«

Beim Kochen, bei der Arbeit im Garten und beim Wandern entspannte sich Philipp am besten. Die nächste Wanderung würde er aufs kommende Wochenende verschieben, zum Kochen war es zu früh am Tag, hingegen hatte der Garten, besonders die Gemüsebeete, dringend Pflege verdient. Er stocherte mit dem Spaten in der Erde, als er Thomas am Gartentor hörte. Das Geräusch, wenn er sein Fahrrad gegen den Zaun lehnte und das Gartentor öffnete, hatte Philipp tausend Mal gehört.

Aber da hörte er einen Wagen bremsen und den Schrei. Es war ein Schrei um Hilfe. Es war Thomas' Schrei.

Wie Philipp durch den Garten gekommen war, ob er das Gartentor geöffnet hatte oder einfach drübergesprungen war, den Spaten in der Hand, das wusste er später nicht mehr. Er sah nur, dass Thomas sich verzweifelt gegen zwei Männer wehrte. Mit einer Hand klammerte er sich an den Rahmen des Fahrrades, mit der anderen Faust schlug er einem der Entführer, der ihn auf die Rückbank zerren wollte, immer wieder ins Gesicht. Der andere versuchte, ihm das Fahrrad zu entreißen. Dann war Philipp über ihnen und schlug mit dem Spaten zu. Sein Kind war in Gefahr, und für Thomas hätte er vielleicht sogar getötet. Er wusste nicht mehr, wohin er schlug, er war wie von Sinnen, er hörte etwas knacken und den Schrei eines Angreifers, da war wohl ein Knochen gebrochen. Thomas kam von der Sitzbank hoch und warf sich über das Rad, es hatte sich quergestellt und verhindert, dass sie ihn in den Wagen zogen. Mit dem nächsten Spatenschlag zertrümmerte Philipp die rückwärtige Scheibe des Wagens, dann schlug er aufs Dach, der letzte Schlag ging ins Leere. Er hätte das Auto nebst Insassen demoliert, wenn es ihm nicht vor dem nächsten Schlag unter dem Spaten weggefahren wäre.

Keuchend stierten sie den Entführern nach, deren Auto mit quietschenden Reifen durch ihre kleine Straße schlingerte und an der Ecke verschwand.

»Nein«, sagte Philipp. Er meinte in Thomas' Augen die Frage gelesen zu haben, ob sie die Polizei rufen sollten. »Sie würden es uns als Ablenkungsmanöver auslegen. Bei den Anschuldigungen gegen mich wird niemand meinen Aussagen glauben.« Er sah zu den Häusern gegenüber. Kein Mensch zeigte sich, niemand hatte etwas gesehen, nicht ein Nachbar kam gelaufen, um zu helfen, keine entsetzte grüne Witwe.

»Wir packen, Thomas! Such alles zusammen, was du für eine Woche brauchst. Wir müssen abhauen. Wer weiß, was sie sich als Nächstes einfallen lassen.«

»Und wo sollen wir hin? Wo sind wir sicher?« Thomas rieb sich die schmerzenden Hände.

»Sicher sind wir nur, wenn wir sie angreifen. Es tut mir leid, dass ich dich in diese Katastrophe mit reingezogen habe.«

»Papa, du nervst!«

17

Als sie einigermaßen zum Luftholen gekommen waren und die Stadt hinter sich gelassen hatten, schalteten sie ihre Mobiltelefone ab, und Thomas entfernte mit zitternden Fingern die SIM-Karten. Es war eine Vorsichtsmaßnahme, denn Philipp wusste nicht, wie weit Langers Beziehungen reichten. Philipp fuhr, Thomas war schlimm dran; seine Hand, mit der er sich ans Rad geklammert hatte, schmerzte fürchterlich. Sie würden in Épernay einen Arzt aufsuchen müssen. Philipp hatte das Krachen noch im Ohr, als die hintere Scheibe brach, das Scheppern des Spatens auf dem Blechdach und das Knacken eines Knochens.

»Ich fasse es nicht, dass Langer zu solchen brutalen Methoden greift.« Thomas war das Entsetzen noch immer ins Gesicht geschrieben. Er war jahrelang mit Langer hervorragend ausgekommen, ohne dass Philipp sich je hätte einmischen müssen. »Und jetzt prügele ich mich mit Langers – ja, mit wem eigentlich? Wie nennt man solche Typen, Philipp? Verbrecher? Gangster? Ganoven?«

Philipp blieb die Antwort schuldig. Sich zu prügeln gehörte nicht zu Thomas' Gewohnheiten. Er war sportlich und ziemlich fit, aber als Schüler und auch später hatte er sich aus jeder Schlägerei herausgehalten. Den Karatekurs hatte er nach dem grünen Gürtel beendet, weil ihm zu viel Aggression in den Sport gekommen war.

»An der Entführung ist nicht Langer schuld, das war Goodhouse. Du kennst ihn nicht. Je länger ich darüber nachdenke, desto mehr bin ich davon überzeugt, dass er ein eiskalter Hund ist. Alles an ihm stimmt, nur die Augen nicht – und ich frage mich, wie ihn jemand als bescheiden, vertrauenswürdig und verantwortungsvoll charakterisieren kann. Das ist mir unverständlich, besonders bei seinem Beruf.«

»Kommt jetzt wieder dein Rundumschlag?«

»Nein, aber es liegt in der Natur der Sache, dass es den Bankern doch immer um mehr geht, und sie verdienen an allem, sogar an den Gefängnissen und an jeder Beerdigung, an den Lebenden wie an den Toten.«

»Wie willst du es anstellen, ohne die Banken, wenn du dir tatsächlich ein Weingut kaufen solltest?«

»Privatkredite, wir brauchen wieder Privatkredite. Ich kenne so viele Weinhändler, die könnte man am Erfolg beteiligen.«

»Wenn du Erfolg hast, dann ja. Sie müssen an dich glauben, Philipp, man muss an jemanden glauben, wenn man ihm Geld gibt. Und im Moment glaubt überhaupt keiner an dich – außer mir«, fügte er schnell hinzu.

Philipp musste lächeln. Nach einem kurzen Blick zu Thomas konzentrierte er sich jetzt besser auf die Straße. Er fuhr kaum schneller als hundert Stundenkilometer, die Autobahn führte in engen Kurven durch den dichten Tannenwald der Vulkaneifel, links irgendwo schlängelte sich die Mosel um die Hügel. Das waren Namen, die Ruhe vermittelten, und Gegenden, in denen er sich jetzt bedeutend lieber aufgehalten hätte, in der einen zum Wandern, in der anderen, um sich nach Weingütern umzusehen, die zum Verkauf standen. Er wunderte sich über seine plötzliche Zuversicht. Der Krieg hatte gerade erst begonnen. Es war der Junge an seiner Seite, der ihm Mut machte.

Eine Stunde später überquerten sie die französische Grenze, und Philipp dachte an vergangene Kriege und dass sie heute ihre Mark nicht mehr in Francs tauschen mussten, niemand verlangte nach dem Personalausweis. Am schönsten jedoch waren die Freundschaften, solche wie zu den Winzern und zu Yves – und womöglich zu Louise? Zu Yves nach Avize durften sie auf keinen Fall fahren, das »Maison Delaunay« war seinen Gegnern bekannt, und irgendwann gingen ihm seine Tricks, um Verfolger auf Motorrädern abzuschütteln, sicherlich aus. Mit Yves traf er sich am besten in Reims. In der Kathedrale war es unter den vielen Touristen am unverfänglichsten, außerdem kannte Thomas diesen Ort nicht, wo Frankreichs Könige gekrönt worden waren, aber leider nicht Henri IV., der König, den er durch Heinrich Manns gleichnamigen Roman schätzen gelernt hatte. Heinrich war ihm in seiner Bodenständigkeit sowieso näher als der berühmte Bruder Thomas.

Sich bei Louise einzuquartieren kam für Philipp überhaupt nicht infrage. Es war ihm zu indiskret. Außerdem hätte Louise es als Zustimmung zu ihren Plänen auffassen können, und nach der Enttäuschung mit Helena brauchte er einen gewissen Abstand zur Damenwelt. Zumindest für eine gewisse Zeit. Er konnte es noch immer nicht fassen, dass Helena sich zu einem derartigen Vertrauensbruch hatte verleiten lassen. Niemand gab Schlüssel, die einem im Vertrauen ausgehändigt worden waren, an andere weiter. Und außerdem hatte sie ihn gestern Abend aus dem Haus gelockt.

Kurz hinter Metz legten sie eine Pause ein. Sie parkten direkt vor dem Rasthaus und setzten sich ans Fenster, sie behielten den Wagen und die Zufahrt im Auge.

»Sie werden es nicht aufgeben«, meinte Thomas gefasst, obwohl er Angst hatte. »Sie können es gar nicht, bei dem, was wir wissen, wir bringen ihr Projekt in Gefahr, ihre Millionen. Je länger ich darüber nachdenke, desto sicherer bin ich mir. Der Champagner-Fonds ist ein Fake, ein Betrug, ein riesiger Schwindel. Da betrügt nicht Touraine seinen Boss, da betrügt Goodhouse seine Anleger, und es wird sich in den drei oder vier Ländern um Hunderte handeln.«

Philipp beobachtete den Mercedes, der sich der Raststätte näherte. »Mir war die Sache von Anfang an nicht geheuer.«

Der Mercedes fuhr langsam die Auffahrt herauf, er hatte ein deutsches Nummernschild und hielt vor dem Rasthaus. Zwei Männer mittleren Alters stiegen aus. Philipp bemerkte Thomas' ängstlichen Blick.

»Nein, die sehen für Schläger zu intelligent aus. Außerdem sind sie gut angezogen, die Anzüge sind teuer. So was zahlt man Schlägern nicht.« Er war selbst erleichtert, dass sich die beiden Geschäftsleute in eine Ecke verzogen.

Wieder hinter dem Lenkrad löste sich ein wenig von Philipps Anspannung. »Allem Anschein nach haben sie mich bereits während der Recherche beobachten lassen«, sagte er zu Thomas. »Das wirft die Frage auf, was sie damit bezweckt haben, weshalb sie mich dahin geschickt haben.«

»Das Einzige, was mir dazu einfällt, ist, dass sie wissen wollten, wo ihr System Schwachstellen hat.«

»Möglich, und wenn ich es herausfinden würde, was dann? Das ist doch gefährlich für sie.«

»Wozu hat Langer dir die Angebote gemacht, das mit dem CEO, Chief Executive Officer, meine Güte, wie lächerlich das klingt. Dann doppeltes Gehalt, eine Beteiligung an France-Import – ganz klar, er wollte dich kaufen.«

»Der Schwachkopf kennt mich seit zehn Jahren, der muss doch gewusst haben, dass er mich mit Geld nicht kriegt.«

»Ich glaube, Philipp, dass Leute, die nur hinter Geld her sind, glauben, dass alle anderen genauso käuflich sind wie sie. Es heißt doch, alles sei eine Frage des Preises.«

Es wurde Abend, dann senkte sich die Nacht über die Ardennen, und bei Châlons-en-Champagne wechselten sie von der Autobahn auf die Landstraße.

»Weißt du, wo wir heute Nacht bleiben werden?« Thomas war aus einem unruhigen Schlaf hochgeschreckt.

»Auf keinen Fall da, wo man uns vermuten könnte. Ich habe darüber nachgedacht. Langer kennt anhand meiner

Reisekostenabrechnungen alle Hotels und alle Châteaux, wo man hier übernachten kann, außerdem die guten Restaurants. Es wäre das Dümmste, dort aufzukreuzen, obwohl es unwahrscheinlich ist, dass er überall seine Aufpasser hat, aber man hat schon Pferde vor der Apotheke kotzen sehen.«

»Woher kommt dieser dämliche Spruch? Ich weiß nicht einmal, was er eigentlich bedeutet.«

»Es geht darum, etwas auszudrücken, was unmöglich ist. Pferde können sich gar nicht erbrechen, das lässt ihr Schluckapparat nicht zu. Ich habe von einem schönen Hotel in Aÿ gehört, dem ›Castel Jeanson‹, es wird von Winzern betrieben, einer Familie Goutorbe, wenn ich mich recht erinnere.«

»Champagner?«

»Was sonst?«

Sie erreichten das Städtchen Aÿ erst gegen dreiundzwanzig Uhr und hatten Glück, dass um diese Zeit jemand auf der Straße war, der ihnen in dem nachtschlafenden Nest den Weg zum Hotel zeigte. Eine große Halle an der Straßenecke gegenüber diente als Garage. Somit war das nächste Problem gelöst und der Wagen allen neugierigen Blicken entzogen. Dort konnte er die nächsten Tage über stehen bleiben, Philipp würde ein anderes Fahrzeug mieten, eines mit französischem Nummernschild. An der Rezeption bekamen sie noch eine Flasche Champagner. Es war der angemessene Ausklang für einen der schwärzesten Tage in ihrer beider Leben, er war so schwarz, dass es schon wieder komisch wirkte.

Da waren die fristlose Kündigung und diverse Vorwürfe, zwar unhaltbar, aber schmerzlich, dann hatte eine Hausdurchsuchung stattgefunden, hinzu kam die Enttäuschung über Helena und zuletzt die gescheiterte Entführung.

»Wenn nicht alles so besch... wäre, würde ich mich darüber totlachen«, meinte Thomas, als er die Wirkung des Champagners, den sie kurz nach ihrer Ankunft gemeinsam im Aufenthaltsraum tranken, bereits nach einem Glas in seinem Kopf spürte. »Ich muss immer wieder an das Gekreische von dieser Frau Müller denken. Wie eine Sirene … Der Sohn muss mit so einer Mutter ja geschlagen sein. Dann lieber keine. Es wundert mich nicht, dass er den Kontakt mied. Vielleicht ist er ja deshalb abgehauen.« Aber im Grunde glaubte er nicht daran.

Auch Philipp hatte das erste Glas wie ein Bier hinuntergestürzt, ohne auf den Geschmack zu achten. Das konnte er morgen immer noch tun, wenn er sich mit den Winzern unterhalten würde. Auch ihm war der Alkohol zu Kopf gestiegen. Aber er war noch so klar, dass er die Anspielung auf die Mutter wohl verstand.

In dem mit Stilmöbeln gediegen eingerichteten Aufenthaltsraum saß eine Gruppe Deutscher. Ob sie zur Vorhut der Anleger gehörten, die sich hier in der nächsten Woche mit Goodhouse treffen wollten? Denen würde es wenig gefallen, ihren Fonds auseinanderbrechen zu sehen. Wer freute sich schon darüber, wenn sein Geld sich in schönem Schaum auflöste, mochte er auch der des besten Champagners sein – oder des Fusels, den sie ihnen unterschoben. Das brachte Philipp auf eine Idee, er hielt sie für grandios. Eigentlich hatte Langer ihn darauf gebracht. Morgen würde er den Rechtsanwalt anrufen, der musste das für ihn erledigen, und mit dem Gedanken nickte er im Sessel ein.

Madame und Monsieur Goutorbe zeigten sich äußerst interessiert, als Philipp ihnen erzählte, dass sein Sohn demnächst eine Lehre bei einem Winzer beginnen wollte. Bereitwillig führten sie Vater und Sohn durch die Kellerei und ihre *crayères*, wo der Champagner reifte. Besonders angetan zeigten sie sich von Thomas' intensiven Fragen, wobei Philipp, dem die technischen Abläufe zumindest theoretisch klar waren, sich zurückhielt, um nicht gleich als Fachmann entlarvt zu werden.

Aÿ war für seine Blanc de Noirs bekannt, für die Champagner aus Pinot Noir. Es gab sowohl normale Lagen wie auch Premier-Cru-Lagen und die Grands Cru, auf die viele Betriebe besonders hinwiesen. Ob der Champagner von dort besser war als anderer, vermochte Philipp kaum zu sagen. Es kam auf so vieles an, wenn man einen exzellenten Champagner machen wollte. Viele bekannte Betriebe waren in Aÿ angesiedelt, dazu gehörten auch deutsche Namen wie Bollinger und Deutz.

Aÿ lag für Philipps Pläne strategisch günstig. Es war klein und übersichtlich, Verkehrsstaus gab es nicht. Man war rasch in Épernay, sie konnten nach Osten hin zur Landstraße und zur Autobahn hin ausweichen, nach Westen war er sofort an der Nationalstraße und damit fast in Reims, und zu Louise in Moussy würde er lediglich eine Viertelstunde fahren. Thomas blieb in der Kellerei; am liebsten wäre er sofort in die Arbeit eingestiegen. Er war mit so viel Feuereifer bei der Sache, dass Philipp Hoffnung schöpfte, dass es wirklich der richtige Beruf für ihn sein konnte.

Ein Taxi brachte Philipp nach Épernay, wo er sich einen Leihwagen beschaffen wollte. Manchmal war es recht hilfreich, sich im Notfall keine Gedanken übers Geld machen zu müssen. Das brauchte er sowieso nicht, obwohl ihm klar war, dass er nie wieder, was immer geschehen mochte, für France-Import arbeiten würde. Aber die Klage gegen die Kündigung würde Langer spätestens übermorgen erhalten. Es würde auf eine Abfindung hinauslaufen. Doch wenn seine Befürchtungen sich bewahrheiteten und Langer auf die Anklagebank kam, was dann? Dann würde er nie einen Cent sehen, und France-Import würde zerschlagen. Aber erst einmal musste er ihn dahin bringen, vielmehr diesen Mister Goodhouse. Aber wie? Verdammt, ihm würde was einfallen, ihm war bislang immer etwas eingefallen, die Ideen kamen beim Machen. Er erinnerte sich an Louises Agenten oder Vertreter in

London, den würde er um Hilfe bitten oder sich dort selbst umsehen.

In Épernay besorgte Philip für sich und Thomas neue Mobiltelefone. Wegen der Bagatellen, die Langer ihm vorwarf, würde es nie eine grenzüberschreitende Fahndung geben, niemand würde in Datensätzen lesen wollen, ob er in Frankreich ein neues Handy gekauft hätte, um ihn zu lokalisieren. Es stieß ihm dabei wieder böse auf, wie sehr die allgemeine Überwachung zugenommen hatte und in ihr aller Leben eingriff. Anscheinend war jeder verdächtig, jeder ein potentieller Delinquent. Lasen die Politiker zu viele Kriminalromane, oder fürchteten sie den Bürger, der sie gewählt hatte? Wie lebte es sich in ständiger Angst vor dem Souverän? Angst war für Philipp ein neues Gefühl, ein ziemlich gefährliches, es engte das Blickfeld ein.

Französische Arbeiter reagierten heftiger als die deutschen, wie er wusste, viel entschiedener. Sie besetzten Betriebe und sperrten die Chefs ein, um ihre Forderungen durchzusetzen. Vielleicht sollte man das mit Langer auch probieren, aber dazu war sicher kein Kollege bereit, egal, was Langer angestellt hatte. Alle verharrten stumm. Und wenn er ihn in den Knast brachte, wie würde es dann mit France-Import weitergehen? Dann standen dreißig Leute als Kandidaten für Hartz IV mehr auf der Straße. Sie würden nicht Langer hassen, sondern ihn.

Es ist alles Quatsch, was ich mir da zusammenreime, sagte er sich. Nichts ist geklärt, geschweige denn gelöst. Einen Haftbefehl gegen mich gibt es zwar nicht, aber Langer mit seinen Verbindungen wird das auf die Beine stellen. Mit ein paar Kisten eines guten Bordeaux lässt sich einiges bewegen. Die Ironie des Schicksals wollte es, dass ausgerechnet er diesen Bordeaux ausgesucht haben würde, und das steigerte seine Wut.

Langer, Goodhouse, Helena, die Justiz – das alles spielte sich in Köln ab, darauf hatte er keinen Einfluss mehr – er war hier, er brauchte ein zuverlässiges, schnelles Auto, und das gab es nicht in Épernay, dazu musste er nach Reims. Aber bevor er sich hinfahren ließ, rief er Louise an. Zufällig musste sie in Épernay zur Bank, und sie trafen sich auf Philipps Drängen hin eine halbe Stunde später in einem Straßencafé an der Place de la République.

Sie wartete bereits dort und blickte ihm ernst entgegen. Sie stand auf, reichte ihm die Hand, und anders als bei ihren ersten Begegnungen ließ sie sich nur widerwillig auf die Wangen küssen. Bei einer so kühlen Begrüßung war nicht zu übersehen, dass sich etwas verändert hatte. Wusste Langer von seiner Verbindung zu ihr und hatte sie informiert?

»Ich erhielt gestern den Anruf einer Dame aus Deutschland, vielmehr aus Köln«, sagte sie spitz, nachdem man sich gesetzt hatte. »Eine alte Freundin, zu der ich jahrelang keinerlei Kontakt hatte, hat mir eine recht wirre Geschichte erzählt. Vielleicht bringen Sie ein wenig Klarheit in die Angelegenheit?«

Es hat so kommen müssen, dachte Philipp und war kurz davor, aufzustehen und sich ohne Erklärung zu verabschieden. Er war es satt, sich erklären zu müssen. Ihm war klar, um welche Freundin es sich handelte. Seine Situation verschärfte sich beinahe stündlich. Er musste hierbleiben, er durfte jetzt auf keinen Fall den Kopf verlieren. Zu viel stand auf dem Spiel.

Er hielt Louises Blick stand. »Ich freue mich sehr, Madame, dass ich Ihre Bekanntschaft gemacht habe. Ich halte Sie für eine sehr interessante, geschäftlich gewandte und persönlich sehr charmante Frau. Und Sie sind für guten Champagner verantwortlich. Daher war es mir wichtig, das Eis zwischen uns zu brechen.«

»Es gab kein Eis zwischen uns, der See friert erst jetzt zu, um Ihre Metapher fortzuführen, das Eis friert aufgrund Ihres Verhaltens.«

»Ich wollte Sie nicht mit der Information erschrecken,

dass auch ich Helena Schilling kenne. Sie hat mir gegenüber ebenfalls etwas von der Familiengeschichte angedeutet, aber keine Namen genannt und sich in keiner Weise abfällig über Sie geäußert.«

»Dazu hat sie auch keine Veranlassung. Sie kennen Helena näher? Ich schließe das aus der Art, wie sie von Ihnen gesprochen hat, von Philipp!«

»Und was hat sie Ihnen außerdem erzählt?« Wenn Louise von ihm und Helena wusste und womöglich auch noch von dem Drama mit France-Import, war der Schutzraum, den er sich hier und insbesondere bei ihr versprochen hatte, nicht mehr zugänglich.

»Wenn Sie, Monsieur Achenbach, nicht wollen, dass der See gänzlich zufriert, erwarte ich erst einmal Ihre Geschichte. Sie haben mein Vertrauen missbraucht, nicht ich das Ihre.« Madame Louise war ehrlich gekränkt.

»Welches Vertrauen sollte ich missbraucht haben? Helena Schilling hat erst vor einigen Wochen bei France-Import angefangen, sie ist die Sekretärin meines ehemaligen Chefs ...«

»Ihres ehemaligen ...?«

»Dazu komme ich gleich. Sie lebt in Scheidung, ihre Töchter sind aus dem Haus, das Verhältnis zu ihnen ist gespannt. Die beiden jungen Damen werfen ihr genau das vor, was Helenas Mann Ihnen einst vorgeworfen hat, die Herkunft aus bäuerlichem Milieu. Es ist ein absurder Vorwurf.«

Louise lächelte zufrieden. »Davon hat sie nichts gesagt. Also rächt sich im Leben alles.«

»Schön wär's«, knurrte Philipp.

»Wie meinen Sie das?«

Philipp kam nicht umhin, seine augenblickliche Situation vor ihr auszubreiten. Er sprach von Langers allmählicher Veränderung, die er erst jetzt richtig zu deuten meinte, von den geplanten Veränderungen in der Firma, vom Champagner-Fonds und seinem Auftrag, aus dem sich gefährliche

Konsequenzen ergaben. Als er auf die Entführung zu sprechen kam, war Louise das Entsetzen ins Gesicht geschrieben, und sie kratzte nervös den Lack von ihren Fingernägeln, bis sie es bemerkte.

»Eine dumme Angewohnheit. Helena hat mir etwas aufgetragen, falls ich Sie treffen sollte ...«

»Wie kommt Sie darauf, dass wir ...?«

»... später. Sie hätte mit dem Diebstahl nichts zu tun, sie glaubt, dass man ihr den Schlüssel Ihres Hauses aus der Schreibtischschublade entwendet hat. Er sei verschwunden gewesen, sie hatte ihn bei sich zu Hause vermutet, aber da war er nicht, und anderntags lag er wieder im Schreibtisch. Unsere gute Helena hat sich nichts dabei gedacht, bis sie erfuhr, dass in Ihrem Haus Weinkisten gefunden wurden, die Sie, Monsieur Achenbach, angeblich gestohlen haben.«

»Das ist eine billige Ausrede«, vermutete Philipp und rümpfte die Nase, »um ihre Haut zu retten.«

»Das ist möglich, es muss aber nicht stimmen. Ich würde es ihr nicht zutrauen. Sie sagte mir, dass ich Ihnen oder jemandem, mit dem Sie hier in Kontakt stünden, ausrichten sollte, dass die Herren Goodhouse und Langer zusammen mit den Anlegern nächste Woche eintreffen und sie am Donnerstag und Freitag durch die Champagne begleiten, auch nach Villers-Allerand. Es könnte sein, dass Ihnen diese Information nutzt. So, damit bin ich meiner Pflicht nachgekommen. Ich habe die Nachricht weitergegeben und mir Ihre Verteidigungsrede angehört.« Louise stand auf. »Den Kaffee zu zahlen überlasse ich Ihnen. *Merci beaucoup.*«

»Madame!« Philipp ergriff ihre Hand, die Geste wirkte ein wenig theatralisch, aber sie half. »Bitte, ich brauche Sie, vielmehr Ihre Hilfe. Bitte, setzen Sie sich, wenigstens eine Minute.«

Seufzend ließ Louise sich nieder, aber sie blieb reserviert.

»Ich habe Ihnen von diesem Arbeiter erzählt, vom General. Ich fühle mich für seinen Tod mitverantwortlich. Was kann man tun, um hier eine Untersuchung in Gang zu setzen? Ich werde mit diesem Freund von ihm reden, mit dem ich ihn an jenem Abend in Ludes gesehen habe, als wir beschlossen, in die Kellerei einzusteigen. Es war meine Idee. Über diesen Freund komme ich an die Familie, und die wird mehr wissen. Der andere Weg wäre der offizielle Weg. Gibt es eine Berufsgenossenschaft, eine Versicherung, die Polizei, irgendwen, den man hinschicken könnte, damit nicht alles im Sande verläuft? Mögliche Spuren sind sicher längst beseitigt.«

»Und wenn Sie es auf sich beruhen lassen? Von der Arbeitsschutz-Versicherung bekommt die Witwe eine gute Rente. Wenn es Mord war, bleibt ihr die magere staatliche Rente. Und ihm ist sowieso nicht mehr zu helfen.«

Frauen dachten verdammt praktisch, oder war Louises Denken davon beeinflusst, dass auch ihr Mann verunglückt war? »Ein Unfall ist ein Unfall. Aber Mord bleibt Mord, und dafür gibt es Schuldige und Auftraggeber.«

»Wenn Sie es so sehen … Gut, ich kümmere mich darum. Noch was?«

Philipp zuckte entschuldigend mit den Achseln. »Ich muss in der nächsten Woche nach London. Ich muss wissen, was mit diesem Goodhouse los ist. Er kommt von dort, hat dort bis zum Tod seiner Frau gearbeitet, er ist bekannt, jetzt ist er allerdings nur noch auf dem Kontinent unterwegs.«

»Der Tod eines geliebten Menschen verändert vieles, stellt alles auf den Kopf …«

»Ich muss mit Leuten reden, die ihn kennen. Ihr Importeur hat bei unserem Abendessen erwähnt, dass er jemanden kenne, der mit ihm persönlich bekannt sei, und da wollte ich fragen …«

Louise stand wieder auf. »Ich schicke Ihnen seine Daten. Wohin?«

Philipp nannte den Namen des Hotels.

»Da sind Sie gut aufgehoben, die Goutorbes sind angenehme Menschen, und sie machen auch schönen Champagner. Und wenn Sie in Gefahr kommen oder sich fürchten – aber nur Ihrem Sohn zuliebe –, haben wir auch bei uns in Moussy noch einen Keller, in dem Sie garantiert niemand entdeckt. Unsere besten Flaschen hat damals nicht einmal die Wehrmacht gefunden. Wo treibt sich der junge Mann rum?«

»Der arbeitet bereits im Keller der Goutorbes, in Aÿ …«

Als Philipp zwei Stunden später im Hotel eintraf, lag dort das Fax mit der Rufnummer des Londoner Importeurs. Louise hatte bereits mit ihm telefoniert, er sei in der nächsten Woche in London und bereit, Philipp zu unterstützen. Sie hatte auch die Adresse ihres Reisebüros für den Flug nach London mitgeschickt und wünschte ihm und Thomas viel Erfolg und Glück, *bonne chance*, und hatte mit ›Louise‹ unterschrieben. Also war doch nicht alles verloren?

Helena lag Philipp schwer im Magen. Er hatte sie zu Unrecht verdächtigt. Woher wusste sie von seinem Kontakt zu Louise? Er hatte sich nicht getraut zu fragen. War ihr Anruf lediglich ein Schuss ins Blaue? Wollte sie ihn zur Kontaktaufnahme veranlassen, damit Goodhouse und Langer an ihn herankamen? Andererseits war die Nachricht, dass die beiden nächste Woche gemeinsam kamen, Gold wert. Meinte sie es als Warnung oder als Hinweis? Es kam darauf an, wie er es auffasste. Ihre Ankunft bedeutete, dass er Montag und Dienstag in London sein müsste, natürlich nicht, ohne Thomas mitzunehmen, da konnte er ihn schützen. Bis Donnerstag müsste er genug Sprengstoff zusammen haben, um eine Explosion auszulösen, von der Langer und nötigenfalls auch Goodhouse sich nicht erholen würden. Er war gespannt, was ihr Champagner-Fonds zu bieten hatte, ob nach dem Entkorken aus allen Flaschen nur schöner Schaum herauskam, der so unangenehm schmeckte wie die mitgenommene Probe.

Eine zweite Chance würde er nicht bekommen, sie würden sie ihm nicht geben, darüber war sich Philipp klar. Seine Gegner waren skrupellos, das hatten sie gezeigt. Damit waren sie ihm weit überlegen. Außerdem hatte Goodhouse Geld, sehr viel Geld. Sein Renommee basierte auf dem Glauben der Anleger an ihn und an seine Fähigkeiten, auch ihr Geld zu vermehren. Insofern fanden zwei wesentliche Phänomene menschlichen Lebens, Geld und Religion, hier ihre Gemeinsamkeit: Er musste diesen Glauben erschüttern, und plötzlich hatte er die Idee, wie er es bewerkstelligen musste. Er brauchte fast nichts zu tun, hier reichte allein der Glaube völlig aus, ein Gerücht ...

Sofort rief er seinen Anwalt in Köln an und trug ihm auf, schnellstmöglich in der FAZ, der Financial Times, dem Figaro, in der belgischen De Tijd oder im De Standaard und selbstverständlich in der London Times Kleinanzeigen aufzugeben. »Die Anzeigen müssen nächsten Donnerstag erscheinen, wenn die Anleger anreisen. Der Text lautet folgendermaßen ...«

Der Anwalt lachte auf, als er die Worte notiert und den Sinn der Anzeigen verstanden hatte. »Das ist nicht sauber, was wir hier tun, Herr Achenbach, aber ich gehe davon aus, dass Sie recht haben, und wenn alles wie geplant verläuft, rechtfertigt das Resultat die Maßnahme.«

»Wenn es Ihnen zu risikoreich ist, dann sagen Sie es. Ich finde jemand anderen, der es macht.«

Der Anwalt wollte davon nichts wissen. »Sie sind ein Gauner, Herr Achenbach, das darf man doch sagen, oder? Sie lernen schnell. Ist Ihnen klar, dass Sie damit ein riesiges Gebäude zum Einsturz bringen?«

»Ich habe den Krieg nicht angefangen.«

Auch Yves hatte Neuigkeiten, als Philipp ihn anrief. »Dein Chef hat nach dir gefragt, Monsieur Langer, ich war gerade nach Hause gekommen. Ich habe mich ziemlich darüber gewundert. Er meinte, dass alles in Ordnung sei und auf einem Fehler oder einer Fehleinschätzung beruhe. Du sollst dich unbedingt bei ihm melden, es sei sehr wichtig. Ich weiß nicht, ob ich sein miserables Französisch richtig verstanden habe. Er klang ziemlich aufgeregt. Die Anzeigen gegen dich sind zurückgezogen. Welche Anzeigen meint er?«

»Das ist am Telefon kaum zu erklären. Wir müssen uns dazu treffen. Und mein Chef ist er auch nicht mehr.«

»Große Neuigkeiten also? Dann kommt vorbei, auch meine Frau und meine Mutter würden sich freuen, sie wäre glücklich, wenn sie Thomas ein wenig verwöhnen könnte. Du weißt, wir haben ihr keine Enkelkinder beschert ...«

»Unmöglich. Ich muss davon ausgehen, dass Langer euer Haus überwachen lässt, vielmehr Goodhouse und seine Motorradbande.«

»Aber er hat gesagt ...«

»Was er sagt, ist gelogen.« Philipp brauste auf, er hatte in diesem Moment das Bild vor Augen, wie die beiden Männer Thomas ins Auto zerrten. »Das Schwein wollte Thomas entführen lassen. Wir haben uns richtig geschlagen und sind dann geflüchtet.«

»Ohhh ...«

»Ja, ohhh ..., mehr nicht. Es ist Krieg, verstehst du? Richtig Krieg, mit Polizei und Gericht und Einbruch und Ganoven oder wie man die heute nennt. Inzwischen ist zum angeblichen Unfall des Generals noch ein Verschwundener dazu gekommen, ein Deutscher aus Köln. Du musst mir helfen, und zwar schnell. Können wir uns in Reims treffen, am späten Nachmittag in der Kathedrale, in einer der vorderen Sitzreihen? Pass auf, dass dir niemand folgt. Fahr zweimal um einen Kreisverkehr. Wenn dann einer hinter dir bleibt, weißt du Bescheid, dann fährst du zu dem Freund von dir, vorne in den Hof rein und hinten zum Weinberg raus.«

»Verstehe. Ich werde eine Ausrede für meine Mutter erfinden, warum ihr nicht bei uns logiert.«

»Sag ihr besser nicht, dass wir hier sind. Dann kann sie sich nicht verplappern, falls Langer wieder anruft. Sie werden alle Hebel in Bewegung setzen, um an mich oder den Jungen heranzukommen. Wir wissen zu viel, und ich werde auch dich einweihen. Ich brauche jemanden, mit dem ich mich beraten kann.«

»Thomas ist bei dir?«

»Ja, er übt hier schon mal, wie man Wein probiert, ohne betrunken zu werden.«

Thomas hatte zusammen mit Madame Goutorbe, die auch Deutsch sprach, die Probe vorbereitet. Das Haus bot sechs verschiedene Champagner an, von der Hausmarke Cuvée Tradition über einen Brut Rosé bis zum Spécial Club Millésime. Mit diesen Namen ließ sich ein wenig mehr anfangen als mit den hochtrabenden Bezeichnungen wie Brut Royal und Apanage, mit Dry Elixir, Springtime und Wintertime. Da erschloss sich keinerlei Inhalt. Philipp erinnerte sich an eine Champagnerprobe in New York, bei der eintausend verschiedene Marken probiert worden waren. Er hätte da nicht mithalten wollen, er wäre verrückt geworden. Die sechs Flaschen vor ihm reichten völlig.

Sie prüften zuerst den Schaum im Glas, seine Feinheit und wie schnell er sich legte. Danach kamen die Farben an die Reihe, wobei es Differenzen in der Beurteilung der Gelb- und Grüntöne gab. Anschließend beurteilten sie den Duft, und es entspann sich eine Diskussion, ob es sinnvoll sei, sich auf die einzelnen Aromen zu konzentrieren oder den Gesamteindruck stärker zu bewerten. Philipp hielt sich ungern beim Erbsenzählen auf, denn das taten Weintrinker auch nicht. Ein Wein gefiel – oder eben nicht. Sie beobachteten die Perlung, ob die Bläschen groß oder klein waren, und wie sie an einer unsichtbaren Schnur senkrecht an die Oberfläche stiegen. Die Struktur war wichtig, das Volumen, die Harmonie von Süße und Säure, und Philipp stimmte Thomas zu, dass die Beurteilung von Champagner, von Sekt und Crémant oder Cava bedeutend schwieriger war als die von Wein.

Siedend heiß fiel ihm ein, dass er zu Hause drei offene Flaschen im Klimaschrank zurückgelassen hatte: Es waren zwei wunderbare Sekte, Riesling und Chardonnay, vom Weingut St. Laurentius, und ein Cremant. Der Winzer, Klaus Herres, hatte im Fernsehen mitbekommen, dass der Bundespräsident bei einem Empfang Champagner angeboten hatte. Daraufhin hatte Herres ihn angeschrieben und gefragt, ob er glaube, dass sein französischer Kollege bei Empfängen deutschen Sekt anbieten würde. So war er eingeladen worden, Proben zu schicken, und damit war er zum Hoflieferanten des Bundespräsidenten aufgestiegen. Diese drei vorzüglichen Schaumweine würden bei der Rückkehr nach Köln, wann immer das sein würde, leider nicht mehr genießbar sein.

»Wieso schreibst du dir nicht auf, was du siehst, riechst und schmeckst?«, fragte Philipp und schob Thomas einen Block und einen Kugelschreiber zu. »Heute nimmst du einen Wein auf diese Weise wahr, morgen anders, es kommt auf deine Gesundheit an, auf das, was du vorher gegessen hast und woran dich ein Wein erinnert. Wann willst du mit der Lehre anfangen?«

»Mach keinen Stress, Philipp, ich werde mir das merken.«

»Wenn das Jahr herum ist, wirst du einige hundert Weinproben hinter dir haben, wenn du deinen zukünftigen Beruf ernst nimmst. Und du glaubst, du kannst dir alles merken?«

Als Philipp sah, dass Thomas, kaum benutzte er die rechte Hand, sich den Schmerz verbiss, war der Arztbesuch nicht länger aufzuschieben. Madame Goutorbe empfahl ihnen einen Orthopäden in Épernay, der Notdienst hatte. Philipp erinnerte sich nicht, wann er seinen Sohn zuletzt zum Arzt begleitet hatte.

Als eine Frau mit einem Kopftuch das Wartezimmer

betrat, fasste Thomas sich an den Kopf. »Papa, du hattest mir aufgetragen, bei Frau Öztarhan anzurufen, damit sie sich ums Haus kümmert.«

»Du hast es vergessen?«

»Nein, aber dir zu erzählen, was sie gesagt hat. Sie war tierisch unfreundlich, echt krass, sie wollte kaum ein Wort sagen.«

»Hat Frau Öztarhan einen Grund für ihren Sinneswandel genannt? Bisher war sie zufrieden.«

Thomas brauchte einen Moment für die Antwort. »Ich verstehe das Katastrophendeutsch der Frau ja kaum. Zuerst hat sie herumgedruckst, sie hat davon gefaselt, dass sie mit irgendwelchen Leuten nichts zu tun haben wollte, ich weiß nicht, ob sie uns meinte, und dann war ihr Mann plötzlich schuld, er habe ihr verboten, dass sie weiter bei uns arbeitet.«

»Und was ist mit dem Hausschlüssel?«

»Den hat sie angeblich in den Briefkasten geworfen.«

Dann hatte nicht nur Helena einen Schlüssel. »Aber – wie sollte Langer an den rankommen?«

Thomas verstand sofort, worauf sein Vater hinauswollte. »Er wusste, dass sie bei uns arbeitet, Papa. Sie hat auf deine Vermittlung hin mal bei euch in der Firma ausgeholfen, daher wird er ihre Adresse haben.«

»Du meinst, er könnte jemanden zu ihr geschickt haben, um den Hausschlüssel abzuholen?«

Thomas rieb sich nachdenklich das Handgelenk. »Wenn es die beiden waren, die mich in der Mangel hatten, die werden nicht zimperlich gewesen sein.«

Auf der Röntgenaufnahme war keine Veränderung des Handgelenks zu erkennen. Der Orthopäde diagnostizierte eine schwere Sehnenzerrung und schloss einen teilweisen Abriss nicht aus. Der Arm musste ruhiggestellt werden, er kam in eine Schiene und wurde in einer Schlaufe über der Brust fixiert.

Der Arztbesuch hatte länger gedauert als erwartet, sie mussten Yves eine halbe Stunde lang in der Kathedrale warten lassen. Philipp hätte gern mit ihm getauscht und hier nur gesessen und in den Altarraum geschaut und die Glasmalereien des Chors betrachtet. Dabei war er beileibe kein Freund klerikaler Kunst. Dieses Bauwerk jedoch, seine Klarheit, Geometrie und seine kalte Schönheit faszinierten ihn. Es glich in seiner grundsätzlichen Form noch der des 13. Jahrhunderts. Nach Bränden, Orkanen und »architektonischen Verschönerungen« im Verlauf der Jahrhunderte hatte man allerdings Mauern, Pfeiler und die großen Fenster mehrfach restauriert. Den größten Schaden hatte der deutsche Granatbeschuss angerichtet, und es hatte zwanzig Jahre gedauert, bis aus der Ruine wieder die schöne kleine Schwester von Notre Dame in Paris geworden war.

Philipp und Thomas hatten wenig Zeit, um den weiten und hohen Raum des Kirchenschiffs auf sich wirken zu lassen, die »Fenster des Champagners« zu bewundern, wo Dom Pérignon an einem Korken werkelt, der in der Lage war, die Kohlensäure der Flaschengärung zurückzuhalten, und wo die *remueurs* die im Rüttelpult steckenden Flaschen drehen. An den drei Fenstern der Axialkapelle, von Marc Chagall gestaltet, eilten sie vorbei, Yves trieb sie, aber sie würden wiederkommen, wenn ... ja, wenn alles vorbei wäre. Auf dem Weg in der Höhe außen um die Kathedrale, unter verzweigten Strebebögen hindurch und zwischen den Pfeilern, hätte Philipp sich nicht gewundert, Victor Hugos Quasimodo zu begegnen, dem Glöckner von Notre Dame, über einen Wasserspeier gebeugt, die heraufstarrende Menge der Schaulustigen beschimpfend. Philipp hoffte nicht, dass er in eine ähnliche Lage käme, wenn sein Plan nicht aufgehen würde und die Anleger des Champagner-Fonds seinen Kopf fordern würden.

Später saßen sie vor dem Hauptportal auf dem Sockel des Reiterstandbilds von Jeanne d'Arc und beobachteten die

Touristen. Philipp wollte sichergehen, dass kein bekanntes Gesicht darunter war. Touraine würde nicht so dumm sein und hier aufkreuzen. Die beiden Entführer würde Philipp kaum wiedererkennen, der Überfall hatte kaum länger als zwanzig Sekunden gedauert. Thomas jedoch war sich sicher, diese Gesichter nie zu vergessen. Yves war entsetzt und konnte es kaum fassen, welche Wendung die Angelegenheit nahm, die so friedlich begonnen hatte.

»Die Kultur der Lüge greift immer weiter um sich«, sagte er und stand auf. Der Sockel war ihm zu hart. »Sie nennen es Image, sie nennen es Marketing und Werbung, aber in Wahrheit sind das alles Lügen. Dafür bezahlt man Pressesprecher, Regierungssprecher, Sprecher dieses oder jenes Amtes, die sagen das, wofür man sie bezahlt. Ich habe kein Mitleid mehr mit den Menschen, die sich betrügen lassen. Sie wollen daran glauben. Sie wollen zwanzig Prozent Zinsen. Und wenn jemand sich seriös gibt und nur acht bietet, wird er ausgelacht.«

»Goodhouse bietet auch nur acht Prozent«, sagte Philipp.

Yves überhörte den Einwurf. »Wie kann ich euch helfen?«

Philipp bat ihn, alles zu versuchen, damit eine Behörde den Unfall des Generals untersuchte.

Seufzend blickte Yves hinauf zu Jeanne d'Arc auf ihrem Ross. »Vielleicht hilft sie uns wieder. Sie hat Erfahrung im Kampf gegen Engländer, und sie hat gewonnen.«

»Goodhouse mag Engländer sein«, wandte Thomas ein, »aber Touraine ist Franzose und Langer ein Deutscher. Also hör mit diesen blödsinnigen Nationalitäten auf.«

»In Finanzangelegenheiten sind die Engländer seit Margaret Thatcher schlimmer als die Amerikaner«, sagte Yves, ohne sich beirren zu lassen.

Bei ihm wie bei vielen Franzosen saß die Abneigung gegen England tief. Einhundert Jahre lang hatten die Engländer einen Teil Frankreichs besetzt. Einhundert Jahre lang hatten sie Krieg gegeneinander geführt. Dann war Napoleon gekommen, dann General Moltke. Erst gegen Wilhelm II. hatten sie sich verbündet. Aber Philipp glaubte nicht, dass sie Freunde geworden waren. Die Menschheit ist übel, dachte er. Was anderes, als den anderen totzuschlagen und ihm das Wenige wegzunehmen, was er besitzt, fällt ihr nicht ein. Und je weiter oben er ist, desto größer muss der Raubzug sein, desto brutaler sind die Methoden.

»Was starrst du so grimmig vor dich hin?«, fragte Thomas.

»Er hat Hunger«, schlug Yves versöhnlich vor. »Wir sollten rüber ins ›Café du Palais‹ gehen. Wenn wir noch warten, können wir allerdings sehen, wie das Licht bei Sonnenuntergang durch die westliche Rosette der Kathedrale fällt. Es ist der sprichwörtlich göttliche Anblick. Oder wir kommen später zurück.«

»Um wie viel Uhr ist das?«, fragte Thomas.

»In dieser Jahreszeit gegen 21 Uhr. Ihr kommt besser im Winter her, da findet das Schauspiel früher statt. Also lasst uns gehen, ich lade euch ein.«

Das »Café du Palais« war kein geeigneter Ort für wichtige Gespräche. Ob es die bleiverglaste Decke mit Art-déco-Motiven war, die historischen Fotografien, Statuen, Gemälde, Kronleuchter oder Vasen, die gesamte Einrichtung lenkte vom Thema ab, auch die aufgekratzten Gäste, und nur mit Mühe bekamen sie Platz an einem großen Tisch. Das Gedränge und der Lärm boten den Vorteil, dass ihnen niemand zuhören konnte, als Philipp und Thomas ihren Bericht über die Kölner Ereignisse wiederholten.

»Möglicherweise hat sogar Goodhouse ihm diesen Floh ins Ohr gesetzt, um ihn an sich zu binden. Langer sagte mir, dass er Anteile am Champagner-Fonds gezeichnet hat. Aber welche Rolle dieser Michael Müller spielt, ist mir nicht ganz klar.«

Yves, der den Namen nicht kannte, ließ sich erklären, was es mit ihm auf sich hatte.

»Soll ich mal so schreien wie Frau Müller, als wir rausgerannt sind?« Thomas hätte es zu gern getan.

Yves konnte der Situation nichts Komisches abgewinnen.

»Wieso sprecht ihr nicht mit dem Champagnerverband?«

Philipp war strikt dagegen. »Wenn es eine offizielle Untersuchung gibt, braucht man dazu eine Genehmigung, die kriegt man nur mit konkreten Beweisen oder einem stichhaltigen Verdacht. Unser einziges Beweismittel habe ich bei Goodhouse im Hotel gelassen.«

»Das stimmt nicht«, warf Thomas ein, »ich habe die Deckel, Sie wissen schon, Monsieur Delaunay, die oben auf die Korken gesetzt werden.«

»Und was ist mit denen?«

»Die sind verdruckt«, erklärte Philipp, »der Passer stimmt nicht mit den vier Einkerbungen überein. Es sieht aus, als seien sie schlecht kopiert und mitgedruckt worden. Bei den Eltern von diesem Müller haben wir die Flaschen gefunden, die im Prospekt des Champagner-Fonds abgebildet sind. Michael Müller selbst ist auf und davon.«

»Und wenn Goodhouse von einer Untersuchung Wind bekommt, wird er sich absetzen. Wollt ihr darauf hinaus?«

»Du hast es erfasst. Ich hatte ihn gar nicht in Verdacht, nur ein dummes Gefühl, ich glaubte, er sei der Betrogene. Nur als er so gar nicht auf meinen Vorstoß wegen des Generals und Müller reagierte, begann ich die Dinge anders zu sehen. Dann kamen die Angebote, mehr Geld, Beteiligung, einen anderen Posten, alles Geschwätz, und anderntags die geballten Angriffe. Das Schlimmste für mich war die Nachricht vom Tod des Generals. Ich habe ihn da reingezogen, er hat uns geholfen ...«

Als alle drei schwiegen, nahmen sie erst das gewaltige Stimmengewirr wahr. Um sie herum brodelte das Leben, die Gespräche wogten von Tisch zu Tisch, Wein und Champagner hoben die Stimmung erheblich, und die drei Männer starrten wortlos auf die Tischplatte.

»Habt ihr eine Vorstellung davon, wie es weitergehen könnte?«, fragte Yves.

Thomas antwortete für beide. »Wir fliegen nach London und erkundigen uns nach diesem Goodhouse. Es gibt jemanden, der ihn kennt.«

»Wir wissen, wer im deutschen Fondsbeirat ist. Die Einnahmen des Fonds gehen nach Liechtenstein, Begünstigte ist eine Stiftung …«

»Daher weht der Wind«, meinte Yves.

»Das sagt gar nichts. Wir müssen jetzt in Erfahrung bringen, wer die Prüfer dort sind. Es kommt darauf an, ob man sie diskret zu einer Untersuchung bewegen kann.«

»Das glaubst du doch selbst nicht. Es wird so lange alles abgestritten, verschleppt, verschoben und verheimlicht, bis wirklich nichts mehr zu machen ist, das ist so in der Politik wie in der Wirtschaft. Dann heißt es, dass man lückenlos aufklären wird. Und ihr beide lebt weiterhin ziemlich gefährlich.«

»Das heißt doch nur, dass wir dringend was unternehmen müssen. Kennst du jemanden in Liechtenstein?«

»Nur die üblichen Weinhändler, Agenten und Importeure.«

»Könntest du es nicht über die versuchen?«

18

Einen Anhaltspunkt, geschweige denn einen Beweis dafür, dass sein Unfall fingiert gewesen und der General ermordet worden war, gab es nicht. Philipp und Thomas wussten nicht einmal Näheres über den Hergang des Unglücks. Sie hofften, es von einem der Männer zu erfahren, die sich hier in der Kneipe in Ludes mit dem General getroffen hatten.

Durch die große Glasscheibe mit der vergilbten Gardine betrachtete Philipp die am Tresen und an den Tischen sitzenden Männer. Es war nicht einer darunter, an dessen Gesicht er sich erinnerte.

»Vielleicht sind sie längst nach Hause gegangen«, meinte Thomas. »Lass uns trotzdem reingehen, wir trinken ein Glas Rotwein, ich brauche nach dem Champagner mal was Kräftiges. Außerdem habe ich Hunger.«

»Schon wieder?«, fragte Philipp erstaunt und suchte nach der Schiefertafel mit dem Schweinekopf, heimlich jedoch hielt er nach Touraine Ausschau. Eine böse Überraschung wollte er nicht erleben. Es war durchaus möglich, dass einer seiner Spitzel in der Nähe herumlungerte, und denen ging er besser aus dem Weg. Ihm wurde immer klarer, dass es nicht einfach sein würde, ihm oder Goodhouse etwas nachzuweisen, wobei er nicht wusste, in welchem Ausmaß sie gefälschten Champagner in Umlauf brachten. Aber das taten sie nicht. Diese Plörre lag einfach nur da in der Dunkelheit.

Da stieß ihn Thomas an. »Willst du nicht reingehen?«

Als sie die Kneipe betraten, wurden sie von allen Gästen unverhohlen gemustert; ein fremdes Gesicht in Ludes erregte Aufmerksamkeit. Und genau der Mann, der sich am schnellsten wieder abwandte, hatte an jenem Abend mit dem General am Tisch gesessen. Hätte er sich nicht weggedreht, wäre er Philipp nicht aufgefallen. Offensichtlich wollte er nichts mit ihm zu tun haben. Das würde Philipp ihm vermasseln.

»*Bonsoir*, Monsieur. Wie geht es Ihnen?« Philipp hielt ihm die Hand hin.

Der Mann war ein schlechter Schauspieler. Er sah Philipp an, als wäre er ein Fremder. »Bitte, Monsieur, Sie wünschen?«

»Sie haben neulich abends, als ich hier war, mit dem General Karten gespielt, und ich wollte …«

»Das muss ein Irrtum sein, Monsieur. Ich kenne Sie nicht, ich habe Sie noch nie gesehen, weder hier noch anderswo!«

Für einen Moment zweifelte Philipp an seiner Wahrnehmung, aber nur für einen Moment. »Das war in der vergangenen Woche. Ihr Freund hat sich später zu mir an den Tisch gesetzt – Sie werden sich erinnern.«

»Nein, Monsieur, auch diesen jungen Mann«, er wies auf Thomas, »kenne ich nicht.«

Inzwischen herrschte absolutes Schweigen im Raum, man hörte nur das rasselnde Atmen eines vom Kettenrauchen gezeichneten Rentners.

»Meinen Sohn können Sie gar nicht kennen, der war nicht dabei.« Philipp hatte es in einem ironischen Tonfall gesagt, woraufhin vereinzelt Lachen laut wurde.

»Was soll der Quatsch, André?«, sagte ein Arbeiter vom Nebentisch. »Sicher warst du hier, genau wie ich. Was erzählst du für Unsinn?« Der Arbeiter wandte sich direkt an Philipp. »Nehmen Sie ihm das nicht übel. Seit der General verunglückt ist, benimmt sich André merkwürdig, nicht wahr André?«

Der Angesprochene schlug mit der Hand nach dem Redner, als wolle er ihn wegwischen. »Das hat damit nichts zu tun, ich will damit nichts zu tun haben. Lassen Sie mich in Ruhe.«

»Sie wissen gar nicht, was ich von Ihnen will.«

»Siehst du, André«, sagte der Tischnachbar, »du weißt noch gar nicht, was er will, und schon regst du dich auf.«

»Lasst mich in Ruhe, ihr … Ich habe mit dem Unfall nichts zu tun, ich weiß nichts, und fragt mich nicht!« Damit stand er auf, ging zum Tresen, zahlte und verließ unter Gelächter das Lokal. Philipp war allerdings nicht nach Lachen zumute. Das Verhalten dieses André war zu ungewöhnlich, Philipp durfte es nicht dabei bewenden lassen.

»Ich brauche lediglich die Adresse vom General«, sagte Philipp zu dem Mann vom Nebentisch. »Ich will Kontakt zu seiner Familie aufnehmen.«

»Da bleibt nur seine Frau – und die Schwiegertochter. Der Sohn ist vor zwei Jahren in derselben Kellerei verunglückt, er ist beim Beladen eines Lastzuges von der Rampe gestürzt. Und wenn Sie es genau wissen wollen, Monsieur, der General war jahrelang hinter den Leuten her, die er dafür verantwortlich machte. Er sammelte Beweise. Er meinte, dass eine Bande von Champagnerdieben am Werk sei. Sie müssen wissen, dass immer vor Weihnachten Lastwagen geklaut werden, die mit Champagner beladen sind. Manchmal findet man die, dann sind sie leer. Oder sie verschwinden in Lagerhallen. Davon gibt es inzwischen so viele.«

»Und die Fahrer, was geschieht mit ihnen?«, fragte Philipp.

»Die werden betäubt oder verprügelt, oder sie machen mit. Und denen ist der Sohn vom General auf die Schliche gekommen.«

Das war die nächste böse Nachricht. Philipp musste dolmetschen, da Thomas das Genuschel nicht verstanden hatte, und er erinnerte sich an seinen Lastwagen aus Bandol.

Thomas war entsetzt. »Glaubst du noch immer, dass es richtig ist, dass wir hier herumfragen? Wir machen sie auf uns aufmerksam, und dann haben wir die Typen wieder am Hals. Du musst dich an die Polizei wenden und den Champagnerverband benachrichtigen.«

Sie setzten sich an den Nachbartisch, Thomas bekam seinen Rotwein, Philipp war mit einem Kaffee zufrieden, und der Wirt brachte die Speisekarte.

»Was willst du denen erzählen?« Philipp hatte den Eindruck, dass Thomas die Situation zunehmend als bedrohlich empfand. Er flüsterte und sprach natürlich Deutsch, was den Mann am Nebentisch verdross.

»Der andere Tote, der Sohn vom General, muss nichts mit unseren beiden zu tun haben. Aber schrecklich ist das schon. Wieso hat er nichts davon erzählt?« Gerade jetzt empfand Philipp es als unverzeihlich, dass er sich mit den knappen Antworten des Generals zufriedengegeben hatte.

»Wir haben genug zusammen, Papa: die Deckel, die Probe, die Flaschen bei Müller …«

»Hast du was Auffälliges daran entdeckt, außer dem Fehldruck? Ich jedenfalls nicht, und bei dem schlechten Licht in Müllers Keller schon gar nicht. Wenn es Goodhouse nicht interessiert, was Touraine in seinem Namen treibt, und er auch nicht dagegen vorgeht, wird er es wissen. Nach dem Degorgieren sollte Champagner drei Monate ruhen, damit die Fülldosage sich mit dem Flascheninhalt vermischt. Keine Flasche war etikettiert, da lässt sich die gute Ware nicht von schlechter unterscheiden. Sie werden das, was da in Millionen von Exemplaren im Keller liegt, mit den Originalen mischen. Und es kommt niemand drauf, weil nicht eine Flasche verkauft wird.«

Philipp rückte mit seinem Stuhl an den Nebentisch. »Können Sie mir die Adresse von seiner Frau geben, von der des Generals?«

Er bekam einen Zettel mit der Anschrift, und der Mann

zeichnete auf, wie sie hinkommen würden. Es war nicht weit.

»Halten Sie es bitte wie dieser André, der Kollege von Ihnen«, sagte Philipp, bevor sie gingen. »Sie haben uns nie gesehen!«

Der Mann nickte mehrmals. »Selbstverständlich. «

»Glaubst du, dass er sich daran hält?« Thomas rückte den Arm zurecht, er war ihm beim Einsteigen im Weg.

Philipp war viel daran gelegen, Thomas zu beruhigen. »Wir müssen eben schneller sein als sie. Das kriegen wir hin. Zumindest sind wir im Moment im Vorteil. Sie wissen nicht, was wir planen, was wir wissen und wo wir uns aufhalten.«

Sie umrundeten mehrmals das Haus, in dem der General gewohnt hatte. Der Abend war klar, es war noch hell, trotzdem war kein Mensch mehr unterwegs. Nirgends stand ein Motorrad, in keinem der geparkten Autos saßen mögliche Beobachter. Die Frau des Generals war nicht zu Hause, aber die Schwiegertochter, eine Frau um die dreißig, abgearbeitet, ein müdes Gesicht, sah ihnen entgegen, das Make-up verdeckte mehr schlecht als recht das Ekzem auf der linken Wange, und Philipp sah ihre harte, aufgesprungene Hand an der Türklinke. Von der Haustür aus blickte er ins Wohnzimmer, wo eine zweite Frau an einem flachen Tisch vor einer Tasse Tee saß.

Das Haus wirkte von außen größer, als es war, die Möbel waren alt, die Kleidung der Frau abgetragen, man sah ihr an, dass alles aus einem Schlussverkauf stammte. Das hier waren die Leute, die Trauben schnitten, sie pressten, die Schläuche verlegten, den Boden schrubbten, Gabelstapler fuhren, Fungizide versprühten und Champagnerflaschen in die Kartons steckten – statt sie zu öffnen. War es das, was er selbst wollte, war es das, was Thomas anstrebte? Ja, weil es dazu gehörte, und nur, weil es das andere auch gab, das Büro, den Verkauf, die Reisen und Feste und den Glanz.

Philipp sprach sein Beileid aus und erläuterte den Grund ihres Besuchs. In Anwesenheit ihrer Freundin oder Nachbarin war die Schwiegertochter bereit, seine Fragen zu beantworten.

»Mein Schwiegervater war davon überzeugt, dass mein Mann damals absichtlich von der Rampe gestoßen wurde.« Sie wiederholte das, was sie in der Kneipe erfahren hatten, nur ausführlicher, aber Namen nannte sie nicht. »Es gab keine Zeugen, angeblich war niemand in der Nähe. Man fand ihn mit schweren Kopfverletzungen, genau wie meinen Schwiegervater. Er ist aus dem Koma nicht mehr erwacht.«

»Wie hat die Polizei reagiert?«

»Es war ein Arbeitsunfall. Wir haben eine beträchtliche Summe bekommen, ich habe eine gute Rente. Aber das bringt mir meinen Mann nicht zurück und Jeannine nicht ihren Vater.«

»Jeannine – das ist ihre Tochter«, erklärte die Freundin und zeigte nach oben. »Sie schläft.«

»Und wie ist der Unfall mit Ihrem Schwiegervater passiert?« Thomas drängte seinen Vater, weiter danach zu fragen. »Was ist genau geschehen?«

»Das weiß auch niemand, es gab wieder keine Zeugen. Die Tür des Fahrstuhls stand offen, die automatische Verriegelung war defekt, draußen stand ein Hubwagen, mit dem man Paletten befördert – und der General lag drei Stockwerke tiefer im Schacht – er war tot.«

»Sie nannten ihn auch so?«

»Alle nannten ihn so.« Nach diesem Satz verlor sie die Fassung und brach in Tränen aus.

Erst an der Haustür erzählte sie von dem jungen Polizisten, der sich viel interessierter gezeigt habe als die alten Kollegen. »Er kommt gerade von der Polizeischule.« Sie ging noch einmal ins Wohnzimmer und kam mit einer Visitenkarte zurück. »Die hat er da gelassen, falls uns noch etwas einfiele.«

Pascal Bellier hieß er und arbeitete für die Kriminalpolizei in Reims. Thomas schrieb sich den Namen auf. »Das ist mein Job, Papa. Wir Jungen machen das unter uns aus.«

»Wenn dein Französisch dazu ausreicht, soll's mir recht sein.«

Als sie schweigend im Wagen saßen und darüber nachdachten, wie es jetzt weiterzugehen hatte, ließ Philipp gedankenverloren den Motor an. Da bemerkten sie das andere Fahrzeug. Es fuhr mit Standlicht und extrem langsam, hielt zwanzig Meter vor dem Haus des Generals an – zwei Männer stiegen aus und gingen suchend an der Häuserzeile entlang.

»Das ist er«, flüsterte Thomas starr vor Schreck, »der vom Gartentor!«

»Bleib ruhig, mein Junge, dir passiert nichts.« Philipp griff schnell nach der Kamera im Handschuhfach und schaltete sie ein. Der Vorteil dieser digitalen Apparate lag in ihrem automatischen Belichtungsmesser und dem Autofokus. »Bleib ganz ruhig, mein Sohn. Es passiert dir nichts. Schalt einfach nur das Fernlicht auf mein Kommando ein.«

Thomas schluckte, als die Männer die Haustür des Generals erreichten. »Sie werden den Frauen doch nichts antun?«

»Jetzt!«

Die beißend hellen Halogenscheinwerfer rissen den Eingang und die Männer aus dem Halbdunkel, und sie starrten erschrocken her, für eine Sekunde wie vom Licht gelähmt, und genau in der Sekunde drückte Philipp auf den Auslöser. Die Aufnahme gelang, die Gesichter waren zu erkennen, und die Männer rannten zu ihrem Auto zurück. Mit jaulendem Motor und quietschenden Reifen schlingerte der Wagen rückwärts auf die Straße, wendete und verschwand.

»Jetzt wissen sie, dass wir hier sind.« Panik sprach aus Thomas' Stimme, aber er riss sich zusammen.

»Wieso?«

»Wenn sie Profis sind, dann wissen sie, dass die Polizei

nicht so auffällig arbeitet. Jetzt müssen die Frauen da raus, irgendwohin, wo sie sicher sind, denn das Pack kommt wieder.«

Die jaulenden Reifen hatten die beiden Frauen aufgeschreckt, aber die Schwiegertochter teilte Philipps Besorgnis nicht, erst ihre Freundin konnte sie dazu bewegen, zu ihr mitzukommen. Sie half ihr beim Packen, und Philipp brachte alle drei ins Nachbardorf, wo sie sicher waren.

Auf dem Rückweg nach Aÿ versuchte Thomas, Kontakt zu dem jungen Kriminalbeamten herzustellen. Es war seine Art, mit seiner Angst umzugehen, die ihn seit eben gepackt hatte. Philipps Argument, zu dieser Zeit niemanden mehr stören zu dürfen, ließ er nicht gelten. »Um die Zeit, das solltest du von mir wissen, geht unsereins erst auf die Piste. Eventuell hat er sogar Dienst.« Gegen Mitternacht erreichte er ihn, schilderte ihm kurz, worum es ging, worauf Pascal Bellier versprach, sie am nächsten Morgen aufzusuchen.

Sie waren die Letzten beim Frühstück. Die Rezeptionistin brachte ein Fax, Thomas griff neugierig danach. »Oh, Madame sendet beste Grüße – an uns beide, Papa«, sagte er, nachdem er den langen Text überflogen hatte. »Wenn das mit ihrer Post so weitergeht, würde ich sagen, sie verzeiht dir deine Eskapaden.«

»Und was schreibt sie?« Philipp hatte Quittengelee an den Fingern und wollte das Fax nicht anfassen.

»Sieht aus, als hätte sie wieder Kontakt zu deiner letzten Flamme aufgenommen, zu Helena. Helena glaubt wohl, etwas gutmachen zu müssen – wegen des Schlüssels. Ach nein, das war ja unsere Putzfrau. Hier steht, in welchem Hotel Goodhouse und seine Gemeinde ab Mittwoch logieren werden. Langer ist auch dabei.«

»Was Besseres hätte uns nicht passieren können. Welches ist es?«

»Das ›Chateau Les Crayères‹. Es sind einundzwanzig Personen angemeldet, alle sind namentlich aufgeführt, plus dein Exchef und der Zampano. Das Besuchsprogramm will deine schöne Helena auch schicken, sie hat es noch nicht gekriegt, nebst Speiseplan. Ob sie Langers Schreibtisch aufgebrochen hat?«

»Seit wann sprichst du so gut Französisch?«

»Lesen kann ich besser als sprechen.«

»Wir müssen dafür sorgen, dass sie zwei oder drei verschiedene Zeitungen mit den Kleinanzeigen am Donnerstag beim Frühstück vorfinden ...«

»Das ist zu früh, da können Langer und der Zampano noch intervenieren. Wir schnappen uns Langer, und danach muss sich Goodhouse allein mit der Meute rumschlagen, da kommt Freude auf, sie werden ihn lynchen ...«

Philipp dachte darüber nach, was Thomas zuletzt gesagt hatte. Langer und Goodhouse zu trennen war eine gute Idee, die einzige Möglichkeit. Auch Touraine mussten sie allein erwischen. Seit Tagen zerbrach er sich darüber den Kopf. Erst jetzt nahm sein Plan weiter Gestalt an, den ersten Schritt hatte er bereits getan, ohne zu wissen, dass es der richtige gewesen war.

Diskret trat die Concierge mit einem jungen Mann an ihren Tisch, den sie als Kriminalbeamten vorstellte. Thomas stand auf und streckte ihm die Linke entgegen und lud ihn zum Sitzen ein.

Sie hatten abgesprochen, dass Thomas über alles reden durfte, die Strafsache gegen Philipp sollte er jedoch unbedingt verschweigen, wie auch den Weindiebstahl, nicht aber die fristlose Kündigung. Als könne er von ihm die Bestätigung für das Gesagte bekommen, schaute Bellier immer wieder Philipp an, der hin und wieder mit einem exakteren französischen Begriff aushalf und zustimmend nickte. Dann sah er auf die Uhr.

»Wir müssen packen, unser Zug fährt«, und er erklärte Pascal Bellier ihr Vorhaben. Nachdem sie das Foto der beiden Gangster vom Abend zuvor auf einen Computer überspielt und ausgedruckt hatten, erklärte sich Bellier bereit, sie mit seinem Wagen zum Bahnhof nach Reims zu bringen. Unterwegs hatten sie Zeit, seine Fragen zu beantworten. Sie nannten ihm auch den Namen des Kölner Staatsanwalts, des *Procureur de la République*, der angeblich bereits ermittelte, wie Thomas und Philipp hofften. Nach dieser Information war das Misstrauen des jungen Beamten gänzlich beseitigt, und sie konnten ihm seine Begeisterung für den Fall ansehen. In den nächsten Jahren würden seine Vorgesetzten und die Wirklichkeit ihm die Leidenschaft schon noch austreiben.

Mit dem TGV von Reims nach Paris dauerte es nicht einmal eine Stunde, von Orly flogen sie nach Heathrow und fuhren mit der Piccadilly Line weiter in die City. Die nächste U-Bahn-Station in der Nähe des Hotels am Dorset Square war Baker Street. Mister Wallace, der Importeur von Louise, hatte ihnen dort ein Zimmer reservieren lassen. Er war nicht mit Edgar Wallace verwandt, und es hatte auch keinerlei Bewandtnis, dass es vom Hotel nur wenige Minuten bis zum Sherlock-Holmes-Museum waren.

»Für uns ist der Besuch dort ein Muss. Wir sollten es uns unbedingt ansehen«, schlug Thomas vor. »Es kann sein, dass es uns hilft. Vielleicht lernen wir, wie man am besten vorgeht.«

»Es hilft uns mehr, wenn wir Conan Doyles Bücher lesen«, meinte Philipp, dem das von Wallace ausgearbeitete Besuchsprogramm Sorgen machte.

Am nächsten Morgen hatten sie das erste Gespräch, am Abend zum Essen mit Mister Fenton, der mit Goodhouse zusammengearbeitet hatte, das letzte, und es war das wichtigste. Im Laufe des Tages war von Goodhouse das Bild von einem weitblickenden Geschäftsmann entstanden, einem Investmentbanker und Fondsmanager, der durchdachte, langfristige und dabei konsequente Strategien verfolgte. Er verließ sich nicht auf Ratingagenturen, die alle möglichen Anlagen bewerteten, da sie vielfach mit Banken verbandelt, ja sogar von diesen gegründet worden waren und von ihnen bezahlt wurden, und die dann wiederum an deren positiven Bewertungen verdienten. Goodhouse hatte seine eigenen Bewertungen vorgenommen und sich einen verlässlichen Stab von Analysten aufgebaut. Mit einem von ihnen hatten sie sich am Morgen unterhalten.

Mister Fenton hatte bei der Midland Bank gearbeitet und sie verlassen, als sie von der Hongkong and Shanghai Banking Corporation übernommen worden war, einem der weltweit größten Unternehmen. »In einem derartigen Apparat ist man einfach nur ein dummes Rädchen in einem undurchsichtigen Getriebe.«

Was Fenton zu Goodhouse zu sagen hatte, deckte sich weitgehend mit dem, was sie tagsüber erfahren hatten.

Seine Fonds hatten sich meist überdurchschnittlich gut entwickelt, weil Goodhouse früh erkannt hatte, dass Schwellenländer wie China und Brasilien boomten, und wie sich die Rohstoffpreise entwickeln würden.

»Abgesichert hatte er sich mit Goldminen und Eisenerz. Für Brasiliens gewaltige Minen hat er sich besonders interessiert, damit hat er ein Vermögen gemacht. Goodhouse hatte das, was wir Briten Teamgeist nennen, Fairplay war wichtig für ihn, er sah sich als primus inter pares, inmitten von Managern und Finanzvermittlern. Er interessierte sich für alles, nicht nur fürs Geschäft. Er finanzierte Forschungen im Umweltbereich, die Klimakatastrophe machte ihm Sorgen, das war sein Thema, fast bis zur Paranoia. Aber insgesamt – er war eine Rarität in der Bankenwelt, wo es selten zu Freundschaften kommt. Geld wirkt wie Dynamit. Wenn Goodhouse meint, dass mit Champagner Geld zu verdienen ist, dann wird was dran sein.«

»Sie sagten, er *war* eine Rarität. Wie meinen Sie das?«

»Ich spreche von der Vergangenheit, das alles liegt einige Jahre zurück. Ob er heute noch so ist, entzieht sich meiner Kenntnis. Menschen verändern sich, sei es durch Schicksalsschläge, durch Katastrophen, durch Umstände ...«

Philipp bezweifelte das. »Legen Umstände nicht lediglich im Charakter etwas frei, was längst vorhanden ist?«

Da mochte Fenton sich nicht festlegen. Je mehr er von Goodhouse erzählte, desto mehr hatte Philipp den Eindruck, dass er über einen Unbekannten sprach. Thomas hörte still zu. Er hatte Goodhouse bisher nicht zu Gesicht bekommen, und so sollte es möglichst bleiben, alles andere war zu gefährlich.

»Ich habe gehört, dass seine Frau gestorben ist«, sagte Philipp, »was ist nach ihrem Tod geschehen? Er soll sich verändert haben.«

»Das ist wahr. Danach hat ihn kaum jemand wiedererkannt, ehrlich gesagt habe ich ihn seit damals nicht mehr gesehen, wie viele andere auch. Er ging auf Weltreise, ein halbes Jahr, ein Jahr, ich weiß es nicht, er hat danach in England alles über Treuhänder abgewickelt. Was aus seinem Vermögen geworden ist, wer es verwaltet, ob er es selbst macht, kann ich Ihnen nicht sagen.«

»Gab es jemals irgendwelche Unregelmäßigkeiten und Ermittlungen von Seiten der Finanzaufsicht?«

»Das ist bei uns in Großbritannien sehr lax geregelt. Noch immer streitet sich unser Finanzministerium mit der Bank of England, ob und wie die Financial Services Authority größere Befugnisse bekommen soll. Das ist ein Machtkampf. Irgendwelche Verfahren hat es nie gegeben. Eine Reform der europäischen Finanzaufsicht wird mit Rücksicht auf unsere politische Befindlichkeit sicher nicht umgesetzt.«

»Wohin hat Goodhouse seine Aktivitäten nach seinem ...« Philipp hatte »Abtauchen« sagen wollen, entschied sich jedoch für ein anderes Wort. »... nach seinem Weggang aus London verlegt?«

»Er residiert in Brüssel«, antwortete Fenton. »Aber Sie wissen ja, wie das so ist. Eines Tages verliert man sich aus den Augen, und in der Krise hatten wir andere Sorgen. Man muss den Kopf über Wasser behalten.«

Philipp vermutete, dass es für Fenton nicht allzu tief gewesen war. Wenn sich von seinen zehn Millionen Pfund fünf in Luft aufgelöst hatten, würde er sich noch immer seinen First Flush Darjeeling leisten können, einen dreißig Jahre alten irischen Whiskey, und er würde auch seine Segelyacht nicht verkaufen müssen.

»Es heißt, er war ein großer Weinkenner und Weinliebhaber.«

»O ja, das ist wahr. Rotwein war seine Leidenschaft, Bordeaux und Burgund und das Barossa Valley und seine Shiraz-Weine. Da fällt mir ein, wie er von einer Reise ins Napa Valley zurückkam und getobt hat, dass man ihm auf dem Flughafen von San Francisco die Fingerabdrücke abgenommen und ihn wie einen Kriminellen behandelt hat.«

»Er soll einen umfangreichen Weinkeller gehabt haben.«

»Sie scheinen gut informiert zu sein. Er hat alles versteigern lassen.«

»War Champagner dabei?«

»Ich glaube nicht, er war auch kein großer Freund von Weißwein, er vertrug die Säure nicht. Wenn wir Champagner tranken, bestellte er Rotwein.«

»Hatte er irgendwelche besonderen – Marotten, Eigenheiten oder Vorlieben?«

»Er war stets sehr gepflegt, sehr korrekt in seinen Umgangsformen, *very british*, wie wir sagen. Einmal nur verlor er die Fasson. Wir hatten uns im ›Ponte de la Tour‹ mit einem Kunden zum Essen getroffen. Er hatte eine Fischallergie oder eine gegen Meeresfrüchte, jedenfalls gegen ein besonderes Eiweiß. In der Sauce, wie wir später erfuhren, waren Anchovis oder Muscheln, genau weiß ich es nicht mehr, und Goodhouse bekam schreckliche Atemnot. Ich sehe ihn noch am Boden liegen und röcheln. Ein anwesender Arzt hat ihm geholfen, und das mit Blick auf die Tower Bridge und die Themse … Er hat sich wochenlang nicht in der Öffentlichkeit sehen lassen, so peinlich war es ihm.«

Philipps Eindruck, dass sie von zwei verschiedenen Personen sprachen, verstärkte sich. Er konnte sich nicht vorstellen, dass Goodhouse irgendetwas peinlich war, der platzte vor Selbstsicherheit. Erst als Thomas sich laut darüber wunderte, dass Goodhouse keinen Champagner trank und einen Champagner-Fonds betrieb, und das damit verglich, dass Drogenbosse niemals selbst Drogen nahmen, erinnerte sich Philipp daran, dass Goodhouse bei ihrem gemeinsamen Essen in Köln nicht nur Champagner getrunken, sondern auch Fisch bestellt hatte. Verlor sich eine Fischallergie mit zunehmendem Alter?

Fenton hatte darauf keine Antwort, und er hatte sich sowieso darüber gewundert, dass Goodhouse einen Champagner-Fonds gegründet hatte, »wo er doch selbst nichts von dem edlen Schaumwein zu sich nahm«.

»Falls Sie noch weitere Informationen brauchen«, Fenton fuhr mit dem Finger über das Display seines elektronischen Notizbuches, »mir fällt eben ein Name ein, jemand, der ihn kennen wird, weil er häufig mit ihm verwechselt wurde. Er arbeitete eine Zeitlang im selben Institut wie wir. Er heißt Melvin Russel. Damals war er Broker, vom Charakter her das genaue Gegenteil von Goodhouse. Er war schnell, gerissen, er nutzte jeden noch so kleinen Vorteil. Aber die beiden sahen sich verdammt ähnlich, es kam durch die Verwechslung zu komischen Situationen. Etwa ein Vierteljahr, nachdem Goodhouse auf Weltreise gegangen war, verschwand dieser Russel ebenfalls aus meinem Blickfeld. Ehrlich gesagt hat ihn niemand vermisst. Aber unsere Branche ist riesig. Der eine geht nach Hongkong, der nächste an die Börse nach Sidney …«

»… oder nach Brüssel?«, fragte Philipp.

»Für die Bankgeschäfte brauchen Sie lediglich einen schnellen Rechner. Das Kaufen und Verkaufen der Wertpapiere erledigen heutzutage Computerprogramme. Nur die Kundenbetreuung bleibt uns überlassen. Aber fragen Sie nach Russel. Ich glaube, niemand kennt Goodhouse so gut wie er. Ach, da ist noch etwas – auch seine Brasilienambitionen hat er geteilt, etwas ordinärer allerdings. Von einer Reise nach Rio de Janeiro ist er mit einer Brasilianerin zurückgekommen, einem ziemlich jungen Ding. Fragen Sie mich nicht, wo er die her hatte. Aber alle Männer haben ihn beneidet.« Fenton verdrehte die Augen. »Goodhouse hingegen war stets diskret.«

Doch dieser Melvin Russel war nirgendwo aufzutreiben, niemand schien zu wissen, wo er geblieben war. Im Internet gab es weit mehr als drei Millionen Fundstellen für Melvin Russel, also stellte Thomas die Suche am Hotelcomputer nach einer Stunde ein. Er fand niemanden unter diesem Namen aus dem Finanzbereich. Vielleicht hatte er seine Frau nach Brasilien begleitet und lebte dort? Er würde den Kripobeamten fragen, er hatte das Gefühl, dass er ihm helfen würde, und die hatten Zugang zu sämtlichen Datenbanken der Polizei.

»Ruf Bellier an«, sagte Philipp, »jetzt gleich. Wir haben wenig Zeit. Morgen kommt die ganze Bande in die Champagne. Jede Stunde ist kostbar.«

»Und was machst du?«, fragte Thomas.

»Ich schreibe dem Staatsanwalt in Köln einen Brief über alles, was wir bislang rausgefunden haben, als Rückversicherung sozusagen.«

Thomas hatte Bedenken. »Dann weiß er aber, wo wir sind.«

»Hältst du mich für so blöd, es vom Hotel aus abzuschicken? Ich sende die E-Mail an Yves, der kopiert sie und schickt sie als seine eigene weiter, aber erst, wenn wir wieder im Flugzeug sitzen. So, und jetzt gehe ich eine Zeitung holen.«

Kurz darauf kam er mit der Times wieder, setzte sich in einen Sessel und begann zu lesen. Dann lachte er böse. Thomas drehte sich zu ihm um.

»Die Zündschnur brennt«, sagte er. »Das hoffe ich wenigstens. Am Donnerstag wird hier im Finanzteil eine winzige kleine Anzeige mit folgendem Text erscheinen: ›Wir bitten alle Geschädigten des Champagner-Fonds sich zwecks Schadensermittlung und Durchsetzung ihrer Ansprüche an folgende Anschrift in Frankfurt zu wenden‹ – und dann kommt die Adresse eines Wirtschaftsprüfers.«

»Aber das ist doch gelogen – es gibt gar keine Geschädigten«, wandte Thomas ein.

»O doch, sie wissen es nur noch nicht ...«

19

Mit einem flauen Gefühl im Magen betraten sie den Flughafen Heathrow und legten die Buchungen vor. Mit demselben Gefühl passierten sie die Sicherheitsschleuse. Nichts geschah, Philipp hatte gefürchtet, dass es wegen seines Verschwindens einen Haftbefehl gab. Sie setzten sich in den fernsten Winkel des Wartebereichs und beratschlagten, was weiter zu tun war, während sie auf den Abflug warteten. Philipp hatte alle Zeitungen gekauft, in denen seine Kleinanzeige erscheinen sollte, und mit Schrecken festgestellt, dass in der Times bereits eine erschienen war. Er hoffte inständig, dass sie niemand beachtete. Das konnte seinen gesamten Plan gefährden und gleichzeitig ihre Sicherheit. Diese nicht mehr als zwei Zentimeter hohe und spaltenbreite Anzeige konnte die Finanzwelt und damit Goodhouse warnen, der die Reise in die Champagne sofort absagen würde. Gründe würden sich finden lassen. Die Anzeige brauchte nur ein einziger Anleger zu lesen, der benachrichtigte den nächsten, der wiederum einen dritten, die Panik würde wie ein Steppenbrand um sich greifen …

Die Geschädigten würden sich dann in Frankfurt bei dem Wirtschaftsprüfer melden, den ihr Kölner Anwalt als Kontaktadresse angegeben hatte. Es war sowieso ein Wunder, dass der sich darauf eingelassen hatte. Und die Anleger würden über ihre Anlageberater und Finanzvermittler herfallen, die würden sich bei Goodhouse informieren wollen, und der würde sich bei seinen finanziellen Möglichkeiten sonstwohin absetzen, vielleicht wieder nach Brasilien? Wenn er dort ein Kind gezeugt hatte, eine Frau dafür war angeblich leicht zu finden, würden ihn die dortigen Behörden niemals ausliefern. Auf diese Weise hatte sich der britische Posträuber Briggs sein Leben lang vor der Auslieferung gerettet.

Philipp war gespannt, ob Yves oder Louise die Zusammensetzung des Liechtensteiner Stiftungsrats hatten klären können und ob sich daraus Rückschlüsse ergaben. Er hoffte, dass Helena weiter half und ihm das Programm für die Reise hatte schicken können.

»Ein riesiges Problem existiert nach wie vor«, sagte Philipp leise und beugte sich zu Thomas. »Wenn alles so läuft wie geplant, dann wandert Langer in den Knast.«

»Super, wäre das nicht in deinem Sinne? Oder fürchtest du, dass er mit einer Geldstrafe davonkommt?«, unkte Thomas. »Der kriegt höchstens Bewährung, bei seinen Verbindungen.«

»Es hängt davon ab, wie weit er in die Gewaltverbrechen verstrickt ist und was hinter dem Verschwinden von Michael Müller steckt. Entführung und Mord – das sind Kapitalverbrechen. Aber Anlagebetrug, falls er da mit drinsteckt, wird von vielen als Kavaliersdelikt behandelt, nach dem Motto – man wird doch noch entscheiden dürfen, von wem man sich bescheißen lässt. Ob Langer von der Fälschung wusste, ist fraglich. Wenn ihm an allem eine Mitschuld nachgewiesen wird, ist France-Import im Eimer, die Firma wird aufgelöst, liquidiert, von einer anderen übernommen, die Liste der Kunden ist das Wichtigste. Ja, dann sitzen wieder dreißig Leute mehr auf der Straße.«

»Das haben andere zu verantworten.«

»Das ist mir klar, Thomas. Aber das Ergebnis ist das gleiche. Es geht nicht um Schuld, es geht um das Leben, um das meiner ehemaligen Kollegen und ihrer Familien, um

Absatzmöglichkeiten für die Winzer. Wenn eine Firma zusammenbricht, reißt sie vieles andere mit. Und je größer sie ist, desto mehr leiden darunter.«

»Wenn der Champagner-Fonds zusammenbricht, passiert noch viel mehr.«

»Es wird keine Armen treffen, es platzt lediglich eine Blase, eine mehr – aus Lügen und Erwartungen. Aber France-Import ist keine Blase, und auch wenn im Champagner einige Millionen davon drin sind.«

Ihr Flug wurde aufgerufen, und sie begaben sich zum Flugsteig.

Pascal Bellier erwartete sie in Reims am Bahnhof. Der junge Kriminalbeamte brannte vor Eifer, und er glaubte ihnen. Seinen Wunsch, sich vor seinen älteren und weniger risikobereiten Kollegen hervortun zu können, vielleicht sogar einen großen Fall zu lösen, versteckte er nur mangelhaft. Als Philipp ihn am Steuer beobachtete und ihm zuhörte, dachte er an das, was er eben im Flugzeug in einem Bordmagazin über Polopferde gelesen hatte. Wenn sie neu auf dem Spielfeld waren, fürchteten sie den Zusammenprall mit anderen Pferden noch nicht. Wenn sie das Spiel kannten und Erfahrung gesammelt hatten, fürchteten sie den Schmerz und wichen aus. Dann war es Zeit, sie gegen Jüngere auszuwechseln. Und es gab noch die weise Regel, dass ein alter Affe seine Hand nicht in ein dunkles Astloch steckte – es könnte eine Schlange drin liegen. Sie stammte, soweit Philipp wusste, aus Brasilien.

Philipp wunderte sich, dass Bellier ohne Begleiter gekommen war. Normalerweise traten Kriminalbeamte zu zweit auf, schon aus Gründen der Sicherheit. Bellier erzählte, wie er mit Hilfe eines Freundes bei der Pariser Polizei anhand von Passagierlisten herausgefunden hatte, dass in dem fraglichen Zeitraum ein gewisser Melvin Russel zusammen mit einer Maria Aparecida Russel Goveia, wahrscheinlich seiner Ehefrau, einen Flug nach Rio de Janeiro angetreten hatte. Von einem Rückflug der beiden nach Großbritannien war nichts bekannt. Allerdings war ein Graham Goodhouse sechs Monate später von Rio de Janeiro nach Brüssel geflogen.

»Das heißt, dass beide nach Rio geflogen sind«, schloss Philipp, »aber nur einer ist zurückgekehrt. Wo ist der andere?«

»Wenn auch Russel als Anlageberater erfolgreich gewesen war, hat er Geld. Brasilien ist billig, und er macht sich an der Copacabana ein schönes Leben – wenn er schlau ist.« Der Polizist grinste anzüglich.

»Ich habe eine ganz andere Idee«, meinte Thomas, als sie an der Abzweigung nach Villers-Allerand vorbeifuhren. »Sie scheint mir gleichzeitig ziemlich absurd zu sein. Wäre es nicht denkbar, dass jeweils der eine die Identität des anderen angenommen hat?«

»Denkbar ist alles, das haben wir auf der Polizeischule gelernt«, sagte Bellier, »es gibt keinen Gedanken, der dem Menschen zu abwegig ist. Wir müssen dann auch fragen, weshalb sie das tun sollten.«

»Ich habe keine Ahnung«, meinte Thomas etwas kleinlaut. »Es ist mir nur eben so eingefallen. Sie haben einfach nur getauscht.«

Philipp schwieg. Er fand den Gedanken gar nicht so abwegig, aber seine etwas andere Schlussfolgerung behielt er für sich. War es möglich, dass Melvin Russel für Goodhouse hier die Geschäfte führte und sie in seinem Sinne nutzte? Dann müssten sie den wahren Goodhouse auftreiben. Oder war der lange nicht so sauber, wie alle glaubten?

»Eine Frage an Sie, junger Mann.« Damit war Pascal Bellier gemeint. »Von Mister Goodhouse hat man bei einer Reise in die USA die Fingerabdrücke genommen, wie wir in London erfuhren. Wenn wir die von Goodhouse kriegen, könnten Sie sie mit denen aus San Francisco vergleichen?

Ich meine, wo Sie doch schon rausgekriegt haben, wann die beiden geflogen sind. Das stellt für jemanden mit Ihren Fähigkeiten bestimmt kein Problem dar.«

Der Kripobeamte fühlte sich geschmeichelt, aber er sah dazu keine Möglichkeit. »Das dürfen wir nur mittels einer offiziellen Anfrage. Und dazu bedarf es einer offiziellen Untersuchung.«

»Ist Ihre Untersuchung denn nicht offiziell? Ich möchte Ihnen nicht zu nahetreten. Vielleicht sind Ihnen die entsprechenden Wege der Amtshilfe noch nicht so vertraut. Sie können gar nichts machen?« Philipp bemerkte, wie Bellier anbiss und sich bemühte, den Gleichgültigen zu spielen.

Vor dem Hotel setzte er sie ab, und sie verabredeten sich für Donnerstag in der Frühe. An der Rezeption lag das Fax mit dem Besuchsprogramm. Sogar den Speiseplan hatte Helena angefügt. Am Abend würde ein Begrüßungschampagner gereicht und in der Folge des sechsgängigen Menüs würde es Hummer und Atlantik-Steinbutt geben. Welcher Gastgeber setzt etwas, das bei ihm zu Allergien führt, auf den Plan seines Empfangsmenüs? Oder bekam Goodhouse den Kinderteller? In ihrem Fach steckte ein weiterer Zettel. Yves bat dringend um Rückruf, auch wenn sie erst spät abends zurückkämen.

Philipp war fertig, er war todmüde, er wusste kaum noch, wo ihm der Kopf stand und wie er das, was darin herumschwappte, sortieren sollte. Er war es nicht gewohnt, sich abwechselnd in mehreren Fremdsprachen zu bewegen und gleichzeitig mit Thomas Deutsch zu sprechen. Er hatte das Gefühl, dass in Kürze seine Sicherungen durchbrennen würden. Aber der Anruf bei Yves musste sein.

»Diese Weinbranche funktioniert wie die Mafia«, sagte Yves gut gelaunt. »Ich habe es mir bislang gar nicht richtig vorstellen können. Über den Importeur in Liechtenstein bin ich an seinen Anwalt gekommen, über den an einen befreundeten Syndikus, der wiederum kennt jemanden in der Rechtsabteilung einer Behörde, die wiederum Zugang zu Stiftungsakten hat.«

»Und was heißt das, kurz und knapp?«

»Sei nicht so deutsch, mein Freund.«

»Wir müssen dringend schlafen, London war anstrengend. Auch da gibt's Neuigkeiten.«

»Nun gut, ein oder zwei Personen aus den Beiräten der jeweiligen Länder sind gleichzeitig im Stiftungsrat.«

»Und was heißt das?«

»Das heißt, dass die Kontrolleure sich selbst kontrollieren – und sie entscheiden, was mit dem eingezahlten Geld passiert.«

»Die Selbstheiler des Marktes? Und wohin geht das Geld?«

»Das wissen nur sie und die Bankiers. Angeblich werden daraus die Renditen bestritten und neuer Champagner gekauft.«

»Gibt es eigentlich schon ein alternatives Bankensystem, eines, von dem die normalen Banken ausgeschlossen sind und das nicht auf Geldwäsche hin kontrollierbar ist?«

»Da fragst du am besten bei der Mafia nach – oder beim Pentagon ...«

Das Erste, woran Philipp beim Aufwachen dachte, war Geld. Geld, das irgendwohin floss, wie Wasser, das sich in einzelne Rinnsale teilte und sich wieder vereinte, wie Regen, der nieselte, vom Dach tropfte, durch den Rinnstein strömte, sich sammelte und im Gully verschwand, um aus einem schwarzen Kanal wieder ans Tageslicht zu gelangen. Wasser, das in eine Kläranlage geleitet wurde und gesäubert wieder in den Kreislauf kam. Wasser, das umgeleitet, gestaut und gesammelt wurde; immer wieder geteilt verband es sich ohne die geringste Schwierigkeit mit anderem Wasser. Nicht anders war es mit dem Geld, die Währung spielte keine Rolle mehr. Geld, das verdampfte, kondensierte und als Geld herabregnete, wo auch immer auf der Welt. Und Philipp dachte an das Geld, das ihn diese Reise kostete. Es würde ihm beim Kauf seines Weingutes fehlen: der Aufwand fürs Hotel, für Essen, für den teuren Leihwagen, dann die Flüge, dazu ein eleganter dunkler Anzug, den er für Thomas in London gekauft hatte. Na ja, den würde er später sowieso für irgendeine Gelegenheit brauchen – und heute würden sie ins »Royal Champagne« umziehen. Das Zimmer dort kostete dreihundertfünfzig Euro pro Nacht, wie Louise gesagt hatte, die für sie die Reservierung vorgenommen hatte. Sie waren als ihre Geschäftsfreunde angekündigt: Dr. Fritz Hartmann und sein Assistent Peter Schulze. Deutscher ging's nicht.

Yves kam auf dem Weg zur Arbeit vorbei und erläuterte ausführlich, was er herausgefunden hatte. Da die Kontrolleure des Champagner-Fonds gleichzeitig den Stiftungsrat stellten, waren sie so etwas wie Aufsichtsrat und Vorstand in einem.

»Ein geschicktes Konstrukt, das wird sich Goodhouse ausgedacht haben«, meinte Philipp.

»Ob Langer in dieses System eingeweiht ist?« Yves langte zu, er ließ sich das Frühstück schmecken, Thomas hingegen gab sich mit dem Rührei zufrieden.

»Langer ist nur …« Philipp suchte nach dem französischen Begriff für Handlanger, aber das Wortspiel machte in Yves' Sprache keinen Sinn, er begnügte sich mit *manœuvre*. »Er wird lediglich in das eingeweiht sein, was er wissen muss. Goodhouse ist der Dirigent.«

»Das glaube ich nicht. Langer wird mehr wissen, denn er hat die juristischen Angriffe gegen dich eingeleitet und den Diebstahl fingiert. Du weißt, was du tust?«

»Mehr oder weniger. Ich leite eine Katastrophe ein und sehe mir die Rettungsmaßnahmen an, und dazu ist eine Reihe von Gästen aus Deutschland eingeladen.«

»Mehr willst du nicht sagen?«

Philipp erklärte ihm, was morgen in der Zeitung stehen würde.

Yves verstand, worauf Philipp hinauswollte. »Das ist äußerst gewagt. Wenn dein Versuch fehlschlägt, seid ihr geliefert.«

»Sogar in mehrerer Hinsicht. Aber das wird nicht passieren – weil nicht sein kann, was nicht sein darf.«

»Welches philosophische Prinzip steckt dahinter? Welcher große Denker? Konfusius?«

»Kein Prinzip, das ist lediglich ein Zitat von Christian Morgenstern aus dem Gedicht ›Die unmögliche Tatsache‹, es endet mit diesen Worten. Wir werden dafür sorgen, dass die richtigen Zuschauer zur Stelle sind. Du hast morgen gegen Mittag keine Zeit?«

»Nein, leider nicht, aber ich wäre gern dabei …«

Ich nicht, dachte Philipp, und zum ersten Mal in seinem Leben hatte er trotz aller Entschlossenheit richtig Angst. Wenn sie Thomas auch nur ein Haar krümmten, würde er durchdrehen. Und er wusste, wenn es hart auf hart käme, würde er nicht nur die flache Seite des Spatens nehmen!

Am Nachmittag wechselten sie ins »Royal Champagne«; das Nobelhotel war Philipp bislang unbekannt. Er wusste nur, dass es sehr gut sein sollte, aber nicht besonders groß war. Das erhöhte die Gefahr, erkannt zu werden. Sein Plan würde nur aufgehen, wenn Langer nichts von ihrer Anwesenheit wusste.

Bis nach Dizy fuhren sie fünf Minuten, und weiter nach Champillon waren es knapp zehn. Für die drei Zimmer musste Philipp mehr als siebenhundert Euro hinlegen.

»Wieso drei Zimmer?«, fragte Thomas begriffsstutzig.

»Das dritte ist für Dr. Anlahr …«

»Der kommt? Wieso?«

»Weil ich ihn zur Feier eingeladen habe, als ihr gefrühstückt habt.«

Langer war noch nicht angekommen. Die Gruppe der Anleger um Goodhouse firmierte unter dem Kürzel ECF – European Champagne Fund. Man erwartete sie am frühen Abend aus Paris, es waren eigens drei Kleinbusse geordert, um sie abzuholen, die auch in den nächsten Tagen zu ihrer Verfügung stehen würden. Gegen zwanzig Uhr wollte man gemeinsam essen.

Das Dorf Champillon, auf der einen Seite von einem Streifen Wald eingerahmt, von der anderen Seite an die Weinberge grenzend, war schnell erkundet. Es gehörte hier im Tal der Marne zu den Premier-Cru-Lagen, wie das benachbarte Hautvillers, wo zwischen 1668 bis 1715 Dom Pierre Pérignon in der Abtei als Kellermeister gewirkt hatte.

»Der Erfinder des Champagners, ein Geistlicher? Kommt daher der Ausdruck ›geistliche Getränke‹?«

Philipp blickte Thomas an. »Du willst der Sohn des Chefverkosters von France-Import sein?«

»Das bist du sowieso nicht mehr. Ja, guck nicht so entgeistert, damit musst du dich abfinden, Papa. Was hat diesen Mönch denn nun berühmt gemacht?«

»Die Werbung, Gerüchte und Halbwissen. Er hat seinerzeit in der Abtei von Hautvillers, das ist da drüben«, Philipp zeigte mit dem Finger nach Westen, »mit Trauben experimentiert. Er hat auch hier in Champillon neue Weinberge anlegen lassen. Ein fantastischer Geschmackssinn wurde ihm nachgesagt, er soll angeblich sogar die Herkunft der Trauben am Geschmack erkannt haben und hat sie entsprechend vor der Gärung, das ist das Entscheidende, noch vor dem Pressen kombiniert. Die Weine sollen großartig gewesen sein. Die Abtei erzielte doppelt so hohe Preise wie andere Güter. Flaschen wurden um 1670 eingeführt, vorher wurde alles in Fässern gelagert und transportiert, und der Korken kam aus Spanien, so ab 1685.«

»Dann schufen diese neuen Technologien neue Möglichkeiten?«

»Und Produkte«, fügte Philipp hinzu. »Der sichere Verschluss erst machte die traditionelle Flaschengärung möglich, wie bei Sekt, beim Cava und beim Crémant. Inzwischen ermöglicht der technische Fortschritt das Transvasier-Verfahren. Die Flaschen werden nicht einzeln degorgiert, sondern die Hefe wird in Drucktanks herausgefiltert, und erst dann wird abgefüllt. Da sind die romantischen Keller mit Rohren aus Edelstahl vollgestopft.«

»Wieso weiß man das nicht?«

»Illusion verkauft sich immer besser als die Wirklichkeit. Stell dir vor, du siehst im Werbefernsehen, woraus Mettwurst hergestellt wird. Danach kaufst du nur noch im Bioladen.«

»Macht man das beim Prosecco ähnlich?«

Philipp verdrehte die Augen. »Das ist eine Rebsorte, mein lieber Thomas. Das solltest du wissen.«

»Wieso? Meine Lehre fängt erst nächste Woche an.«

»Dann sollten wir die Sache hier schleunigst hinter uns bringen.« Die Heiterkeit, mit der er das sagte, stand in krassem Gegensatz zu seinem wirklichen Befinden.

Es gab drei Straßen, auf denen sie im Notfall den Ort verlassen konnten. Hautvillers würden sie in zehn Minuten erreichen, über Dizy kämen sie in zehn Minuten nach Épernay, und bis nach Reims würden sie zwanzig Minuten benötigen. Ihr Wagen war vollgetankt und in bestem Zustand – falls sie wieder flüchten mussten.

Am meisten fürchtete Philipp die Zufälle. Gegen sie gab es keine Versicherung und half keine Planung, nur schnelle Reaktionen und gute Einfälle. Es hieß, das ganze Leben sei nichts weiter als eine Verkettung von Zufällen. Andere glaubten, dass einem nur das zufiel, was einem zustand. Einer dritten Theorie nach regierte die Vorsehung, oder irgendwelche Götter hatten alles längst vorbestimmt: Es stand im Buch des Lebens. Wenn das zutraf, hatte man sowieso keine Chance und blieb am besten im Bett.

Dafür entschied sich Philipp am Nachmittag und holte den versäumten Schlaf nach. Er hasste es, unausgeschlafen zu sein. Es wirkte sich auf seine Laune und auf seine Kreativität aus und auf seine Reaktion – genau die aber war gefragt.

Am Abend fuhren sie nach Reims, um Dr. Anlahr abzuholen. Philipp war sehr erleichtert, dass er gekommen war und auch die Zeitungen mitgebracht hatte, um die Philipp gebeten hatte. Sofort suchte er nach den Anzeigen. Ja, sie waren da. Für das, was hier geschehen sollte, war die Frankfurter Allgemeine die wichtigste. Dass Philipp ziemlich nervös war, entging dem Staatsanwalt nicht, und er musterte ihn befremdet.

Dr. Anlahr wirkte zu jung für seinen Beruf, unerfahren, wie Thomas später meinte. War das der Grund, weshalb er sich überhaupt auf das Abenteuer eingelassen hatte, ähnlich wie Bellier?

Sein Gesicht war faltenlos, der Schädel wegen des allzu früh einsetzenden Haarausfalls rasiert. Er trug einen dunklen Anzug mit Fliege und hatte seinen Sommermantel über den Arm gelegt.

»In Köln hat es geregnet.« Nachdem er die Reisetasche in den Kofferraum gelegt und das französische Nummernschild mit hochgezogenen Augenbrauen bemerkt hatte, als sei es ein krimineller Akt, setzte er sich selbstbewusst auf den Beifahrersitz. Thomas fuhr, trotz bandagierter Hand.

»Ich habe mir Urlaub genommen. Betrachten Sie mich lediglich als Beobachter. Ich greife nicht ein, das darf ich in Frankreich nicht, außer es gäbe ein Amtshilfegesuch. Betrachten wir das Ganze als eine Art von inoffiziellem Lokaltermin. In schwierigen Zeiten bleibt die Moral auf der Strecke, und das gefällt mir nicht. Würde ich mich nach Vorschrift verhalten, so müsste ich unseren Behörden jetzt mitteilen, wo Sie, Herr Achenbach, sich aufhalten, aber wenn man einen Haftbefehl ausstellen würde ...«

Dr. Anlahr stockte mitten im Satz, er wusste nicht weiter und war sich gleichzeitig der Lächerlichkeit seiner Worte bewusst. »Es gibt gar keinen Grund dafür, Sie festzunehmen, niemand hat Derartiges erwogen, außer man würde Fluchtgefahr unterstellen.«

»Hat France-Import die Anzeigen gegen meinen Vater zurückgezogen? Herr Langer hat uns eine entsprechende Nachricht zukommen lassen«, ergänzte Thomas.

»Nein, davon weiß ich nichts, leider, Herr ... Achenbach.«

Also hat Langer wieder gelogen, dachte Philipp. Um ihn in Sicherheit zu wiegen und nach Köln zu locken?

Sie fuhren langsam durch den lauen Abend, es war einer der ersten mit richtig gutem Wetter. Als sie auf das Plateau der Montagne de Reims zufuhren und an die Weingärten gelangten, wechselte Philipp das Thema. Er erzählte, dass die Champagne einst zu den ärmsten Gebieten Frankreichs gehört hatte, vor dem Champagner. Zum einen waren die Erträge in der Landwirtschaft wegen des schlechten Bodens gering, zum anderen war es kalt. Das Wetter spielte auch heute noch eine entscheidende Rolle, die Fröste zum Zeitpunkt des Austriebs zerstörten die Knospen der Reben. Bordeaux hatte vierhundert Sonnenstunden mehr pro Jahr.

»Aber wenn es hier so wäre wie dort, dann wäre der Champagner nicht das, was er ist.« Es war die Einleitung, um dem Staatsanwalt den Gedanken des Terroirs nahezubringen.

»Der poröse Kalkstein und die Kreide geben dem Champagner seinen sehr speziellen Geschmack, natürlich bezogen auf die Eigenschaften der jeweiligen Rebsorte. Sie werden es heute Abend sehen, wir werden einige Flaschen probieren.« Philipp hoffte, den Staatsanwalt damit noch ein wenig mehr auf seine Seite ziehen zu können.

»Kreide ist auch als Wasserreservoir wichtig, sie wirkt wie

ein Schwamm. Und Sie sehen es.« Philipp wies nach rechts und links. »Die Weingärten liegen immer an den Hängen, zwischen der Oberkante des Plateaus und dem Beginn der Ebene und den Flusstälern. Je steiler das Gefälle, desto intensiver wird die Sonneneinstrahlung. Das hier war Meeresboden, der sich vor zwanzig Millionen Jahren gehoben und gesenkt hat. Und jede Parzelle ist ein wenig anders. Der Winzer, der das versteht, versucht es in seinen Champagner zu bringen.«

»Hmm.« Der Staatsanwalt seufzte. »Wie lange braucht man, um das zu lernen?«

Philipp beugte sich vor. »Fragen Sie meinen Sohn, der fängt demnächst damit an.«

»Die Lehre dauert drei Jahre, vielleicht studiere ich dann noch an der FH in Geisenheim, und dann kommt die Erfahrung. Das Lernen hört ein Leben lang nicht auf. Dann kommt der technische Kram dazu …«

Philipps Vortrag endete erst, als sie am »Grand Cerf« vorbeifuhren. »Hier hat es angefangen«, sagte Philipp, »hier bin ich Touraine begegnet.«

»Und wo ist die besagte Kellerei?«

Thomas wendete und zeigte sie Dr. Anlahr, er fuhr auch noch am Haus des Generals vorbei und sparte die Kneipe in Ludes nicht aus. Je mehr der Staatsanwalt auch die Örtlichkeiten kannte, desto eher ließ er sich überzeugen.

Schließlich näherten sie sich dem Hotel, so vorsichtig wie eine Gazelle einer Wasserstelle, an der auch Fleischfresser ihren Durst stillen. Philipp hatte nicht bedacht, dass die Reisegruppe ausschwärmen würde, und in dem Gewimmel würde es ihm schwer fallen, Touraine, Goodhouse und auch Langer zu beobachten, ohne gesehen zu werden. Langer war bereits eingetroffen, sein Mercedes stand am Rande des Parkplatzes. Philipp stellte den Mietwagen so hin, dass er das Hotelgelände im Notfall möglichst rasch verlassen konnte und dass sie beim Betreten des Hotels nicht zufällig erkannt würden. Wann Mister Goodhouse kommen würde, wusste die Rezeptionistin nicht, er sei jedenfalls nicht auf der Gästeliste. Also logierte er anderswo. Der Fleischfresser würde spätestens zur offiziellen Begrüßung seiner Schäfchen erscheinen, er stand auf der Rednerliste.

Sie hörten Langer im Gespräch mit einigen seiner Gäste herankommen und huschten in die Bar.

»Jetzt mach die Bandage ab«, sagte Philipp. »Oder tut es noch weh? Hat Langer dich schon mal mit Bart gesehen?«, fragte er, denn Thomas' wildes Aussehen befremdete ihn täglich mehr, aber der Fünftagebart half als Tarnung.

»Ich habe noch nie einen gehabt, das juckt wie Hölle.«

»Wird es noch zu weiteren Maskeraden kommen?«, erkundigte sich Dr. Anlahr höflich.

»Nur ich werde mich in meinen neuen schwarzen Anzug schmeißen«, meinte Thomas. »So kennt Langer mich überhaupt nicht.«

Dann schlichen sie auf ihre Zimmer. Der Einzige, der sich frei bewegen konnte und den Luxus genoss, war Dr. Anlahr.

Philipp reagierte erst nicht, dann erschrak er, als er mit Dr. Hartmann angesprochen und an die Rezeption gerufen wurde mit dem Hinweis, dass Besuch für ihn eingetroffen sei. Er war unendlich erleichtert, dass es Louise war, die ihn fragte, ob er sie denn persönlich an der Rezeption abhole. Sie hätte drei Flaschen Champagner mitgebracht, und die würden rasch warm werden.

»Es holt dich jemand ab, der sieht aus wie eine Glühbirne auf Beinen«, sagte er leise und schickte den Staatsanwalt. Philipp selbst wollte sich im Hotel so wenig wie möglich zeigen, er fürchtete den Zufall. Seine Nerven lagen bereits blank, obwohl er lediglich mit den Vorbereitungen begonnen hatte.

»Ihr könnt euer Abendessen hier bei mir im Zimmer einnehmen«, sagte er, nachdem er Louise begrüßt hatte. »Der Raum ist groß genug für uns vier. Wir lassen uns lediglich einen größeren Tisch bringen – und einen Champagnerkühler.« Aber der Oberkellner servierte lieber in einem kleinen Speisezimmer, das extra für sie hergerichtet wurde. Was dem Ober gar nicht gefiel, war der Umstand, dass Philipp den runden Tisch so hinstellen ließ, dass man bei geöffneter Tür nicht sehen konnte, wer im Raum speiste. Der große Vorteil hingegen bestand darin, dass er vom Tisch aus die Hoteleinfahrt im Blick hatte, und während Louise, Dr. Anlahr und Thomas sich den Appetit nicht verderben ließen, begnügte sich Philipp mit Louises Champagner. Vor allem anderen sperrte sich sein Magen.

»Wie ist das für Sie, Herr Dr. Anlahr, wenn Sie täglich mit Verbrechern zu tun haben?« Louises Neugier war echt.

Der zuckte mit den Achseln. »Kapitalverbrechen sind selten, damit hatte ich nur während meiner Zeit als Referendar zu tun. Die Personen, um die ich mich in der Abteilung für Wirtschaftskriminalität kümmern muss, haben meist gutes Benehmen, relativ gesehen. Sie lügen, betrügen, stehlen, bestechen andere, unterschlagen Millionen, aber ihr sonstiges Verhalten ist tadellos. Man hält sich beim Gähnen die Hand vor den Mund. Drohungen wie bei Zuhältern oder Schlägern bleiben aus, außer man verfügt über Beziehungen in die Politik. Das stoppt jede Ermittlung. Und Wirtschaftskriminelle sind meistens sehr gut angezogen, haben Geschmack, sind gebildet, verstehen einiges von Kunst, oder bilden es sich zumindest ein, und sie sind ausgesprochen höflich. Wenn man ihnen ernstlich auf die Füße tritt, knicken sie schnell ein, außer sie haben Angst vor einem, der größer ist als sie. Aber sonst ist der Umgang mit ihnen leicht.«

Philipp stöhnte. Einerseits beruhigten ihn Dr. Anlahrs Worte, andererseits hatte er das Gewaltpotential seiner Widersacher bereits zu spüren bekommen.

»Wie soll das morgen mit meinem Vater werden«, unkte Thomas. »Er ist bereits jetzt ein Nervenbündel. Als wir in der Kellerei rumgeschlichen sind, hat er keine Symptome produziert. Das hat ihm richtig Spaß gemacht. Und am Gartentor hättet ihr ihn sehen müssen, Donnergott Wotan kam persönlich über den Gartenzaun gehechtet. Da habe ich ihn bewundert, aber heute? Geht es dir nicht gut, Papa?« Er legte seinem Vater unter den belustigten Blicken der Tischgesellschaft begütigend die Hand auf die Schulter.

»Hör auf«, schnauzte ihn Philipp an. Für ihn war das hier blutiger Ernst. »Da kommt er. Das ist Mister Zampano, da draußen.«

Der Chauffeur hatte die hintere Tür des dunkelblauen Maybachs geöffnet, und der Brite stieg im Bewusstsein seiner Bedeutung langsam aus der Luxuskarosse, lächelnd und elegant, das personifizierte Urvertrauen, die Inkarnation steigender Aktienkurse, und ließ sich den Aktenkoffer nachtragen.

»Der Mann sieht ziemlich gut aus.«

Louise stand hinter Philipp und blickte ihm über die Schulter. Ihre Bemerkung gefiel Philipp gar nicht, und als auch Dr. Anlahr nickte, aber mehr sachlich und abschätzend, wandte er sich wütend ab. Thomas hielt ihn fest.

»Da kommen noch welche. Kennst du die beiden auch?«

Ein zweiter Wagen hatte gehalten, Touraine öffnete den Kofferraum und holte mehrere Packen mit Prospekten heraus, die er dem Fahrer gab. Jetzt wurde auch Thomas still. »Eine Frau?«

Philipp sah den langen Zopf im Nacken, das braune Haar, und als die Frau in Richtung Hoteleingang humpelte, war ihm klar, dass es die Motorradfahrerin war. Auch die Größe stimmte. Was hatte sie mit Touraine zu schaffen? War das seine Tochter? Himmel – er hatte noch einen Todfeind.

Ich werde sofort abreisen, die ganze Sache abblasen. Für den Champagnerverband schreibe ich einen Bericht, übergebe ihn persönlich und lasse die Dinge geschehen – oder ich reiße mich zusammen, sagte er sich und starrte aus dem Fenster. Das Erscheinen des leutselig lächelnden Langer, der

Goodhouse und Familie Touraine an der Hotelauffahrt mit jovialem Schulterklopfen begrüßte, es fehlte nur noch der Bruderkuss, nahm ihm die Entscheidung ab. Die Selbstgefälligkeit der beiden da draußen ließ ihn seine Wut spüren, und sie war stärker als die Angst.

»Thomas, du musst rauskriegen, ob Goodhouse Fisch isst, wie auf der Speisekarte angegeben.«

Als der Wecker klingelte, dachte Philipp an Louise. Oder hatte er von ihr geträumt? Es war ein schrecklicher Traum gewesen. Sie hatte einen Motorradhelm getragen, sie war gestürzt, und er trug die Schuld daran. Als er ihr den Helm abnahm, starrte ihn ein fremdes Gesicht an. Die Unbekannte war zu ihm in den Wagen gestiegen, sie waren zwischen den Rebzeilen hindurchgefahren, die Blätter waren gegen die Scheiben geklatscht, der Boden war Kreide gewesen, gepflastert mit einzelnen Platten, wie damals in der Schule. Das Auto hatte für Fahrer und Beifahrer ein Lenkrad, und der Wagen folgte nicht seinen Befehlen. Die Frau an seiner Seite war Louise, dann eine Frau mit Zopf und zuletzt Helena. Sie wollte nach rechts fahren, er nach links, aber als der Schrecken über die vielen Gesichter vorüber war, war es doch ein schöner Traum geworden, ein warmer Traum, einer, aus dem man nicht aufwachen mochte, und er meinte, noch ein Parfüm in der Nase zu haben. Er wusste nur nicht wessen.

Philipp setzte sich auf die Bettkante und schnüffelte; ja, da war ein Hauch von Parfüm geblieben, von Louise. Es ist Chaos in meinem Kopf. Philipp starrte vor sich hin, dann ging er zum Fenster und zog die Vorhänge zurück. Die Sonne stand tief und überschwemmte die Weinberge mit ihrem Licht. Ein Winzer oder Weinbauer, der bei dieser strahlenden Fülle und diesem Glanz keinen exzellenten Champagner hinbekam, war eine Flasche.

Er würde es schaffen, er würde zu seinem Weinberg kommen, vorausgesetzt, er würde heute hier aus dieser Sache heil herauskommen. Erst als ein früher Spaziergänger von unten heraufsah, wurde ihm bewusst, dass er nackt am Fenster stand. Er wandte sich ab und trat unter die Dusche.

Zum Frühstück trafen sie sich wieder bei ihm und besprachen noch einmal das Vorgehen. Philipp war einigermaßen ruhig, die Nachtruhe hatte ihm gut getan. Dr. Anlahr war abends im Speisesaal gewesen, er hatte gesehen, dass Goodhouse dem Fisch ohne jeden Erstickungsanfall zugesprochen hatte.

Philipp nahm das Programm des ECF zur Hand. »Die Anleger frühstücken bis halb zehn, dann besichtigen sie ein Champagnerhaus, fahren ins Champagnermuseum nach Verzenay und werden gegen zwölf Uhr in Villers-Allerand sein. Zum Mittagessen sind sie im ›Relais de Sillery‹.« Ein Foto des Restaurants zeigte eine verglaste Terrasse über dem grün umrandeten Ufer des Flüsschens Vesle. Sillery lag fünf Kilometer vor Reims.

»Ich werde versuchen, Langer dazu zu bewegen, hier zu bleiben, damit wir uns mit ihm unterhalten können, ausführlich, versteht sich. Thomas, du verteilst die Zeitungen in den Bussen. Bei jedem zweiten oder dritten sollte die entsprechende Seite aufgeschlagen sein, also nicht zu auffällig. Auf ihrer Fahrt haben sie Zeit für Panik, und sie bringen das, was sie sehen, mit dem Verlust ihres Geldes in Verbindung. Sie werden Goodhouse löchern, und er wird nicht wissen, was er tun soll. Er nimmt sicher den eigenen Wagen, er wird also frühestens in der Kellerei mit den Vorwürfen konfrontiert.«

»Und wenn er sich vorher absetzt?«

»Dafür haben wir den jungen Bellier. Wo ist der Knabe eigentlich? Der wollte längst hier sein.«

Das Frühstück war vorbei, Philipp stand am Fenster, neben ihm Dr. Anlahr. Die ersten Anleger standen an den Bussen und schwatzten. Ehepaare, Männer und Frauen über fünfzig, auch einige allein reisende Herren gehörten dazu, den Champagnerführer unter dem Arm. Die Champagnerlaune des gestrigen Abends war verflogen. Sobald sie im Bus saßen, würden sie gierig nach den Zeitungen greifen, hinter denen man sich an einem solchen Morgen gut verstecken konnte.

Die Stimmung lockerte auf, als sich einige Mitreisende in die falschen Busse verirrt hatten. Eine junge Dame spielte die Reiseleiterin und dirigierte ihre Schäfchen. Die beiden Gorillas standen an Goodhouses Maybach, als Thomas mit Bart und schwarzem Anzug zwischen ihnen mit freundlichem *»Bonjour«* auftauchte, einen Packen Zeitungen unter dem Arm. Dann drehte er sich plötzlich um und verschwand. Hatte ihn etwa jemand erkannt, einer der Entführer?

Nein, es war Langer, der in dem Moment auf dem Schauplatz erschien, als die Busse anfuhren, in seinem Schlepptau kam Goodhouse. So ein gottverdammter Mist, dachte Philipp wütend. Während Goodhouse einstieg, schien er einen heftigen Streit mit Langer auszufechten, ein Wort gab das andere, feindlich standen sie sich gegenüber, bis Goodhouse ihn zurück ins Hotel schickte.

Thomas trat aufgeregt ins Zimmer. »Papa, ich habe den Plan geändert.«

»Ich dachte, du hast dich Langers wegen verdrückt. Das war richtig.«

»Nein, das auch, ja, aber mir fiel ein, dass wir die Zeitungen erst verteilen dürfen, kurz bevor sie die Kellerei in Villers-Allerand besichtigen, am besten erst vor der Fahrt vom Museum in Verzenay zur Kellerei. Dann haben sie auf der Fahrt was zu lesen und kommen richtig aufgeheizt dort an. Wenn der Krach zu früh losgeht, verpisst sich ... äh verschwindet Goodhouse womöglich.«

»Stimmt, das ist wirklich besser.« Philipp seufzte und gab sich einen Ruck. »Dann ist Langer jetzt dran. Ich geh ihn holen.«

20

Philipp trat auf den Flur. Er vergewisserte sich, dass die Zimmermädchen noch nicht zum Bettenmachen ausgeschwärmt waren, und ging zur Halle. Langer kam durch die Glastür, wandte sich nach rechts und eilte die wenigen Stufen zum Hochparterre hinauf. Philipp glaubte, dass er zu seinem Zimmer in den ersten Stock wollte, und lief hinter ihm her. Der weiche Teppich in dem langen Flur machte seine Schritte unhörbar. Bevor Langer die Treppe erreichte, hatte Philipp aufgeholt, und mit viel zu viel Wut stieß er ihm das leere Blechröhrchen einer Zigarrenhülle in den Rücken. Langer stieß einen Schrei aus und ging vor Schreck oder Schmerz in die Knie. Philipp wusste, dass er jetzt absolut überzeugend klang. Langer musste glauben, dass dieses Ding in seinem Rücken eine Pistole war.

»Ich drücke ab, Langer, verlass dich darauf!« Philipp kniete über ihm, sein Mund war direkt hinter Langers Ohr. »Du legst mich nicht noch einmal rein. Ich mach dich fertig, dich und deine Bande. Wir sind hier in Frankreich, hier geht's anders ab. Du bist geliefert, du und dein Mister Goodhouse. Ihr seid am Ende mit eurem beschissenen Fonds.«

Halb zog Philipp Langer hoch, halb rappelte er sich auf, und Philipp drückte fester mit dem Röhrchen zu. »Geh weiter, du Drecksack! Du weißt genau, wer hinter dir ist. Dreh dich nicht um, sonst drücke ich ab, verlass dich darauf. Los Mann! Geh, in den ersten Stock!«

»Sie sind es, Achenbach? Sind Sie wahnsinnig geworden? Was soll der Quatsch? Sie reiten sich noch weiter in Ihr Unglück.« Langer stöhnte gequält. »Sie tun mir weh.«

Philipp lachte böse. »Das will ich auch. Jetzt bist du dran, Langer, und halt den Mund! Ich mache dich so klein, dass man dich unter jeder Tür durchschieben kann.« Dabei trieb er ihn mit immer neuen Stößen vor sich her die Treppe hinauf, oben durch den langen Flur und am jenseitigen Ende wieder die Treppe hinab. Langer durfte nicht zur Besinnung kommen.

Jetzt standen sie vor Philipps Zimmer. »Geh rein, es ist offen!«

Als Langer zögerte und sich umdrehen wollte, drückte Philipp ihm das Röhrchen unter dem Kinn an den Hals. »Reingehen habe ich gesagt, nicht stehen bleiben!«

»Sie sind ja von Sinnen«, sagte Langer mit hochgerecktem Kopf.

»Ja, das bin ich. Ich habe auch viel zu verlieren, aber jetzt hast du verloren.« Da knallte Philipp Langers Kopf gegen die Tür, viel härter als beabsichtigt, und er erschrak. Aber er konnte seinen Vorteil nur ausbauen, wenn er sich auf eine Ebene begab, die Langer nicht von ihm kannte und der er nicht gewachsen war. »Geh und halt's Maul. Von jetzt an redest du nur, wenn du gefragt wirst. Wir wissen alles.«

Langer wurde frech. »Dann ist ja alles gut. Wozu brauchen Sie mich dann noch, wenn Sie alles wissen?«

»Hältst du dich für witzig?« Als Philipp den Druck am Hals verstärkte, war Langer still, er betrat das Zimmer, gerade in dem Moment, als am anderen Ende des Flurs ein Zimmermädchen auftauchte.

»Stehen bleiben! Ja, so ist es brav.« Philipp durfte Langer

nicht eine Sekunde zur Besinnung kommen lassen. »Noch kannst du deinen Hals und deine Firma retten – also rede.« Er stieß Langer vorwärts.

»Was soll ich sagen, wenn Sie alles wissen?« Langer hielt sich den Kopf. »Nehmen Sie jetzt Ihren Chef als Geisel? Sie sind zu lange in Frankreich.« Er lachte dümmlich. »Seien Sie nicht albern, Achenbach! Lassen Sie uns vernünftig miteinander reden. Was Sie hier veranstalten, ist sinnlos. Sie bringen sich um Kopf und Kragen.«

»Ab heute wieder Herr Achenbach, klar?! Und von deinem Kopf, oder von dem, was da mal drin war, ist offensichtlich nichts mehr übrig.« Philipps Verachtung war nicht gespielt. »Da steckt nur Scheiße drin. Gescheiterte Ideen, oder nenn es Fondsanteile, mit denen kannst du im Knast dein Klo tapezieren.« In einem Anfall von Wut setzte er seinen Fuß vor den von Langer und stieß ihn nach vorn. Langer stürzte so schnell, dass er sich nicht mehr abstützen konnte, und fiel aufs Gesicht. In dem Moment betrat Thomas das Zimmer. Philipp hockte sich über Langer, das Röhrchen in seinem Nacken.

»Wer hat Thomas' Entführung befohlen?« Langer antwortete nicht. »Du oder Goodhouse?«

»Ich habe damit nichts zu tun«, keuchte Langer, bis der Druck des Röhrchens unerträglich wurde. »Ich bin es nicht gewesen.«

»Wer dann?«

»Der Franzose hat alles in die Wege geleitet.«

»Touraine?«

»Ich glaube.«

»Aber du hast ihnen meine Adresse gegeben, also hast du davon gewusst.«

»Nein, sie haben mir nicht gesagt, was sie vorhatten.«

»Sie? Wer ist Sie?«

»...«

»Du bist ein feiges Schwein, Langer, aber das warst du

nicht immer. Einige Jahre warst du ein ziemlich erträglicher Chef. Schade, dass es so endet …«

»Wer ist da gekommen?« Langer röchelte.

»Ein Zeuge, jemand, der sehen will, was hier geschieht, und einer, der hört, was du sagst. So, jetzt steh auf!« Gemeinsam mit Thomas half er ihm auf die Beine.

Als Langer sah, dass es sich bei der Waffe lediglich um ein Zigarrenröhrchen und nicht um eine Pistole handelte, lachte er und machte eine abwehrende Handbewegung. Thomas, der neben ihm stand, schlug mit dem Handrücken zu. »Das ist für den Überfall.«

Das Blut schoss aus Langers Nase, er taumelte zurück und hielt sich mit einer Hand am Sessel fest, mit der anderen fasste er an seine Nase. »Das werden Sie mir büßen«, sagte er, als er das Blut in seiner Hand sah.

»Erst bist du dran mit dem Büßen.« Thomas holte eine Rolle Toilettenpapier aus dem Bad. »Damit Sie uns nicht die Bude vollsauen.« Er hielt Langer die Rolle hin. Thomas hatte die Ebene verstanden, auf der man Langer beikommen konnte. Der Staatsanwalt, der ihm schockiert gefolgt war, gab Zeichen, dass er mit dem, was er sah, keinesfalls einverstanden war.

»Wenn du redest, kommst du hier heil raus«, sagte Philipp im ordinärsten Ton, der ihm möglich war, »wenn nicht, dann war das eben erst der Anfang. Damit das klar ist: Wir wollen nicht dich, wir wollen den Kopf. Gib einfach den Kronzeugen, mach ein komplettes Geständnis, euer Champagner-Fonds ist sowieso im …«, Arsch hatte er sagen wollen, aber es wurde »Eimer« draus. »Ihr hättet mich nicht herschicken dürfen.« Mit diesen Worten hielt er Langer eine Frankfurter Allgemeine Zeitung hin. Die Anzeige war rot umkreist. »Wieso habt ihr mich hergeschickt?«

Langer hatte Papier von der Rolle gewickelt und drückte es mit einer Hand unter die Nase, mit der anderen hielt er die Zeitung in die Höhe.

»So kann man schlecht lesen, nicht wahr«, sagte Thomas, nahm ihm das Blatt aus der Hand und legte es auf den Tisch. Philipp glaubte, dass Thomas am liebsten noch einmal zugeschlagen hätte; er zitterte.

Langer las die kurze Notiz, dann schaute er entsetzt von einem zum anderen und setzte sich stöhnend. Den Staatsanwalt in der offenen Tür des Badezimmers hatte er noch nicht bemerkt.

»Es war Goodhouses Idee, um Schwachstellen im System zu finden. Er meinte, jeder sei käuflich. Ich habe ihm abgeraten, aber er wollte es so, es käme nur auf den Preis an.«

»So dumm kann man gar nicht sein.«

Langer stierte auf die Anzeige, erst langsam begriff er, was der Text bedeutete. »Wer hat ... wer hat das in die Zeitung ...?«

»Wie viel hast du angelegt? Zwanzigtausend Euro?«

»Fünfzigtausend ...«

»Neulich hast du zwanzigtausend gesagt. Dann sind eben fünfzigtausend futsch. Schreib sie in den Wind, und die anderen Millionen auch. Der Fonds verpufft gerade, verflüchtigt sich wie Kohlensäure, es ist alles nur noch Schaum, winzige Blasen. Deine Firma bist du auch los. Die Geier warten schon. Dann geht deine Frau putzen, damit sie den Verteidiger zahlen kann. Mord! Nötigung! Untreue und Betrug, üble Nachrede, Verleumdung – vielleicht sogar Entführung. Wo ist Michael Müller? Habt ihr den entführt – oder auch ermordet?«

»Ich weiß nicht, wer das ...«

»Du lügst. Der hat für euch die Etiketten gefälscht – bei Schwenke, wo du den Prospekt gedruckt hast. Scheint ein fixer Junge zu sein. Wo ist er?«

»Ich weiß es nicht. Damit kommen Sie nicht durch, Achenbach. Goodhouse ist gleich wieder hier und dann ...«

»Ach – Papa kommt? Wird er mich erschießen? Für die harte Nummer habt ihr doch Touraine. Also, wo ist Müller?

Habt ihr ihn entführt, weil er die Nase voll hatte? Den General habt ihr in den Fahrstuhlschacht geworfen und dann die Entriegelung zerstört, damit es wie ein Unfall aussah. Im Klingelpütz lachen sie sich tot, wenn du ihnen was vom Karnevalsverein vorschwafelst. Beim Hofgang ist jeden Tag Maskenball, nur der Typ mit der Pappnase wirst du sein.«

»Da kriegt ihr mich nie rein. Was Sie hier veranstalten, ist Freiheitsberaubung. Ich will einen Anwalt.« Das klang bereits kläglich.

»Ach, das hatte ich vergessen, an der Einschüchterung meiner Putzfrau bist du auch beteiligt. Du kommst aus dem Knast nie mehr raus. Die Weinbranche lacht sich tot. Und was ist mit dem Sohn des Generals?«

»Das müssen Touraines Leute gewesen sein.«

»Also weißt du davon. Eine kriminelle Vereinigung nennt man so einen Klub, Verabredung zu Straftaten. Von dir haben sie die Adresse von Frau Öztarhan bekommen. Dein Plan ist nicht aufgegangen. Sie und ihr Mann werden aussagen, die Staatsanwaltschaft ist über alles informiert, nicht wahr, Herr Dr. Anlahr?«

»Sie sind von der Staatsanwaltschaft?« Dass Langer so weiß wurde wie die Wand, wäre untertrieben gewesen, doch dann gewann sein Gesicht wieder Farbe. »Sind Sie Staatsanwalt? Dann haben Sie gesehen, was dieser … dieser …«, er zeigte auf Thomas und auf Philipp, »was sie gemacht haben.« Er hielt ihm das blutige Toilettenpapier hin.

»Diese alten Perserteppiche rutschen leicht, oder war es der Schreck, die Überraschung, Herrn Achenbach nebst Sohn hier vorzufinden?«

»Sie sind kein Staatsanwalt.« Es hörte sich an, als wollte Langer sich selbst Mut zusprechen, und gleichzeitig schreckte er davor zurück, das Endgültige zu begreifen. Doch in seinen Augen stand Entsetzen, er war am Ende der Sackgasse angekommen. Die Mauer dort war zu hoch, er kam nicht drüber.

Zwischen dem Hochgefühl und dem Schritt in den Abgrund liegen manchmal keine fünf Minuten, dachte Philipp.

Gehetzt blickte Langer von einem zum anderen, sah zum Fenster, worauf ihm Thomas sofort den möglichen Fluchtweg vertrat.

Mit einer einladenden Geste wies der Staatsanwalt auf die Sessel. »Wie wär es, Herr Langer, wenn wir uns setzten und uns Kaffee kommen ließen?« Er sah auf die Uhr. »Viel Zeit haben wir nicht, und Sie erzählen uns alles in Ruhe. Dann können wir vielleicht eine Lösung finden. Herr Achenbach hat einen interessanten Vorschlag parat, auch in Bezug auf …«

In diesem Moment klopfte jemand an die Tür. Langer sah seine Bewacher an, suchte in ihren Gesichtern nach irgendeinem Anzeichen, er schöpfte Hoffnung …

Thomas schloss die Zimmertür auf. »Ah, Monsieur Bellier.« Er schüttelte dem Polizisten die Hand und sagte zu Langer gewandt: »Unser Mann von der Kripo.«

»*Est-que c'est notre témoin?*«

Thomas bejahte seine Frage. »Ja, genau, das ist er, unser Kronzeuge. Er möchte jetzt sehr gern eine Aussage machen.«

»Schicken sie jetzt schon Kinder?«, fragte Langer.

»Was hat er gesagt?«, fragte Pascal Bellier. »Ich spreche kein Deutsch.« Er hatte wohl begriffen, dass es sich um eine Frechheit oder eine Provokation handelte, und wandte sich brüsk Langer zu. Dabei verrutschte seine Jacke, und alle sahen, dass er bewaffnet war. Langers Zweifel, ob es sich um einen Polizisten handelte, war ausgeräumt.

Philipp übersetzte das auf Deutsch Gesagte mit der Absicht, dass es Bellier in seinem Stolz treffen und den jungen Mann gegen Langer aufbringen würde. Er hatte die Reaktion richtig eingeschätzt, das »Kind« konnte er unmöglich auf sich sitzen lassen. Bellier antwortete mit einer Schimpfkanonade, bei der nicht die Lautstärke das Entscheidende war, sondern die Eindringlichkeit. Da stand ein offizieller Vertreter der Grande Nation in seiner ganzen Würde zehn Zentimeter vor Langer, und während Bellier davon sprach, was man in den französischen Gefängnissen mit Deutschen machte, die noch immer nicht besonders beliebt seien, kippte Langer fast mit seinem Stuhl hinten über. In diesem Moment begann sein Verfall.

Zuerst zeigte er feine Risse, dann bröckelte er, einzelne Stücke lösten sich von ihm, ganze Brocken, bis er mit hängenden Schultern vor ihnen stand. Da traf Philipp sogar ein zaghaft um Hilfe suchender Blick. Das war die Chance, Philipp schlug einen versöhnlichen Ton an.

»Ich habe eine Reihe von Forderungen. Sie sind nicht unerfüllbar. Wenn Sie sich damit einverstanden erklären, geht es möglicherweise glimpflich für Sie aus.«

»Wollen Sie Geld?«

»Ist Geld das Einzige, woran Sie denken, Herr Langer? Genau das bricht Ihnen das Genick. Außerdem langweilen Sie mich. Sie haben es neulich bereits mit dem CEO versucht und auch keinen Erfolg gehabt.«

»Was wollen Sie dann?

»Ich will allerdings meine Auslagen ersetzt bekommen, Reisespesen sozusagen. Sie werden die Rufmordkampagne bei unseren französischen Winzern ungeschehen machen. Sie nehmen die Anschuldigungen, sowohl die wegen Betrugs wie auch die wegen des Diebstahls gegen mich zurück, schriftlich. Ich werde bei France-Import mit sofortiger Wirkung ausscheiden und eine Abfindung erhalten ...«

»Also doch Geld ... «

»Wollen Sie mich bei unserem zerrütteten Vertrauensverhältnis etwa weiter beschäftigen?«, unterbrach ihn Philipp. »Sie sollen France-Import allein weiterführen, Sie! Das ist meine Bedingung und der Grund, weshalb ich mich bemühen werde, Ihnen den Knast zu ersparen. Ich will nicht, dass dreißig Leute mehr auf der Straße stehen.«

»Das ist doch nicht alles?« Langer zog misstrauisch den Kopf ein.

»Nein. Sie werden bei der Aufklärung des Mordes an dem Arbeiter, den man ›den General‹ nannte, und auch seines Sohns mitwirken. Sie helfen uns, den Aufenthaltsort von Michael Müller zu klären. Und Sie sagen uns alles, was Sie über Mister Goodhouse und den betrügerischen Fonds wissen. Alles – verstanden? Ach, Touraine hätte ich fast vergessen.«

»Und wer finanziert mir dann die Erweiterung von France-Import?«

»Haben Sie wieder Oberwasser? Glauben Sie nicht, dass Sie Ihre Lage verkennen?« Philipp sprach so ruhig wie bei einer internen Weinprobe.

Langer hob den Kopf, er legte ihn in den Nacken, die Nase hatte wieder zu bluten begonnen. Endlich. Jetzt war er erledigt, er leistete keinen Widerstand mehr. Sie hatten ihm einen Ausweg angeboten. Die Möglichkeit, seine Haut wie auch immer zu retten, würde ihm den Mund öffnen.

Der Staatsanwalt kannte derartige Situationen, wie er später erzählte, und übernahm Philipps Part. »Nehmen Sie Platz, Herr Langer. Erzählen Sie, bitte, sprechen Sie frei von der Leber weg, falls das für einen Weinhändler ein akzeptabler Vergleich ist.« Er breitete einige Papiere vor sich aus und schaltete seinen Recorder ein.

»Es war Mister Goodhouse, es war alles seine Idee … Er hat gesagt, man kann Achenbach nicht trauen, weil man ihn nicht kaufen kann.«

»Was war seine Idee?«

»Na, der Champagner-Fonds.«

»Einen Fonds aufzulegen, ist weder eine Straftat noch verwerflich, außer es wird in verbrecherischer Absicht getan.«

»Ich habe mit der Gründung nichts zu tun. Es ist so, wie ich Herrn Achenbach sagte, wir, France-Import, sollten den Verkauf des Champagners übernehmen, damit dem Fonds wieder Mittel zufließen.«

»Da wussten Sie bereits, dass unten im Keller von Villers-Allerand nicht nur Champagner lagert?«

Langer schüttelte den Kopf. »Ich war nie da. Ich habe mich ganz auf Mister Goodhouse verlassen – bis Herr Achenbach mit seinen Verdächtigungen kam.«

»Verdächtigungen? Was haben Sie getan, nachdem Sie von den möglichen Fälschungen erfahren haben?«

Langer senkte den Kopf und schwieg.

»Wie haben Sie sich verhalten? Sie sind Weinhändler. Es muss Ihnen klar gewesen sein, dass Fälschungen irgendwann erkannt werden.«

»Goodhouse meinte, dass dafür gesorgt sei, dass über uns nur der echte Champagner vertrieben wird, die Flaschen seien gekennzeichnet.«

Bei diesen Worten wurde Philipp hellhörig. »Wie kann man nur so naiv sein. Und woran erkennt man die Guten?«

In diesem Moment klingelte das Telefon auf dem Nachttisch. Thomas und Philipp erschraken, nur der Staatsanwalt blieb ruhig. »Gehen Sie ran, na los.«

Jemand von der Rezeption sagte, dass eine Madame Dillon-Lescure Dr. Hartmann zu sprechen wünsche.

Philipp bat, sie herzuschicken.

»Goodhouse hat einen Plan, wo die entsprechenden Flaschen liegen«, fuhr Langer fort, »beziehungsweise Touraine.«

»Wenn die anderen Flaschen nicht verkauft werden sollten, wozu dienten sie dann?«

»Ich weiß nur, was man mir gesagt hat.« Ohne es richtig zu merken, hatte Langer die für ihn vorgesehene Rolle des Kronzeugen übernommen. »Sie sollen gar nicht verkauft werden, sie sollen nur einen Wert darstellen. Es sieht der nackten Flasche niemand an, ob sie von Taittinger stammt oder von …«

Seine Erklärung wurde von Louises Eintreten unterbrochen. Sie orientierte sich kurz und setzte sich, niemand sagte Langer, wer sie war. Das machte ihn noch unsicherer.

Thomas wandte sich an Louise. »Ich übersetze für den Kommissar, dann können Sie es auch verstehen.«

»Meinetwegen ist das nicht nötig.« Louise lächelte. »Ich spreche auch Deutsch.«

»Seit wann?« Philipp war ehrlich verblüfft. »Wieso haben Sie das nie erwähnt?«

»Ich musste Ihnen ja nicht gleich alles auf den Bauch legen. Ich war als Kind oft bei unseren Freunden am Kaiserstuhl und habe in der Schule weiter Deutsch gelernt.«

Thomas begann zu kichern, Louise sah ihn verständnislos an. »Sagt man das nicht, auf den Bauch legen?«, wiederholte Louise.

Thomas half ihr. »Auf die Nase binden heißt es.«

»Na, dann eben binden, äh, legen.« Louise wurde rot, und Philipp fand, dass es ihr gut stand.

Dr. Anlahr wandte sich wieder Langer zu und forderte ihn auf, seinen Bericht fortzusetzen.

»Niemand weiß, ob in einer solchen Flasche echter Champagner oder billiger Schaumwein aus Argentinien drin ist. Es reicht, wenn später Champagner auf dem Etikett steht, die meisten Leute haben sowieso keinen Geschmack.«

»So denken Sie über unsere Kunden? Und mich hätten Sie benutzt, um das Gesöff zu verkaufen, nicht wahr?«

»Darum ging es nicht, wie ich sagte. Es sollte nur so aussehen. Sie sollten nur den echten verkaufen.«

Die Vorstellung, sich mit einem schlechten Produkt vor seinen Kunden lächerlich zu machen, machte Philipp wütend, aber ihm kam plötzlich eine ganz andere Idee.

»Wie hieß die Firma, bei der Michael Müller arbeitete?«

»Ich sagte doch, ich weiß nichts von einem Michael Müller.«

»Sie lügen. Es war die Druckerei Schwenke und Cie. Ich hatte vor langer Zeit eine Rechnung auf dem Tisch, von dieser Druckerei. Da haben Sie für Ihren Karnevalsverein drucken lassen, und es sollte über die Firma laufen. Also haben

Sie die Verbindung hergestellt. Wie hätte Goodhouse von allein auf diese Druckerei kommen sollen? Also, wo ist Michael Müller?«

Langers Widerstand brach weiter zusammen. »Ja, das mit der Druckerei stimmt, aber wo dieser Müller sich aufhält, weiß ich nicht, ehrlich, ich schwöre es.«

»Seien Sie damit lieber vorsichtig«, sagte der Staatsanwalt. »Drei Jahre gibt's für einen Meineid. Wie lief das mit den Flaschen genau ab?«

Langer wird sich irgendwann in Staub verwandeln, dachte Philipp, er hat begriffen, dass wir ihn verachten, und er hat längst begriffen, dass wir wissen, dass er mehr weiß, als er sagt. Langer war durchaus für unternehmerische Aufgaben geeignet, er konnte führen, delegieren, verhandeln und planen, aber einer kriminellen Struktur war er nicht gewachsen. Dazu fehlten ihm die Bosheit, die Härte, und gnadenlos war er auch nicht, so wie Goodhouse.

Langer stöhnte, wieder tropfte die Nase.

»Reden Sie weiter, Mann, wir sind längst nicht fertig.«

»Wenn die Belgier den Bestand prüften, wurde die entsprechende Anzahl Flaschen in den belgischen Keller gebracht. Heute, wo die Deutschen zur Besichtigung da sind, liegt alles im deutschen Keller. Keiner kommt auf die Idee, bei den Holländern nachzusehen, ob der Bestand mit der gekauften Menge übereinstimmt.«

»Das heißt«, sagte Dr. Anlahr nach einer Minute des Schweigens, »dass mit dem Geld der Anleger gar kein Champagner gekauft wurde?«

»Das ist wohl so.«

»Und wo ist das Geld? Wie groß ist das Fondsvermögen?«

Philipp erinnerte sich, eine Zahl gehört zu haben. »Der deutsche Anteil beträgt rund fünfundzwanzig Millionen.«

»Ja, das stimmt«, meinte Langer und hörte sich ziemlich verschnupft an. Er hatte wieder den Kopf in den Nacken gelegt. »Bei den anderen Ländern sieht es ähnlich aus.«

»Wo sind die Millionen, die Mister Goodhouse von seinen Anlegern kassiert hat?«, fragte Dr. Anlahr. »Wenn man Champagner kauft, bekommt man eine Rechnung mit der Anzahl der gekauften Flaschen.«

»Ich habe die Rechnungen gesehen«, warf Philipp ein, »beziehungsweise die Kopien, im Büro in Reims.«

»Für graphische Fragen war MM zuständig …«

»Also kannten Sie ihn doch, Herr Langer!«

»Nicht persönlich. Man fragt besser auch nicht nach.«

»Dann hat er die Etiketten gefälscht, die Originale reproduziert und auch die Rechnungen? Dann hat er auch die Versicherungspolicen und Transportbescheinigungen – korrigiert?« Philipp sah seinen Sohn an, der mit offenem Mund zuhörte, dann Dr. Anlahr. Der nickte ihm zu.

»Sie haben mir erklärt, der deutsche Beirat sei mit dem Stiftungsrat in Liechtenstein identisch.«

»Leider ist es so.«

»Das wissen Sie bereits?« Langer machte sich noch kleiner.

»Ich halte mich an die Fakten, Herr Langer, bevor ich so miserabel bluffe wie Sie. Aber jetzt hat Herr Achenbach noch eine letzte Frage, bevor wir aufbrechen.«

»Sagt Ihnen der Name Melvin Russel etwas?«

Langers vorsichtiges Kopfschütteln konnte bedeuten, dass er den Namen nicht kannte oder dass die Situation sein Fassungsvermögen überstieg, vielleicht war es auch nur die schmerzende Nase.

»Ich habe etwas vergessen, Monsieur Bellier, wir haben etwas für Sie.« Thomas ging ins Bad und kam mit einem Champagnerglas in einer Plastiktüte zurück, die er ihm mit spitzen Fingern übergab. »Daraus hat Mister Goodhouse gestern getrunken, als er einen Toast auf die Intelligenz und den Weitblick seiner Anleger ausbrachte. Also müssen seine Fingerabdrücke darauf sein.«

»Inzwischen würde es mich wundern, wenn es tatsächlich

die von Goodhouse wären«, fügte Philipp vielsagend hinzu. »Übrigens, Louise, dich schickt der Himmel. Kannst du Thomas gleich zum Leuchtturm nach Verzenay bringen? Die Anleger besichtigen das Champagnermuseum, und er soll die Zeitungen in den Bussen auf die Sitze legen. Es ist eilig.«

Gegen zwölf Uhr kamen sie nach Villers-Allerand. Bisher war alles glattgegangen, sie hielten sich an den von Goodhouse vorgegebenen Zeitplan. Jetzt stand ihnen der gefährlichste Teil bevor. Jeden Augenblick konnten der Engländer, Touraine, seine Motorradbande sowie die Kleinbusse mit einer Horde wild gewordener Anleger aufkreuzen. Wer gerade erfahren hatte, dass er zwanzig-, dreißig- oder fünfzigtausend Euro verloren hatte, trug das Messer zwischen den Zähnen. Die Anleger interessierten Philipp nicht, ihr Verlust war ihm egal. Ihm ging es um Thomas, um seine eigene Haut, um die ehemaligen Kollegen bei France-Import und um einen korrekt gemachten Champagner.

Sie trafen sich am Ortseingang. Pascal Bellier hatte Langer zur Überprüfung der Personalien »kurzfristig«, wie er voller Ironie meinte, in einer Polizeiwache in Épernay gelassen. Das ›Kind‹ hatte er ihm nicht verziehen. Von dort aus hatte er seine Dienststelle in Reims benachrichtigt, die Lage erläutert und um Verstärkung gebeten. Die sollte in Kürze eintreffen, wie man ihm versichert hatte. Aber es kam niemand. Als er wieder anrief, hieß es, sie sei unterwegs und müsse jeden Moment anrollen.

Philipp machte Druck. »Wir können nicht länger warten, Monsieur Bellier, die Anleger und ihre Betreuer werden jeden Moment hier vorfahren. Dann geht der Tanz los.« Die Unruhe des letzten Abends war in Gelassenheit umgeschlagen. »Sie kennen sich mit Schlössern aus?«

Bellier nickte, es war ihm sichtlich peinlich, dass seine Kollegen noch immer nicht aufgetaucht waren. »Ich habe das entsprechende Werkzeug im Auto liegen.«

»Dann fahren Sie hinter mir her.« Philipp ging zurück zum Wagen, in dem Dr. Anlahr auf ihn wartete.

»Ich vermute mal, Sie wissen, wie wir ungesehen in die Kellerei gelangen?«

Sie standen an der Ecke der Hauptstraße, keine hundert Meter von der Einfahrt entfernt, Philipp startete den Wagen und war im Begriff, in die Nebenstraße an der hohen Mauer der Kellerei einzubiegen, als der blaue Maybach ihn überholte und in die Einfahrt bog. Er kam nicht aus der Richtung des Museums.

»Dann weiß er nicht, was dort vorgefallen ist«, bemerkte Philipp erleichtert. »Dafür kommt unser Sondereinsatzkommando zurück, und wie es aussieht, hat alles geklappt.«

»Alles paletti«, Thomas freute sich diebisch. »Ich habe dem Fahrer gesagt, ich sei vom Hotel, sie hätten die Zeitungen dort vergessen, es seien wichtige Informationen für die Gruppe.«

»Das ist durchaus richtig.« Philipp legte Thomas den Arm um die Schultern. Zu seinem Erstaunen ließ er es geschehen.

»Hast du Valium eingeworfen, Papa? Du bist so ruhig, ganz anders als gestern.«

»Das ist lediglich der Mut der Verzweiflung«, sagte Dr. Anlahr und vermittelte den Eindruck, dass er mit der Situation am wenigsten anfangen konnte. Als Beobachter fühlte er sich überflüssig, aber mitwirken durfte er auch nicht.

Sie stellten die Autos gegenüber der Reihe einstöckiger Häuser ab und gingen zu Fuß weiter. »Euer kleiner Staatsanwalt denkt darüber nach, wie er sein Mitwirken oder Wissen in der Anklageschrift formulieren soll«, flüsterte Louise, aber Philipp ging nicht darauf ein. Er dachte an den General und daran, wie sie neulich erst mit ihm hier am Ende der Mauer abgebogen waren.

»Glaubt ihr etwa, Goodhouse und Touraine begleiten euch einfach so zur Polizei und lassen sich widerstandslos verhaften?« Louises Einwand war richtig. »Ihr wisst, wie ihr aus der Kellerei herauskommt? Denkt daran, es gibt immer einen zweiten Ausgang, entweder draußen in den Weinbergen oder hier im Ort in einem anderen Haus. Ich werde einfach fragen.« Bevor jemand protestieren konnte, hakte sie den Staatsanwalt unter und zog ihn mit sich.

Sie konnten nicht warten, sie mussten weiter, Goodhouse war eingetroffen, dann waren Touraine und die Anleger nicht weit. Philipp musste mit Bellier im Keller sein, wenn ihr »Lokaltermin« begann.

Philipp öffnete eine Garagentür in einem Wohnhaus, Thomas und Bellier folgten ihm wieder durch den Hof mit dem Gerümpel und dem schrottreifen 2CV.

»Den kaufe ich mir«, flüsterte Thomas seinem Vater zu, aber der winkte ab.

»So was fuhren in Deutschland damals nur Spießer. Ich beschaffe dir einen vernünftigen Wagen – wenn das hier vorbei ist.«

An der Metalltür war Belliers Geschicklichkeit gefragt. Er hatte eine kleine Werkzeugtasche bei sich, und es dauerte keine Minute, bis er die Tür geöffnet hatte.

»Sie quietscht nicht«, wollte Philipp sagen, aber er hatte vergessen, was das auf Französisch hieß. So packte er die Klinke und wollte die Tür aufdrücken, aber sie ließ sich nur einige Zentimeter weit öffnen. Erst als sie sich gemeinsam dagegenstemmten, wurde der Durchlass so breit, dass sie hindurchpassten. Ein Barrique von dem Haufen ausrangierter Fässer musste heruntergerollt sein und hatte sich quergelegt. Hoffentlich ist es das Einzige heute, das sich querlegt, dachte Philipp und trieb Bellier weiter. Sie gelangten in den Hof mit verrotteten Fässern und Paletten, und mit Schrecken dachte er an die nächste Tür. Hier aber hatte Bellier ein leichteres Spiel.

»Lernt ihr das auf der Polizeischule, oder sind Sie Autodidakt?«

Bellier blieb Thomas die Antwort schuldig.

In den Hallen wie auch im Treppenhaus brannte Licht, und sie hasteten nach unten. Thomas führte heute, doch vor dem Lastenfahrstuhl gruselte es ihm genauso wie Philipp, und sie liefen die Treppe hinunter. Von oben hörten sie die ersten aufgeregten Stimmen. Bevor sie durch die Pendeltür traten, vergewisserten sie sich, dass sie alles Nötige bei sich hatten, wie den Lageplan, zwei winzige Taschenlampen und die Kamera. Die Mobiltelefone waren vom Klingelton auf Vibration umgeschaltet.

Philipp rief Louise an. Von ihr erfuhren sie, dass absolut nichts darauf hinwies, dass die Polizei angerückt war. »Entweder ist sie unsichtbar, oder euer kleiner Polizist hat euch einen Bären angebunden.«

»Aufgebunden, Louise, aufgebunden.«

»Was?«

»Lass es gut sein. Und der Notausgang?«

»Es gibt einen, ich fahre hin, er liegt draußen im Weinberg ... Dieser Dr. Anlahr ist übrigens sehr charmant ...«

Philipp spürte einen leichten Stich und wunderte sich, dass sein Ego sogar in Momenten höchster Anspannung für derartigen Unsinn empfänglich war. Er lief voran, sie tauchten in den Hauptgang ein, Bellier und Thomas hinter Philipp. Der nächsten Ecke näherten sie sich mit äußerster Vorsicht. Mitten im nächsten Gang, wo die Flaschen der Fonds lagen, von denen etliche auf ihre Entsorgung warteten, standen Goodhouse und Touraine, Letzterer redete auf seinen Chef ein, wedelte mit einer Zeitung in der Hand und zeigte immer wieder in ihre Richtung. Hinter den mit Flaschen bepackten Rollwagen suchten sie Schutz. Dann kam die Meute mit Geschrei und Getrappel, der Schall der Schritte und die Stimmen brachen sich an den Wänden, und es hörte sich an, als stürmten hundert Leute in den Keller.

Goodhouse berührte das anscheinend wenig. Er trat vom anderen Ende her auf die Gruppe zu, die Arme wie ein

Schutzengel weit ausgebreitet, die Stimme erhoben: »*Ladies, ladies and gentlemen, my dear German friends*, liebe Freunde aus Deutschland, *listen, please listen to me* …«

Entweder begriff er nichts, oder der Mann war das Abgebrühteste, das Philipp je begegnet war. Doch die Meute hatte den Wolf eingekreist, und jetzt begriff Goodhouse, was geschah. Er redete, er beschwichtigte, er erklärte, bat und schimpfte, mal laut, mal leise, auf Englisch, auf Deutsch, er ergriff Hände, schüttelte sie, klopfte auf Schultern und breitete flehend die Arme aus. Niemandem hörte er zu, alle redeten durcheinander, der einzige Ruhepol war Touraine. Hatte Philipp seine Bedeutung unterschätzt?

Die junge Frau mit dem zum Zopf geflochtenem braunen Haar, wenn er die Farbe bei dem gelblichen Licht richtig erkannte, näherte sich hinkend von der Seite, zog ihn zu sich und flüsterte in sein Ohr, dann sah sie auf die Uhr und nickte. In diesem Moment erlosch das Licht.

In der folgenden Schrecksekunde hörte Philipp trappelnde Schritte, er sah das Licht zweier Taschenlampen über die Tunnelwände geistern. Sie waren vorbereitet und wussten, wo der Notausgang war. Dann brach die Hölle los, das Gekreisch der Frauen und die aggressiven Rufe der Männer füllten die Tunnel, der Schall brach sich und kam hundertfach zurück.

»Du hast eine Lampe, Thomas«, rief Philipp, »bring die Leute hier raus!«

»Ich will dabei sein. Goodhouse darf nicht verschwinden.«

»Tu jetzt endlich mal, was ich sage! Bring sie raus! Keine Widerworte. Sie brauchen deine Hilfe!«

Dann kämpften Philipp und Bellier sich durch die Dunkelheit und das nicht weniger verwirrende Stimmengewirr.

»Da sind noch welche«, rief jemand, »die haben Lampen.« Sie traten auf Füße, stolperten weiter, stießen kreischende Leiber von sich und wehrten sich gegen Hände, die sie festhalten wollten. Philipp schlug um sich, Goodhouse durfte nicht entwischen.

Das rostige Quietschen eines Gitters wies ihnen den Weg. Glas klirrte, die erste Flasche explodierte, die nächste, die Kettenreaktion nahm ihren Anfang, und Philipp hielt Bellier, der seine Pistole gezogen hatte, zurück. Sie pressten sich an die Tunnelwand, um nicht von Splittern getroffen zu werden. Sechs Bar Druck herrschten in jeder Flasche. Im winzigen Strahl der Taschenlampe sahen sie Flaschen kollern, sie kamen ihnen aus dem Gang entgegen, wo die Gittertür weit offen stand. Und ein duftender Schaumteppich kroch über den Boden auf sie zu.

Als das Konzert berstender Champagnerflaschen vorüber war, hörte man das Schäumen des Champagners. Hinter einem Stapel von wahrscheinlich sehr alten Flaschen entdeckten sie den Durchgang, eine schmale Nische mit rundem Bogen aus der Kreide gehauen. Die Tür im Durchgang war angelehnt, der Gang dahinter schmal und muffig, Philipp stockte der Atem, aber sie hasteten weiter. Bellier führte, er lief bedeutend schneller die rutschigen Stufen hinauf. Als sie stehen blieben und lauschten, hörten sie Schritte, aber sie waren weit voraus.

»Oben laufen sie den Kollegen in die Arme«, freute sich Bellier. »Wir brauchen uns nicht zu beeilen.«

Philipp war sich da gar nicht sicher. Aber er war froh, dass Thomas unten geblieben war. Er hätte es sich nie verziehen, wenn dem Jungen gerade jetzt, wo alles vorbei war, etwas zugestoßen wäre.

Dann kam der erste Absatz, der Gang führte ein Stück geradeaus, Bellier schlidderte, taumelte und fiel in eine Pfütze. Philipp half ihm auf, sie hasteten weiter, er glaubte, seine Lunge würde zerreißen, die Wände wurden glitschiger, da hörten sie das Rasseln einer weiteren Kette, wieder knirschte eine rostige Tür, die Luft wurde besser, dann drang der erste Lichtschein zu ihnen durch, und sie kamen in einem Geräteschuppen ans Tageslicht – mitten in einem Weingarten. Da standen Dr. Anlahr und Louise – mit erhobenen Händen. Goodhouse, Touraine und seine Tochter hatten sie mit vorgehaltener Waffe zum Verlassen ihres Wagens gezwungen und waren dabei einzusteigen. Nirgends zeigte sich ein Polizist, keine Sirene. Da preschte kein Streifenwagen mit Blaulicht durch den Weinberg. Hatte Bellier sie zum Narren gehalten?

Aber er brachte die Waffe in Anschlag. »*Haut les mains! Hands up!*«, wiederholte er.

Statt seinem Befehl zu folgen, schoss Goodhouse, und auch Bellier drückte ab, den Bruchteil einer Sekunde später – beide schrien auf, beide waren getroffen. Philipp warf sich zu Boden. Wer hatte geschossen? Goodhouse? Nein, Bankiers schießen nicht, sie kaufen nur die Waffen, den Rest lassen sie andere besorgen. Dann war der Mann dort zwischen den Weinstöcken niemals Goodhouse.

Bellier war getroffen. Philipp machte sich so dünn wie ein Blatt Papier und kroch zu der Furche, wo der Kriminalbeamte lag. Die linke Schulter war getroffen, der junge Mann verzog das Gesicht und biss die Zähne zusammen. Louise aber war in Sicherheit, sie hockte hinter dem Geräteschuppen, und Dr. Anlahr lag genau wie sie im Dreck, zusammengerollt wie eine Kellerassel. Pinot noir wächst hier, bemerkte Philipp und reckte den Kopf. Die Gescheine hatten sich auf dieser Lage gut entwickelt. Dann staunte er darüber, während er sah, wie sich der verletzte Goodhouse in den Wagen schleppte, woran man in derartigen Situationen denken konnte.

Der Wagen fuhr viel zu schnell an, die Räder drehten durch, in der nächsten Kurve schleuderte er, rutschte in die Weinstöcke, da schwang die Beifahrertür auf – und Goodhouse fiel raus, wie ein Müllsack. Eine kleine Hand mit einem Lederhandschuh und einer Pistole schob sich aus dem Fenster. Es knallte, Goodhouse schrie, dann raste der Wagen auf dem Feldweg weiter. Bellier kam hoch und schleppte sich, auf Philipp gestützt, zu ihm, die Waffe hatte er keine Sekunde losgelassen. Hilflos lag Goodhouse im Dreck. Voller Hass starrte er ihnen entgegen. Seine Kumpane hatten ihn aufgegeben. Ein Verletzter war für fliehende Verbrecher eine unerträgliche Belastung – und womöglich ein Zeuge. Touraines Tochter hatte ihm kaltblütig den Fangschuss geben wollen, aber Goodhouse lebte.

Philipp stand kopfschüttelnd über ihm. Er würde niemals begreifen, wozu die Geldgier Menschen trieb. Dann rief er die Polizei. Vielleicht würden sie kommen, wenn er ihnen mitteilte, dass einer ihrer vielversprechenden jungen Beamten vor Schmerzen keuchend am Boden kniete.

21

»Da haben Sie richtig Glück gehabt, Herr Achenbach.« Der Anwalt ließ Philipp den Vortritt, als sie die Kanzlei des Notars verließen. »Es kommt selten vor, dass man ein Weingut zu derart günstigen Bedingungen erwerben kann. Auch Ihr Finanzierungsmodell unter Umgehung der Banken scheint mir genial zu sein. Wenn ich es recht betrachte, haben Sie etwas Ähnliches wie eine Aktiengesellschaft gegründet. Wie viele Teilhaber sind es?«

»Fünfundzwanzig«, antwortete Philipp.

»Damit haben Sie bereits fünfundzwanzig Weinhändler auf Ihrer Seite, die in Zukunft Ihre Weine anbieten?«

»Noch ist es der Wein der Vorbesitzer, die haben einen guten Ruf. Vom nächsten Jahr an kommen meine dazu. Den Namen des Weingutes werde ich vorerst beibehalten.«

»Sehen Sie es, wie Sie wollen, Ihr Name hat sicher auch eine Rolle gespielt. Und da wir Ihren Sohn bereits als Mitbesitzer eingetragen haben, wird er eines Tages weniger Probleme mit der Erbschaftssteuer haben.« Er lächelte und nickte Thomas zu. »Wann werden Sie dazustoßen und Ihren Herrn Vater unterstützen?«

»Er macht sein Ding, ich mach meins, und dann sehen wir weiter. Ich bin gerade mal ein Dreivierteljahr in der Lehre, aber vielleicht studiere ich vom Sommersemester an Weinbau in Geisenheim.«

»Da fahren Sie kaum länger als eine Stunde. So schön,

wie Ihr neues Weingut liegt, da garantiere ich Ihnen, Sie werden oft kommen, außerdem wollen junge Leute experimentieren, Platz für Ihre eigenen Fässer gibt's genug ...«

»Mich setzt ihr aufs Altenteil, bevor ich überhaupt losgelegt habe«, schimpfte Philipp. »Einundfünfzig ist kein Alter. Aber lassen Sie uns nicht auf der Straße stehen, dieser nasskalte Wind ist ekelhaft. Wo kann man hier in Bad Dürkheim gut essen? Ich finde, Herr Anwalt, bei der Höhe Ihres Honorars könnten Sie uns einladen.«

Der Anwalt knurrte. »Dafür haben Sie den Makler gespart. Aber sei es drum. Dann müssen Sie jedoch die Geschichte zu Ende erzählen.«

»Aber nur im Warmen und mit einem Glas Wein vor mir.«

Eine halbe Stunde später war alles so, wie Philipp es sich wünschte. Der Gastraum war gut geheizt, der Wirt des Restaurants hatte sich zur Feier des Tages von einem seiner alten Rieslingweine aus dem Privatkeller getrennt, und auch die Speisekarte sah vielversprechend aus.

»Die Polizei hat ihn nicht ernst genommen, sie haben gedacht, dass Bellier, dieser junge Beamte, ein absoluter Neuling, sich wichtig machen wollte. Deshalb war keine Polizei da.«

»Und wann kam die?«, fragte der Anwalt.

Thomas antwortete für seinen Vater: »Er hat mal wieder maßlos übertrieben. Er hat gesagt, dass Bellier in seinem Blut schwimmt und stirbt, wenn sie nicht sofort kommen. Dabei ist Goodhouse fast verreckt.«

»Du warst gar nicht dabei.«

»Verreckt? Das ist ein unschöner Ausdruck. Und wo waren Sie derweil, junger Mann?«

»Gute Frage«, sagte Philipp schmunzelnd. »Thomas hat die Rentnerband aus dem Keller geführt ...«

»... wie Moses das Volk Abrahams durchs Rote Meer«, sagte Thomas. »Fast hätten sie mich dann noch gelyncht, bis ich ihnen klarmachte, dass ich nicht zur Bande gehöre.«

»Das halte ich für absolut verständlich, dass die Anleger aufgebracht waren. Immerhin haben diese Leute an jenem Tag Millionen verloren.«

Philipp war ganz anderer Ansicht. »Die waren bereits weg, als sie das Geld eingezahlt haben.«

»Es wundert mich sowieso, dass niemand gegen die Banken aufbegehrt«, fuhr der Anwalt fort. »Es sieht aus, als ginge nach der Krise alles so weiter wie bisher.«

»Nach der Krise ist vor der Krise«, meinte Thomas und zuckte mit den Achseln. »Außerdem war sie ja auch nicht hausgemacht. Erstens sind die USA dafür verantwortlich, wie für die erste Weltwirtschaftskrise auch, und zweitens haben die hiesigen Banker nur mitgemacht.«

»Das scheint mir beim deutschen Volk ziemlich ausgeprägt, das Mitmachen …«

»Jetzt werden Sie mal nicht politisch, Herr Achenbach.«

»Wollten Sie nun die ganze Geschichte hören oder nicht? Also, wenn wir Langer nicht geschont hätten …«

»… vielmehr gerettet …«, warf Thomas ein.

»… gut, dann eben gerettet, dann gäbe es France-Import heute nicht mehr.«

»Ach – gegen die Firma sind keine Ansprüche auf Schadenersatz gestellt worden?« Der Anwalt schien einen neuen, lukrativen Fall zu wittern.

»Nein, eine Beteiligung am Aufbau des betrügerischen Systems kann ihm die Staatsanwaltschaft nicht nachweisen. Goodhouse schweigt wie ein Grab, und dieser Touraine wurde bislang nicht gefasst.«

»Dieser Goodhouse, wie Sie sagten, ist ein schwerreicher Mann, der wird mit seinem Vermögen für alle Schäden aufkommen müssen. Nicht wahr?«

»Mitnichten. Er ist gar nicht Goodhouse«, sagte Philipp und erzählte von seinem ersten Eindruck. »Die Augen passten nicht, und das hat sich bestätigt. Er heißt in Wirklichkeit Melvin Russel. Er war ein Kollege von Goodhouse. Beide haben nur die besondere Liebe zu Brasilien geteilt, und als Goodhouse nach dem Tod seiner Frau dorthin reiste, ist Russel ihm gefolgt. Beide waren gleichzeitig dort, beide sahen sich ähnlich, den Rest hat ein Schönheitschirurg besorgt, und Russel ist irgendwann als Goodhouse zurückgekommen.«

»Und der echte Goodhouse?«

»Die Nachforschungen haben nichts ergeben. In Rio de Janeiro werden pro Woche mehr als fünfzig Leute umgebracht. Da fällt einer mehr oder weniger nicht auf.«

»Aber ein Europäer?«

»Wenn niemand nach ihm fragt? Finden Sie mal eine Leiche in einem Land, das so groß ist wie Europa, meinte die dortige Polizei.«

Der Anwalt konnte sich das nicht vorstellen und genauso wenig, dass Goodhouses Verwandlung niemandem aufgefallen war.

Philipp hatte auch dafür eine Erklärung: »Er hat sich vorsichtshalber in London in den entsprechenden Kreisen nicht mehr blicken lassen und die Finanzen über Treuhänder abgewickelt. Der Tod seiner Frau diente dafür als Ausrede.«

»Das musste doch auffallen.« Der Anwalt war noch nicht überzeugt, und Thomas mischte sich wieder ein.

»So habe ich anfangs auch gedacht«, meinte er. »Ich habe versucht, meinem Vater diese Theorie auszureden, aber Sie wissen ja, wie alte Männer sind, starrköpfig ...«

»Aber Ihr Herr Vater hatte recht, junger Mann. Na ja, wenn also Goodhouse gar nicht Goodhouse ist, dann kann auch sein Besitz nicht zum Ausgleich des Schadens herangezogen werden. Und dieser Melvin Russel besitzt nichts? Er hat immerhin an die sechzig Millionen Euro eingenommen. Irgendwo muss das Geld geblieben sein.«

Vom Vater und Sohn kam nur ein mitleidiges Lächeln.

»Wo das hingeflossen ist, wissen nur diejenigen, die es von Liechtenstein aus auf die Reise um die Welt geschickt haben, und an die kommt man nicht ran. Die haben es von einem auf weitere hundert Konten überwiesen, es dauert ewig, bis der Weg des Geldes nachgezeichnet ist. Geld ist wie Wasser, es vermischt sich mit anderem Geld. Wie wollen Sie ein Glas Wasser identifizieren, das Sie in eine volle Badewanne gegossen haben? Goodhouse beziehungsweise Russel ist der Einzige, der alle Antworten kennt. Und der schweigt.«

Der Anwalt vermutete, dass er damit rechnete, nach der Entlassung aus dem Gefängnis über die Millionen zu verfügen. »Außerdem gibt es noch den echten Champagner im Keller von …?«

»Das könnte man meinen. Aber wie wollen Sie die Fälschungen vom echten unterscheiden? Man entdeckte Hohlräume in den Stapeln, Podeste aus Holz. Stellen Sie sich das so vor wie umgestülpte riesige Kisten. Man geht davon aus, dass achtzig Prozent gefälscht waren. Die sollten nie verkauft werden, die dienten nur dazu, Werte vorzugaukeln. Es ging darum, Geld einzusammeln, es verschwinden zu lassen und sich dann abzusetzen. Wenn der große Madoff in den USA fünfzig Milliarden einsackt, dann ist der kleine Goodhouse/Russel im Vergleich zu ihm gerade mal ein Kofferträger. Und wenn zwei auf die Idee kommen, wieso dann nicht ein Dritter und Vierter? Sogar die Transportrechnungen waren gefälscht, perfekt geradezu, dafür war ein Deutscher zuständig.«

»Na, wenigstens einer, der wissen müsste, was los ist.«

»Pech gehabt, Herr Anwalt.« Thomas machte es diebischen Spaß, die Geschichte immer wieder zu erzählen. »Müller ist weg, unauffindbar, spurlos verschwunden, er hat sich in Luft aufgelöst, oder er tanzt Samba in Rio.«

Philipp hielt eine andere Lösung für wahrscheinlicher. »Ich glaube, er wusste zu viel, möglicherweise hat er zu hohe Forderungen gestellt, oder er wollte nicht mehr mitmachen, und Touraine hat …«

»Ihn umgebracht?« Der Anwalt starrte ihn erschrocken an.

»Ich war dabei, als seine Tochter Goodhouse aus dem Wagen geworfen hat.« Philipp erinnerte sich mit Entsetzen an die Szene. »Sie tat es mit einer derartigen Verachtung, als wäre er Müll. Er war überflüssig geworden. Touraine, das wurde erst kürzlich aufgedeckt, führte eine Bande von Weindieben. Die haben in Italien, Frankreich und Spanien mit Wein beladene Lastzüge geraubt und die Flaschen an Restaurants und Weinhändler verkauft – wer freut sich in Zeiten der Krise nicht über Schnäppchen?«

Der Anwalt reagierte empört. »Das fällt doch auf.«

»Gießen Sie ein Glas Wein über den Karton, dann ist es eben beschädigte Ware und nicht gestohlen. Was man unter der Hand kaufen kann, lässt sich genauso verkaufen.«

Ob es mit dem Wein aus Bandol auch gemacht worden war, interessierte Philipp längst nicht mehr. Ein Grund war, dass er France-Import bereits vor Monaten verlassen hatte, der andere Grund, dass am Nebentisch drei Personen Platz genommen hatten, darunter eine Frau. Sie war etwas jünger als Philipp, hatte ein klares Gesicht, war eine lebhafte und gepflegte Erscheinung und ging mit ihren Gesprächspartnern allem Anschein nach recht offen um. Sie hatte ein gutes Tempo und zog ihre Begleiter mit sich. Philipp beobachtete sie bereits eine Weile mit ganz besonderem Interesse. Sie gefiel ihm ausnehmend gut. Was treibt eine Frau wie sie in dieser Gegend?, fragte er sich.

Der Anwalt, von Philipps Unaufmerksamkeit irritiert, folgte seinem Blick. »Guter Geschmack. Sehr sympathisch, auch sie ist sozusagen neu hier.«

»Ach, man kennt sich?«, fragte Philipp erfreut. »So ist das wohl auf dem Land.«

»Ein wenig, ja. Sie hat kürzlich einen Laden gemietet und wird eine Galerie eröffnen, sie verkauft Bilder und regionales Kunsthandwerk. Geschieden, die Kinder sind aus dem Haus …«

Thomas grinste unverschämt, was den Anwalt verwirrte. Er blickte vom Vater zum Sohn. »Ist etwas … mit der Dame?«

»Nein, mit meinem Vater«, sagte Thomas. »Ich glaube, er hätte nichts dagegen, wenn Sie ihm die Frau bei Gelegenheit mal vorstellen würden …«

Dank

›Der Champagner-Fonds‹ spielt in Frankreich und Deutschland. Daher ist er quasi eine deutsch-französische Gemeinschaftsproduktion – önologisch und literarisch.

Mein Dank gilt Christian Josephi vom Champagnerverband CIVC, der meine Recherche in Frankreich vorbereitete. In der Champagne machte mich Bruno Paillard mit wunderbar gealterten Champagnern bekannt. Von Xavier Millard (Champagne Mailly Grand Cru) und Terence Kenny (Champagne Pannier) erfuhr ich, wie große Kooperativen funktionieren.

Madame und Monsieur Goutorbe sowie Michel Drappier bewiesen eindrucksvoll die aktuelle Bedeutung des Familienbetriebs. Zu denen, die selbst noch Hand ans Rüttelpult legen, gehören auch Raphaël Bérèche sowie Rémy Legras. Pierre Larmandier wird mir als engagierter Pionier in Erinnerung bleiben und Madame und Monsieur Fourmon (Champagne Joseph Perrier) als perfekte Gastgeber. Denise Michaud zeigte mir Chagalls Fenster in der Kathedrale von Reims, obwohl er sie bereits hundert Mal gesehen hat.

Diesseits der Grenze unterstützten mich Martina Weghmann weintechnisch und Uwe Schreen finanztechnisch. Mein Dank gebührt auch allen anonymen Bankern, Finanzjongleuren und Spekulanten, deren Machenschaften mich auf die Idee zu diesem Roman brachten. Mögen sie ihren Frieden finden.